电脑应用即时查系列丛书

电脑维护、故障急救速查1000

九州星火传媒　陈　伟　编著

电子科技大学出版社

内容提要

本书是《电脑应用即时查》系列丛书之一，本书从实际操作出发，列出了Word 2003、Excel 203、PowerPoint 2003和Outlook 2003等多达1 000个问题的答疑解惑。

本书可作为初、中级电脑用户的学习参考书，也是电脑爱好者的必备工具手册。

图书在版编目（CIP）数据

电脑维护、故障急救速查1000 / 陈伟编著. —成都：电子科技大学出版社，2007.4

ISBN 978-7-81114-438-3

I. 电… II.陈… III.电子计算机－维修－基本知识 IV.TP307

中国版本图书馆CIP数据核字（2007）第038262号

电脑维护、故障急救速查1000

九州星火传媒　陈　伟　编　著

出　　版：电子科技大学出版社（成都市一环路东一段159号电子信息产业大厦　邮编：610051）
责任编辑：曾　艺
发　　行：新华书店经销
印　　刷：四川墨池印务有限公司
成品尺寸：144mm×210mm　　印张13.5　　字数470千字
版　　次：2007年4月第一版
印　　次：2007年4月第一次印刷
书　　号：ISBN 978-7-81114-438-3
定　　价：19.00元

◆ 邮购本书请与本社发行部联系。电话：（028）83202323，83256027
◆ 本书如有缺页、破损、装订错误，请寄回印刷厂调换。
◆ 课件下载在我社主页 www.uestcp.com.cn “下载专区”
电子邮箱：uestcp@uestcp.com.cn

前 言

你在学电脑吧？是不是觉得电脑很神秘，有点无从下手？家里买了电脑，因为经常出问题，但自己不知道该怎么修理，常常求助于朋友，以至于饭局总是少不了，搞得很头疼？看着别人在网上玩游戏玩得很痛快，自己不知道咋玩，但又碍于面子不好请教？

电脑硬件日新月异，软件版本不断推陈出新，上网冲浪越来越流行，不可不会，工作、学习之中电脑使用得越来越频繁，怎么办？

不要着急，我们特意为你推出了《电脑应用即时查》系列工具读物，让你轻轻松松学会各种电脑操作，笑对电脑各种疑难杂症。

□ 丛书简介

《电脑应用即时查》系列丛书是电子科技大学出版社精心打造的一套电脑工具读物，丛书包括《电脑维护、故障急救速查 1000》、《Windows XP 实用技巧速查 1000》、《精选实用网址速查 2000》、《注册表修改设置速查 1000》、《Office2003 高效办公速查 1000》、《电脑组装与 BIOS 设置速查 1000》、《五笔字型常用汉字速查 6000》、《新手学上网速查 1000》、《新手学电脑速查 1000》和《DOS 与 Windows 命令速查 1000》。相信读者根据自己的需求，一定能从这套丛书中选择到适合自己的图书。

□ 丛书特色

1. 内容丰富全面

本套丛书从作者多年钻研电脑的经验出发，精心挑选了电脑硬件、操作系统、应用软件、上网浏览与应用、局域网、电脑打字、网址速查等方方面面的操作与应用，内容十分全面，是广大电脑用户不可多得的电脑工具宝典。

2. 语言简洁精炼

本书在解析众多案例的时候，没有长篇大论，力求以最少的文字将问题描述清楚，以最省篇幅的形式将解决方案呈现给读者，便于读者阅读掌握。

3. 步骤详尽清晰

虽然篇幅有限，案例众多，但本书全部采用“一步一步”的写作形式，使得读者操作起来非常方便、条理清晰明了，宛如电脑专家言传身教，使读者迅速提高自身的电脑操作技能，获得大量实际经验、技能和技巧。

4. 专业的创作团队

本书由专业的、电脑应用经验丰富的团队所创作，在为你提供实用、丰富的书中内容的同时，还能保证随时解答你学习电脑的过程中遇到的各种疑难问题。

□ 使用说明

阅读本书之前，请将 Windows 窗口更改为“Windows 传统风格”，方法为：

（1）打开“我的电脑”窗口，然后单击菜单命令“工具”/“文件夹选项”。

（2）在打开的“文件夹选项”窗口中选择“使用 Windows 传统风格的文件夹”。

（3）单击“确定”按钮，就使窗口变回到了 Windows 传统风格界面。

□ 读者对象

（1）初、中级电脑用户不可多得的学习参考书。

（2）电脑爱好者和家庭电脑用户随用随查的必备宝典。

（3）电脑培训班、大专院校师生的教学辅导用书。

□ 完善的售后服务

本书为广大读者提供技术支持网站 www.21pcedu.com（21 世纪电脑教育网），免费为读者提供在线答疑、软件下载、学习论坛、免费电子图书下载等服务，相信能对读者自学电脑提供更多便利和帮助。你也可直接写邮件到 jzxh@vip.163.com 与我们联系，道出你的困惑，我们将非常热情、认真地为你服务。

□ 致　谢

本书由前程文化总策划，北京九州星火传媒编著。在此向所有参与本书编创工作的人员表示由衷的感谢，更要感谢购买本书的读者，你的支持是我们最大的动力，我们将不断努力，为你奉献更多、更优秀的电脑图书！

九州星火传媒　　陈伟

目　录

第 1 章　存储器维护与故障处理

第 2 章　主板维护与故障处理

第 3 章 CPU 维护与故障处理

第 4 章 安装电脑操作系统

第 5 章　输入、输出设备维护与故障处理

第 6 章　声卡、音箱维护与故障处理

第 7 章　其他硬件设备维护与故障处理

第 8 章 电脑常见故障的分析与排除

第 9 章 网络维护与故障排除

第 10 章　常用软件维护与故障排除

第 1 章

存储器维护与故障处理

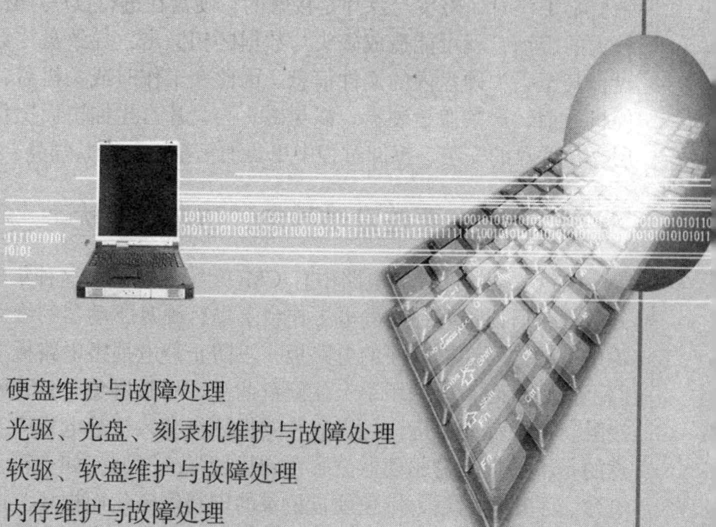

本章内容

1-1　硬盘维护与故障处理

1-2　光驱、光盘、刻录机维护与故障处理

1-3　软驱、软盘维护与故障处理

1-4　内存维护与故障处理

1-5　移动存储设备维护与故障处理

1-1 硬盘维护与故障处理

1. 为什么要保持干净卫生的电脑使用环境

环境中灰尘过多，会被吸附到印制电路板的表面及主轴电机的内部，硬盘在较潮湿的环境中工作，会使绝缘电阻下降，轻则引起工作不稳定，重则使某些电子器件损坏，或使某些对灰尘敏感的传感器不能正常工作。因此要保持环境卫生，减少空气中的含尘量。用户不能自行拆开硬盘盖，否则空气中的灰尘便进入盘内，磁头读/写操作时将划伤盘片或磁头。因此，硬盘出现故障时决不允许在普通条件下拆开盘体外壳。

2. 为什么在对硬盘进行读/写操作时不要关机

硬盘在进行读/写时处于高速旋转状态中，如果忽然关掉电源，将导致磁头与盘片猛烈摩擦，从而损坏硬盘，所以在关机时，一定要注意机箱前面板上的硬盘指示灯，确保硬盘完成读写之后再关机。

3. 为什么要尽量减少硬盘震动

硬盘是十分精密的设备，工作时磁头在盘片表面的浮动高度只有几微米。不工作时，磁头与盘片是接触的；硬盘在进行读/写操作时，一旦发生较大的震动，就可能造成磁头与数据区相撞击，导致盘片数据区损坏或划盘，甚至丢失硬盘内的文件信息。因此在工作时或关机后，主轴电机尚未停机之前，严禁搬运硬盘，以免磁头与盘片产生撞击而擦伤盘片表面的磁层。在硬盘的安装、拆卸过程中更要加倍小心，严禁摇晃、磕碰。

4. 为什么要注意防静电、防电磁干扰

硬盘驱动器的控制电路中有 CMOS 集成电路，这种集成电路对静电十分敏感，所以最好在防静电工作台上进行硬盘驱动器的维修工作。一般不要用手触摸驱动器背面的电路板，以防止静电损害电路板上的器件。当我们手执硬盘时，应该用手卡住硬盘两侧，尽量避免与其背面的电路板直接接触。单独存放和运输硬盘时，要把硬盘装入抗静电袋中。另外，还需注意的是不要把硬盘驱动器放置在磁场较强的区域，如音箱、喇叭、电机、电台、手机等附近，以免硬盘记录的资料因磁化而损坏。同时还应注意防止电磁干扰。

5. 为什么要保持合适的环境温度和湿度

按照硬盘驱动器的技术规范要求，硬盘合适的工作温度是 10~40°C，温度过高或过低都会使晶体振荡器的时钟主频发生漂移，温度偏高会造成驱动器上的器件的工作范围发生变化，磁介质也会因热胀效应而出现记录错误；温度过低会导致空气中的水分凝结在各芯片和组件上，容易造成短路。此外，硬盘工作时由于旋转会发热，因此使用过程中还要注意散热，保持良好的散热通道。合适的相对湿度是 20%~60%。相对湿度过高时，电子组件表面会吸附一层水膜，使电子线路逐渐氧化；相对湿度过低，容易出现静电荷积累现象，静电荷会吸附灰尘，容易损坏磁头和划伤磁盘片；静电过强还容易击穿 CMOS 电路。

6. 为什么要经常整理硬盘

硬盘的整理包括两方面的内容：一是根目录的整理，二是硬盘碎块的整理。

根目录一般存放系统文件和子目录文件，如 COMMAND.COM、CONFIG-SYS、AUTOEXEC.BAT 等个别文件，不要存放其他文件；DOS、Windows 等操作系统，文字处理系统及其他应用软件都应该分别建立一个子目录存放。一个清晰、整洁的目录结构会为工作带来方便，同时也避免了软件的重复放置及“垃圾文件”过多而浪费硬盘空间和影响运行速度。

硬盘在使用一段时间后，文件的反复存放、删除，往往会使许多文件，尤其是大文件在硬盘上占用的扇区不连续，看起来就像一个个碎块，硬盘上碎块过多会极大地影响硬盘的速度，甚至造成死机或程序不能正常运行，MS DOS 6.0 以上版本都提供了硬盘整理程序 DEFRAG，Windows 98 以上版本都提供了“磁盘碎片整理程序”。

7. 为什么要防止电脑病毒破坏硬盘

电脑病毒对硬盘中存储的信息是一个很大的威胁，所以应利用最新版本的杀毒软件对硬盘进行定期的病毒检测，发现病毒，应立即采取办法清除，尽量避免对硬盘进行格式化，因为硬盘格式化会丢失全部数据并减少硬盘的使用寿命。当从外来软盘拷贝信息到硬盘时，先要对软盘进行病毒检查，防止硬盘由此染上病毒，破坏硬盘内的数据。

8. 如何正确拿硬盘

硬盘属于高精度设备，正确的拿法是怎样的?

（1）硬盘拿在手上时别磕碰，这只是要求之一。

（2）气候干燥时极易产生静电，在这种情况下若不小心用手触摸硬盘背面的电路板，则静电就有可能会伤害到硬盘上的电子元件，导致无法正常运行。正确姿势应该是以手抓住硬盘两侧，并避免与其背面的电路板直接接触。此外，有些厂商会在其硬盘外部包上一层护膜，此护膜除具备防震功能外，更把电路板保护于其中，如此使用者在拿取硬盘时就可以少一些顾忌了。

9. 为什么要养成正确关闭系统的习惯

对 Windows 操作系统的用户来说，一定要养成正确关机的好习惯，即单击开始菜单，选择“关闭系统”一项关机。尽量不要随手关掉电源，因为这样可能会使磁头不能正确复位而使硬盘盘片受到划伤。

10. 如何让系统自动进行维护

我们可以为系统建立一个维护计划，然后由电脑自动按照计划规定的时间对硬盘进行维护，这样做效果可能会更好些。

具体操作步骤如下：

（1）执行“程序”|“附件”|“系统工具”|“计划任务”，启动 XP 的计划任务，并在该窗口双击“添加计划任务”图标，如图 1-1 所示，启动“计划任务向导”。

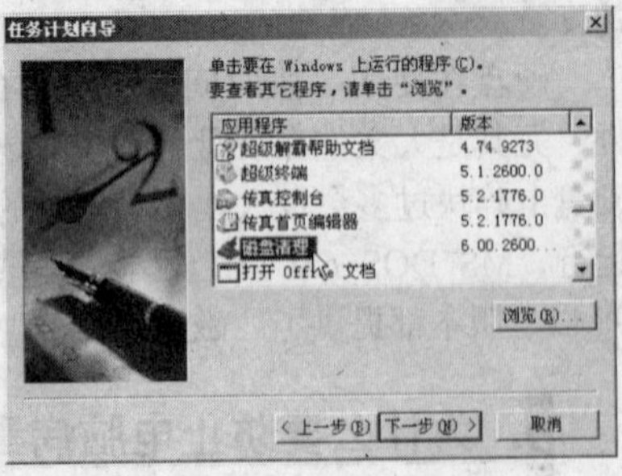

图 1-1

（2）在“应用程序”列表中选择所要运行的磁盘维护程序，这里选择的是“磁盘清理”，然后单击“下一步”按钮。如果所要选择的程序不在列表中，可以单击“浏览”按钮，在弹出的浏览窗口中查找。

（3）在打开的界面中选择执行维护的间隔周期，并单击“下一步”按钮。

（4）在出现的界面中选择每个周期中自动进行维护的具体时间，并单击“下一步”按钮。

（5）在出现的界面中输入用户名和密码（本地电脑），如果不输入用户名和密码，则计划任务可能不会运行，然后单击“下一步”按钮。

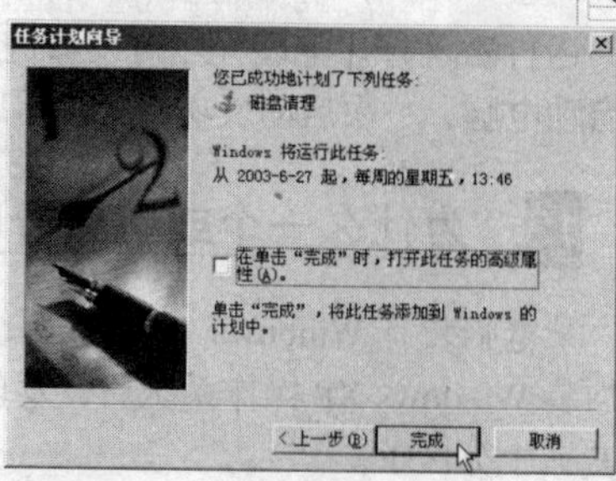

图 1-2

（6）在出现的如图 1-2 所示界面中单击“完成”按钮，这时所选择的维护程序被添加到计划任务中。

> **提示!!** 使用上面的方法，除了能将查错程序、磁盘碎片整理程序等系统维护程序添加到计划任务中，还可以将病毒扫描程序添加到系统的计划任务中，系统将自动启动这些维护程序对磁盘进行周期定时维护。

11. 如何禁止在 XP 下使用 U 盘或者移动硬盘

（1）如果用户有管理员权限的话，以管理员身份登录，执行“开始”|“运行”命令，在打开的对话框中输入 devmgmt.msc，展开到通用串行总线，双击下面的 USB ROOT HUB，将其设置为禁用就行了。

（2）如果用户没有管理员权限，则在 CMOS 里设置。启动电脑，按 Del 键，进入 CMOS 的 Advance Chip Settings 设置界面，关闭 USB ON Board 即可。

12. 为什么需连续两次开机才能正常运行操作系统

某 Pentium 4 电脑，硬盘容量为 60GB。使用 10 个月后，启动时出现故障，每次开机必须要人工连续启动两次才能正常运行操作系统。

首次开机后，屏幕能显示 Windows XP 开机画面，开机画面消失一段时间后，计算机就报告出现致命错误，但再次热启动电脑系统可以正常运行。通常，报告有致命错误发生的原因很可能是操作系统运行不正常，但第二次启动后系统能正常运行操作系统，说明硬盘本身并没有硬件故障，可能的一种原因是硬盘的工作效率下降，致使在第一次启动计算机时搜寻相关文件出错，而硬盘工作效率下降的一个重要因素是文件碎片太多。

运行磁盘碎片整理程序对硬盘进行整理。当硬盘全部整理完毕后，重新启动电脑，一次启动成功，问题得以圆满解决。

13. 为什么一个或数个分区不见了

某电脑装有 Windows 98 操作系统，分有 C，D，E 和 F 四个分区，为其加装 Windows XP 操作系统后，发现原有的 F 分区不见了，只剩下 C，D 和 E 三个分区了。

这可能是安装多操作系统失败的后遗症。因为现在微软发布的 Windows 2000 和 XP 都是支持 NTFS 格式的，在安装时可让用户进行格式化或转化分区格式为 NTFS，新手在不太了解的情况下可能选择了这种格式。如果 XP 的安装程序在转化格式的时候中途死机的话，很可能会破坏分区表；或是安装多操作系统后不正常卸载，直接删除 NT 内核的操作系统，也会导致分区表的错误。

另外，使用 Ghost 不当时，也可能导致分区的异常。比如一台电脑装的原来是 Windows 98 和 Windows 2000 双系统，Windows 2000 装在 G 盘。当 Windows 98 崩溃后，使用 Ghost 恢复，因为原来备份 Windows 98 的时候尚未安装 Windows 2000，所以现在启动时没有显示系统选择菜单就进入了 Windows 98，而且在“我的电脑”里也看不见 G 盘了，原因是安装 Windows 2000 时将 G 盘格式化为 NTFS 了，而 Windows 98 无论是其图形界面还是其启动盘都不支持 NTFS 格式，所以导致分区异常。用户在购买电脑时，有的技术人员图省事，直接用 GHSOT 的方式来安装操作系统，所以可能在 Windows 98 中能看到所有分区，但在纯 DOS 模式下却不能访问后面的一个或几个分区。这是因为其 Ghost 备份和你的电脑硬件不相同而导致分区表 BUG。

需要用 Windows 的安装程序修复，或是重装系统。实在不行的话，只有备份好数据后重新用 FDISK 分区。

14. 为什么硬盘在 BIOS 中有时能找到，有时又找不到

使用 BIOS 中的磁盘检测功能有时候能找到硬盘，有时候却不行。

造成这种故障的原因可能有：

（1）主板的 IDE 控制器有问题。

（2）硬盘的接口电路故障或者是硬盘的磁臂控制电路或磁头有问题，无法正常读取数据。

（3）硬盘的供电电压不稳，供电正常时就能找到硬盘，供电偏低时硬盘丢失。

（4）主机超频，造成硬盘的时钟频率过高，而出现不稳定的情况。

（5）硬盘的数据线和硬盘接口有问题，硬盘的电源接口接触不良所致。

15. 为什么电脑加电后系统没有检测到硬盘

某 Pentium 4 电脑，加电后系统无法检测到硬盘。

发生这种故障通常有以下几种原因：

（1）如果电源线和数据线没有正确连接到硬盘或者没有完全插入硬盘相应接口以及电源和数据线本身损坏，都会导致电脑无法检测到硬盘。

（2）一般 CMOS 设置程序都有硬盘自动检测功能，若 CMOS 设置程序中基本硬盘检测设成关闭，系统就不能检测到硬盘，另外，CMOS 设置程序中与硬盘相关的其他参数如果设置有误，通电自检也识别不了硬盘。

打开主机的机箱，检查带有 4 针连接器的电源线是否正确紧插在硬盘电源接口中，最好是先将其拔出再重新安装。一般来说，只有当电源连接器插入方向正确时，才能把它完全插入硬盘电源接口，并且两者连接较紧，需用力才能拔出。数据线连接也有类似情形。同时，还可以检查电源本身的情况，以确保电源无故障。方法是：加电后，用万用表测量针 1 和针 4 的电压，正常情况下测得的电压应分别是+12V 和+5V，若电压异常或无供电，则说明是电源问题。

（1）检查数据线：观察数据线是否完好，若有破损或断裂的情况，应更换数据线；如果确信数据线完好，则检查数据线两端是否同硬盘和主板上的硬盘控制器正确相连。

（2）检查 CMOS 设置：开机后，进入 CMOS 设置程序，先检查“Primary hard drive 0”项，这一项有几个选择，“Auto”表示开机自动检测基本硬盘，“Off”表示不进行检测。这里我们应当将其设置为“Auto”。同时，还应检查其他设置，确认为硬盘设置的各种参数如磁头数、柱面数、磁道扇区数等都正确无误。

16. 为什么换新硬盘后，加电启动出现黑屏故障

某台电脑原先使用正常，为其更换了一块新硬盘，在系统加电后就一直黑屏。

开机就出现黑屏，表明显示器没有信号输入，系统根本没有自检，而

以前计算机工作正常。出现这种毛病的最大原因就是硬盘数据线接反。

打开机箱，拔出硬盘数据线，仔细观察数据线的顺序标志，一般在接头的地方第一针标有“1”字样，其对应信号线为红色。确保再次连接时硬盘数据线接入方向正确无误。另外，质量好的数据线在插入方向搞反时，一般无法或者很难插入硬盘接口。如果反方向也能轻松插入，说明数据线有质量问题，应加以更换。

17. 如何解决听音乐时读/写硬盘声音受干扰的问题

在用电脑听音乐时，只要有对硬盘进行读写操作，声音就会变得断断续续，并且伴有刺耳的吱啦声。

出现这种情况的原因主要是声卡和硬盘争夺系统总线的资源造成的。

（1）用鼠标右键选择“我的电脑”|“属性”选项，在弹出“系统 属性”对话框中选择“设备管理器”，打开如图 1-3 所示的“设备管理器”窗口。

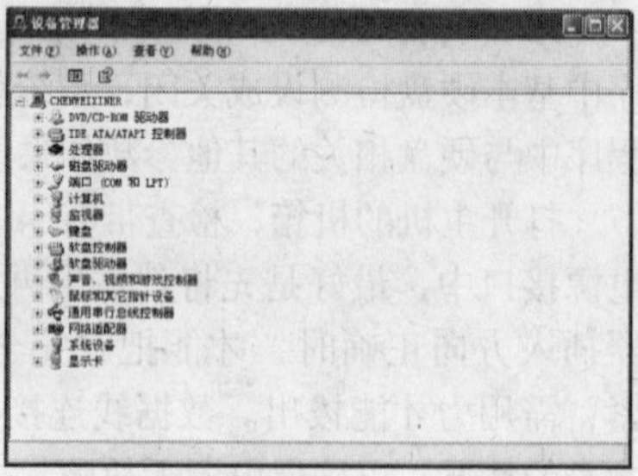

图 1-3

（2）展开“磁盘驱动器”分支，选中需要的磁盘，单击鼠标右键，在弹出的快捷菜单中选择“属性”。

（3）在弹出的对话框中去掉“DMA”前的选择，然后单击“确定”按钮。

（4）再单击“确定”按钮，然后关闭系统属性窗口。

（5）重新启动电脑，如果问题还未解决就可能是声卡太老的原因，此时就只能更换声卡了。

18. 为什么 BIOS 有时候能检测到硬盘，有时候却无法检测到硬盘

硬盘原本工作正常，后来因电脑被移动到另一位置，硬盘驱动器就开始出故障。开机后有时 BIOS 检测得到硬盘，有时却检测不到。当检测不到硬盘时，敲打主机箱，重新启动电脑后有时又可以检测到硬盘。

很可能是硬盘驱动器的电源线或者数据线跟设备接触不良，敲打之后又可以检测到硬盘驱动器就充分说明这一问题。

打开机箱，重新打开电源，仔细分辨硬盘的主轴电机是否有旋转时产

生的声音。如果没有动静，说明电源线接入有问题。这时要先断开电源，拔出硬盘的电源线，然后重新正确接上。再次打开电源判断硬盘驱动器电机是否已开始旋转。如果确信电源线连接没有问题，就应该检查数据线的连接情况。仍然采用拔插法设置数据线，或者更换数据线一试。如果上述方法都无效，说明硬盘很可能出现了硬件故障，比如磁头贴盘片太紧，以至主轴电机无法转动。这时就应该及时备份硬盘资料，并把硬盘送检。

19. 为什么安装第二块硬盘后，开机自检没有检测到新硬盘

某 Pentium 4 电脑，原来接有一块 60GB 的硬盘，由于是做设计用的，随着硬盘上的数据越来越多，原有的硬盘就不够用了，于是就买来一块 120GB 的大硬盘，为了省却重装软件的麻烦，就把新硬盘作为从盘接在电脑上，但开机自检没有检测到新硬盘。

这类问题主要是由硬盘跳线设置或 CMOS 设置不当引起的。一台电脑通常只有两个 IDE 接口，其中一根数据线用来接硬盘，另一根用来接其他 IDE 设备，如光盘驱动器等。如果要在同一根数据线上安装两个硬盘，则必须对两块硬盘进行跳线设置，把它们分别设置成主盘和从盘，否则安装后开机会出错。由于硬盘出厂时一般都设置主盘模式，所以跳线问题多半是从盘设置出错。硬盘跳线器大多设在电源线接口和数据线接口之间（也有设在电路板上的），它通常由 3 组（6 或 7）针或 4 组（8 或 9）针再加一个或两个跳线连接器组成。硬盘上还印有设置主盘（Master）和从盘（Slave）的跳线方法或图例，应根据这些说明来设置跳线。各类硬盘的跳线方法和标记说明大同小异，比如昆腾硬盘的跳线器通常有 9 针 4 组，其中一根叫“Key”，用于定位以便用户正确识别跳线位置。还需注意的是，有些跳线设置由硬盘跳线器和 40 芯特制硬盘线配合确定，硬盘主从状态设置取决于硬盘连接在数据线上的顺序。通常接在数据线中段插孔的硬盘是主盘，接在数据线末端插孔的硬盘就是从盘。

先把硬盘跳线设置成“电缆选择有效”（Cable Select），然后根据需要将主、从盘接在对应的数据线接口上。采用这种方法设置主、从盘时，必须将接在同一数据线上所有的 IDE 接口设备（包括光驱等）跳线器设置成“电缆选择”状态。 还要注意的是，决定硬盘主、从盘状态 40 芯数据线比较特殊，它是将普通 40 芯硬盘线的第 28 根线（从第 1 根红线或其他标记开始数）在两个硬盘插空之间的位置上切断后做成的，切线时不能弄断其他线。这种用数据线确定主、从盘状态的优点是使用方便，当需要交换硬

盘主、从状态时只要将两个硬盘的位置互换即可，不需要对硬盘重新跳线。如果跳线设置正确，就应检查 CMOS 的设置情况。通常出错的原因是“Primary hard drive 1”设置成了 Off（关闭状态），应该将其改为 Auto（自动）。硬盘的跳线设置如图 1-4 所示，希捷硬盘跳线设置如表 1-1 所示。

图 1-4

表 1-1 希捷硬盘跳线设置

设置方式	跳线设置示意图	设置方式	跳线设置示意图
从盘		非 ATA 兼容主、从盘	
主盘或独盘		限制驱动器容量为 2.1GB	
线缆选择			

20. 为什么增加一块硬盘后，电脑检测不到新硬盘或报告找不到光盘驱动器

向第二根 IDE 数据线新增一块硬盘，但电脑检测不到新硬盘或报告找不到光盘驱动器。

新增硬盘与光驱等设备一起接到第二根 IDE 数据线上时，也存在跳线问题。这种故障一般可判断为光驱等设备的主、从盘设置同新添硬盘的跳线设置发生冲突。

重新设置光驱和新硬盘的跳线，或者把新硬盘按设置要求接到第一根 IDE 数据线上。

21. 公共机房的电脑硬盘保护是如何实现的

公共机房的电脑一般都设有硬盘保护，每次重新启动时，都会自动恢复到最初的设置状态，下载的文件只能保存在 D 盘，在其他地方则不能保存。如果把文件删除，电脑重新启动后又会恢复，这是怎么设置的？如何修改这种设置?

为了防止用户有意或者无意更改计算机硬盘中的数据，一般公共机房的计算机中都安装了硬盘保护卡。其作用是禁止写硬盘中被保护的区域。通常是把物理硬盘分为多个逻辑盘，对其中存放操作系统和重要软件的某个或者某几个逻辑盘设置了写保护，凡是设置了写保护的区域既不能写也不能删除。即使看起来写入的信息实际上不能保存，而删除了的内容只要重启系统后就会自行恢复。一般这种磁盘写保护的功能是由硬件实现的。因此不能通过改变软件设置的办法来修改。

22. 为什么安装双硬盘后电脑故障频频，但其中的任何一块硬盘单独工作时却很正常

硬盘跳线设置无误，但安装双硬盘后电脑不是检测不到其中一个硬盘，就是工作不正常，动辄死机，但让它们单独工作时，却一点问题都没有。

出现这种情况多半是因为不同品牌硬盘之间的兼容性问题或定时问题造成的。由于不同品牌的硬盘在结构设计、工作时序、芯片参数、盘片转速等方面各有不同，所以尽管跳线设置正确，但把它们安装在同一数据线上时仍可能会出现不兼容问题或定时问题，从而使电脑系统发生混乱，其结果可能是 BIOS 只能识别一个硬盘或者系统不稳定。

可尝试将两块硬盘分别接在不同的数据线上使用；如果必须使用同一数据线，那么可把两块硬盘的主、从关系对换一下再试。需要注意的是，光驱最好接在 IDE2 上并始终设成从设备。当然，如果条件允许，在新增硬盘时，应优先选择相同品牌的硬盘。

23. 为什么对硬盘进行读/写操作后，硬盘指示灯一直闪烁不停

某台兼容机，硬盘能够被正确访问，但对硬盘进行读/写操作后，硬盘指示灯就一直闪烁不停。

该故障其实通常跟硬盘并没有多大关系，因为它能够对硬盘进行正常读/写操作，很可能是在装机时硬盘指示灯的接线不当。

检查驱动器和驱动器控制器的硬盘指示灯跳线设置，看看硬盘指示灯跳线是锁存模式还是活动模式。该跳线应设置成活动模式，这样指示灯在硬盘被访问时才会闪烁。需要注意的是，某些硬盘，特别是一些 SCSI 硬

盘，利用硬盘指示灯来指示硬盘或者控制器出错。这种情况下，就需要仔细查阅硬盘说明书，以确认不同的闪烁到底代表哪种硬盘故障类型。

24. 为什么开机后，系统报告硬盘驱动器控制器错误

开机后系统报告找不到硬盘或硬盘没有准备好，屏幕显示：HDD controller failure Press F1 to Resume（硬盘驱动器控制器错误，按 F1 键继续）。

出现这种现象有多种原因。可能的原因是硬盘电源线或数据线连接不好、脱落或损坏。最糟糕的原因则是硬盘驱动器硬件损坏。

检查电源线是否连接正确，可以采用拔插法把电源线重新连接一次，确保其已完全插入硬盘电源接口；如果发现电源线损坏，应立即更换。若电源线连接没有问题，应用类似办法检查数据线。另外，还应检查 CMOS 设置，使用 BIOS 的自动检测硬盘功能。如果上述方法均不奏效的话，则说明硬盘驱动器或主板上的硬盘控制卡有故障，可用一无故障硬盘替换该硬盘；如果启动后主机同样报错，说明是主板上硬盘控制卡有故障，应更换之；如果能检测到硬盘，说明原来这块硬盘已坏，需送检修或更换新硬盘。

25. 为什么电脑突然死机后，热启动过程中提示主硬盘出错

电脑在运行过程中突然死机，死机前的瞬间硬盘驱动器还转个不停，接着对该电脑热启动，启动过程中电脑屏幕显示：Primaster HDD error…

上述错误信息表明 CMOS 没有检测到硬盘。由于死机前硬盘转动不停，所以故障原因多半是当硬盘驱动器还在高速运转时，突然碰到死机（等同于非正常关机），结果硬盘驱动器磁头就没有能够准确回到着陆区，形成了磁头定位偏差，以至于再次热启动时 CMOS 检测硬盘失败。如果出现这类情况，说明该硬盘存在质量缺陷，值得加以重视。

断开电脑电源，等上一分钟再重新开机，这时硬盘会进行磁头定位，这有助于磁头回到正确的位置，或者把此硬盘拿到另一台电脑上使用一段时间，以帮助校正磁头。

26. 为什么开机时硬盘无法自检

开机时硬盘无法自检，系统显示出错信息：Drive not ready error Insert Boot Diskette in A Press any key when ready...（硬盘驱动器未准备好，请插入引导盘到 A 驱动器，按任意键继续）。

这类现象是由一些与硬盘相关的硬件故障引起的。这些硬件故障可根据开机自检后所提示的信息来进行分析。上述问题多半是由于 CMOS 供电不足，造成 CMOS 信息丢失所引起。

更换主板上为 BIOS 供电的电池，故障排除。

27. 为什么硬盘变“大”了

硬盘大小实际为 40GB，某天开机发现自检程序识别为 90GB，而且不能进入系统。

根据现象推断，可能是 CMOS 参数有错误，或者是主板、硬盘出现故障。放电清除 CMOS 设置后故障依然，说明是主板或者硬盘的原因。经过仔细检查，发现硬盘的电源接口中断了一根针。分析原因，应该是硬盘没有正常供电，不但无法正常引导进入操作系统，还让自检程序没有获得正确的数据。送维修单位修理后，故障排除，硬盘上的数据也没有丢失。

28. 为什么转换文件格式后，C 盘丢失

用驱动器转换器把 C 盘从 FAT16 转换为 FAT32 文件系统后，找不到 C 盘。

这种故障并不普遍，但在 Windows 98 操作系统中的确存在这种现象。发生这种故障后，如果用软盘启动系统，会发现原来的 C 盘找不到，原来的 D 盘变成了 C 盘。这种故障可能是由于操作系统因某些原因运行不稳定，造成文件分配表不能被操作系统承认所致。

用系统软盘启动电脑后，运行 Partition Magic 软件（该软件可以自动找到“丢失”的硬盘），然后再把文件分配表重新调整回来即可。如果以前安装的部分软件不能正常运行，可重新安装软件。

29. 为什么压缩分区后，系统出错

某电脑安装了 Windows 98 操作系统，其硬盘分为三个区。当用户使用 Drive Space 对 E 区进行压缩时，系统显示错误信息：Drive E cannot be compressed because it is a FAT32 drive。

该提示信息的意思为 E 盘是 FAT32 格式，无法被压缩。这实际上是因为 Drive Space 只能利用 FAT12 和 FAT16 文件系统进行工作，它无法用于使用 FAT32 文件系统的硬盘。

目前，用 Windows 自带的磁盘压缩工具是不能对使用 FAT32 文件系统的硬盘进行压缩的。用户可以使用一些第三方支持 FAT32 的磁盘压缩工具进

行压缩。

30. 为什么无法对硬盘进行格式化

用 Format 命令对硬盘作高级格式化，当进行到大约 30%的时候，格式化进度就一直停滞不前，等待很长时间后，格式化进程终止。

当操作系统对硬盘格式化时，要读取各扇区的标识（ID）信息。当读到某些位置的扇区时，如果扇区的 ID 信息出错，或者扇区物理受损导致根本无法读出信息，格式化过程就会反复对这部分扇区进行读操作，企图读出其中的信息，但总是出错。从表面上看，格式化进程出现停顿。

出现这种情况说明硬盘的一些区域可能有坏扇区。此时可按键盘组合键 Ctrl+Break 强行终止格式化过程，然后进行如下处理：

（1）使用 Scandisk 修复逻辑坏道：在 DOS 环境下运行 Windows 自带的 Scandisk，选择表面检测，如果发现了坏扇区，按照提示进行修复即可。

（2）使用 Fbdisk 将坏扇区自动重新分区，将所有坏扇区隐藏，还自动将坏扇区分开，防止坏扇区扩散。

Fbdisk 的下载地址如下：

http://www.jhdz.com.cn/personnel/patchhome/openfile.asp?TableName=debugsoft&Type=酷品推荐&FileName=download\fbdisk10.zip

31. 硬盘出现了坏道该怎么办

硬盘上出现了坏道，使用 Windows 系统自带的磁盘扫描工具和 NDD 都不能成功修复。

一般情况下，使用 Scandisk，NDD 无法修复的坏道，分区格式化后依然存在的坏道，都属于物理坏道。对于物理坏道，可以通过划分单独的分区并隐藏来处理，也可以尝试低级格式化，但低级格式化的效果不好而且对硬盘有物理损伤。抱着尝试的心理，使用 DM 软件对有坏道的硬盘进行了“清零”操作（使用【Advanced Options】》【Maintenance Options】》【Zero Filling】命令，就是将硬盘的所有空间写入 0）。然后重新分区格式化，安装操作系统，使用一直正常。说明硬盘的坏道还是属于逻辑坏道，虽然通过各种软件无法修复。

32. 为什么开机时屏幕显示"No Rom Basic，System halted"

开机系统自检完成后，显示器屏幕显示"No Rom Basic，System halted"。

出现上述提示的原因可能是引导区资料损坏，或者是系统被病毒感染，或者是分区表中没有自举标志，或者结束标志单元的内容被改写，而非正常标志 55AAH。

用相应的系统启动软盘启动电脑，运行"Fdisk/MBR"命令，此命令可以恢复主引导记录，并重新写入正确的结束标志。这种方法对于修复主引导记录和结束标志非常简便。如果分区表中没有自举标志，可用诺顿磁盘医生 NDD 快速恢复。

33. 为什么开机时屏幕显示"HDD Controller Failure"

启动电脑时，屏幕出现错误信息"HDD Controller Failure"，无法正常启动。

错误信息的大意是硬盘控制器启动失败，打开机箱检查硬盘的连接情况，发现数据线插反了，电源线连接正确。将数据线重新插好后，开机正常。

提示!!

> 如果硬盘的数据线和电源线没有正常连接，或者接触不良，就会出现与此故障类似的情况。

34. 为什么开机时找不到操作系统

开机时硬盘无法自检，系统找不到操作系统，屏幕显示"Missing Operating System"。

这种故障现象比较严重。产生这种故障的主要原因是硬盘主引导扇区资料被破坏，如硬盘主引导标志或分区标志被更改或丢失，导致硬盘无法自检。病毒往往是这种故障的罪魁祸首，它用错误的资料覆盖了主引导扇区。

首先应使用杀毒软件清除病毒，其次是对硬盘进行修复。一些常见的杀毒软件和工具软件，如 KV3000、PCTOOLS、NDD 等都提供了硬盘修复功能，使用这类软件一般能解决问题。

如果没有此类工具软件，可尝试使用 DOS 下的 DEBUG 程序，硬盘的正确引导标志是 55AA，它位于主引导记录中最后两个字节上，只要恢复了正确的系统引导标志，就应该能恢复硬盘。具体方法是：用一张干净的

DOS 启动盘启动电脑，屏幕显示盘符提示 A:\>后，运行调试命令：

```
A:\>DEBUG（进入 DEBUG 程序）
–A 100（增加下面的命令）
100 MOV AX，0201;读引导记录操作
103 MOV BX，0200
106 MOV CX，0001
109 MOV DX，0080
10C INT 13
10E INT 20
110 <CR>
–G=100
–E 3FE 55AA;修改引导标志为 55AA
–A 100
100 MOV AX，0301;写操作
–Q;退出 DEBUG 程序
```

或者尝试将全 0 资料写入主引导扇区，然后对硬盘重新分区和格式化。命令格式如下：

```
A:\>DEBUG
–F 100 3FF0;将资料区的内容清为 0
–A 400;增加下面的命令
100 MOV AX，0301
103 MOV BX，0100
106 MOV CX，0001
109 MOV DX，0080
10C INT 13
10E INT 03
–G=400;执行对磁盘进行操作的命令
–Q
```

这种方法一般能使硬盘复活，但需要重新分区和格式化，原先保存的资料因此全部丢失。

35. 为什么开机时屏幕显示“Bad or missing command interpreter”

开机后，屏幕显示“Bad or missing command interpreter”。

这种错误提示表明系统文件 command.com 损坏或者丢失，这可能是因

为病毒发作或者杀毒后文件被破坏造成的。

从相同版本的系统启动盘中找到 command.com 文件，将其拷贝到故障电脑的 C 盘根目录下和\windows 目录下即可。

36. 为什么系统显示“Starting Windows…”后死机

启动电脑时，当系统显示“Starting Windows…”后，就一直停止，直至死机。

一般来说，这是由于 CONFIG.SYS 和 AUTOEXC.BAT 中的可执行文件本身已经损坏，使得系统在执行此文件时死机。这个故障非常简单，但因为没有什么故障信息，一般人很容易出现误判。

当出现这种现象，并且确信系统文件是完好的，便可以删除 CONFIG.SYS 和 AUTOEXC.BAT 这两个文件，或者当屏幕显示以上信息时，快速按下 F8 键，然后选择单步执行，找出已经损坏的文件，并用正常文件替换。

37. 为什么电脑突然断电后再启动电脑时，发生死机现象，无法运行操作系统

某电脑在工作过程中突然遇到断电，此后再启动电脑，就发生死机现象，无法运行操作系统。

突然停电前的时刻，硬盘指示灯闪烁不止，表明正在进行读/写操作。来电后重新开机，系统能自检通过，但进入 Windows 98 欢迎画面后，系统就停滞不前，发生死机，并且硬盘吱吱作响。采用 Windows 98 启动盘进行启动后，电脑提醒检查 CMOS 设置和硬盘设置，或者用其他硬盘工具检查硬盘。根据这种信息判断，很可能是由于突然断电，使 BIOS 设置产生混乱，应重新对 CMOS 进行设置。

开机后进入 CMOS 设置，发现硬盘参数发生改变，选择“Load Defaults”一项，恢复缺省的 CMOS 设置，保存设置后退出。重新启动电脑，故障得以排除。

38. 错误格式化硬盘后，如何恢复硬盘数据

硬盘不能引导系统，显示系统缺失。表现在开机后屏幕上出现“Error loading operating system”或“Missing operating system”的提示信息。

在 DOS 高版本状态下，FORMAT 格式化操作在缺省状态下都建立了

用于恢复格式化的磁盘信息，就是把磁盘的 DOS 引导扇区、FAT 分区表及目录表的所有内容复制到了磁盘的最后几个扇区中，而数据区中的内容根本没有改变。

遇到这样的情况，运行 UNFORMAT 命令即可恢复。

DOS 还提供了一个 MIROR 命令用于记录当前磁盘的信息，供格式化或删除之后的恢复使用，此方法也比较有效。

39. 为什么关闭电源后再开机，系统找不到硬盘

电脑在关闭电源后一小时内重新开机，结果找不到硬盘，屏幕显示信息：

PnP Init Completed

Found CDROM:CD – ROM cdu311

Hard disk（s） Diagnosis fail.

同时硬盘灯长时间闪亮，光驱及软驱灯亮后即灭。

按 F1 键，则显示：

Disk boot failure，Insert System disk and press Enter…

如按 Del 键，则在标准 CMOS 设置中有硬盘 User 4302……等信息。但在自动检测硬盘时，这些信息将变为 0。但如果下次开机时间距上次关机时间超过一小时，则开机时一切正常。

这种现象说明硬盘的设置和连接均没有问题，操作系统也属正常，否则是无法在一小时后成功启动的。根据经验，这是硬盘的原因，通常是由于硬盘在关闭电源后，其磁头无法迅速回到初始位置，从而导致再次开机时硬盘驱动器自检失败。

打开机箱，在硬盘封壳上轻敲几下，可以帮助磁头复位，从而有可能使硬盘回到正常状态。

40. 为什么选择 DMA 后硬盘无法使用

在 Windows 98 下选择了硬盘的 DMA 工作模式后，重新启动时，一进入 Windows 98 就死机。

之所以会出现这个问题，主要原因有两个：一是该硬盘可能不支持 DMA 工作模式；二是 DMA 控制器有冲突所致。

开机以安全模式引导 Windows 98，在“开始”|“设置”|“控制面板”|“系统”|“设备管理器”中删除“磁盘驱动器”项下的“GENERIC IDE DISK TYPE47 硬盘”，重新启动后，系统会提示发现新设备，这时只要重新安装硬盘控制器的驱动程序，故障即可排除。

41. 为什么 C 盘丢失后，运行 Fdisk 命令就死机

分区表损坏致使 C 盘丢失，Fdisk 命令不起作用，运行此命令就会死机。

分区表损坏的原因较多，如对硬盘再次分区时有误操作，病毒破坏主引导记录等等。分区表被破坏以后，系统引导过程无法通过分区表找到操作系统，用启动盘启动之后，找不到 C 盘。把这个硬盘作为从盘挂到其他电脑上，也没法读出其中的资料。这时拯救硬盘的唯一办法是修复文件分区表。

有如下两种处理方法：

方法 1：使用 KV3000 硬盘急救工具箱。用 KV3000 盘引导电脑，进入 A:\>，键入 KV3000 后回车，根据屏幕显示的功能键提示，按 F6 键可查看硬盘 0 面 0 柱 1 扇区主引导信息是否正常。此时在主引导信息表中，没有发现代表主引导信息正常的第二、第三种关键代码，即闪动的红色的“80”和“55AA”，按 PgDn 键翻页，在以后的扇区中发现了闪动的红色的“80”和“55AA”并响了一声，屏幕此时提示：“F9=Save To Side 0 Cglinder 0 Sector 1!!!”按一下 F9 键，就可将找到的硬盘主引导信息恢复到硬盘 0 面 0 柱 1 扇区中，按 Esc 键退出，重新引导主机，引导成功。

方法 2：仍然用 KV3000 解决问题。首先准备一张 KV3000 杀毒软盘和一个分区表无误的好硬盘。用 KV3000 杀毒盘启动安装有好硬盘的电脑，在 A 盘提示符下输入命令 KV3000/b 并回车，这时根据提示插入另一张软盘以保存分区表信息，其缺省文件名是 HDPT.DAT，即硬盘分区表数据文件。再用 KV3000 启动装有故障硬盘的电脑，然后插入保存分区表信息的软盘，键入命令：KV3000/hdpt.dat 并回车，这样就把好盘的分区表信息写入到故障盘的分区表。重新启动电脑后，发现识别出的硬盘跟所用好硬盘的分区一样，可以用 Fdisk 对硬盘重新分区。但需要注意的是，由于所用的分区表信息跟硬盘原有的不同，因此恢复后硬盘上所有文件的结构都被破坏，只能对硬盘格式化重装系统。如果要保证原来的资料能正常使用，则要求用来恢复分区表的分区表必须跟硬盘出故障前的分区表相同，这一点很难保证，所以要在硬盘发生故障之前就用 KV3000 备份分区表，做到有备无患。或者是用 KV3000 恢复以后，找到最先为此硬盘分区所使用的启动盘，用它来恢复主引导记录。具体做法是在提示符 C: > 下输入命令 FDISK/MBR，这样就能恢复原来的分区表。

42. 为什么硬盘能正常使用，但无法对硬盘重新分区

硬盘能正常使用，但无法对硬盘重新分区。经查硬盘上无病毒，分区表信息也正确。

硬盘无法重新分区通常表现为：用 Fdisk 命令对硬盘分区后，原来的分区设置一点也没有发生改变。在这种情况下用 Format 命令对硬盘格式化，系统就会提示写入分区表信息出错。但在此前，硬盘能正常使用，分区表没有问题，也没有被病毒感染，说明故障与 CMOS 设置有关。

开机进入 CMOS 设置菜单，在主板的病毒防护功能菜单中找到硬盘引导扇区 Fixed Disk boot sector 项（主板不同，该项的名称也可能不一样），结果发现这一项被设成了写保护，将该项设置改成 Normal 并保存设置，重新启动电脑后，问题得到解决。

43. 当误删除了硬盘的分区后该怎么办

当分区被误删除后，如果企图访问硬盘，系统会报告无效驱动器错误，使得我们误以为硬盘中的资料完全被毁。其实，删除分区表只是改写了硬盘的主引导扇区（0 面 0 道 1 扇区）中的内容，虽然硬盘分区表信息被删除，但硬盘各分区的资料却完好无损。

只需重新恢复原来的分区表信息，就能挽救硬盘的资料。方法如下：

首先准备一张 KV3000 杀毒软盘和一个分区表无误的好硬盘。用 KV3000 杀毒盘启动安装有好硬盘的电脑，在 A 盘提示符下输入命令 KV3000/b 并回车，这时根据提示插入另一张软盘以保存分区表信息，其缺省文件名是 HDPT.DAT，即硬盘分区表数据文件。再用 KV3000 启动装有故障硬盘的电脑，然后插入保存分区表信息的软盘，键入命令：KV3000/hdpt.dat 并回车，这样就把好盘的分区表信息写入到故障盘的分区表。

提示!!

> 当分区表被误删除后，一定不要急着用 Fdisk 命令重建分区。因为重建分区之后，就必须再对硬盘作高级格式化，文件分配表会被改写。一旦文件分配表跟以前的不一样，就再也无法恢复资料了。

再次强调，为了防患于未然，一定要对分区表信息进行备份处理。

44. 为什么对硬盘进行分区和格式化后，仍然不能清除硬盘上的病毒

硬盘被发现感染有病毒，重新对该硬盘分区和格式化后，发现仍然存在病毒。

一般情况下，通过对硬盘重新分区和格式化，就可以把附在文件上的病毒都清除掉。但上述故障现象表明，病毒并非存在于数据区，而是深藏在硬盘的引导区里，这种病毒通常就是引导型病毒。为什么引导型病毒没有被格式化掉呢？原来，由于在引导扇区中保存的是主引导记录，对硬盘重新分区后，格式化操作并不完全重写主引导区的内容，仅仅是重新改写分区表信息。所以，隐藏在引导区的病毒并没有被清除掉。

利用 KV3000 可查杀引导型病毒。或者找一张跟原来系统版本一致，确保无病毒的启动盘，用它启动电脑后运行 FDISK\MBR 命令重写主引导记录即可。

45. 为什么无法读取指定的设备，与系统相连的设备无法正常运转

从硬盘上读某个文件时，进程非常缓慢，最后系统提示：无法读取指定的设备。与系统相连的设备无法正常运转。

出现这种错误报告，说明硬盘的扇区有损伤，而要读取的文件的一部分正好保存在这个坏扇区里。出现坏扇区是用户最不愿意看到的故障，一方面它表明盘片本身出了毛病，硬盘的使用寿命可能快要结束了；另一方面，保存在坏扇区里的文件可能因无法修补而丢失，如果这些文件是重要的数据而又没有备份，则损失就大了。

硬盘出现坏扇区后，还有一些现象：读取某个文件或运行某个软件时经常出错，或者要经过很长时间才能操作成功，其间硬盘不断读盘并发出刺耳的杂音，这意味着硬盘上载有数据的某些扇区已坏；开机时系统不能通过硬盘引导，软盘启动后可以转到硬盘盘符，但无法进入，用 SYS 命令传导系统也不能成功。这种情况比较严重，很有可能是硬盘的引导扇区出了问题，使用电脑时频繁报告出现致命错误。

解决措施如下：

首先用最方便的办法，即利用 Windows 自带的磁盘扫描程序。

（1）在 Windows 98 的资源管理器里选中可能有坏扇区的硬盘盘符，

单击鼠标右键，在弹出的快捷菜单中选择“属性”。

（2）在“工具”选项卡中选择“开始检查”。

（3）在弹出的窗口中勾选扫描类型栏中“完全”单选框，并选中下面“自动修复错误”的复选框，以便对可能出现的坏簇作自动修正。

（4）单击“开始”按钮，对硬盘的盘面进行完全扫描。

扫描过程所花费的时间视硬盘容量的大小和损坏程度而定。

> **提示!!** 对于不能通过硬盘启动进入 Windows 98 的情况，则可用 Windows 98 的启动盘引导电脑，然后在 A: > 提示符后键入 scandisk X: 来扫描硬盘，其中 X 代表某个硬盘的盘符，程序会以黑底红字的 B（bad）把坏簇标出。

但是，磁盘扫描程序并不能自动修复坏扇区，它只不过是标记出已损坏的扇区，以避免今后再用到这些扇区。

46. 如何用分区魔术师 PartitionMagic 8.0 对坏扇区进行处理

PartitionMagic 8.0 软件的中文版可在以下地址下载：
http://www.hanzify.org/detail.asp?SOFT_ID=5712
http://www.91now.com/downsky/soft/663.htm
具体操作步骤如下：

（1）关闭所有应用程序。

（2）启动 Partion Magic 后，首先在窗口的右下区域选择一个分区，然后执行菜单命令“分区”|“检查错误”检查分区，检查完毕，给出一个类似如图 1-5 所示的结果。

（3）如果发现错误分区，则单击图中的“修理”按钮进行修复即可。

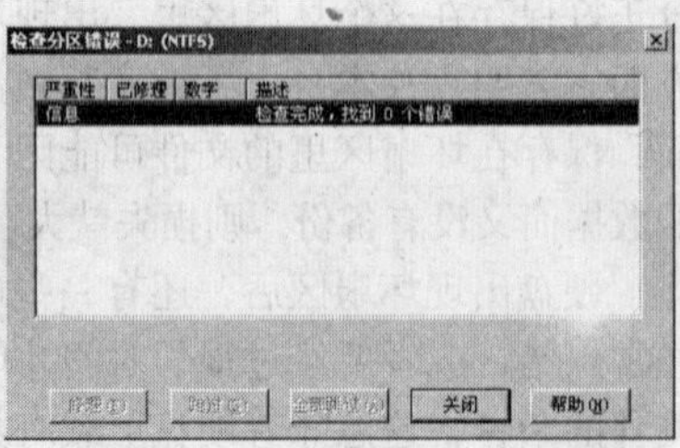

图 1-35

47. 为什么硬盘从高处摔落后就无法引导系统

硬盘从高处摔落后损坏，无法引导系统。

硬盘是精密的机电产品，当它受到外力冲撞时，如掉落在地、硬盘的磁头定位机构等精密结构变形受损或者盘片出现划痕，这些都会导致硬盘故障。

另找一块装有系统的好硬盘作为主盘接到电脑上（或另找一台能正常运转的电脑），把摔坏的盘作为从盘。启动电脑后，如果能把从盘的分区大部分都识别出来的话，就说明只是盘片损伤，接下来标记并隐藏坏区，或者对磁盘作低级格式化即可；否则，只能报废了。

48. 为什么无法运行磁盘清理程序

在运行“磁盘清理程序”时，系统突然提示执行了非法操作，即将被关闭，然后就只好执行系统的“关闭”操作。但实际上此时并没有执行非法操作。

要搞清楚这个问题，首先我们要知道：“磁盘清理程序”在搜索驱动器后，会列出驱动器上的临时文件、Internet 缓存文件和可以安全删除的不需要的文件，以便最大限度地释放硬盘空间。但如果系统报告硬盘存在错误，则“磁盘清理程序”将无法进行正常运行，但不一定是执行了非法操作。

首先运行“磁盘扫描程序”对硬盘进行查错处理，然后再运行磁盘清理程序。

运行“磁盘扫描程序”的操作步骤如下：

（1）在“我的电脑”中右击需查错的驱动器（如 C:），选择“属性”，打开相应驱动器属性对话框。

（2）在驱动器属性对话框“工具”选项卡的“查错”栏中单击“开始检查”按钮即可。

49. 启动时出现“Pri Master HDD Error…”是什么问题

某硬盘分为两个逻辑盘，长时间运行后，偶尔发现 D 盘运行速度变慢或程序不能运行的故障，而 C 盘运行正常。退出并进行热启动，屏幕上出现：

Pri Master HDD Error…

有时 C 盘不能引导，BIOS 设置中查不到硬盘。关机后重新启动，又一切正常。

根据故障现象分析，很可能是硬盘质量有问题造成的。若硬盘的磁盘架略有松动，运行一段时间后，磁头定位就会发生偏差而导致上述现象发生。关机后，重新启动，磁头重新定位，又能开始正常工作一段时间。为证实此判断，更换一块新硬盘后，故障不再发生。

更换一块新硬盘，故障即可排除。

50. 为什么硬盘的空间越来越小

使用了 Windows XP 一段时间之后，发现硬盘的空间越来越少。这究竟是为什么呢？

经过检查，发现每个硬盘分区中都有一个 System Volume Information 文件夹，也就是系统还原。每次对硬盘进行操作，就会在这个文件夹中添加一些文件，随着时间的增加，这个文件夹的容量越来越大，从而使硬盘的可用空间越来越少。如希望硬盘容量不用于保存系统还原信息，只需禁止系统还原功能即可。

提示!! 如果想删除这个文件夹中的文件，必须以管理员（默认为 Administrator）身份登录系统。

51. 为什么向第二硬盘中复制文件时速度很慢

为某 Pentium 4 电脑加装一块 120GB 的硬盘后，向第二硬盘中复制文件时，复制速度很慢。

出现这种情况的原因很可能是将原来硬盘和新硬盘接在同一条 DMA 数据线上了。如果新硬盘支持 DMA100 功能，而旧硬盘不支持，我们又开启了旧硬盘的 DMA 选项，这时候我们如果向旧硬盘写入文件，就会出现速度很慢的现象。

只要在 Windows 系统中将原来的那块硬盘的 DMA 功能关闭就可以了。

具体操作步骤如下：

（1）右击“我的电脑”图标，在弹出的快捷菜单中选择“属性”选项。

（2）在“系统属性”窗口中选择“设备管理器”标签，展开“磁盘驱动器”分支，选中原来的那块硬盘，然后再单击“属性”按钮，如图 1-6 所示。

（3）在弹出的窗口中选择“设置”标签，去掉如图 1-7 所示的“DMA”前的复选标志即可。

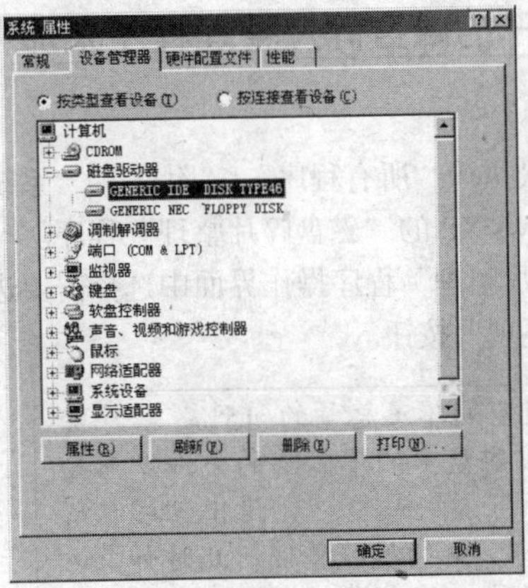

图 1-6

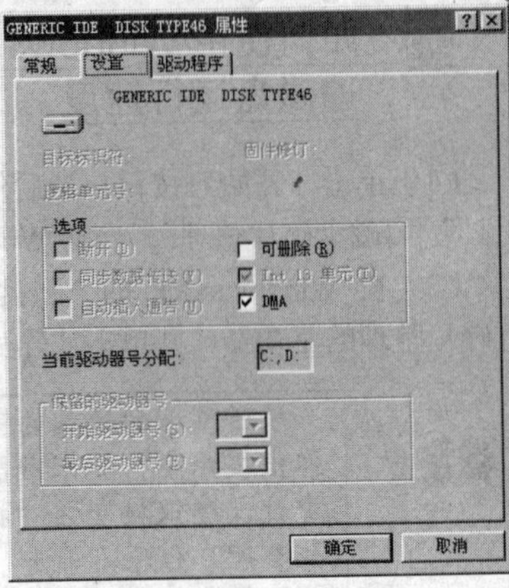

图 1-7

52. 如何处理硬盘噪音大的问题

某电脑上的硬盘，在使用过程中发现硬盘的工作噪音很大，读盘时跟炒豆似的。

硬盘在运行中，都有一定的工作噪音，这与硬盘的结构有很大的关系。硬盘内部由固定面板、控制电路板、磁头、盘片、主轴承、电机、接口及其他附件组成，其中轴承和驱动电机是噪音的主要来源。同时硬盘正面还有一个透气孔，它的作用就是使硬盘内部气压与大气气压保持一致，难免会有一些噪音传出来。

硬盘如果发出“噌噌”的声音，应该属于正常现象，这主要来源于盘片的旋转噪音；硬盘读盘的时候有炒豆一样的声音，如果不影响性能，也基本属于正常情况。

硬盘出现故障时，噪音一般是“咯楞咯楞”的声音，这样的声音是轴承带动的机械手臂与盘片出现了碰撞造成的。

（1）如果硬盘发出的“噌噌”的工作噪音，那就采取如下措施：水平安装的硬盘必须与机箱底面平行（电路板朝下），垂直安装的硬盘必须与机箱底面垂直，不得有歪斜发生。最重要的是硬盘必须紧固，不能只用一两个螺丝固定。但要注意硬盘固定螺丝不能太长和拧得太紧，以防损伤电路板和盘体。

（2）如果硬盘发出的是“咯楞咯楞”的声音，那就只有报废了。但别忘了将硬盘中有用的数据及时转移出来。

53. 如何使用 Windows XP 的磁盘碎片整理程序来加速磁盘运行速度

（1）单击“开始”按钮，然后依次执行“所有程序”|“附件”|“系统工具”|“磁盘碎片整理”，启动 Windows XP 的“磁盘碎片整理”程序。

（2）在 Windows XP 的“磁盘碎片整理”程序操作界面中选择需要进行碎片整理的驱动器，并单击“碎片整理”按钮。

> **提示!!** 如果所整理的磁盘的可用空间不足总量的 15%，程序会弹出提示框，要求删除该磁盘中的不需要的文件，然后重试，建议接受该“提示”。单击“是”，退出“磁盘碎片整理”程序，单击“否”，继续碎片整理，此时如果运行“磁盘碎片整理”程序，可能会在磁盘碎片整理还没有完成时，被强制中断。

（3）磁盘的碎片整理要经过很长的时间（几个小时或更长），整理完成后，会弹出如图 1-8 所示的提示框，可以单击“查看报告”按钮查看碎片的整理情况，如图 1-9 所示，并可以在“碎片整理报告”对话框中单击“另存为”按钮，保存“碎片整理报告”，单击“关闭”按钮关闭报告对话框，退出“磁盘碎片整理”程序。

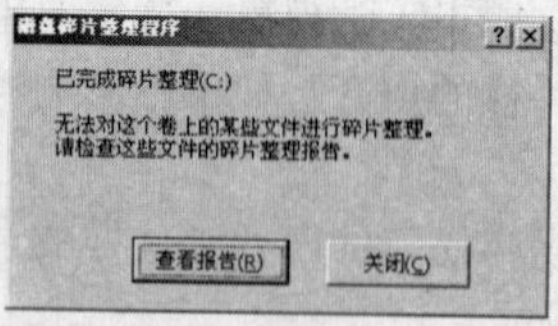

图 1-8

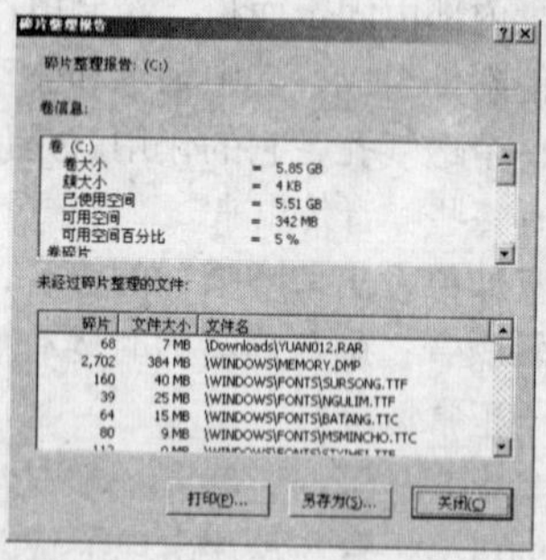

图 1-9

54. 如何使用 Windows 磁盘清理程序回收磁盘空间

无论是多大的硬盘，使用一段时间之后都会觉得不够用，这时最简单且不用花钱的解决办法莫过于删除磁盘上的无用文件，回收磁盘空间，其效果往往是非常明显的。为帮助用户快速进行此项操作，Windows 特意提供了一个“磁盘清理程序”，它可自动从磁盘中查找各种无用文件，并指导用户进行删除，既简化了操作步骤，又提高了清除无用文件时的安全性，效果非常好。本操作以 Windows XP 的“磁盘清理程序”为例进行讲解。

具体操作步骤如下：

（1）单击“开始”按钮，然后依次执行“所有程序”（Windows 98 为“程序”）|“附件”|“系统工具”|“磁盘清理程序”，启动“磁盘清理程序”软件。

（2）选择需要清理无用文件的驱动器，一般为系统安装所在的驱动器，如图 1-10 所示。

图 1-10

（3）单击“确定”按钮，磁盘清理程序就会自动查找该磁盘上的各种无用文件（如 IE 的临时文件、回收站中的文件、TEMP 文件夹中的临时文件、用于卸载 Windows 的备份信息等）。

（4）查找完毕之后，磁盘清理程序会将所找到的各种无用文件全部显示在用户面前，并向用户推荐哪些文件可以删除，哪些文件最好暂时不要删除，如图 1-11 所示。

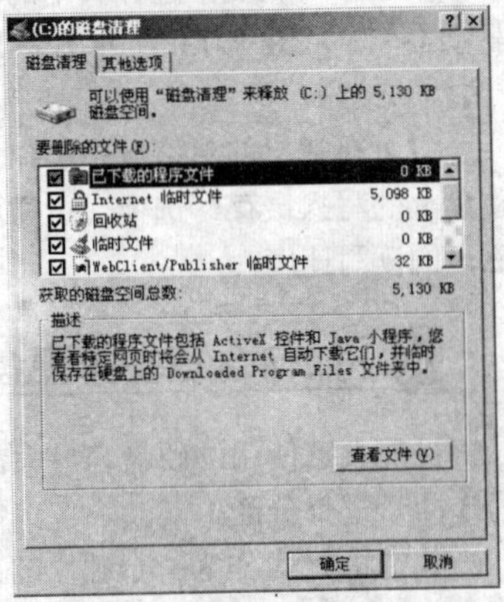

图 1-11

（5）用户可根据自己的实际情况从给出的无用文件列表中选择需要删除的文件，然后单击“确定”按钮，这时清理程序会弹出如图 1-12 所示的提示框。

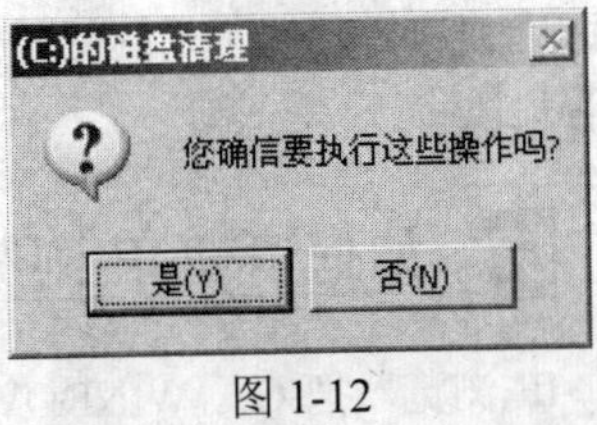

图 1-12

（6）单击“是”按钮，磁盘清理程序就会自动将它们删除，空出所需的磁盘空间。

（7）如果用户在执行上述步骤之后，磁盘剩余空间仍嫌不足，则可切换到磁盘清理程序的“其他选项”选项卡，然后再通过删除不用的 Windows 组件、卸载已经安装的应用程序以及清除系统还原点等形式来扩大磁盘剩余空间。

由此可见，利用磁盘清理程序删除无用文件、回收磁盘空间的确是非常简单的，用户可充分加以利用。

55. 如何启用“启用磁盘上的写入缓存”项提高磁盘的读写速度

在 Windows XP 中启用“启用磁盘上的写入缓存”项可提高磁盘的读写速度，该操作如下：

（1）进入“我的电脑”，在任意磁盘驱动器上单击鼠标右键，在弹出快捷菜单上选择“属性”命令，在打开对话框选择“硬件”选项卡后，在“所有磁盘驱动器”列表框中选择其中的“磁盘驱动器”，如图 1-13 所示，然后单击“属性”按钮。

（2）在弹出的对话框中选择“启用磁盘上的写入缓存”选项，这样可提高磁盘的读写速度。

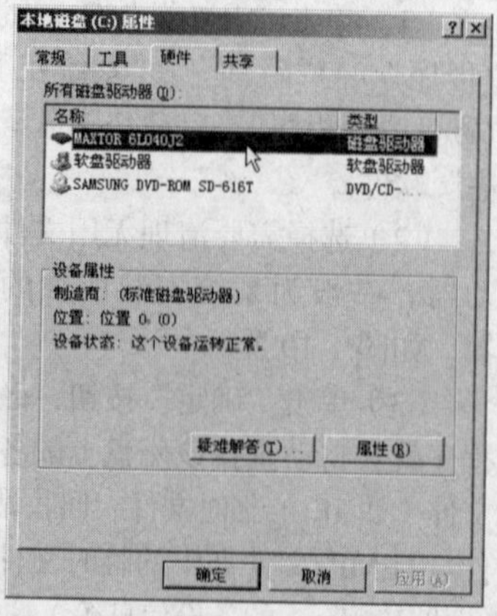

图 1-13

56. 如何合理安排硬盘空间

目前大家使用的硬盘容量大都在 40GB 以上，因此应将硬盘合理地分为 3~4 个逻辑分区。

其中将 C 盘作为一个独立的系统分区，把 Windows 操作系统及常用应用程序、系统程序安装在上面。而将其他文档和一些重要数据存放在别的分区上，这样既便于系统的备份及恢复，又可以在被病毒侵害时最大限度地避免风险。

57. 如何清理 IE 浏览器的临时文件

IE 浏览器把 C：\WINDOWS\Temporary Internet Files 目录默认为其临时文件储存目录。如果经常打开 IE 浏览器上网冲浪，就会在此目录下生成大量的临时文件，也同样会因频繁读写硬盘产生大量的文件碎片。

为避免这些临时文件对系统的不良影响，可以将该目录指定到其他分区，比如 D 区。

（1）先在 D 区建立一个目录（如“Temporary Internet Files”目录），再打开 IE 浏览器，选择“工具”子菜单中的“Internet 选项”，打开

"Internet 选项"设置窗口。

（2）在"Internet 临时文件"选框中单击"设置"按钮，会弹出如图 1-14 所示的设置窗口。

（3）接着按下"移动文件夹"按键，在"浏览文件夹"对话框中选中刚才建立的"Temporary Internet Files"文件夹，如图 1-15 所示。

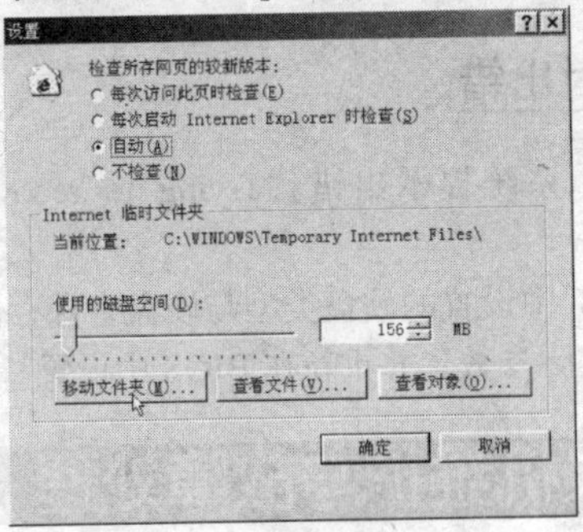

图 1-14

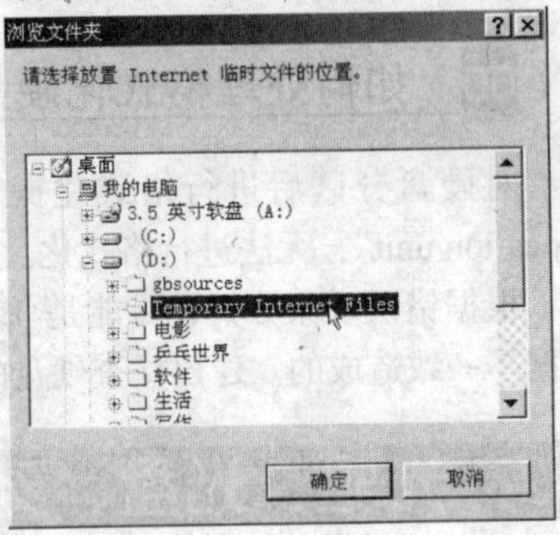

图 1-15

（4）按下"确定"按钮，并重新启动电脑，新的设置生效。经过这样设置后，IE 浏览器生成的大量临时文件只会在 D 区上产生碎片。

58. 新装硬盘在系统中的状态为"未初始化"

电脑使用的操作系统是 Windows XP，新安装了一块硬盘，但系统显示硬盘的状态为"未初始化"，该硬盘无法使用。

安装新硬盘后，第一次启动系统的磁盘管理工具时，将会打开磁盘初始化向导，其中显示 Windows XP 检测到的新磁盘列表。如果在写入磁盘签名前取消该向导，磁盘状态就会显示为"未初始化"。当然，也可以按照如下步骤手工初始化该硬盘：

（1）在控制面板中双击"管理工具"图标，打开"管理工具"窗口。然后再双击"计算机管理"图标，打开"计算机管理"窗口。

（2）在"计算机管理"窗口中，单击"磁盘管理"，然后在右边的窗口中使用鼠标右键单击要初始化的磁盘，在下拉菜单中选择"初始化磁盘"菜单项。接下来，按照系统的提示进行操作即可。

59. 如何处理开机报错"A Date Error in Drive C"

某电脑启动后，在进入 Windows 操作系统时死机，屏幕上出现错误信息“A Date Error in Drive C: Abort Retry or Fail?”。

根据错误信息分析，可能是硬盘上出现了坏道，或者是存在病毒。首先扫描病毒，排除病毒原因后，使用操作系统的磁盘扫描程序检查硬盘。如果确认有坏道，备份重要程序，重新分区、格式化硬盘，并将坏道划分到一个或多个分区中，然后删除或者隐藏这些分区。

60. 如何处理格式化硬盘时出错

对硬盘分区后进行格式化操作，系统提示出错“Trying to recover allocation unit”，无法进行格式化。

根据错误现象分析，可能是 BIOS 中设置的硬盘类型与硬盘中保存的数据不一致造成的。建议检查硬盘的实际参数，并重新在 BIOS 中设置。

1-2 光驱、光盘、刻录机维护与故障处理

1. 灰尘对光驱有什么危害

在光存储设备中，读写头和马达等都是非常重要的部件，由于它们都非常精密，对周围环境的变化都相当敏感。即便只是环境微小的改变，也有可能使光驱出现故障。以光驱的激光头为例，当激光头蒙上一层薄薄的灰尘时，就会产生遮蔽效应，激光的强度会减弱，读取光盘片的信号也会变弱，从而会影响读盘的质量。

当光驱托盘上载有光盘片并开始工作时，光驱内部附着的灰尘或多或少会落在光盘片上，灰尘会与光盘片的表面摩擦，从而划伤光盘的表面。即使光盘片并未因为摩擦刮伤而成为废盘，也会因光盘片上的灰尘阻碍而较难读取到数据，从而产生所谓的挑盘现象。

提示!! 烟雾同样是光驱的杀手，与灰层相比，烟雾的颗粒更小，更容易进入光驱内。

2. 如何拆卸与清洗光驱

随着使用的增多，光驱的问题也越来越多：小毛病就挑盘，大毛病干脆不读盘。究其原因，一是激光头灰尘过多影响透镜读盘，二是激光管老化，导致激光头功率不足无法读盘。原因找到以后，就可以对症下药了。

● 光驱的拆卸

（1）前面板的拆卸。首先切断计算机电源，然后拆开机箱把光驱从 5.25 英寸驱动器槽中取出，拔去相应的 IDE 数据线以及音频线。找一根牙签，或是细铁丝之类的东西，伸入到光驱的应急弹出孔中，把光驱仓门打开，便于下一步的拆卸。

另一种方法是在计算机电源接通的情况下，让光驱弹开之后再切断计算机电源，不过从机箱里拆卸光驱时就比较麻烦了。光驱的仓门打开之后，在光驱的左右两侧，会发现光驱的前面板是用两个塑料小卡子，卡在光驱的外壳上。用手按下那个卡子，再用力抠开前面板，这样光驱面板的拆卸就完成了。

（2）外壳的拆卸。在光驱的外壳四周，左右两边各有两颗螺丝，底部共有四颗螺丝。用螺丝刀一一将其拆除，然后将上下两部分壳体分离。这样就打开了光驱的外壳，光驱的内部结构就基本呈现出来了。需要补充说明的是：有些光驱外壳上的螺丝型号比较特殊，且十字槽比较浅，一般的装机螺丝刀是不行的。在拆卸时，还得注意用力均匀，一不小心就可能造成螺丝滑丝，这种情形可就不好办了。拆去外壳的上半部分后，就会看见一块覆盖在光头组件上的铁板，中间有一圆形物体，它是固定光盘盘片用的，光驱主轴电机开始旋转时就会向上移动，和夹板紧紧地合在一起，固定光盘然后高速旋转。

（3）电路板的拆卸。在光驱的底部，是一块绿色的 PCB 印刷电路板。上面有光驱的缓存、解码芯片、BIOS 等元件。另外还有一根数据线从 PCB 电路板上引出，线的另一端接在光驱激光头以及仓门控制电路附近，拆卸时一定要注意。电路板一般也是用螺丝固定在光驱底部的铁外壳上。拆掉螺丝后，电路板就分离出来了，不过还有几根白色的数据线连在光头组件之类的设备上。小心地把数据排线拔掉，注意不要折断数据排线（因为光驱内部的数据排线是那种 IDE 硬盘线）。现在 PCB 电路板已彻底地与光头组件分离。清洗 PCB 电路板我们可以用刷子轻轻刷去 PCB 电路板上的灰尘。

（4）电机及光头的拆卸。光驱的激光头一般由两部分组成，一部分是激光透镜，一部分是激光头。不过目前有些光驱直接将光头与透镜做到了一起，这样拆卸起来更容易。光驱的电机也分为两种：一种是驱动激光头移动，对光盘进行读操作的主轴电机；一种是驱动光驱仓门进出的伺服电机。有些光驱二者是分离的，有些光驱二者是统一的。电机的拆卸比较方便，卸掉电源线路以及固定螺丝即可卸下。

- **光驱的清洗及调节激光头功率**

（1）齿轮传动设备的清洗。老式一点的光驱，如 24 倍速以下速度的光驱中，很大一部分都是采用皮带传动。由于热胀冷缩，皮带传动比较容易出现故障。光驱仓门进出打滑、卡住等现象，多是由于皮带过于老化所致。遇到这种情况更换新的皮带即可。而齿轮驱动的光驱则比较容易维护，齿轮出现断齿或磨损严重，也只要换个新的就行了；如果使用的时间较长，可以给齿轮上点润滑油，这样能减少齿轮的磨损，一定程度上可以延长光驱的使用寿命。注意，给齿轮和传动轴加润滑油时，不要沾到光头组件上（最好使用固体润滑油，不使用液体润滑油）。

（2）激光头组件的清洗。一般光驱出现不读盘，或者读盘不好的现象多半是由激光头灰尘过而多引起的。清洗激光头是整个清洗光驱过程中最麻烦的环节。光头透镜一般就在主轴电机旁边，是一个淡蓝色绿豆大小的东西。这个蓝色激光头透镜固定在弹性物体上，注意擦拭时不能用力过大否则会使光头偏移。有条件的话，可以在擦拭光头透镜前用放大镜看看光头透镜上的灰尘有多少。少的话，用一根脱脂棉签轻拭几下即可；如果较多的话，可以先用棉签擦拭一遍，再用溶液清洗。关于擦洗光驱的溶液最好使用纯度比较高的无水乙醇，有些人认为乙醇会溶解光头透镜上的涂层。其实光头透镜上的涂层是由氟化镁构成，氟化镁薄膜起的作用是减少折射，增加透明度。而无水乙醇根本不会溶解氟化镁，所以用乙醇清洗激光头透镜会溶解有机涂层的说法，未免有点夸张。医用的大棉签上面有太多的纤维，绝对不行。超市中卖的那种比较细小的可以用。如果实在找不到这样的棉签，并且激光头透镜的灰尘又不多，那么大家也可以找一根新香烟，拔下过滤嘴，从中间撕开，去掉外边那圈纸露出过滤丝，对折好，然后就可以用过滤嘴上的过滤丝来擦拭光头透镜了。

（3）调节激光头功率。在激光透镜的旁边或下侧，一般会有绿豆大小的电位调节器。它靠加大或减小电阻来改变电流的强弱，从而调节激光头的发射功率。它的外形有点像螺丝帽，因此可以用小起子或是修理钟表的那种小螺丝刀来进行调节。顺时针或逆时针调节，以 5° 为基准进行调整。每调整一次就加电检验一下光驱的读盘效果，直到满意为止。但切记不可调节过度，功率过大将会导致激光头烧毁。

3. 在 BIOS 中正确屏蔽光驱

由于工作上的需要，单位决定对未授权用户禁用所有的光驱和软驱。

要解决这个问题，笔者首先想到的是使用超级兔子魔法设置软件，用该软件可以隐藏光驱和软驱，虽然在资源管理器中不能直接看到光驱和软驱，但在资源管理器或 IE 的地址栏输入软驱和光驱的盘符，光驱和软驱还是乖乖地显示出来，照样可以正常访问。该如何完全屏蔽光驱呢?

从 BIOS 中屏蔽掉光驱和软驱，再设置好访问 BIOS 的口令，防止别人修改 BIOS 参数，就可以禁用光驱和软驱了。开机进入 BIOS 设置，将软驱和光驱都设置成 None 开机自检后，虽然软驱被屏蔽掉，但光驱仍然能够自检到，并且进入 Windows 仍然可对光驱进行读写操作。难道在 BIOS 中无法屏蔽光驱，只有拔掉光驱的数据线或电源线？如果要用的时候又插上，很麻烦。光驱一般接在主板上的第二个 IDE 接口上，可以把第二个 IDE 接口屏蔽掉。找到第二个 IDE 接口的设置项，把它给 Disabled，再进入 Windows，对光驱进入读写操作，均无法成功。再设置好修改 BIOS 的口令。问题得到解决。

4. CD-RW 擦除数据的技巧

EasyCD Creator，Nero - Burning Rom，Discjuggler 都可以清除 CDRW 盘，但它们都有个共同的缺点，就是进行擦除动作之前会锁定驱动器，如果认不了盘就会不准许擦除 CDRW 盘。可是我们很多时候在刻录时由于种种原因而电脑死机或系统死锁，这时如果我们使用 Track at once 方式来刻录光盘的话就可能会产生刻录机认不了 CDRW 盘的情况，这不是 CDRW 盘坏了，而是刻录机认不了盘。

有效的解决方式之一就是使用 CloneCD 来清除 CDRW 盘了，因为它和以上的的软件不同的是它不会强制检测要清除的 CDRW 盘，但我们需要一个小技巧来配合它完成。具体操作是：按下 CloneCD 主界面的清除可重写光盘图形按钮，按住键盘上的 Shift 键不要放开，把要清除的 CDRW 盘放进刻录机，然后按上面界面上的清除按钮，当刻录机开始清除工作后就可放开 Shift 键了。

5. 如何改善 DVD 播放品质

在电脑上使用软件播放 DVD，虽然经济实惠，播放品质却容易受系统影响，产生丢帧、斑点雪花、画面延迟等情况，要解决这些状况除了花钱升级电脑硬件之外，不妨参考以下的经验技巧以改善播放的品质。

● **减少打开程序的数目**

Windows 95/98 是一套多任务操作系统，打开的窗口越多，CPU 在不同窗口间切换的动作就越频繁，势必会影响到 DVD 的播放效率，产生延迟的现象。因此执行 DVD 播放程序时，最好不要再打开其他应用程序（包括背景执行程序）。

● **降低分辨率**

软件解压播放 DVD 时，除了要减少其他程序占用系统资源之外，减少本身处理的数据量也是不错的方法，例如，将分辨率从 1024×768 降到 800×600。

● **关闭省电模式**

观赏 DVD 影片时，大都分的时间都不会动到键盘或鼠标，此时容易让电脑产生错误的判断而进入省电或屏幕保护状态，打断你观赏的雅兴。虽然再动一下鼠标即可继续观赏，但可能从这个时间开始，会出现画面延迟的现象，必须重新执行播放程序或重新启动系统才能恢复正常。

6. 怎样挂接双光驱

某台华硕刻录机，安装时与原来的光驱接在一条数据线上，把刻录机设置为主光驱，但是刻录时发生错误，停止了刻录。把原来的光驱卸下后，就可以刻录了，为什么？有什么办法可以让两个光驱共存？

一条 IDE 数据线可以挂接两个 IDE 设备，如果挂接位置不合适以及主从跳线不正确，都有可能导致 IDE 设备不能正常运行。一条 IDE 数据线要挂接一个 CD-ROM 光驱和一个 CD-R 刻录机，正确的连接应该是：使用 IDE2 接口，数据线一头连接主板，中间的接头连接 CD-ROM 光驱（跳线设置为主设备），另一接口连接刻录机（跳线设为从设备）。

7. 怎样升级光驱 Firmware

光驱的 Firmware 实际上就是光驱的 BIOS。与主板的 BIOS 一样，升级光驱的 Firmware，可以增强光驱的稳定性和兼容性，另外大多数生产厂家也提供专用的工具来升级其光驱的 Firmware。

具体方法与升级主板 BIOS 类似，不同的厂商提供的刷新程序和升级文件可能有所不同，有些可能分别有刷新程序和升级程序，有些合二为一。但是刷新的步骤都是大同小异的，比较简单。

提示!!

升级光驱的 Firmware 时要特别小心，一旦升级失败，恢复起来比较困难。

8. 为什么开机自检不到光驱

光驱安装后，开机自检，不能检测到光驱。

需要认真检查光驱排线的连接是否正确、牢靠，光驱的供电线是否插好。如果自检到光驱这一项时出现画面停止，则要看看光驱（主、从）跳线是否无误。

9. 如何解决光驱识别问题

Windows 系统中光驱不能正确被识别或识别出多个光驱。

在 Windows 系统中，当主板驱动因病毒或者误操作而引起丢失时，会使 IDE 控制器不能被系统正确识别，从而引起光驱故障，这时我们只要重新安装主板驱动就可以了。

另外，当一个光驱出现驱动重复或多次安装等误操作时会使 Windows 识别出多个光驱，这会在 Windows 启动时发生蓝屏现象。此时只要进入 Windows 安全模式，单击“我的电脑”→“属性”→“CD-ROM”，然后删除多出的光驱就能解决问题了。

10. 如何处理光驱卡住无法弹出

如果出现光驱卡住无法弹出的情况，可能是光驱内部配件之间的接触出现问题，大家可以尝试如下的方法解决：将光驱从机箱卸下并使用十字螺丝刀拆开，通过紧急弹出孔弹出光驱托盘，这样就可以卸掉光驱的上盖和前盖。卸下上盖后会看见光驱的机芯，在托盘的左边或者右边会有一条末端连着托盘马达的皮带。可以检查此皮带是否干净，是否有错位，同时也可以给此皮带和连接马达的末端上油。另外光驱的托盘两边会有一排锯齿，这个锯齿是控制托盘弹出和缩回的。请给此锯齿上油，并看看它有没有错位之类的故障。如果上了油需将多余的油擦去，然后将光驱重新安装好，最后再开机试试看。

11. 如何处理开机自检到光驱时出现停止或死机

有可能是 CMOS 设置中的光驱的工作模式设置有误所致。一般来说，只要将所有用到的 IDE 接口设置为“AUTO”，就可以正确的识别光驱工作模式了。对于一些早期的主板或个别现象则需要进行单独设置。

12. 如何处理激光头老化问题

光驱读盘性能下降甚至不能读盘。

排除了灰尘造成的原因，如果光驱还不能读盘可能是激光头老化了，这时就要调整光驱激光头附近的电位调节器，加大电阻改变电流的强度使发射管的功率增加，提高激光的亮度，从而提高光驱的读盘能力。

13. 数据线接反导致光驱不读盘

某兼容机，安装系统时设置为从光盘启动，放入了能够启动系统的安装盘，可启动时根本没有检测光驱，直接从硬盘启动。

开机检查，发现光驱的数据线接反，正确接上后，故障消失。

14. 光盘放反导致无法读取数据

光驱使用一直正常，突然出现不能读取光盘数据的现象。将光盘放入光驱后，能够听见光盘的旋转声音，光驱指示灯也在闪烁，但长时间读取后无法看到光盘上的内容，系统提示将磁盘插入驱动器。

根据现象分析，光驱的机械部分工作正常，不能识别光盘上的内容，可能是激光头、数据传输等方面的问题。经过检查，发现由于光盘上没有印刷任何文字和图像，两面没什么区别，导致光盘数据面向上被放入光驱。翻转光盘重新插入驱动器，故障消失。

15. 虚拟光驱发生冲突

在安装虚拟光驱的同时，物理光驱不能被系统识别，盘符丢失了。

安装虚拟光驱后，有时会发现原来的物理光驱“丢失”了，这是由于硬件配置文件设置的可用盘符太少了。解决方法：用 Windows 自带的记事本程序打开 C 盘根目录下的“Config.sys”文件，加入“LASTDRIVE=Z”，保存退出，重启后即可解决问题。

在安装双光驱的情况下安装低版本的“虚拟光驱”后，个别情况会表现为有一个或两个物理光驱“丢失”，建议换个高版本或其他虚拟光驱程序。

16. 光驱耳机插孔无声音信号

电脑各部分使用都正常，使用光驱播放 VCD 光盘时，将耳机插入光驱前面板上的插孔，但听不到任何声音。

目前，所有光驱基本上都带有一个数字/模拟信号转换器，用于将光盘上读取的数字信号转换为模拟信号，并从自带的耳机插孔输出。使用光驱播放 CD 光盘时，可以从面板上的耳机插孔获得声音信号，但播放 VCD 时，其数字信号的转换工作不能由光驱独立完成，需要由电脑的声卡协助完成。所以，播放 VCD 光盘时，耳机插孔中没有任何音频信号。将耳机或者音箱连接到电脑声卡的输出插孔即可听到所有声音。

17. 使用光驱播放音乐无声音

某兼容机，各部分工作都正常，但使用光驱播放 CD 和 VCD 光盘时，从电脑音箱中听不到声音。

打开机箱检查，发现光驱与声卡没有使用音频线进行连接，这样，光驱读取的音频信号并不会传入系统进行处理，电脑音箱也就不会放出任何声音。使用专用音频线将光驱与声卡正确连接后，故障排除。

18. 双光驱不能共存

为升级电脑，购买了一个新光驱，将两个光驱连接在一根 IDE 数据线上使用。启动时黑屏，无法进入系统。

将两个光驱分别安装在系统中，发现电脑都能够正常启动并工作，说明两个光驱都没有问题。查阅光驱说明书，得知老光驱为 PIO4 接口，新光驱为 DMA33 接口。推断为接口的不同导致冲突，引起系统无法启动。建议将老光驱卸下不用，即能解决冲突问题，也能减小电脑的电源负荷。如果非要使用新老两个光驱，需要让新光驱与 IDE 硬盘共用一根数据线，老光驱独用一根数据线。但这样可能会影响硬盘的数据传输。

19. 电源功率不足导致光驱不能正常使用

某兼容机，一直工作正常，新装上一个光驱后出现故障：使用新光驱播放 CD 和 VCD 光盘时正常，但使用它安装软件时电脑自动重启，有时候两个光驱同时使用时也会出现重启现象。

首先使用替换法检查两个光驱，发现单独使用任何一个都能正常工作。考虑到新光驱可以播放 CD 和 VCD 光盘，但不能安装软件，怀疑是电源功率不足所致。因为，光驱在读取 CD 和 VCD 数据时，基本都是以 4 倍速工作的，耗电量不是很大，当用于安装软件、复制大量数据时，光驱转速很高，所需电流比播放 CD 时要大。将电脑上的杂牌电源更换为高品质大功率电源后，故障消失。建议无特殊需要的情况下，将旧光驱卸下不使用，以减小电源的负荷。

20. 错误的数据线导致光驱“消失”

某兼容机，启动自检正常，但启动 Windows 系统时总是出现很长时间的黑屏。进入操作系统后，没有光驱盘符。

根据现象分析，可能是光驱本身或者设置问题导致操作系统在检测硬件设备时出现了故障。仔细检查跳线和数据线、电源线等的连接，不存在问题，BIOS 也检测到了正确的信息。反复启动，故障依旧。将光驱安装到其他电脑上，工作也正常。检查发现连接光驱的数据线是一根 DMA/66 专用电缆，更换为普通 IDE 数据线后故障排除。原来，电脑用户在组装电脑时，以为支持高传输速率的数据线可以改善光驱的传输速率，但由于 IDE 光驱不支持 DMA/66 接口，因而导致了系统不能正确识别光驱。

21. 光驱读盘能力下降

某兼容机，光驱已使用多年，一直工作正常，许多其他电脑读不了的光盘都能顺利读出。近来渐渐出现读盘能力下降的现象，一些以前能够顺利读取的光盘，现在需要很长时间才能识别出，有些带有划痕的盘也无法识别了。清理了激光头上的灰尘后，没什么好转。

根据现象可以判断，光驱的激光头已经老化了。质量再好的光驱，也有一定的寿命，使用一定的时间后不可避免地会发生无法正常读盘的现象。如果光驱在保修期内，建议与有关单位联系，维修或者更换部件。如果出了保修期，可以尝试自己调整激光头的发射功率，以提高读盘能力。

拆开光驱，找到激光头旁边的电位器，使用一字螺丝刀小心调节，逆时针旋转 5°~10° （旋转一圈为 360° ）。然后通电开机，检查光驱的读盘能力是否提高，否则关机进行反方向的调节。调节量不宜过大，否则会烧坏激光头。每次少调一点，开机检查一下效果，需要耐心地反复调整。

提示!! 提高激光头的发射功率可以有效地提高读盘能力，但也加快了元器件的“衰老”速度。如果光驱还能比较正常地工作，建议不要调整发射功率。

22. 杂物导致光驱机械故障

光驱使用了一段时间，期间调整过激光头的发射功率，工作状态一直比较稳定。近来突然出现了不读盘的现象。

拆开光驱外壳，接上电源检查光驱的工作情况，发现放入光盘后，主轴电机并没有正常地升起与顶部的塑料盘夹紧光盘，导致光盘还在托盘上，没有随电机一同旋转。仔细检查光驱的机械部分，发现控制主轴电机的传动装置中有杂物，阻碍了电机的升起。小心挑出杂物后，光驱工作恢复正常。推断为上次打开光驱进行清理时，留下了一小团脱脂棉。

23. 光驱读盘报错

电脑启动时，自检正常，在读取光盘时，经常死机，屏幕上出现错误信息“A fatal exception OE has occurred at 015F: BEF9E01F The current application will be terminated”。

根据现象分析，可能是光驱的纠错能力下降，或者是供电质量不好。建议先检查电脑的供电情况，使用单独的电源线为光驱供电。接下来，把光驱安装到其他电脑上测试，如果故障依旧，则说明需要清洁激光头或更换光驱。

24. 光驱挑盘

一台普通 CD-ROM 光驱，读取大部分光盘时正常，读取某些光盘时速度明显变慢，甚至不能读取数据。

对比此光驱能顺利读取和无法读取的光盘，发现不能顺利读取的光盘普遍偏薄，多为制作工艺较差的盗版光盘。推测光驱挑盘的原因是光驱工作时不能很好地夹住光盘一同旋转，使光盘与主动轴之间存在相对运动，导致激光头不能正常读取光盘数据。将光驱内夹盘的不锈钢支架轻轻向下压，使用光驱能够很好地夹住光盘。重新安装好光驱，开机试用，故障排除。

25. 激光头被卡住导致不能读盘

电脑开机后，系统自检正常，进入 Windows 操作系统后，能看到光驱盘符。插入光盘，能听到光驱内的旋转声音，指示灯也闪烁一阵后熄灭，但使用“我的电脑”访问光驱时，系统总是提示设备没有准备好。更换多张其他电脑使用正常的光盘，故障完全一样。

根据故障现象分析，自检正常通过，说明数据线连接没问题，驱动程序没问题；光驱托盘能正常进出，并能正常旋转，说明电源与电机没问题；指示灯没有长时间的闪烁，说明不是读盘能力下降。初步断定是光驱的机械故障，导致读盘过程异常。

将光驱拆下并打开外壳，发现激光头被卡住了，而且位置远离初始点。由于光盘的识别信息都保存在最内圈，而激光头卡在外圈位置，无法正确读取光盘信息，导致了不能识别光盘的故障。推断故障产生的原因，可能是光驱质量不佳，而且使用时大范围的检索让激光头运动过快，由于惯性的原因卡在了能返回原位的极限之外。小心将激光头拨回原位置，重新安装好光驱，启动系统，故障排除。

26. 软件安装盘变成了音频 CD

重新安装系统后，将光驱的驱动程序也安装了，程序询问传输模式，选择了 DMA/33。重启电脑后，发现任何插入光驱的光盘都被识别为音频 CD。

根据现象分析，出现故障的原因与光驱的驱动程序有关，建议使用“控制面板”将该 DMA/33 的驱动程序卸载，选择其他传输模式（例如 PIO）重新安装驱动程序。

27. 光驱盘符变为可移动磁盘

在 Windows 操作系统中，光驱的盘符变成了“可移动磁盘”，插入任何光盘，系统都提示“驱动器中的磁盘未被格式化”，并询问是否马上格式化。

出现这种情况，一般是 BIOS 设置的问题。重启电脑，进入 BIOS 设置程序，检查各 IDE 接口所连的设备是否设置正确，软驱的设置选项是否正确，有必要的话，让系统重新检测一下 IDE 设备。

28. 使用光驱总是报 I/O 错误

某兼容机，一直使用正常，将系统从 Intel 平台升级到 AMD 平台后，光驱的使用方面出现了很多故障。使用光盘安装大型游戏或者软件时，系统经常出现致命 I/O 错误，导致安装失败，而且播放 CD 时出现变调现象。修改光驱的传输模式也没有任何作用。

由于在升级系统之前光驱使用正常，排除了光驱硬件故障的可能。经常出现 I/O 错误，可能是 AMD 与光驱存在冲突造成的。为解决系统冲突，可以尝试更新光驱的 Firmware。访问光驱厂商主页，下载对应型号的最新版本 Firmware。进入纯 DOS 环境，运行更新程序，将光驱的 Firmware 更新为新版本。重启电脑，故障排除。

> 提示!! 如果系统中存在多个光驱，应将其与系统断开，否则更新程序可能会找不到正确的设备。更新前最好将原版本 Firmware 备份，以防更新失败时恢复。

29. 光盘上灰尘过多

由于保存不当，光盘数据面上有很多灰尘。该如何清理上面的灰尘?

光盘上的灰尘是光驱的最大杀手之一，它会使部分灰尘附着在激光头上，久而久之造成光驱读盘能力的严重下降。清理光盘上的灰尘不能用嘴吹或用手擦，这样不仅擦不掉灰尘，反而更容易对盘面造成新的伤害。正确的方法是用干净的绒布或丝质布轻轻擦拭，注意擦拭的方法是沿径向由内向外。对于不好擦掉的污物，可以用清水（或者添加一些清洁剂）清洗，晾干后再使用。

> 提示!! 一定不能使用酒精清洗光盘，因为这类有机物会和塑料发生化学反应，造成光驱激光束无法准确聚焦。

30. 光驱托盘进出不畅

一台普通 IDE 光驱，使用一年有余，近日在使用时发现光驱的托盘进出时不通畅，有时候进出很快，有时候好像被卡住似的，一顿一顿的。

根据现象分析，应该是光驱的机械部分出现了问题。拆下光驱并打开外壳，仔细检查后发现，托盘旁边的齿轮和轨道有轻微的磨损，原来的少量润滑油与大量灰尘混合，已经失去润滑的功效。使用棉签小心擦去这些没有润滑作用的污物，均匀涂抹上新的润滑油（如果一时找不到润滑油，可以使用金霉素眼膏代替）。安装好后开机检查，故障排除。

31. 光盘变形导致数据无法读出

由于受到长期的重压，一张光盘有点变形了，表面不再是一个平面，而是有点“波浪”状，放到光驱中读不出数据。

由于光盘是塑料制成，可以通过加温后施加压力让其恢复原状。用两块略大于光盘的玻璃夹住光盘，再用弹力很大的夹子（例如夹报刊的夹子）夹牢，夹子和玻璃中间可以垫一些耐热的东西以保护玻璃，并使夹子夹得紧一些。将玻璃和光盘放入 80℃左右的热水中浸泡几分钟，取出，取下夹子平放，上面放置一些重物（注意不要把玻璃压碎）。大约十分钟后，取出光盘，试试能否正常读取数据。

32. 光盘表面被划伤

由于收藏不当，导致光盘的数据面上出现了很多划痕，读取数据时很不流畅，有时候无法识别出。

处理光盘表面划痕的最好办法是将其打磨平整。首先准备一些工业用研磨剂，如果没有可以用牙膏加洗洁精代替。在光盘的数据面上倒少许研磨剂（或者洗洁精），均匀抹平，然后用软布蘸清水（或者牙膏）在有划痕的地方轻轻摩擦。注意，打磨的方向是沿光盘径向由外至内、由内至外，切勿做圆周运动。划痕深的地方稍微加力。如果打磨时感觉阻力稍大，就再加点清水。整个光盘表面都要打磨，直至划痕变浅、消失。最后用清水冲洗干净，擦干后放入光驱检查。

33. 无法识别 Direct CD 格式光盘

电脑无法识别出用 Direct CD 刻录的光盘。

Direct CD 是一种使用 UDF 文件系统记录数据的软件，因此，采用 ISO9660 标准的设备无法读取用 Direct CD 刻录的光盘。建议安装 UDF Reader 软件，它可以识别用 Direct CD 格式化过的光盘。

34. 为何 Windows XP 无法识别 COMBO

某电脑安装有 Windows 2000 和 Windows XP 双系统。购买一台三星 48 倍速 COMBO 后，就将 COMBO 跳成 Master，把原来的 CD-ROM 跳成了 Slave，正确连接了数据线后，开机自检，发现了 COMBO，进入 Windows XP 桌面后，却发现系统竟然找不到 COMBO。重新启动电脑，进入 Windows 2000 后，打开“我的电脑”，CD-ROM 和 COMBO 都能识别出来。经测试，用 CD-ROM 和 COMBO 播放 CD、VCD 均无问题。因此怀疑故障是由 Windows XP 出错所致。重新安装 Windows XP 后，Windows

XP 系统能识别 COMBO，可是任何盘片都读不出，识别碟片的时候也一直报 I/O 错误，更别说刻录了。

既然不是系统故障，就应该从硬件方面着手。尝试着把两个光驱的跳线还原，并正确重接数据线。重新启动，登陆 Windows XP，经过测试，无论是 CD-ROM 的读盘，还是 COMBO 的读盘、刻录都正常了。

35. 电脑不能识别 CD-RW 光盘

将一张 CD-RW 光盘放入刻录机后，系统提示光驱不能使用 Direct CD，无法进行刻录操作。

根据现象分析，该 CD-RW 光盘经过 Direct CD 格式化，而当前使用的刻录软件不支持 UDF 格式，所以无法使用由 Direct CD 格式化过的光盘。如果要使用此格式的光盘，建议安装支持 Direct CD 的软件。

36. CD-RW 光盘容量变少

购买的 CD-RW 光盘容量为 650MB，使用 Direct CD 格式化之后，容量少了许多。

Direct CD 对 CD-RW 光盘进行格式化时所采用的是 UDF 格式，也就是封包写入（Packet Writing）的固定长度格式。UDF 格式将光盘容量分为一个个大小为 32KB 的区块（Block），让刻录机对每一个区块进行写入及删除操作，以便 CD-RW 光盘可像硬盘或软盘一样读写及删除数据。UDF 格式的这种特性也造成了需要“牺牲”一些空间来记录每一个区块在光盘上的物理位置，所以会出现容量“丢失”的情况。

37. 制作的音频 CD 无法使用 CD 机播放

使用光盘刻录机制作了一张音频 CD，使用电脑光驱能够正常播放，但放到家用或者车载 CD 机上却无法播放。

这种现象的发生，可能是以下几个方面的问题所致：

（1）音频 CD 是在 ISO9660 模式下刻录的。

（2）音频数据被刻在 CD-RW 盘上。

（3）刻录时，最后一个片段未被关闭。

（4）采用了多片段刻录方式，而 CD 机不支持多片段读取功能。

如果希望在电脑和普通 CD 播放设备上都能播放，刻录音频 CD 时，建议使用 CD-R 盘刻录，采用 Jullet 模式，且确保最后一个片段被关闭。

38. 刻录机能读盘却不能刻盘

新购一台刻录机，安装好后发现只能读盘，不能刻盘。

对于此类问题，首先检查设备的驱动程序是否正确安装了，再尝试更换一个刻录软件。由于不同品牌的刻录机与不同的刻录软件可能存在兼容性问题，最好使用刻录机附带的刻录软件，或者厂商推荐的刻录软件。

39. 播放刻录的音频 CD 有噪声

无论使用电脑还是普通 CD 机，播放刻录机制作的音频 CD 都带有比较大的噪声。

在刻录时，如果系统或光驱工作不稳定，被刻录的音频 CD 中就会有噪声。为避免这种情况，建议在刻录音频 CD 时，使用低速刻录，而不要使用刻录机或者 CD-R 光盘所支持的最高速度。如果条件允许，最好先在硬盘中建立数据的镜像（很多刻录软件带有此功能），然后再刻录到音频 CD 上。

40. 安装刻录机后系统无法正常启动

新购一台 IDE 内置光盘刻录机，安装到电脑上后，系统无法正常启动了。

开机检查，发现光盘刻录机与硬盘使用同一根 IDE 数据线，而且刻录机和硬盘的跳线都设置为 Master（主盘）。将光盘刻录机跳线调整为 Slave（从盘），开机，系统启动正常。

> **提示!!** 建议硬盘不要和光驱、光盘刻录机共用一根数据线，这样可能会影响数据传输的效率。

41. 找不到刻录设备

新安装刻录机和刻录软件、刻录光盘时，程序提示找不到可用的刻录设备。

出现此类问题的原因可能有很多。首先检查刻录机的驱动程序是否正确安装了，如果是外置设备，连接是否正确，电源是否打开。如果这几方面没有问题，检查刻录软件的版本，如果版本太低，很可能不能正确识别新近销售的刻录设备。如果以上方面都没有问题，建议将刻录设备和刻录软件都卸载，重新安装刻录设备的驱动程序，再安装新版刻录软件。

42. 无法在 CD–R 光盘的剩余空间上追加数据

据说在 CD-R 光盘上刻录完数据后，如果存在剩余空间，下次还能够继续在上面添加新数据。但尝试在一张剩余空间很大的 CD-R 光盘上追加数据时，程序提示无法刻录。

理论上讲，在 CD-R 光盘上刻录数据后，如果还有剩余空间，可以追加刻录。但是，有一个前提条件，那就是所使用的刻录软件必须支持 TAO 模式或 Multi SAO 模式，并且在空白 CD-R 光盘上刻录时，要设定相关的选项。因为通常情况下，刻录软件默认的选项是 DAO 模式。如果没有修改默认设置，光盘在刻录后将成为 CD-ROM 只读光盘。也就是说，在刻录完成后会对光盘末尾部分进行“封口”，这样就不能再追加数据了。各刻录软件设置此选项的名称不同，建议查阅软件帮助或者其他有关文档。

43. 光盘刻录连续失败

一台 IDE 接口的内置刻录机，正常使用较长时间，突然出现连续刻盘几十张全部失败的情况。更换了几个刻录软件也无济于事。

根据现象分析，故障应该出在刻录机上。检查刻坏的光盘，发现绝大部分盘面上没有激光烧录的痕迹，怀疑是刻录机激光头出现问题。卸下刻录机，打开外壳，发现激光头上蒙上了薄薄一层污垢。使用棉签小心擦除后，重新安装刻录机，开机试用，故障排除。

44. 刻录过程报错“Buffer Under Run”

使用刻录机刻盘的过程中，系统报错“Buffer Under Run”，刻录过程中止，光盘报废。

Buffer Under Run（缓存欠载）现象是 CD-R/CD-RW 刻录机经常遇到的，通常是由于系统资源占用过大，或是同时运行的程序过多所致。所以，在整个刻录过程中一定要关闭所有非必要的应用程序（包括病毒防火墙等），而且不能设置屏幕保护程序和电源管理功能。另外，刻录失败还与操作系统、刻录软件、刻录机自身都有一定关系，比如系统不稳定，或是所使用的刻录软件有缺陷，刻录机不带防“缓存欠载”技术等，都会使刻录失败。

45. 刻盘失败后托盘无法弹出

刻录光盘时意外中断，但按光驱上的退盘按键、关闭刻录软件，都不能弹出托盘。重启电脑后，光盘依然取不出来。

一般情况下，当刻录机开始刻盘工作时，就会自动锁死光驱托盘，以防误操作中止刻盘进程。如果刻盘过程意外中止，但刻录软件并没有检测到刻盘失败，就会继续锁住光驱托盘。即使重启电脑，刻盘进程依然会自动加载，从而继续锁住。对于此问题，可以在重启电脑后、进入操作系统前按退盘键打开托盘，或者使用拉直的曲别针捅退盘孔打开托盘。

46. 为什么刻录机进行到 99%时总是报错

在 Windows 2000 下使用 Easy CD Creator 刻录光盘，刻录过程进行到 99%总会出错。

早期版本的 Easy CD Creator 不支持 Windows 2000，具体表现是当刻录过程中没有刻录时间进程时，直接跳转到关闭 CD 片段，从而导致刻录失败。解决的方法是更新程序到支持 Windows 2000 的版本，或者是使用 Windows 98 系统进行刻录。

47. 如何实现超刻

某电脑安装的刻录机为 ASUS 4824A，刻录软件为 Nero。当使用一种标称为 800MB 容量的刻录光盘进行刻录时，只能显示 703MB。要怎么做才能在这种光盘上刻录大文件？这种光盘在 CD 机上播放会有兼容问题吗？

将 800MB 的光盘认成 703MB，这是许多刻录软件都有的问题，不过虽然显示成 703MB，但并不影响超刻。所谓超刻是在符合 CD-R90（800MB）或 CD-R99（900MB）标准的盘片上进行的，其原理是把刻录轨道靠得更近并且利用部分数据的刻录结束区（lead-out area）来完成。

要实现超刻，必须符合三个条件，即刻录机、盘片、刻录软件全都支持超刻。

（1）刻录机的最低写入速度必须是 2 倍速（最多 4 倍速），尽量避免高速刻录，否则刻录超刻部分时会因为写入速度过高而失败。

（2）刻录盘片标称 CD-R90 的应该可以支持 800MB 超刻，但是还与盘片本身质量有关。

（3）较新版的 Nero 均支持超刻，但需要在“Expert Features（专家功能）”选单中激活“Enable overburn disc at once（开启一次超刻整片光盘）”的功能，并将 CD-R 长度设定为 100 分钟以上。

另外，超刻的光盘在绝大多数电脑光驱上可以正常读取，甚至超刻的 CD 在不少音响上也能播放（只是乐曲时间显示有时会有错误），所以其兼容性应该说还是不错的。

48. 为什么刻录的 VCD 光盘无法在 VCD 机上播放

使用刻录软件将 MPEG 文件制作为 VCD 格式的光盘，在电脑上能够播放，但放到家用的 VCD 机上却无法播放。

出现这种情况有两种可能：第一，刻盘时没有选择 DAO 模式，这样刻出来的光盘在电脑以外的设备上不能读取；第二，VCD 机不支持 CD-R 光盘，可以换到其他 VCD 机上试一下。

49. 为何 DVD 影片播放中会突然停顿

为什么一些 DVD 会在影片播放过程中突然停顿？

虽然 DVD 具有很大的存储容量，但并不意味着它的存储空间是无限的。普通的 DVD 盘片大概能播放两个小时的电影，因此如果一部影片超过两个小时，通常会制成一张单面双层盘片。播放机读完一层光盘的信息后，要改变光头读取方式读取另一层光盘的信息，因为读取不同层需要改变激光束的聚焦点，这会引起播放过程中短暂的停顿，属于正常情况。另外，盘片质量不好也会造成停顿。

50. 播放 DVD 易死机怎么办

某电脑上的光驱是昂达 16 倍速 DVD，在读 VCD 时没问题，但 DVD 播放很短时间就会死机，重启后从下一片断开始播放仍有此现象发生，有时可通过任务管理器关闭视频文件，而盘片却无法弹出，光驱指示灯一直亮，此时若执行其他任务，CPU 工作会异常慢，很长时间后才可弹出窗口，是驱动有问题或是光驱本身有问题，还是其他原因？

（1）如果只是播放个别 DVD 光盘时死机，应该是盘片质量问题。

（2）若死机现象普遍存在，则应首先确定将 DVD 单独接在一个 IDE 接口上，并将其跳线设置成“Master”。然后更换新版播放器软件，如“WinDVD”或“PowerDVD”软件。

（3）如果死机后发现盘片烫手，应注意加强机箱散热，特别是将 DVD 驱动器远离硬盘等发热大户。

（4）另外，还要考虑升级刷新 Firmware。

（5）因有些 DVD 采用双光头设计，所以经常发生读取 CD 正常而读取 DVD 异常的情况。

如果上述方法均无效，很可能是 DVD 读取部分出现硬件故障，只能送修了。

1-3 软驱、软盘维护与故障处理

1. 如何正确使用和维护软驱

软盘驱动器与硬盘驱动器不同，它的机械系统未密封，如果使用与维护不当，很容易出现故障，造成软盘数据的丢失。因此，为了延长软驱的使用寿命，保证软盘数据存放正确、可靠，在软驱的日常使用与维护时应注意以下几点：

（1）购买软盘时，一定要买质量好的名牌产品。盘片表面应光亮平整，磁层均匀，无污点、霉点，外壳封装无变形。

（2）请注意千万不要让任何物品接触到盘片，以避免盘片被划伤或弄污。

（3）软盘不用时，应从软驱中取出竖直存放，不要将软盘长时间放在软驱中。

（4）软驱读取时间（软驱工作指示灯亮），不要强行取出软盘，以免损坏软驱磁头和软盘。

（5）软驱不能正确读取数据或出现划盘故障时，不应继续使用，以免使故障扩大或损坏其他软盘。

（6）软驱不使用时，不要将门关上，以免上、下磁头碰撞而损坏（软驱的门不是为挡灰尘而设计的）。

（7）根据软驱的使用环境的洁净程度，定期对软驱的机械部分及检测元件进行除尘。可用无水酒精擦洗小车、钢带、导轨、发光二极管和光敏三极管，清洗后一定要在传动轴、导轨等机械运动部分涂上适量的润滑油，以减少磨损。

（8）软驱使用一段时间后，由于软盘上的磁层脱落或灰尘的堆积，将降低磁头的读、写灵敏度，因此必须定期清洗磁头。清洗原则是：一般情况下，使用干清洗盘，如果清洗后无效，可用清洗液洗盘（滴入清洗盘读写口的清洗液不宜太多，否则会划烂清洗盘和损伤磁头）。如果磁头太脏，则采用手工清洗，即用棉球蘸清洗液或无水酒精，轻轻擦拭上下磁头，擦洗时不能用力过大以免使磁头移位。

（9）搬运电脑时，最好用硬纸板插入软驱中，并将门关上，使磁头与纸板接触，防止震动造成磁头偏离正常位置。

（10）严防病毒的感染，外来的软盘一定要经过检测确保没有病毒才可使用。

（11）防止软盘被雨淋或受潮。在潮湿的环境中，软盘会产生霉斑。发霉的软盘会导致数据的遗失，严重的会导致软驱损坏。

（12）存有重要数据的软盘一定要做好它的备份工作，并且要将它的写保护口打开，以防误操作而造成数据的丢失。

2. 软驱灯一直亮着

电脑启动后，软驱指示灯一直亮着，而且无法正常使用软驱。

此现象一般是软驱数据线端口接反所致。关机，打开机箱，将软驱的数据线接口拔下，左右掉换后插上。启动电脑，故障排除。

3. 磁盘发生霉变，无法正常读取数据

对轻度霉变的磁盘，用脱脂棉蘸上少许录音机磁头清洗剂，从磁头读写口上轻轻擦拭可将磁霉斑擦去，再用干净的脱脂棉将盘面上的液珠擦干即可。而对于霉变比较严重的磁盘，则要先将磁盘从纸套中取出，放置于平整、干净的白纸上（白纸下面最好放一块比较大的玻璃板），再用录音机磁头清洗剂擦拭整个盘面，用干净的脱脂棉吸干清洗剂液珠。然后换一张白纸，再清洗另一面。擦拭后的磁盘，有时还会留下一些霉斑痕迹，这对继续使用没有什么不良影响。待磁盘清洗干净后，重新装入纸盘中。

用酒精（化学纯或分析纯）、丙酮代替录音机磁头清洗剂，效果也很好。要注意的是：操作中不要使用金属器具，最好戴上薄手套，以避免与磁盘直接接触。处理后的磁盘，完全可以照常使用。

4. 机箱放置不对导致软盘不能读取

新组装一台电脑，各方面使用正常，但无法使用软盘。将软盘放入软驱，一读盘系统就报错，说磁盘没有格式化。更换多张原来使用正常的软驱，大部分都不能正常读取。

根据现象分析，可能是软驱有故障。但将软驱卸下安装到其他电脑

上，使用正常。后发现电脑机箱为立式，但电脑桌只提供了一个卧式机箱的位置，故将新机箱横放。将机箱正常放置，检查软驱的读盘情况，故障消失。在老式电脑上，经常可以看到软驱是立着安装的，使用也没什么问题，看来如今的软驱没有这个特点了。

5. 软驱不能读盘

在其他电脑上使用正常的软盘，插入软驱后，无法读取上面的数据，系统提示无法读取指定的设备。

根据现象分析，很可能是软盘上有坏道导致读取数据失败。使用 Windows 操作系统自带的磁盘扫描工具可以解决很多类似的问题。右击软盘盘符，从弹出菜单中选择“属性”命令，在打开的对话框中选择“工具”选项卡，单击“查错”选区中的“开始检查”按钮，打开“检查磁盘”对话框，选中所有自动修复的选项，单击“开始”按钮进行查错。完成后，重新查看软盘上的内容，发现可以读取、复制文件了。

6. 开机报错“Floppy disk fail”

启动电脑后，系统报错“Floppy disk fail”，软驱指示灯不亮。软驱安装到其他电脑上使用正常。

出现这种情况，首先要检查以下 BIOS 设置。检查是否禁用了软驱（不要设置为 None），并检查 Integrated Peripherals 中的 Onboard FDC Controller 选项是否启用。

7. 软盘能读写但不能格式化

某兼容机，软驱使用多年，软驱读盘越来越困难，需要的读盘时间越来越长，而且经常出现错误信息。

根据现象分析，可能是软驱磁头磨损、老化造成了读盘能力下降。建议联系专业维修人员进行维修、更换配件，或者购买新软驱。

8. 向软盘写数据时总是报告“写保护”

软盘的写保护并没有开启，但向其中写数据时，系统提示软盘写保护，无法进行写操作。

软驱检查写保护信号是通过发光二极管和光敏三极管进行的，如果发光二极管发出的光信号不能通过软盘上的写保护孔到达光敏三极管，软驱就认为软盘设置了写保护，便拒绝对其进行修改操作。此故障中并没有设置软盘上的写保护，很可能是其他物质阻止了光信号通过软盘的写保护孔。打开软驱进行检查，发现检测写保护的发光二极管表面被灰尘覆盖，光信号不能发出。使用棉签小心清理后，故障排除。

9. 软驱不能识别软盘

将软盘插入软驱，在“我的电脑”中查看内容时，系统提示“请将磁盘插入驱动器 A”。更换了多张软盘，故障现象相同。

检查软驱对软盘的设备过程，发现访问软盘时，能够听见软驱主轴电机旋转的声音，随即提示插入磁盘。说明软驱的电机、机械传动等部分正常，问题可能出在软盘信号检测方面。拆开软驱，仔细检查后发现，检测软盘索引信号的发光二极管和光敏三极管上布满灰尘。分析为灰尘导致软驱检测的软盘索引信号错误，从而不能正常识别。使用棉签小心清理后，故障排除。

10. 访问软盘提示磁盘没格式化

在软驱中插入一张软盘，使用“我的电脑”查看 A 盘内容时，系统提示“磁盘未被格式化，是否格式化”。更换其他确认没有问题的软盘，故障依旧。

为查明原因，打开软驱外壳，上电操作，同时查看软驱各部分的工作情况。发现插入软驱并进行读取时，磁盘旋转，但磁头组件没有动作，即没有进行任何读数据的动作，系统便提示磁盘没有格式化。使用万用表检查带动磁头组件运动的电机和相关电路，都没有问题，看来问题出在电机的螺杆上。断电，擦去螺杆上的灰尘，均匀涂抹一些润滑油，开机检查，故障排除。

11. 读写软盘死机

在“我的电脑”中双击软盘图标时，经常发生死机的情况。听说软驱的很多故障和内部灰尘有关，但清理灰尘后故障依旧。

打开机箱，在电脑运行时使用万用表检查软驱的内部电路，没有发现任何问题。怀疑软驱数据线有问题，准备更换数据线时发现主板的接口上灰尘过多，而且还有一两根针脚弯了。清理灰尘，并修理接口针脚后，软驱使用恢复正常。

1-4 内存维护与故障处理

1. 如何简便快捷地优化内存中的数据

在 Windows 中，驻留内存中的数据越多，如桌面上的快捷图标、任务栏中的图标、系统托盘中的时间等，都要占用内存资源。所以，桌面上和任务栏中的快捷图标不要设置得太多。如果内存资源较为紧张，可以考虑优化这些项目，尽量少用各种后台驻留的程序，特别是设计不好的程序，要占用大量内存资源。

平时在操作电脑时，不要打开太多的文件或窗口，或者在程序中打开太多的数据文件，如果打开了，不再用时要及时关闭这些文件或窗口。

另外，长时间地使用计算机后，如果没有重新启动计算机，内存中的数据排列就有可能比较混乱，从而导致系统性能下降，这时就要考虑重新启动计算机。

2. DDR 和 SDRAM 是否能混插

现在不少主板都同时带有 DDR 和 SDRAM 两种内存插槽，DDR 和 SDRAM 内存能不能同时混插呢?

DDR 和 SDRAM 两种内存绝对不能混插。主要原因是两种内存的电压和电气接口是不一样的，DDR 使用 2.5V 电压，SDRAM 使用 3.3V 电压，而且两者处理数据流的方式也不一样。

3. SDRAM 和 DDR 内存有何差异

电脑升级内存，欲购一条 256MB 的内存，不知道该选哪一种？它们之间有何不同?

（1）从外观上看，普通的 SDRAM 内存条和 DDR 内存条几乎没有什么区别，但仔细观察还是可以发现一些不同之处。我们通常说的 SDRAM 内存条的金手指共有 168（84 × 2 面）个接触点，故也被称为 168 线内存；而 DDR 内存的金手指则有 184 个接触点。另外，SDRAM 的金手指处有两个缺口，而 DDR 只有一个，这是辨别 SDRAM 和 DDR 最简单有效的办法。

（2）从电气指标上 SDRAM 和 DDR 也不兼容。SDRAM 是 3.3V 工作电压的内存，而 DDR 的规格则是 2.5V 电压，而且 DDR 内存对供电的要求也更严格。

（3）因为 DDR 在工作时钟周期的上升沿和下降沿都可以传输数据（SDRAM 和 DDR 的真实工作频率与 CPU 外频相同——100MHz 或 133MHz），因此它的性能等同于两倍的普通 SDRAM。所以性能上讲 DDR 内存还是具备相当的优势的。

4. 如何处理“内存不足”

在 Windows 中，当你启动程序或运行程序时，如果经常收到“内存不足”的错误消息，那么在硬件条件不升级的情况下该如何避免呢？

（1）剪贴板占用了太多的内存。实际上，剪贴板是内存中的一块临时区域，当你在程序中使用了“复制”或“剪切”命令后，Windows 将把复制或剪切的内容及其格式等信息暂时存储在剪贴板上，以供“粘贴”使用。如果当前剪贴板中存放的是一幅图画，则剪贴板就占用了不少的内存。这时，请按下述步骤清除剪贴板中的内容，释放其占用的内存资源：

①单击“开始”，指向“程序”或“所有程序”，指向“附件”，指向“系统工具”，然后单击“剪贴板查看程序”，打开“剪贴板查看程序”窗口。

②单击菜单命令“编辑”/“删除”。

③关闭“剪贴板查看程序”窗口。

（2）打开的程序太多。如果同时打开的文档过多或者运行的程序过多，就没有足够的内存运行其他程序。这时，对于多文档界面（MDl）程序，如 Word、Excel 等，请关闭当前文档外的所有文档，并退出当前未使用的程序，然后或许你就能够继续执行因“内存不足”而被中断的任务。

（3）重新启动计算机。如果只退出程序，并不重新启动计算机，程序可能无法将内存资源归还给系统。重新启动计算机以释放系统资源，然后再次运行程序或执行被中断的任务。

（4）自动运行的程序太多。如果在启动 Windows 时自动运行的程序太多，那么，即使重新启动计算机，也没足够的内存用来运行其他程序。

首先确定设置为自动运行的程序是否太多。

① 单击“开始”，然后单击“运行”。

② 在“打开”框中，键入“Msconfig”，单击“确定”按钮，打开“系统配置实用程序”窗口。

③ 单击“常规”选项卡，选中“选择性启动”复选钮，清除“处理 Win.ini 文件”复选框和“加载启动组项目”复选框。

④ 单击“确定”按钮，当系统提示重新启动计算机时，请单击“是”按钮。重新启动电脑后，如果内存不足的问题已经解决，你就可以将计算

机配置为启动时不打开任何程序。

然后配置计算机不自动打开任何程序。

① 恢复在 Msconfig 中所作的更改，方法是：在“系统配置实用程序”窗口，单击“常规”选项卡，选择“正常启动”，单击“确定”按钮，然后重新启动计算机。

② 删除“启动”文件夹中的所有快捷方式。

③ 禁用从 Win.ini 文件加载的所有程序。

（5）让 Windows 管理虚拟内存设置。如果没有设置让 Windows 管理虚拟内存或者禁用虚拟内存，那么计算机可能无法正常工作，也可能收到“内存不足”的消息，或在运行某程序时出现相同的错误消息。

①单击“开始”，单击“设置”，单击“控制面板”，然后双击“系统”。

②在“系统属性”对话框中，单击“性能”选项卡，然后单击“虚拟内存”按钮。

③选中“让 Windows 管理虚拟内存设置—（推荐）”选项，将计算机中可作为虚拟内存使用的硬盘空间量设置为默认值。此时，虚拟内存分页文件“Win386.swp”能够根据实际内存的使用情况动态缩小和放大，最小容量为 0，最大容量为硬盘的全部可用空间。

④单击“确定”按钮。

（6）增加可用磁盘空间。由于 Windows 以虚拟内存分页文件的格式使用硬盘空间以模拟 RAM，所以，尽管已设置为让 Windows 管理虚拟内存，但是当虚拟内存分页文件所在的驱动器（默认为 Windows 系统所在的硬盘分区）没有足够的空间时，仍会出现“内存不足”的错误。此时，请执行以下一项或多项操作，增加 Windows 虚拟内存分页文件所在驱动器上的可用空间：

①清空回收站，方法是：在桌面上，右键单击“回收站”，再单击“清空回收站”。

②从磁盘中删除临时文件，方法是：打开“Windows 资源管理器”或“我的电脑”窗口，右键单击要释放其空间的磁盘，然后单击“属性”，在“常规”选项卡上，单击“磁盘清理”按钮，选中要删除的不需要的文件前的复选框，可以阅读列表下面区域中每个文件类型的说明，单击“确定”按钮。

③从磁盘中删除过期的文件或已存档的文件。

④删除从未使用过的所有文件。

（7）程序文件被毁坏。如果仅仅是使用某个程序时，系统提示内存不足，而其他程序可以正常运行，那么可能的原因是该程序文件被毁坏，从而导致内存问题。然而 Windows 并没有确切地提示表明该程序已损坏，所以请尝试删除并重新安装该程序，然后重新运行该程序。如果系统不再提示内存不足，那么说明原程序文件确实被损坏。

（8）查杀病毒。系统感染电脑病毒也是导致内存不足的罪魁祸首，当系统出现“内存不足”的错误时，请使用最新的防毒软件查杀病毒，或者在清除电脑病毒之后，就解决了“内存不足”的问题。

5. 开机显示的内存容量与实际不符

购买的是 256MB 内存，但开机显示的内存容量是 262144KB，这是怎么回事？

系统开机自检时显示的内存容量的单位是 KB（千字节），而我们常说的内存容量单位是 MB（兆字节），1MB 等于 1024KB。因此，对于 256MB 的内存，应该显示为 256×1024KB，就是 262144KB。

6. 如何解决多内存混插问题

所谓内存混插就是将不同规范（现阶段主要是 PC100 和 PC133 的内存），或者是不同容量，或者是不同品牌的内存在同一台电脑中混合使用，从而能更好地使用已有的内存资源，更好地利用前期投资。不同容量、不同品牌的内存混插一般来说比较简单，在这里我们主要说的是不同规范的内存混插。

（1）内存混插的就低原则。为了更好地保证内存混插的成功性和稳定性，降低危险，一般情况下，我们都是将低规范、低标准的内存插入内存插槽中的第一位置 DIMM1 上。

（2）内存混插常见的问题和解决方法。

①无法正常开机，甚至出现黑屏。这类现象主要有三个解决的途径：第一，更换内存的位置，这是最为简单也是最为常用的一种方法；第二，在基本能开机的前提下，进入 BIOS 设置，将内存的相应项（包括 CAS 等）设置成为低规范的相应值；第三，使用其中的一根内存（如果是 PC100 和 PC133 的内存混合使用，最好使用 PC100 的内存），将计算机启动，进入 BIOS 设置，强行将内存的相应项设置成为低规范的相应值，确定无误后，方可关机插入第二根内存。

②计算机运行不稳定。这类问题的出现主要是内存兼容性造成的，解决的基本思路是：第一，更换内存的位置；第二，升级更新更好的操作系统，一般来说新的操作系统拥有更好的管理机制，能更好地使用和调配不同型号的硬件；第三，如主板支持，使用主板上内存异步项强行设置内存的工作频率（以低规格的为准），这种方法对使用 PⅢCPU 而又同时使用 PCI00 和 PCI33 的内存的情况相当有效。如果内存温度过高，出现这种现象的最大的可能性就是使用了不同电压的内存进行混插。解决的方法主要看主板是否支持内存电压可调，如果主板支持，可在主板上或 BIOS 中强行设置内存的电压为所有混插内存中的电压最低值。

③混插后内存的总值和电脑检测的内存值不等。造成这种现象的原因，第一种可能是由于主板 BIOS 版本过低，所能支持内存的总值拥有一个上线限制，超过上线值的部分均不能识别和使用，解决的方法是下载主板最新的 BIOS 程序进行刷新；第二种可能是主板芯片组自身的原因所造成的，一些老主板只支持 256MB 内存的容量（甚至更低），超出 256MB 的部分，均不能识别和使用，解决这问题的唯一方法就是更换主板。

7. 开机报错“Error:Unable to Control A20 Line”

电脑开机后系统报错，不能正常启动。提示信息为“Error:Unable to Control A20 Line”。

此提示信息说明内存存在问题，可能是硬件间的接触不良、内存条硬件故障，或者是主板的控制电路有问题。首先应检查内存和主板的外观，查看是否有过多灰尘和锈迹，并重新插拔。如果不行就更换内存试试，如果故障消失，则说明内存有质量问题，需要更换。

8. 开机无显示

电脑开机无任何反应，显示器无任何显示。

内存条原因出现此类故障一般是因为内存条与主板内存插槽接触不良造成，只要重新插接一次并用橡皮擦来回擦拭其金手指部位即可解决问题（不要用普通酒精等溶剂清洗），还要注意内存损坏或者主板插槽有问题也会造成此类故障。

由于内存条原因造成开机无显示故障，主机箱蜂鸣器一般会长时间鸣叫（针对 Award BIOS 而言）。

9. 内存检测时间过长

开机时电脑内存自检需要重复 3 遍才可通过。

随着电脑基本配置内存容量的增加，开机内存自检时间越来越长，有时可能需要进行几次检测，才可检测完内存，此时用户可使用 Esc 键直接跳过检测。

开机时，按 Del 键进入 BIOS 设置程序，选择“BIOS Features Setup”选项，把其中的“Quick Power On Self Test”设置为“Enabled”，然后存盘退出，系统将跳过内存自检，或使用 Esc 键手动跳过自检。

10. Windows 注册表经常无故损坏

系统经常无故提示 Windows 损坏，并要求用户恢复。

此类故障一般都是由于内存条质量不佳引起，很难予以修复，唯有更换。

11. 安装 RDRAM 内存无法正常启动

组装奔 Pentium 4 电脑，使用一条 RDRAM 内存，系统无法正常启动。

通常，支持 RDRAM（RamBus DRAM）内存的主板上提供两组内存插槽，每组两个插槽。各组插槽上要配对安装相同的 RDRAM 内存，如果只使用一条，则需要在同组的另一个插槽上安装配套的内存终结器（俗称“假内存条”、“假条”），以使该组的内存插槽连成通路，否则无法工作。

> **提示!!** 不同主板对 RDRAM 内存的安装限制各不相同，有的不允许存在空内存插槽，有的要求两条 RDRAM 内存、两个内存终结器不能交叉安装，而有的正好相反，必须将两条内存、两个终结器交叉安装。具体情况需查阅相关主板说明书。

12. 内存未插紧导致开机报警

添加一条内存后，开机报警，系统无法启动。

根据报警声音判断是内存故障，打开机箱检查，发现内存条未完全插入插槽，有一边的锁扣没有扣到位置。均匀用力将内存正确插入插槽，接好电源后开机，自检正常。

13. 随机性死机

系统总是处于不稳定状态，随时都有死机的可能，执行大型程序时死机现象尤为突出。

此类故障一般是由于采用了几种不同芯片的内存条而产生的兼容性故障。由于各内存条速度略有不同产生了一个时间差从而导致死机，对此可以在 CMOS 设置内降低内存速度予以解决，否则，唯有使用同型号内存。还有一种可能就是内存条与主板不兼容，此类现象一般少见，另外也有可能是内存条与主板接触不良引起电脑随机性死机。

14. 运行某些程序时经常出现内存不足的提示

系统运行大型 3D 游戏、Internet Explorer 或其他程序时经常出现系统提示“系统内存不足”甚至出现某段内存地址出错的提示

此现象一般是由于系统盘剩余空间不足造成，可以删除一些无用文件，多留一些空间作为系统虚拟内存即可，一般需保持在 300MB 以上为宜。还有一种可能就是内存条质量不佳引起，更换内存才是最终的解决方案。

15. 内存分配错误

自检通过，DOS 状态下运行应用程序因占用的内存地址冲突，内存分配错误，屏幕将出现“Memory Allocation Error（内存分配错误）”的提示。

因 Confis.sys 文件中没有用 Himem.sys、Emm386.exe 等内存管理文件设置 XMS、EMS 内存或者设置不当，使得系统仅能使用 640KB 基本内存，运行的程序稍大便出现“Out of Memory（内存不足）的提示，无法操作。这些现象均属软故障，重新启动系统，编写好系统配置文件 Config.sys 可排除此类故障。

16. 病毒导致内存值与内存条实际内存大小不符

运行了染毒程序，病毒程序驻留内存、CMOS 参数中内存值的大小被病毒修改，将导致内存值与内存条实际内存大小不符、内存工作异常等现象。

处理此类故障，采用最新 KV300 或瑞星等杀毒软件消除病毒，CMOS 中参数被病毒修改，先将 CMOS 短接放电，重新启动机器，进入 CMOS 设置状态，仔细检查各项硬件参数，正确设置有关内存的参数值即可排除故障。

17. 内存质量欠佳导致 Windows 安装出错

一台新装配的兼容机，配置为 Pentium4 1.8A、i845G 主板、杂牌 HY 256MB DDR266 内存，希捷酷鱼 5 代 60GB 硬盘。硬盘分区后安装 Windows 98，安装过程中复制系统文件时报错，按下“取消”后可以跳过错误继续安装，但稍后再度报错，Windows 安装不能完成。由于故障发生在系统文件复制阶段，初步怀疑是安装光盘的问题，格式化硬盘并更换 Windows 98 光盘进行重装，故障依旧。故障疑点转移到硬盘和内存身上，更换硬盘后故障仍然存在，排除掉硬盘，更换内存后故障消失，最终确认导致 Windows 安装出错的祸首为劣质内存。

Windows 安装过程需要从光盘复制文件到硬盘，而内存作为系统数据交换的中转站，在这个过程中起了极其重要的作用。此例就是内存质量不佳，不能稳定工作而导致系统文件复制出错。因为内存具有十分重要的地位，其质量不容忽视，使用劣质内存甚至无法完成操作系统的安装，更不要说，在使用时还会出现各种各样的疑难杂症，所以建议尽量选购优质的品牌内存。

18. 内存导致系统蓝屏

某电脑的操作系统为 Windows 2000，经常出现蓝屏、死机现象。使用杀毒软件扫描系统后没有发现病毒，格式化硬盘，重新安装系统后故障依旧。

根据现象可以排除病毒和软件问题，应该是硬件故障。在“设备管理器”中没有发现硬件冲突现象，更新各设备驱动程序也没有效果。使用替换法检测系统，更换内存后故障消失，断定是内存质量问题。

19. 电磁干扰内存引起蓝屏故障

由于电脑经常出现蓝屏现象，进行了多方面的检查，排除了病毒和系统、软件等原因，更换内存后故障消失。但该内存安装到其他电脑上能够正常工作。

有些机箱、主板由于设计不合理，会产生较大的电磁干扰，如果内存又恰好抗电磁干扰能力差，也会发生类似故障。可以尝试更换 CPU 风扇，或者将内存安装到远离 CPU 的插槽（前提是主板对内存的安装位置无限制），也可以尝试手工制作一个内存屏蔽层（将铝箔银色面向外包住内存，但不要直接接触内存和主板的电路），以加强内存数据的抗干扰能力。

20. Remark 内存导致电脑无法开机

一台电脑配置为 Pentium Ⅲ 800EB、VIA 694X 主板、HY 128MB PC133 内存。添加了一条 128MB 的杂牌 HY PC133 内存后显示器黑屏，电脑无法正常开机，拔下该内存后故障消失。经过检查，发现新内存条并无问题，在别的机子上可以正常使用，但只能工作在 100MHz 的外频下，根本无法在 133MHz 下使用。为使用该内存，后来不得不在 BIOS 的内存设置中设置了-33MHz 的异步模式。

该内存芯片上的编号标示为-75，应该为 PC133 的内存，但芯片上的字迹较为模糊，极有可能是从-7K 或-7J 的内存 Remark 而来，为 PC100 规格的内存产品，自然无法在 133MHz 下工作。据此，消费者在选购内存的时候要注意提防不法商贩，防止买到 Remark 的内存。

21. 内存插槽积尘导致内存无法正常工作

一台电脑突然无法正常启动，喇叭发出一长三短的报警声，根据经验可确定问题出在内存上。拆机检查发现内存条并无烧毁的迹象，拿到别的机子上也可以正常使用。对主板进行清理后插上内存条，上述故障消失，最终确认导致内存条无法正常工作的原因为内存槽积尘过多。

电脑是一个相当精密的机器，甚至是小小的灰尘都有可能导致它无法正常工作，所以在使用电脑过程中应该注意保持周围环境的清洁，平时也要做好电脑部件的清洁工作。

22. 两条内存混用 容量不能正确识别

一台品牌机，配置为 Pentium Ⅲ 800、i815E 主板、HY 128MB 内存，后来添加了一条日立 128MB 内存，但主板认出的内存总容量只为 128MB。经过测试，在该电脑上，两条内存可分别独立使用，但一起用时只能认出 128MB，可知这两条内存间存在兼容性问题，后来把新添加的内存更换为采用 HY 芯片的内存后故障得到解决。

由于电气性能的差别，内存条之间有可能会有兼容性问题，该问题在不同品牌的内存混插的环境下出现的几率较大。因此，使用两条或两条以上内存条时应该尽量选择相同品牌和型号的产品，这样可以最大限度避免内存的不兼容。如果无法购买到与原内存相同的产品时，应尽量采用市场口碑较好的品牌内存，它们一般都经过近万种系统的特殊匹配及兼容性测试，在元件、设计和质量上也能达到或超过行业标准，另外产品的测试程序也较完善，从而确保了其可靠性、一致性和兼容性。这里需说明一下，并不是所有的品牌内存都具有良好的兼容性。

1-5　移动存储设备维护与故障处理

1. 如何延长闪存盘的寿命

要想使闪存盘的使用寿命尽可能长，在日常使用中就应注意以下事项。

（1）由于常见的 NAND 型闪盘保存数据资料时以“串行”的方式存取，因此假如用户在闪盘里增加或者删除了一个文件，原先保存在里面的数据就会重新更新一次，以新的排列顺序将文件保存在盘区里，这样里面保存的文件个数越多，重写次数也会越多，从而加快了闪盘损耗。因而建议大家使用闪盘时，尽量不要保存太多零散的文件（比如直接将收藏夹、快捷方式复制到闪盘里，建议先用 Winzip 之类的软件将其做成压缩包再保存），同时在增加、删除文件时，最好一次性完成所有增加或删除操作，这样会在很大程度上减少闪盘写入次数，从而能使用得长久一些。

（2）虽然 USB 闪盘支持热插拔，但 USB 口毕竟是物理接口，经常插拔容易松动，插不进去时特别注意不要使用蛮力。为保护主板和闪盘的 USB 接口，建议使用 USB 延长线，这样可以有效延长其寿命。

（3）如果在 Windows 98 系统下用闪盘，在指示灯亮的时候（即正在读写数据时）不要拔去闪盘，如果强行拔出容易造成损坏。而在 Windows 98 以上版本的 Windows 系统中闪盘，不用时须打开任务栏右边的（系统托盘中的）USB 设备图标，执行“安全删除硬件”的方式卸载闪盘，然后再拔下闪盘。

（4）闪盘上通常会有类似软盘的读写开关，用来控制只读和读写状态。在闪盘与主板相连接时，尤其是正在读写数据时不要对其进行切换，应先将闪盘拨出，将状态切换后再接回主机上。如果有其他功能的切换开关，也要按照这一方式操作。

（5）从上面的介绍中我们知道，闪盘保存文件数据的方式比较特别，因此最好不要使用磁盘碎片整理软件对闪盘进行整理，否则将严重影响其使用寿命。此外，不要经常反复地将闪盘格式化成不同的分区格式。

（6）应防止在严酷的环境（例如严寒、高温）中使用闪盘。

2. 老硬盘如何做移动硬盘

一块昆腾 2.1GB（不知道是什么型号）的老硬盘，想添加一个 USB 移动硬盘盒，组成一个移动硬盘，是否可以？

可以组成移动硬盘，但要注意昆腾 2.1GB 硬盘为台式机的标准 3.5 英寸硬盘，而市面上出售的移动硬盘盒多为笔记本电脑硬盘所使用的 2.5 英寸硬盘的硬盘盒，不要弄错尺寸。而且 3.5 英寸移动硬盘盒最好是配备有外接电源的，否则单从 USB 接口从供电的移动硬盘可能无法满足老式硬盘对电源的需求，从而造成不能使用甚至损坏硬盘。

3. 如何使电脑从移动硬盘启动

要从移动硬盘启动，请进入 BIOS 的“Advanced BIOS Features Setup Option”选项，然后将“First Boot Device”设置成为 USB-HDD，然后将移动硬盘接上即可。

提示!! 要使电脑从移动硬盘启动，则主板必须支持从USB HDD 启动。

4. 闪存损坏后应如何处理

我有一块 128MB Netac 朗科优盘（双启动型，型号是 ODH）。在朋友家使用中因为电脑长时间没有响应，于是热插拔下来（当时正在拷贝数据）。但是在后来的使用中发现当拷贝的数据超过 10MB 时总是提示“数据循环冗余”使拷贝失败。但 USB 闪存盘应该是可以热插拔的。我应该怎样做才能修复闪存？

请首先试试将闪存换到别的机器上用不同的软件反复格式化几次，如果仍出现同样的错误，则该闪存可能出现物理损坏，只能更换或返厂修复。另外现在有一款针对某些闪存芯片的“低级格式化”程序，可以修复很多出现“软”故障的闪存。这里特别提醒读者，USB 设备的“热插拔”并不是能够保证绝对安全的，大家在 USB 设备工作时（比如闪存正在读写数据时）应该尽量避免拔插设备，否则也可能导致设备损坏或数据丢失。

5. 系统找不到 USB 设备

USB 移动硬盘在连接到电脑之后，系统没有弹出“发现 USB 设备”

的提示。

在 BIOS 中没有为 USB 接口分配中断号，从而导致系统无法正常地识别和管理 USB 设备。

重新启动电脑，进入 BIOS 设置窗口，在“PNP/PCI CONFIGURATION”中将“Assign IRQ For USB”一项设置为“Enable”，这样系统就可以给 USB 端口分配可用的中断地址。

6. 操作系统和 USB 移动硬盘的兼容性问题导致死机

在使用华硕 P4I45D 主板的电脑上使用 USB 2.0 移动硬盘拷贝文件，在拷贝较大文件时容易出错并死机。

未更新的驱动程序导致操作系统和 USB 控制芯片产生兼容性的问题。

更新该主板 USB 2.0 控制芯片 VIA VT6202 的驱动程序—VIA USB 过滤器补丁。

下载地址：

http://downloads.viaarena.com/drivers/USB/VIA_USB2_V258p3-L-M.zip

7. 移动硬盘无法在系统中弹出和关闭

在 Windows 2000 或 Windows XP 系统中，移动硬盘无法在系统中弹出和关闭。

出现这样的问题，应该是系统中有其他程序正在访问移动硬盘中的数据，从而产生对移动硬盘的读写操作。

关闭所有对移动硬盘进行操作的程序，有必要尽可能在弹出移动硬盘时关闭系统中的病毒防火墙等软件，问题应该会得到解决。

8. 系统无法显示移动硬盘盘符图标

移动硬盘在 Windows 2003 系统上使用时无法显示盘符图标。

Windows 2003 是一个面向服务器的操作系统，对新安装的存储器必须手工为其添加盘符。

进入“控制面板”，打开“管理工具”并选择“计算机管理”，点击“磁盘管理”，选择识别出来的移动硬盘，点击鼠标右键，选择“更改驱动器名或路径”，然后为其选择一个盘符即可。

9. USB 硬盘读写时发出“咔咔”异响

新买的 IBM 20GB USB 2.0 移动硬盘，在接入电脑后发现 USB 硬盘读写操作发出“咔咔”的声音，经常产生读写错误。

USB 接口的设备需要 + 5V 最大 500mA 供电，如果供电不足会导致移动硬盘读写错误甚至无法识别。

更换 USB 接口供电方式，从 + 5VSB 切换为主板 + 5V 供电；如果仍不能解决问题则考虑更换电源。某些 USB 移动硬盘也提供 PS/2 取电接口，也可尝试使用。

10. 无法打开移动硬盘

USB 移动硬盘能被操作系统识别，但却无法打开移动硬盘所在的盘符。或者，移动硬盘在操作系统中能被发现，但被识别为“未知的 USB 设备”，并提示安装无法继续进行。

移动硬盘对工作电压和电流有较高的要求(+ 5V 最大要求 500mA)，如果主板上 USB 接口供电不足，会造成上述现象。

选择带有外接电源的移动硬盘盒，或者使用带有外接电源的 USB HUB 即可解决此类问题。

11. 供电不足导致移动硬盘无法使用

USB 2.0 接口的移动硬盘无法在机箱的前置 USB 接口上使用，也不能使用 USB 1.1 接口延长线。

通常，机箱上的前置 USB 口和 USB 延长线都是采用 USB 1.1 结构，而 USB 2.0 接口的移动硬盘在 USB 1.1 集线器插座上使用则会不定时出错。即使有些前置 USB 接口是 2.0 标准，也可能因为重复接线的原因导致电阻升高，使得 USB 2.0 接口供电不足。

尽量使用主板 I/O 面板上的 USB 2.0 接口。

第 2 章

主板维护与故障处理

本章内容

1. 什么是 BIOS
2. 什么是 CMOS
3. 为什么要升级 BIOS
4. 如何升级 BIOS
5. 升级 BIOS 具体要注意哪些问题
6. 什么情况下需要对主板 BIOS 进行升级
7. 如何设置电脑主板的 CMOS 密码保护功能
8. 不能进入 BIOS 设置

……

1. 什么是 BIOS

电脑的基本输入输出系统（Basic Input-Output System），简称 BIOS，它是集成在主板上的一个 ROM 芯片，其中保存有电脑系统最重要的基本输入输出程序、系统信息设置、开机上电自检程序和系统启动自举程序。在主板上可以看到 BIOS ROM 芯片。一块主板性能优越与否，很大程度上取决于板上的 BIOS 管理功能是否先进。

● 什么是 BIOS 中断例程

即 BIOS 中断服务程序。它是电脑系统软、硬件之间的一个可编程接口，用于程序软件功能与电脑硬件实现的衔接。DOS/Windows 操作系统对软、硬盘、光驱与键盘、显示器等外围设备的管理即建立在系统 BIOS 的基础上。程序员也可以通过对 INT 5、INT 13 等中断的访问直接调用 BIOS 中断例程。

● 什么是 BIOS 系统设置程序

电脑部件配置情况是放在一块可读写的 CMOS RAM 芯片中的，它保存着系统 CPU、软硬盘驱动器、显示器、键盘等部件的信息。关机后，系统通过一块后备电池向 CMOS 供电以保持其中的信息。如果 CMOS 中关于电脑的配置信息不正确，会导致系统性能降低、零部件不能识别，并由此引发一系统的软硬件故障。在 BIOS ROM 芯片中装有一个程序称为“系统设置程序”，就是用来设置 CMOS RAM 中的参数的。这个程序一般在开机时按下一个或一组键即可进入，它提供了良好的界面供用户使用。这个设置 CMOS 参数的过程，习惯上也称为“BIOS 设置”。新购的电脑或新增了部件的系统，都需进行 BIOS 设置。

● 什么是 POST 上电自检

电脑接通电源后，系统将有一个对内部各个设备进行检查的过程，这是由一个通常称之为 POST（Power On Self Test，上电自检）的程序来完成的。这也是 BIOS 的一个功能。完整的 POST 自检将包括 CPU、640KB 基本内存、1MB 以上的扩展内存、ROM、主板、CMOS 存储器、串并口、显示卡、软硬盘子系统及键盘测试。自检中若发现问题，系统将给出提示信息或鸣笛警告。

● 什么是 BIOS 系统启动自举程序

在完成 POST 自检后，ROM BIOS 将按照系统 CMOS 设置中的启动顺序搜寻软硬盘驱动器及 CDROM、网络服务器等有效的启动驱动器，读入操作系统引导记录，然后将系统控制权交给引导记录，由引导记录完成系统的启动。

2. 什么是 CMOS

CMOS（本意是指互补金属氧化物半导体——一种应用于大规模集成电路芯片制造的原料）是电脑主板上的一块可读写的 RAM 芯片，用来保存当前系统的硬件配置和用户对某些参数的设定。CMOS 可由主板的电池供电，即使系统掉电，信息也不会丢失。

早期的 CMOS 设置程序驻留在软盘上，使用很不方便。现在多数厂家将 CMOS 设置程序做到了 BIOS 芯片中，在开机时通过特定的按键就可进入 CMOS 设置程序方便地对系统进行设置，因此 CMOS 设置又被叫做 BIOS 设置。

主板上的 ROM BIOS 芯片是主板上唯一贴有标签的芯片，一般为双排直插式封装（DIP），上面印有“BIOS”字样。虽然有些 BIOS 芯片没有明确印出“BIOS”，但凭借外贴的标签也能很容易地将它认出。586 以前的 BIOS 多为可重写 EPROM 芯片，上面的标签起着保护 BIOS 内容的作用（紫外线照射会使 EPROM 内容丢失），不能随便撕下。586 以后的 ROM BIOS 多采用 EEPROM（电可擦写只读 ROM），通过跳线开关和系统配备的驱动程序盘，可以对 EEPROM 进行重写，方便地实现 BIOS 升级。常见的 BIOS 芯片有 AMI、Award、Phoenix 等，在芯片上都能见到厂商的标记。

3. 为什么要升级 BIOS

BIOS 程序决定了系统对硬件的支持、协调能力。随着新硬件层出不穷，BIOS 不可能预先具备对如此繁多的硬件的支持，这就依赖于对 BIOS 芯片内程序的更新。为了支持到更新的硬件产品，消除以往 BIOS 的 BUG，提高产品之间的兼容性，或者为了提升产品的性能，升级 BIOS 是最简单有效又节省的办法。

4. 如何升级 BIOS

大部分主板厂商都会定期更新产品的 BIOS FIREWARM，另外 BIOS 生产厂商也会提供专用的刷新程序，在不加载任何硬件驱动和内存驻留的纯 DOS 模式下，运行刷新程序，输入厂商提供的 BIOS FIREWARM 文件名，通过提示依次选择是否刷新→是否保存原 BIOS→是否更新最新的 BIOS，最后按 F1 键重新启动，即可大功告成。

5. 升级 BIOS 具体要注意哪些问题

升级 BIOS 并不繁杂，只要认真去做，应该是不会出现问题的。但升级过程中一定要注意以下几点：

（1）进入纯 DOS 模式，不要加载任何硬件产品的驱动，也不要运行任何程序。

（2）使用和主板相符的 BIOS 升级文件，尽可能用原厂提供的 BIOS 升级文件。

（3）BIOS 刷新程序和 BIOS FIREWARM 要匹配。一般情况下原厂的 BIOS 程序升级文件和刷新程序是配套的，所以最好一起下载。

（4）通常在很多图书中都建议用户在软盘上升级，可是由于软盘的可靠性不如硬盘，很可能造成升级失败，因此，建议最好在硬盘上升级 BIOS。

（5）升级时一定要备份原 BIOS，如果升级不成功，那还有恢复的希望。

（6）部分主板提供商在 BIOS 程序中内置了 BIOS 更新程序，所以在升级 BIOS 前，应该在 BIOS 里把“System BIOS Cacheable”的选项设为 Disabled。

（7）某些主板出于保护 BIOS 的原因，设置了硬跳线禁止 BIOS 写入，或者在 BIOS 中设置的“BIOS UPDATA”的选项设为 Disabled，所以在更新之前尽量检查这两项设置，不然会出现更新失败。

（8）写入过程中不允许停电或半途退出，所以如果有条件的话，尽可能使用 UPS 电源，以防不测。

6. 什么情况下需要对主板 BIOS 进行升级

以下几种情况需要升级主板的 BIOS：

（1）当一些新的硬件无法被主板识别时。如早期的主板可能会将 CeleronⅡ识别为 PⅢ，升级主板 BIOS 就可以正确显示 CeleronⅡ的型号和主频。还有很多早期主板的 BIOS 最大只能支持 8.4GB 的硬盘，但目前主流硬盘远大于这个容量，为了支持这些大容量硬盘，也需要升级主板 BIOS。

（2）软、硬件之间存在兼容性问题（如 Windows 2000 的高级电源管理与主板不兼容），也需要升级主板 BIOS 来解决。

（3）升级 BIOS 可以增添一些新功能，比如从光驱启动电脑，增加线性超频的范围等。

提示!! 如果您的计算机使用正常，并不存在兼容性或其他问题，则没必要升级主板 BIOS。

7. 如何设置电脑主板的 CMOS 密码保护功能

打开电脑，在开机自动检测时按下键盘的“Del”键，进入主板的 BIOS 设置窗口；然后选择“Set User Password”（设置系统开机密码）设置选项，输入密码后确认即可。

进行上述操作之前，需要单击 BIOS 设置窗口中的“Advance BIOS Features”选项，把其中的“Security Option”选项的“Setup”改为“System”。

8. 不能进入 BIOS 设置

某电脑在使用 HWINFO 中的 FIXED DISK INFO 项时，突然自行热启动。启动后硬盘配置丢失，只能使用软驱。用各种热键方式均不能进入 BIOS 设置程序，显示如下提示：

```
-FLFX DISK
Error 162-READ Time Clock Failure（CRC）
Please Reconfigure and Retry
```

当将机中模块 DALLAS DS1387 用同类型计算机中的模块更换时，则故障消失。

故障代码 162 是表示 CMOS 参数检验出错或者系统配置错误。

根据故障现象，其提示已指出是实时时钟有故障。在 DALLAS DS1387 模块中包含 CMOS RAM，实时时钟信息只是其中的一组参数，当该模块发生问题时，必然导致 CMOS 参数的校验错误，在提示中才要求重新进行系统参数的设置。由于事实上采用替换法已证明其模块本身有故障，才造成不能进入 BIOS 设置程序，也就无法重新设置 CMOS 参数。

更换 DALLAS DS1387 模块后，故障排除。

9. 如何进入 BIOS 设置菜单

下面以占据着 BIOS 市场主流的 Award BIOS 6.0 的设置为例进行分析。

开启电源后，当 BIOS 开始进行 POST（Power On Self Test 开机自检）

时，按下 Del 键便可进入 Award BIOS 的 CMOS Setup 主画面中。

如果来不及在 POST 过程中按 Del 键进入 CMOS Setup，可以立即按住 Ctrl+Alt+Del 组合键来热启动或直接按机箱上的 Reset 按钮，以重新开机再次进入 POST 程序，再按下 Del 键进入 CMOS Setup 程序中。

10. 如何清洗主板

主板落满了灰尘杂物，很可能影响电脑的性能甚至正常的使用，该如何对其进行清洗？

板卡出厂前一般都要经过清洗的程序，一般都是用专门的洗板水，将板卡清洗烘干后焕然一新再包装出厂。这样的洗板水经过去离子和去静电处理，不会腐蚀和击穿电路板。

其实，我们自己也可以动手清洗主板，讲究一点的话就去买专用的洗板水，否则就用不导电的二次蒸馏水，以确保清洗的水不带静电离子。注意最好不要用我们常喝的矿泉水（含太多离子杂质），也不要用自来水，这样的水经常呈弱酸或弱碱性，容易腐蚀电路板。

假如没有把握完全烘干，清洗前最好拔下板卡上的电池、集成块等，总之拔下能拔下的所有东西。在清洗的过程中要使用比较软的刷子，并注意不要碰坏零件和焊点、电容等。

一般来说，CPU 插槽、AGP 槽、PCI 槽、南桥和北桥芯片底下、每个集成电路 IC 芯片的底下、内存槽旁边的金属触点旁边，还有 BIOS 芯片底下，都是不容易清理的和烘干的地方。洗刷的时候还可以使用超声波清洗仪（眼镜店一般都有）来清洗很难洗刷或者看不见的污垢，但是同时也可能对元件造成损伤。

烘干前，我们可以通过在主板上刷酒精以加快水分蒸发。烘干主板可以使用家用的电吹风，也可以拿到修车店用高压气泵吹干。烘干机最好用风流量比较大的，这样可以把不容易烘干的地方的水强制吹出来。烘干的时候一定要彻底，不然会导致局部短路，那样报废的可能就不仅仅是主板了。另外，主板烘干后要再晾一段时间，最好使用烘灯（或家用台灯）再烤 24 小时，以保证加电时不会有水蒸气存在。

按照这个原则，电脑主机里的 CPU、板卡、内存甚至硬盘的电路板都可以拿出来清洗。必须要注意的是，如果确认不是由于灰尘太多造成故障的，或者不是到了万不得已的时候，最好不要单纯为了好看而清洗配件，毕竟这样做的风险相当大。

11. 如何设置用键盘开机

电脑主机上的开机按钮有点毛病，不好用了，能否使用键盘开机？该如何设置?

首先，要确认主板支持键盘开机功能。然后，开机进入 BIOS，选择“Power Management Setup”菜单，再进入“Wake up Events”字菜单，这时会看到“Power On by Keyboard”选项（不同的 BIOS 此项名称可能略有出入)，然后将其设置为“Enabled”即可。

12. 主板驱动导致操作系统引导失败或者操作系统工作不稳定

可打开“控制面板”的“系统”选项中的“设备管理器”，检查一下“系统设备”中的项目是否有黄色惊叹号或问号。将打黄色惊叹号的设备全部删除（可能需要在操作系统的“安全模式”下才能删除）后，重新安装主板自带的驱动程序，重启即可。例如，采用 Intel 芯片组的主板需要安装“Intel Chipest Software Installation Utility”驱动程序，采用 VIA 芯片组的主板需要安装“4 In 1”驱动程序，以取得更好的稳定性和兼容性。

13. 主板接触不良、短路等导致开机失败

电脑开机无任何响应；开机后，具有短路保护功能的电源随即自动切断电源供应或者主板对其温度识别错误。

检查主板器件间是否卡入诸如小螺丝之类的导电异物导致短路；检查主板与机箱底板之间是否少装了用于支撑主板的小铜柱；是否主板安装不当或机箱变形而使主板与机箱直接接触。最后彻底清洁主板。主板上的灰尘可能引发插槽与板卡接触不良的现象，可以用气囊吹气或者毛刷来去除灰尘。如果是由于插槽引脚氧化而引起的接触问题，可以用橡皮擦去表面氧化层，再将板卡重新插接。

14. 引起主板故障的主要原因有哪些

引起主板故障的主要原因大致有三类：

（1）人为故障：带电插拔卡，以及在安装板卡及插头时用力不当造成接口、芯片等的损害。

（2）环境不良：静电常造成主板上芯片（特别是 CMOS 芯片）被击穿。

另外，主板遇到电源损坏或电压瞬间产生的尖峰脉冲时，往往会损坏系统主板供电插口附近的芯片。如果主板上布满了灰尘，也会造成信号短路等。

（3）器件质量问题：由于芯片和其他器件质量不良导致的损坏。

15. 哪些故障现象和和主板电池有关

电脑开机后提示“CMOS Battery State Low”、不能正确找到硬盘、系统时间显示不正确或者 CMOS 设置不能保存。这些故障都有可能与主板电池有关。

出现该类故障后，可先检查主板 CMOS 跳线是否被设为清除“CLEAR”模式，如果是这样的话，请先将跳线改为“NORMAL”模式，然后重新设置 CMOS。如果不是 CMOS 跳线错误，就有可能是主板电池损坏或电池电压不足造成的，可换个主板电池试试。对于不同的 CMOS 供电方式，采取不同的措施：

（1）焊接式电池：用电烙铁重新焊上一颗新电池即可。

（2）纽扣式电池：直接更换。

（3）芯片式：更换此芯片最好采用相同型号芯片替换。如果更换电池后时间不长又出现同样现象的话，很可能是主板漏电，可检查主板上的二极管或电容是否损坏，也可以跳线使用外接电池。

16. 主板元件失效可能导致哪些故障

主板元件失效，可能导致系统启动失败、屏幕无显示等难以直观判断的故障现象。

元件故障则包括电阻、电容、集成电路芯片及其他元部件的故障。我们可以购买与故障件同规格的元件，准备好电烙铁、焊锡丝、松香后，将故障件替换即可。另外，拆装电脑时工具的失落也有可能不小心将元器件砸坏，也应检查排除。

17. I/O 设备运行不正常的故障

I/O 设备（如打印机、显示器、软、硬盘）不能正常工作。

I/O 设备的运行涉及 I/O 设备本身、连接电缆、多功能卡及主板，在通过替换法及插拔法确定故障发生在主板后，抓住主板上有关外设重要控制信号，并对大规模集成电路芯片功能有所了解情况下也是容易排除故障的。如软盘驱动器电机转动指示灯亮但不读软盘驱动器。由于主板与软、硬盘等外设之间采用 DMA 操作，DMA 操作的应答过程如下（以 AST386 中软盘 DMA 为例）：先由软盘驱动器发 DREQ2 信号给 DMA 控制器（82C206），然后 DMA 控制器向 CPU（80386）发 HRQ 信号，CPU 结束当前总线周期后发响应信号 HLDA 给 DMA 控制器，最后 DMA 控制器发 DMA 响应信号 DACK2 给软盘驱动器，允许其数据进入系统总线。抓住 DREQ2、HQR、HLDA、DACK2 几个信号及传输通路可以很快定点故障部位。另外，中断对外设运行起着非常重要作用，因此，从中断控制器及中断控制信号传输途径查找涉及中断的外设运行故障也是必须要考虑的。主板控制电路较为复杂，好在控制功能的高度集中及传输途径简化，只要抓住重要控制信号对主板故障 定位，速度比早期以分立元件为主的故障定位还要快。

18. 主板被烧坏导致电脑无法开机

主板被烧一般是由于带电拔插系统中接插件，或电路中电源对地之间短路而引起。此时可采用静态电阻测量法。若发现任意输入/输出脚与电源或地直接导通（除原电路如此外）均属击穿故障；若发现两个类似的输入脚或输出脚的电阻值存在非常明显的差别，一般来说，也是故障。注意：对主板被烧坏故障维修时不可简单更换烧坏的元件了事，而应检查与此相关的许多元件，直到短路故障消除及无故障元件时方可加电测试。

19. 主板温控失常引发主板“假死”

华硕 P3B-F 主板上有智能监控芯片可对 CPU 温度进行监视。在购该主板时，另购一根 2Pin 的温度监控线，插于 CPU 插槽旁的 JTP 针脚上。在一次玩游戏过程中，机器突然蓝屏，重启后，等到光驱、硬盘自检完后显示器不亮了。由于之前报告蓝屏错误，起初以为是内存出错，后来更换内存后依然无效。又开始怀疑 CPU 故障，换了一块同规格 CPU，故障依旧。

由于现在 CPU 发热量非常大，所以许多主板都提供了严格的温度监控和保护装置。一般 CPU 温度过高，或主板上的温度监控系统出现故障，主板就会自动进入保护状态。报警提示或拒绝加电启动。上述例子就有可能由于主板温度监控线脱落，导致主板自动进入保护状态，拒绝加电。所以当主板无法正常启动或报警时，先检查下主板的温度监控装置是否正常。如果温控线脱落，需重新按主板说明连接温度监控线。

20. 主板上键盘接口不能使用

接上一好键盘，开机自检时出现提示“Keyboard Interface Error”后死机，拔下键盘，重新插入后又能正常启动系统，使用一段时间后键盘无反应。

这种现象主要是多次拔插键盘引起主板键盘接口松动，拆下主板用电烙铁重新焊接好即可；也可能是带电拔插键盘，引起主板上一个保险电阻断了（在主板上标记为 Fn 的东西），换上一个 1Ω/0.5W 的电阻即可。

21. 拷贝大文件时为什么无故重启

某 AMD 1800+ CPU/技嘉 GA-7VA/金士顿 256MB DDR 内存/酷鱼 40GB 硬盘/长城电源主机。在 WinXP 下从光驱向硬盘（E 盘）拷比较大的文件的时候，每当拷到一半左右时机器就会突然自动重启，后来把次要 IDE 通道的传输模式由 DMA 改为仅 PIO 后就解决问题了，拷贝过程中就不会再突然重启了。

如果是硬盘剩余空间太小或者连接线问题，拷贝过程会中断并提示空间不足或读写错误，毫无提示自动重启说明并非简单的硬盘问题，而是整个系统都处于不稳定状态，所以检查应该从软件入手。首先排除病毒作祟后，最有可能是主板驱动程序有问题，请下载新版 VIA “4 In 1”驱动程序。

如果上述方法仍不能解决问题，则从硬件着手，首先不要超频，其次改善系统（特别是 CPU 和显卡）散热条件，超频不当或系统过热是引起系统无故重启最常见的原因。最后用替换法检查显卡、内存、电源是否热稳定性不佳。

22. Windows 2000/XP 为何不认 SATA 硬盘

某华硕 P4V800-X 主板/Maxtor SATA 120GB 硬盘组装电脑。在安装 Windows XP、Windows 2000 时提示找不到硬盘。

华硕 P4V800-X 采用 VIA PT800+VT8237 芯片组，SATA 硬盘是由南桥芯片提供支持的。如想安装 WinXP 或 Win2000 系统，则要装必需的驱动程序，否则安装时将无法找到 SATA 硬盘。下面以安装 Windows XP 系统为例，具体介绍一下方法：

（1）首先将华硕 P4V800-X 主板附送的驱动光盘中的 VIA SATA RAID 控制器驱动程序复制到一张空白的软盘中，以备安装时用。

（2）启动电脑并进入 BIOS 设置界面，开启“Boot→Otecr Boot

device→SCSI Boot Device”选项，即开启用于 SATA 硬盘启动的选项，再将开机引导顺序设置为首先从光驱启动，保存退出。接着用 Windows XP 安装光盘启动电脑并开始安装。

（3）当屏幕左下角出现“F6”字样时，迅速按下键盘上的 F6 功能键，稍等片刻屏幕会提示加载 VIA SATA RAID 驱动，按照提示加载，成功后即可正常安装 Windows XP 了。

23. 为什么启动电脑时检测硬盘时间很长

电脑在启动时需要花费很长时间才能完成硬盘的检测工作，而硬盘没有任何其他的故障征兆。

此问题与硬盘的质量没有关系，主要原因是在主板 BIOS 中将硬盘检测类型设置为“Auto”了。这样每次开机时 BIOS 都需要重新检测硬盘，速度相应会比较慢。解决方法是：在主板 BIOS 正确检测出硬盘的型号后，将硬盘类型更改为“None”，以后 BIOS 就可以跳过检测硬盘这一过程，从而提高启动速度。

24. 为何风扇转速检测为零

一款微星主板，开机后报警，提示系统检控发现错误，CPU 散热风扇转速为零，按任意键可以启动电脑，其余一切正常。

打开机箱后检查，电脑工作时风扇工作正常。怀疑是 BIOS 程序的问题，经过仔细检查后发现 BIOS 无任何故障。经分析，此故障的原因在于有些 CPU 散热风扇不具备转速检测功能，其三针插头中那个提供风扇状态信息的针脚不起作用，导致 BIOS 误以为风扇停转而报警。

25. 主板不清洁引起的死机故障

电脑经常出现蓝屏、非法操作或死机的故障。这些问题出现的时间没有规律，而且随着时间的推移，死机越来越频繁。先用各种杀毒软件反复检查排除病毒的干扰，接着把所有启动时运行的程序关闭排除软件冲突问题，但故障依然存在。用替换法替换 CPU、显卡、内存、电源，还是死机。最后只好重装系统，但安装过程中却又死机。

打开机箱，如发现主板上积满了灰尘，可怀疑是灰尘导致引脚之间短路而频繁死机。用旧毛刷除去灰尘。如果有无水乙醇，可用其仔细擦拭。

26. 集成在主板上的显示适配器故障

电脑开机无法正常启动，机箱的蜂鸣器发出 8 声短鸣。

如果打开机箱发现显示适配器集成在主板上，则初步判定是显示器适配器故障。针对这种情况，要仔细查看主板上的跳线标示，屏蔽掉主板上集成的显示设备（有些主板可能是通过 CMOS 设置来允许或禁止该功能），然后在扩展槽上插上好的显示卡后将故障排除。

27. 主板短路导致黑屏

电脑开机后电源能正常工作，但一般是黑屏，偶尔能正常启动，但运行一会儿就黑屏。

由于偶尔能启动，所以不可能是电源的原因。用替换法检查显示器是否正常。另外，因为开机时没有任何报警声，由此认为显卡、内存出现故障的可能性极小。所以经分析很可能是由于部件接触不良造成的。再重新插拔内存、CPU、显卡、硬盘保证其接触正常。用螺丝刀连接主板上的 POWER 跳线，检查是否正常开机。最后检查主板哪些连线中可能会接触不良。可以耐心地一个一个试。当试到 RESET 线时，出现了故障……拿来万用表一量，果然是 RESET 线短路。

28. 主板自保护引发故障

开机时，主机的指示灯不亮，并且听不到主机内电源风扇的旋转声和硬盘的自检声。重启故障重现。

首先检查外部交流电是否有问题，因为电压过高或过低可能引起电源过载保护，可用测电笔和万用表检测电源插座及电源线的电压。接着可检查电源开关及复位键内部金属接触片的接触情况和连线是否有电源短路现象。之后采用排除法，仅剩主板、内存、CPU 和显卡这几项系统启动必备的配件然后开机。用替换法排除内存、CPU、电源的故障可能性。检查主板上的各种电源连接线信号是否有松动，确认无误后开机还是黑屏。最后只能试试清除 CMOS 的现有设置，将 CMOS 电池的跳线帽从 1~2 针脚移到 2~3 针脚后再移回（放电），开机故障解决。造成这种原因主要是由于主板具有自动侦测功能，当 CPU 或电源风扇转速及各配件电压或温度不正常时，主板自动采取保护措施无法启动，进行 CMOS 放电后电脑就能正常工作了。

29. 主板安装错误导致的系统故障

一台组装电脑，开机后，系统正常运行一分钟左右就会自动停止，无任何反应。

出现此故障的可能原因有三种：机箱开关问题、电源损坏、主板问题。经过仔细检测，排除开关和电源问题。将主板安装到其他电脑上一切正常，仔细看主板，发现机箱设计不合理，主板固定后背部和金属底板有接触。分析此接触导致主板短路，造成电脑无法使用。幸亏电源具有短路保护功能，才没有烧毁主板。

30. 开机时提示按 TAB 键可以切换屏幕显示

开机读写 BIOS 时，系统提示如下信息：

Press TAB to show POST screen。

有一些 OEM 厂商会以自己设计的显示画面来取代 BIOS 预设的开机显示画面，此提示告诉读者可以按 TAB 把厂商的自定义画面和 BIOS 预设的开机画面进行切换。

31. 开机时报错“Override enabled – Defaults loaded”

开机后，屏幕显示错误信息“Override enabled - Defaults loaded”，无法正常启动。

错误信息意思为：当前 CMOS 设置无法启动系统，载入 BIOS 默认设置。此错误通过由错误的 CMOS 设定导致，重新设定选项或者载入默认、优化参数即可。

32. 开机时报错“Primary master hard disk fail”

开机后，屏幕显示错误信息“Primary master hard disk fail”，无法正常启动。

POST 检测到 Primary Master IDE 硬盘存在错误。检查连接相应接口的硬盘数据线和电源线是否接好了，如果连接正常，则可能是硬盘出现故障。

> 提示!!
> 与此类似的错误信息包括：Primary slave hard disk fail，Secondary master hard disk fail 和 Secondary slave hard disk fail，分别代表第一 IDE 接口的从盘、第二 IDE 接口的主盘、第二 IDE 接口的从盘存在错误。

33. 开机时报错“CMOS battery failed”

开机后，屏幕显示错误信息“CMOS battery failed”，无法正常启动。

错误信息意思为：CMOS 电池失效。说明 CMOS 电池电量不足，需要更换电池。

34. 开机时报错“Cache Memory Bad……”

某电脑开机时出现“Cache Memory Bad，Do not enable Cache!”的错误提示。

这是 BIOS 发现主板上的高速缓冲内存已损坏，请找厂商或销售商解决。

35. 开机时报错“Monitor Warning”

电脑开机自检时，总是提示“Monitor Warning”错误信息。

这种原因的出现，主要是现今多数的主机板都默认有环境监测的功能，其中一个就是自动对电脑的各项指针运行检测，如果有故障，系统便会自动提示。第一项就是对电压的检测，当电源的输出电压高于 CMOS 中的设置电压，就显示出了“Monitor Warning”的错误提示。

出现这个错误的信息，一是可以按下 Esc 键，就可以跳过该警告信息，继续启动进入操作系统。二是可按以下方法解决：

如果在下一次开机时，仍有此类警告，可先按下 Ctrl+Alt+Del 组合键，将电脑重新启动，进入到屏幕后按下 Del 键进入 BIOS 设置窗口。

在主功能设置窗口中，按下键盘的方向键，在“Power Management Setup”里选择“Power Management”，按下 PageDown 键将之设置为 Disabled。

完成后退出设置，并按下 F10 键储存离开即可。

36. 开机时报错“Keyboard error or no keyboard present”

开机后，屏幕显示错误信息“Keyboard error or no keyboard present”，无法正常启动。

错误信息意思为：键盘错误或未接键盘。检查键盘与机箱插孔的连接是否正确，如果键盘已经接好，则可能是主板的键盘接口或者键盘本身出现故障。通过替换法检测故障，并对故障硬件进行更换或者修理。

37. 开机时报错“Memory test fail”

开机后，屏幕显示错误信息“Memory test fail”，无法正常启动。

错误信息意思为：内存测试失败。此类错误通常因内存不兼容或者出现故障所导致。如果只有一条内存，则可能是内存本身存在问题，可以通过替换法检测。如果有多条不同品牌内存，可能是兼容问题。联系经销商更换故障内存。

38. 开机时报错“CMOS checksum error–Defaults loaded”

开机后，屏幕显示错误信息“CMOS checksum error Defaults loaded”。

错误信息意思为：CMOS 整体检查发现错误，载入默认设置。通常，发生这种状况的原因是电池电量不足。先更换电池试试，如果问题依然存在，可能是 CMOS RAM 有问题，建议联系经销商或者有关客户服务单位进行修理。

39. 开机时报错“Display switch is set incorrectly”

开机后，屏幕显示错误信息“Display switch is set incorrectly”，无法正常启动。

错误信息意思为：显示开关配置错误。有些主板上带有切换单色显示和彩色显示的跳线，此错误信息表示跳线设置和 BIOS 中的设置不一致。根据显示器的实际情况，修改主板跳线或者 BIOS 设置即可。

40. 开机时报错“Floppy disk(s) fail”

开机后，屏幕显示错误信息“Floppy disk(s) fail”，无法正常启动。

错误信息意思为：无法驱动软驱。系统不能找到或者初始化软驱。先检查软驱数据线和电源线是否正确连接，确认在 BIOS 设置中没有禁用软驱，如果这些都没有问题，则可能是软驱硬件故障，需要更换或者联系有关单位维修。

41. 开机时报错“Hard Disk Install Failure”

开机后，屏幕显示错误信息“Hard Disk Install Failure”，无法正常启动。

错误信息意思为：硬盘安装失败。系统找不到或者无法初始化硬盘驱动器。检查硬盘的数据线、电源线是否正确连接，如果有多个硬盘，检查各硬盘的主从跳线设置是否正确。

42. 开机时报错“Hard disk(s) diagnosis fail”

开机后，屏幕显示错误信息“Hard disk(s) diagnosis fail”，无法正常启动。

错误信息意思为：执行硬盘诊断时发生错误。这种信息通常代表硬盘本身出现故障，先将当前硬盘接到其他电脑上检查一下，如果问题依旧，就需要联系维修人员修理了。

43. 开机时嘀嘀响，不能正常启动

打开电脑电源开关后，没有正常进入操作系统启动界面，机箱扬声器嘀嘀响了几声，就没有响应了。

电脑正常启动时，会听到“嘀”的一声，然后屏幕上开始显示各个硬件设备的自检信息。如果系统检测到某个硬件存在严重错误，就会通过声音报警，不同的错误报警声音不同。根据声音报警信息，可以大致推断什么硬件出现了故障，进而进行更换或者维修。

44. BIOS 在进行总和检查时发现错误导致无法开机

开机读写 BIOS 时，系统提示如下信息：

BIOS ROM checksum error-System halted。

遇到这种问题通常是因为 BIOS 程序代码更新不完全所造成的，解决办法是重新刷写烧坏主板的 BIOS。

提示!!

> Checksum（校验总和）是在数据处理和数据通信领域中的一个简单易行的完整性控制方法。通过一系列算术或逻辑操作将数据的所有字节组合起来，得到一个校验和值。以后可以通过相同的方法计算出校验和值并与上次计算出的值进行比较。若相等，说明数据没有改变；若不等，说明数据已经被修改了。

45. CMOS 设置参数经常丢失

CMOS 设置参数丢失，就是通过 BIOS SETUP 程序设置的计算机各硬

件参数不能保存，当计算机重新冷启动时，CMOS RAM 中设置的参数丢失，导致系统检测不到各硬件，计算机不能工作。

CMOS RAM 参数丢失是系统常见的故障，其原因与解决方法如下：

（1）破坏性关机。所谓破坏性关机，即在开机自检过程中突然掉电或意外关机。这将对 CMOS RAM 造成电流冲击，致使 CMOS 信息丢失。对此，应避免掉电或误操作的关机。

（2）病毒致使 CMOS 设置参数丢失。当 CMOS 被计算机病毒感染时，病毒将定期破坏 CMOS 设置，导致 CMOS 设置参数丢失。可用杀毒软件检查系统有无病毒。

（3）电池电压不足。当电池电压不足时，亦将导致 CMOS 设置参数丢失。用万用表检测电池电压，正常值为 3V 左右，若电压降低过多，应更换新电池。

（4）电池接触不良。若电池接触不良，便会造成 CMOS 设置参数丢失。因此，应确保后备电池始终接触良好。

（5）CMOS 的跳线开关设置错误。当主板上的“CMOS CLEAR”及其类似的消除 CMOS 内容的跳线开关设置在“消除”状态时，会在开机时使系统自动地消除以前的 CMOS 设置参数。应参照主板说明书，检查 CMOS 跳线开关设置是否正确；若设置有误，应纠正过来。

（6）CMOS RAM 芯片接触不良。当 CMOS RAM 芯片接触不良时，亦会造成 CMOS 设置参数丢失。应检查 CMOS RAM 芯片焊接情况，确保 CMOS RAM 芯片接触良好。

（7）软件的原因。检查常用的软件是否对 CMOS 进行了写操作，使 CMOS 设置被改变。若有这种软件，应弃之不用。

（8）主板故障。当主板上的相关电路出现故障时，亦会导致 CMOS 设置参数丢失，此时，应维修或更换主板。

46. 一插上电源插头，电脑就启动

将电脑电源的插头插入插座，不用按机箱上的开机按钮，系统就自动启动了。或者，停电时没有将插头从插座上拔下，来电后电脑自动启动。

出现此情况的电脑大多使用了磐英或者华硕某些型号的主板，例如磐英 693，694 等系列。此类主板在 BIOS 中应用了一个独特的电源管理设计，可以管理来电时机器的状态是开机、关机和回到停电之前的状态，默认为开机。

在 BIOS 的 Power Management Setup 设置中，修改 PWRON After

PWR-Fall 选项，设置为 Off。这样，电脑在接通电源后就不会自己启动了。

47. 主板防病毒未关闭 导致系统无法安装

一台老 Celeron 333 配置的计算机，在安装 Windows 98 时，发现在安装初始阶段屏幕上突然出现一个黑色矩形区域，像是有什么提示，随后就停止安装了。调整显示器亮度和对比度开关也无效。用杀毒软件查杀病毒，并没有发现任何病毒。

此现象比较容易出现在新购主板中，因为它们的 BIOS 中的防病毒设置大多默认设置为 Enabled，所以会出现无法安装系统的问题。此问题严格地讲，不应算主板故障。但往往许多用户不是很注意，导致频频发生。解决该问题可先进入了 CMOS 设置程序，将“BIOS Features Setup”（BIOS 功能设置）中的“Virus Warning”（病毒警告）选项由“Enabled”（允许）设置成“Disabled”（禁止）后，重装 Windows 98 获得成功。

48. 长时间无操作后电脑黑屏无响应

一段时间没有对电脑进行任何操作，电脑黑屏无任何响应，只能按 Reset 键重启电脑。其他时间电脑工作正常。

这种情况一般是电脑的休眠设置导致的。先将 CMOS 恢复出厂的默认设置试试，如果问题依然存在，建议将 BIOS 的休眠设置禁用，或者正确设置休眠唤醒选项。查看 BIOS 的 Power Management Setup 设置，根据说明书或其他有关文档的介绍，禁用休眠选项，或者设置休眠唤醒的设备选项。

49. BIOS 芯片接触不良导致无法开机或者“死机”

正常启动电脑后，打开“我的电脑”时死机，没有任何错误提示，热启动无效。按 Reset 黑屏，主机无任何响应，但机箱电源灯亮，键盘上的指示灯偶尔闪烁。

重启后主机没有进行硬件自检，检查主板，拆下 BIOS 芯片，发现针脚没有光泽，可能由于氧化物导致接触不良。用橡皮或者砂纸小心打磨，处理干净后插回原处，开机正常。

50. 不能设置从 A 盘启动

某电脑在 CMOS 参数设置中，无法设置从 A 盘启动，只有按 F4 键跳过硬盘才可以启动，而这台电脑在不按 F4 键时，屏幕上出现“Unknowmn Flash Type”，然后就死机了。

主要原因可能是 CMOS 电池电路有问题，这种情况下不能保持设置值，或者需要重新校验 CMOS 参数和，系统给出提示“Unknowmn Flash Type（不能识别 Flash 存储器类型）”，必须按下 F1 键或者 F4 键之后才能进入启动。在这种情况下设置 A 为启动盘也因为无法保存而失败。请检查 CMOS 电池和电路有无问题。

51. 开机无任何响应，主板未加电

系统工作正常，因故卸下主板，重新安装后开机无任何响应，电源指示灯不亮。

首先检查电源，更换后故障依旧，怀疑主板故障。主板在拆卸以前工作正常，拆卸后无任何损伤。仔细检查主板，发现整体轻微弯曲，推断为安装不合理导致主板线路接触不良。卸下主板，重新安装，各螺丝均匀固定。开机后正常启动。

52. 主板不能正确识别硬盘容量

在 BIOS 中使用自动检测 IDE 设备的功能，识别出的硬盘容量远远小于实际值。硬盘无故障，在其他电脑上使用正常。

多数型号较旧的主板不支持 8.4GB 以上容量的硬盘，升级主板 BIOS 即可解决这个问题。

53. 按机箱电源开关不能关机

电脑正常运行时，按机箱上的电源开关不能关机，反而进入休眠状态，使用操作系统的关机命令可以正常关机。

对于 ATX 构架的电脑，BIOS 电源管理中有一项对机箱电源开关的设置（例如 Power Management Setup 中的 Soft-Off by PWR-BTTN），可以将电源开关设定为按下 4 秒钟以内进入休眠状态。查阅 BIOS 帮助和主板说明书，修改设置即可。

54. 在 BIOS 中查看风扇转速后死机

新安装一个 CPU 风扇，BIOS 显示 CPU 温度为 45℃，但风扇转速显示不稳定，有时为 0，有时为 4000/分钟左右，然后死机。如果不进入 BIOS 查看风扇转速，系统工作正常。打开机箱，可以看见风扇在转动。

如果更换一个风扇仍然不能正常检测转速，可断定是主板问题，需要更换主板。如果主板本身无风扇转速检测功能，但使用具有测速功能的风扇，也会造成死机、黑屏等现象。

如果更换一个风扇后，主板可以正常检测风扇转速，证明原风扇质量有问题，需要联系经销商、客户服务单位更换或者维修。

55. Pentium 4 长时间开机后关机，再开就不亮

经排除检查后确定是主板接触不良的问题，时亮时不亮。

这是由于主板所在的机箱散热不好，主板总长时间在高温环境下工作，关机后又冷却下来，经常热胀冷缩，BG 下面的焊点就会松脱，从而导致接触不良。故障现象就是板子不亮，送到维修点上 BG 机加热一下就好了。但更重要的是改善机箱散热，防病强于治病。

56. 安装操作系统初始阶段死机

重新安装新操作系统，在初始阶段，电脑屏幕上突然出现一个黑色矩形区域，随后就停止安装了。

如果硬件没有问题，出现这种情况的原因应该是 BIOS 设置错误。检查 Advanced BIOS Features 中的 Virus Warning（病毒警告）选项，将其值由“Enabled”（允许）设置成“Disabled”（禁止）后，顺利安装完操作系统。

安装完操作系统后，要记得将“Virus Warning”（病毒警告）选项由“Disabled”（禁止）还原为“Enabled”（允许）。

57. 有电话打入电脑就死机

电脑中安装有内置调制解调器，连接了电话线。在 Windows 2000 中，一有电话打入就死机。

经分析，此故障原因为主板支持调制解调器唤醒功能，将此功能禁用即可解决问题。进入 BIOS 设置程序，将 Power Management Setup 中的 ModemRingOn/WakeOnLan 选项禁用。

不同型号的主板此功能的选项名称不一定相同，有的选项可能是 PWR Up On Modem ACT。

58. BIOS 密码设置无效

在 BIOS 里不论设置 Super User Password 或 User Password，开机后都不询问密码而直接进入操作系统。

这是因为只设置了口令而没有激活口令使用模式。一般来说，AWARD BIOS 的口令使用方式有 3 种：None、Setup、Always，功能分别是：不检查口令、进入 BIOS 设置时检查口令、在开机时（包括 Reset 键重启）检查口令。口令作用方式一般是在 BIOS 的高级设置 Advanced Setting 中用 Password Check 项来设置的，不过如果主板用的不是标准 AWARD BIOS，该项的设置可能略有不同。

59. CMOS 设置引起打印机无法工作

某 Epson LQ1600K 打印机打印时总提示"打印机没纸，过 5 秒后 Windows 会自动重试"信息，无法打印，而这台打印机在其他的机器上却能正常打印，起初怀疑机器的并口损坏，但切换至 DOS 下能够照常打印。

重启机器，进入 CMOS 设置，将"On Board Parallel Port"由"Normal"方式设置为"ECP+EPP"方式，再次启动 Windows，如果 Windows 提示发现新硬件，插入安装光盘，完成并口的安装，再打开打印机打印，一切就会正常。

有一些打印机比较新，不支持老的并口"Normal"方式，只需在 CMOS 中做相应的设置，再重新安装一下驱动程序就可以正常使用了。

60. CMOS 设置引起系统死机

如果在 COMS 设置中，允许主板上的二级高速缓存（L2 Cache 或 External Cache）工作的话，那么在 Windows 系统下运行软件时，发现计算机系统经常出现死机现象，一旦禁止二级高速缓存系统，计算机又可以正常运行了，但速度比以前正常运行时要慢一些。

由于在整个故障现象中，我们只对二级高速缓存参数进行了修改，并且修改前后计算机表现出两种截然不同的现象，因此我们初步可以判断是二级高速缓存芯片工作不稳定。用手摸了暖气片，从而放掉手上的静电，之后再用手逐个感觉主板上的二级高速缓存芯片，明显地觉察到有一个芯片比其他的热，更换后系统又恢复到正常状态。

61. VIA 芯片组主板，系统运行总是不正常

电脑主板使用的是 VIA 芯片组，操作系统为 Windows 98，经常出现死机、蓝屏、黑屏等现象。

VIA 芯片组的兼容性不好，如果没有正确安装 VIA 4in1 驱动程序，会造成运行故障。首先从主板厂商的网站上下载最新驱动程序，或者在主板驱动光盘中查找，根据安装提示或帮助正确安装。然后，在 BIOS 中将 AGP 的模式设置为 Normal，不要使用 Turbo 模式。最后，建议将支持 DMA/66 的硬盘设置为 DMA/33 工作模式。

62. 风扇转速检测为 0

微星主板，开机后报警，提示系统监控发现错误，CPU 散热风扇转速为 0。按任意键可以正常启动，工作正常。

打开机箱检查，启动过程中风扇工作正常。怀疑为主板 BIOS 程序问题，但清除 CMOS 内容后故障依然存在。更换风扇后故障消失。

此故障的原因在于有些 CPU 散热风扇不具备转速检测功能，其三针插头中那个提供风扇状态信息的针脚不起作用，导致 BIOS 误以为风扇停转或转速过慢而报警。

63. CPU 插槽松动导致系统无法启动

正在使用时，电脑突然黑屏并重新启动，启动后还是黑屏，连 BIOS 自检声音信号都没有。

将硬件一一拆下，换到其他电脑上检测，排除显卡、内存、电源故障（没有启动到读取硬盘数据的阶段，所以基本排除硬盘、光驱等硬件故障）。拆卸 CPU 时，发现不用拉起固定手柄就能将其取下。分析故障原因为 CPU 与主板插槽接触不良。如果条件允许，最好更换或者维修主板；如果条件不允许，可以考虑更换一个能压紧 CPU 的散热风扇。

64. 电脑自动开机

使用能源之星电源的用户在开机时可能会出现计算机一旦接通电源无

需按开关就会启动，经过检查证明开机按钮是正常的。

（1）检查 BIOS 设置。首先将 BIOS 中“Power Management Setup”的“Restore ACPower Loss”设置为“Disabled”。

（2）如果上述操作无效，则在 BIOS 设置程序中将“Power Management Setup”的“PM control by APM”设置为“Yes”。

65. 主板电容老化导致系统工作不正常

某电脑使用多年，无严重故障。一次开机，光驱指示灯微亮，托盘无法弹出，硬盘指示灯不亮，显示器无任何信息显示，电脑不能启动，但几分钟后系统工作正常。此后，该现象又出现了几次。

根据故障现象可以推断为硬件问题（如要确定非其他原因，使用杀毒软件扫描系统，并重新安装操作系统）。使用替换法，将故障原因锁定在主板上。仔细检查后发现，CPU 插座旁边的两个电解电容上端微微鼓起，确定为此问题导致故障。请维修人员或者有经验用户更换电容后，系统工作正常，故障现象不再发生。

提示!!

电解电容主要用于低频滤波，起着稳定电压和电流的作用。当电解电容逐渐失效时，主板上的电压和电流就会变得不稳定，进而出现各种莫名其妙的问题。

66. 未断开主机电源插拔硬件造成损坏

电脑工作一直正常，为除尘将机箱打开，卸下所有硬件清理。原样装好后，开机发现无法正常启动。重新插拔各硬件后故障依然存在。

通过最小系统法查出内存损坏导致不能启动。经询问后得知，拆卸硬件的过程中没有将机箱电源的插头与插座断开。由于现在大量使用的 ATX 电源支持远程唤醒和软件开机功能，在关闭系统后，只要没有拔下电源插头，主机电源仍一直向主板供电。在这种情况下插拔硬件，相当于带电操作，有时就会造成硬件损坏。所以，电脑用户应养成打开机箱之前拔下电源插头的习惯，长期不使用电脑时也应将电源彻底断开。

67. IRQ 设置引起硬件阵发故障

查找、使用打印机或试图运行一个 CD 驱动器上的文件时，总是关闭系统或重新启动。

先检查不同设备的 IRQ 设置，但在检查不同的 IRQ 设备前应首先确认系统中没有病毒。其次，如果确认没有病毒就将 CD-ROM 的设备驱动卸载，再由 Windows 系统的即插即用功能重新安装。拆除已磨损或有故障的设备。如果故障依然存在，就要考虑更改 IRQ 的设置了。在“我的电脑”上单击右键，选择“属性”再选择“设备管理器”选项卡。单击要检查的设备种类目录上的“+”号，会看到具体设备列表。在要选择的设备上单击左键后，再单击“属性”按钮查看此设备的“设备状态”栏，会显示出此设备是否有冲突。对于打印机，单击端口“+”符号，可看到打印机所用的 LPT1 端口的相关设备。对于扫描仪，可查看其他设备中的设置。如更改某个设备的中断，很可能修复一个故障而同时引起另一个设备故障。

提示！！

这可能会影响到系统中的所有设备，甚至是整个系统崩溃。因此需技术人员帮助。

68. 电脑出现花屏现象，有时无任何显示

一般情况下，导致花屏现象的原因基本是显卡、显示器、内存和主板故障。将显卡、显示器和内存安装到其他电脑上，可以正常工作，确定问题出在主板上。使用放大镜仔细检查印刷线路板，在 AGP 插槽的背面发现有二根很细的线路有断裂痕迹。经专业人员修理后，故障排除。

正常情况下，主板很难出现断裂故障。分析此故障，推测是机箱不配套导致主板没有得到完全的支撑，多次插拔显卡造成主板线路断裂。

69. 系统时钟经常变慢

某电脑使用较长时间后，出现系统时间变慢现象，多次校准，但过不久便会慢很多。

出现时钟变慢的情况，大多数是主板电池电量不足造成的。如果更换电池后问题没有解决，就要检查主板的时钟电路了。控制电脑系统时钟的电路一般在电池附件，很像电子表中的石英电路。用无水酒精谨慎清洁电路，若故障仍存在，需要联系经销商或者生产厂家进行修理。

70. 主板温度过高导致无法启动

某奔腾 4 电脑，开机时系统报警：Hard monitor has detected an error, please enter power setup menu for detail。无法正常启动。

根据报警提示，可以断定为温度过高引起故障。进入 BIOS 查看，发现主板温度超过了警戒线，但 CPU 温度却正常。打开机箱检查，发现主板芯片组的散热片下堆积了很多灰尘，推断是过多灰尘导致散热不好。用毛刷仔细清除灰尘后系统启动正常。

71. 每次启动都找不到硬盘

每次启动电脑，系统都不能正确识别硬盘，必须先进 BIOS 设置中检测一下硬盘，然后才能正常使用。而且，系统时间每次开机都需要重新调整。

如果各硬件没有问题的话，可以断定是主板电池没电了，导致关机后不能保存 CMOS 数据。更换主板电池即可解决问题。

72. 在 USB 移动硬盘上读写数据时出现蓝屏

使用 U 盘时电脑意外断电，重新开机后 U 盘无法正常使用，插上后系统就报错“无法识别的 USB 设备”。使用其他原来都能正常使用的 USB 接口设备，都会提示同样的错误信息。将 USB 设备插到电脑的其他 USB 接口上，都能正常工作。

从现象上看，USB 设备和主板的接口都没有损坏，怀疑是意外断电导致系统设置错误。从“控制面板”进入添加和删除硬件的窗口，将所有 USB 设备都删除，重新安装需要使用的 USB 设备驱动程序。重新启动电脑，U 盘等 USB 设备插在原来的故障接口上能够正常工作。

73. 板载声卡播放声音过快

华硕 CUSL2 主板，内置声卡芯片。在用电脑播放音乐或者影片时，声音明显加快。

出现这种情况，可能是由于硬件驱动程序安装顺序错误导致的。安装完操作系统后，应先安装 Intel 815 芯片组的驱动程序，然后安装内置声卡的驱动程序。此时，需要先在 Windows 的安全模式中卸载主板和声卡驱动程序，然后按照正确的顺序重新安装。

74. 安装第三条内存后无法启动系统

Intel 845D 芯片组主板，提供三个 DIMM 内存插槽，原来安装有两条内存，一切正常。安装第三条内存后，系统不能正常启动。

Intel 845D 芯片组只提供 4 组 Banks，即可以支持两条双面内存，或者一条双面、两条单面内存。如果三个内存插槽都使用了双面内存，则不能正常工作。建议查阅主板说明书，确定各个插槽是否支持双面内存，然后选用合适的内存条。

75. 系统提示“无法识别的 USB 设备”

使用 U 盘时电脑意外断电，重新开机后 U 盘无法正常使用，插上后系统就报错“无法识别的 USB 设备”。使用其他原来都能正常使用的 USB 接口设备，都会提示同样的错误信息。将 USB 设备插到电脑的其他 USB 接口上，都能正常工作。

从现象上看，USB 设备和主板的接口都没有损坏，怀疑是意外断电导致系统设置错误。从“控制面板”进入添加和删除硬件的窗口，将所有 USB 设备都删除，重新安装需要使用的 USB 设备驱动程序。重新启动电脑，U 盘等 USB 设备插在原来的故障接口上能够正常工作。

76. 主板打印机口烧坏，系统无法正常启动

由于带电插拔打印机与主机连接电缆，烧毁主板的并口，系统无法正常启动。

可能是系统自检程序检测到并口错误而导致不能启动。查看 BIOS 设置程序，或者参阅说明书，将有关并口的选项禁用。通过屏蔽并口来试试能否正常启动电脑。

第 3 章

CPU 维护与故障排除

本章内容

1. 如何保养 CPU
2. 双 CPU 的性能是否两倍于单 CPU 的性能
3. CPU 降温兼优化——Waterfall Pro
4. CPU 降温先驱——CpuIdle Pro 6.0.3.49
5. CPU 的优化大师 — Powertweak
6. CPU 温度过高导致经常死机
7. 降温软件导致系统变慢
8. 如何在不重装系统的前提下升级成双 CPU

……

1. 如何保养 CPU

CPU 作为电脑的心脏，它从电脑启动到关闭都不停地运作，对它的保养显得尤为重要，有利于电脑勤快工作。那么到底该如何保养 CPU 呢?

（1）散热至上。CPU 的工作伴随着热量的产生，散热工夫不可少，CPU 的正常工作温度为 35～65℃，具体根据不同的 CPU 和不同的主频而定。散热风扇质量要够好，并且带有测速功能，这样与主板监控功能配合监测风扇工作情况。散热片的底层要厚的为佳，这样有利于储热，从而易于风扇主动散热。保障机箱内外的空气流通顺畅。散热好了，一部分不明原因的死机亦会减少。

（2）减压和避震。CPU 死于散热风扇扣具压力的惨剧时有所闻，主要表现在 CPU 的 Die（即内核）被压毁。注意在安装散热风扇时用力要均匀，扣具的压力亦要适中，具体的可根据实际需要仔细调整扣具。另外现在风扇的转速可达 6000 转/分，这时出现了一个共振的问题，长期如此，CPU 的 Die 有被磨坏的可能、CPU 与 CPU 插座接触不良，解决的办法就是选择正规厂家出产的散热风扇，转速适当，扣具安装须正确。

（3）超频要合理。现在主流的 CPU 频率达 1GHz 了，这时超频的意义已不大。更多考虑的应是延长 CPU 寿命。如确实有需要超频，可考虑降电压超频。

（4）勤除灰尘、用好硅脂及其他。灰尘要勤清除，不能让其积聚在 CPU 的表面上，以免造成短路烧毁 CPU。硅脂在使用时要涂于 CPU 表面内核上，薄薄一层就可以，过量会有可能渗到 CPU 表面和插槽，造成毁坏。硅脂在使用一段时间后会干燥，这时可以除净后再重新涂上硅脂。改良的硅脂更要小心使用，因改良的硅脂通常是以加入碳粉（如铅笔笔芯粉末）和金属粉末，这时的硅脂有了导电的能力，在电脑运行时渗到 CPU 表面的电容上和插槽后果不堪设想。平时在摆弄 CPU 时要注意身体上的静电，特别在秋冬季节，消除方法可以是事前洗洗手或双手接触一会儿金属水管之类的导体，以保安全。

2. 双 CPU 的性能是否两倍于单 CPU 的性能

双 CPU 系统的运行性能是否等效双倍频率单 CPU 的性能?

一般来说使用双 CPU 的性能不会是双倍，有些测试报告显示通常是 1.5 倍左右。例如，若要使用两块 Pentium III 500MHz 的 CPU 同时工作，相当于 Pentium III 750MHz 的性能表现。不过事实上性能是否有增加也要看所使用的应用程序，每一个应用程序因为使用 CPU 的程度不同，有的可能会在使用双 CPU 的系统之后让用户有明显效能增加的感觉，有的却感觉差异不大。

3. CPU 降温兼优化——Waterfall Pro

在此以 Waterfall Pro 2.99 完全版为例进行介绍。Waterfall Pro 2.99 完全版可以在如下地址进行下载：

http://pcpc.cn/soft/1236.htm

该软件的大小为 1215KB，界面为英文界面。

Waterfall Pro 2.99 完全版提供了三大功能：CPU 温度管理、效能监视功能和系统最佳化。通过其独特的 CPU Throttle（温度调节器）设计，电脑用户可以自行设定警戒温度的高低、时间的长短等附加条件值。预设这些的好处是：一旦 CPU 温度达到警戒值或持续一段时间，整个 CPU 都处于负担很大的压力下，CPU 的效能开始降低的时候，Waterfall Pro 就会自动“强迫”降低系统的负担，于是 CPU 的温度也就降低了。

具体使用方法如下：

（1）启动 Waterfall Pro 后，用鼠标双击 Systray 上的 Waterfall 图标，就会出现 Waterfall Pro 的程序窗口。如果资源监视器上的数字出现比较明显的跳动，则说明 Waterfall Pro 已经在机器上生效了。

（2）打开 Option 选项，启动 Setup 就可以进行设置。在设置项目中，要根据操作步骤提示，依次选取 CPU 类型、主板类型、系统标准等若干项目，设置完毕，按确定按钮即可。

（3）这时 Waterfall Pro 会重新启动，并按照设置狂降 CPU 的温度。据测试，Waterfall Pro 可以消除 CPU 中所产生的 30%~70%的热能。该程序目前全面支持市场上流行的各种 CPU(Cyrix 芯片在这个最新的版本中也可以支持了)，占用 CPU 资源极少，与同类的著名软件 CpuIdle 比较，有着小巧玲珑、功能更强的特点。

提示!!

非常遗憾的是，Waterfall Pro 2.99 完全版只适合于 Windows 98/NT 操作系统。

4. CPU 降温先驱——CpuIdle Pro 6.0.3.49

CpuIdle 是最先设计出来的降温软件，在这里以 CPUIdle Pro 6.0.3.49 为例进行讲述。

可在如下地址下载 CpuIdle Pro 6.0.3.49：

http://ruyi.onlinedown.net/soft/3917.htm

该软件的大小为 551KB，界面为英文界面，它适合于 Windows 98/Me/NT / 2000/XP 操作系统。

（1）安装

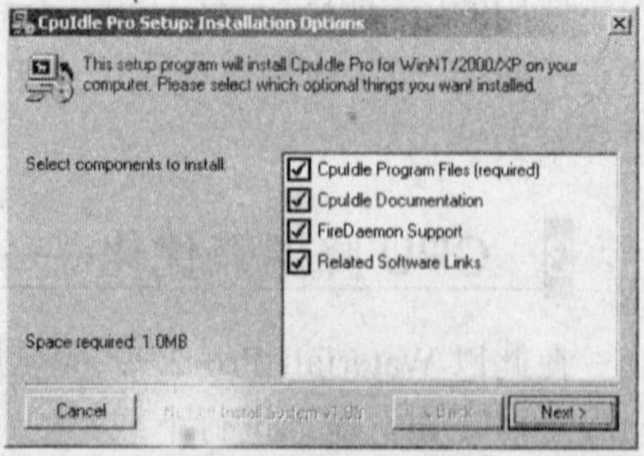

图 3-1

解压下载下来的 WinZIP 压缩文件包，得到一个安装文件，然后双击安装文件，弹出如图 3-1 所示的画面。

单击“Next”按钮，在出现的对话框中单击“是”按钮，然后设置安装路径，如图 3-2 所示。

设置好安装路径后，按“Install”按钮，即可快速完成安装。安装完毕，出现如图 3-3 所示画面，按“Close”按钮，程序提示是否重新启动电脑，选择重新启动电脑，以使安装生效。

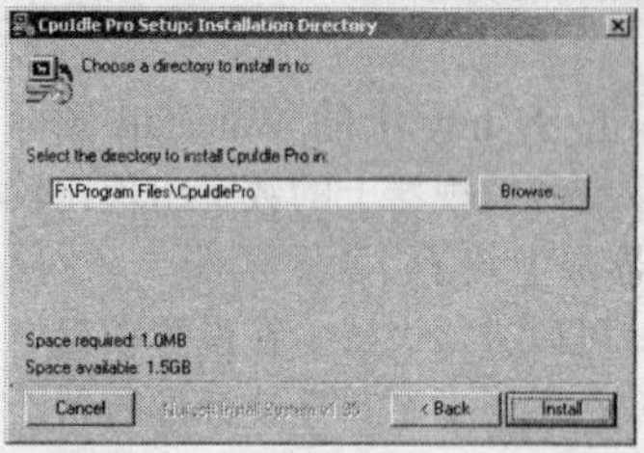

图 3-2

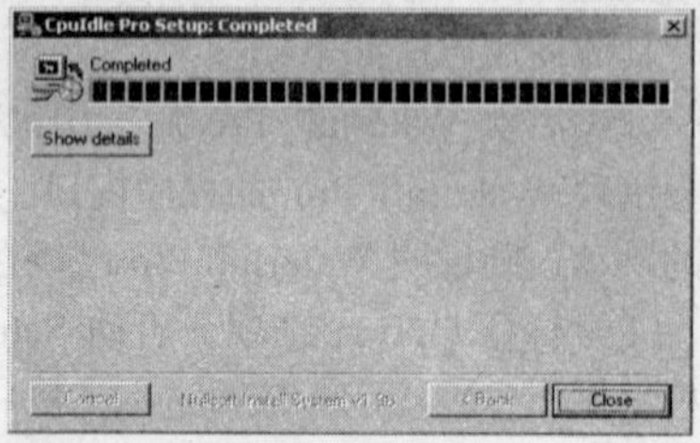

图 3-3

提示：如果安装完毕，不重新启动电脑而直接运行 CpuIdle 软件的话，将出现“Couldn’t open Cpuidle driver, make sure to reboot after installation”的错误提示。

（2）使用

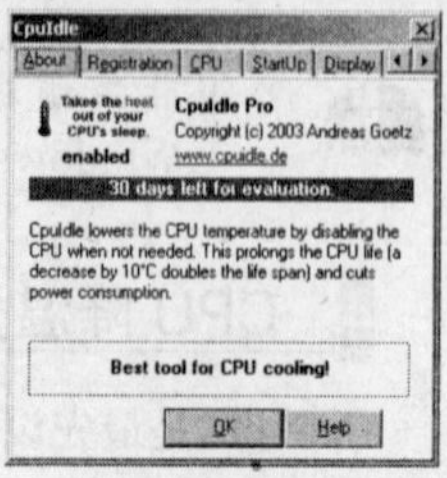

图 3-4

在这里以 Windows XP 为操作环境进行讲述。重新进入 Windows XP 操作系统后，执行“开始”|“程序”|“CpuIdle Pro”|“CpuIdle”，即可运行 CpuIdle。CpuIdle 启动后在任务栏上将出现一个红黄绿相间变化的图标，将鼠标放在小图标上，单击鼠标右键，在弹出的菜单中选择“Option”选项，打开如图 3-4 所示的画面。

在图中，选择 StartUp 项，即可设置每一次启动 CpuIdle 时的选项，如图 3-5 所示，设置完毕按“OK”按钮即可；选择 Display 项，即可设置 CpuIdle 启动后在任务栏的显示方式，如图 3-6 所示。设置完毕按“OK”按钮即可。

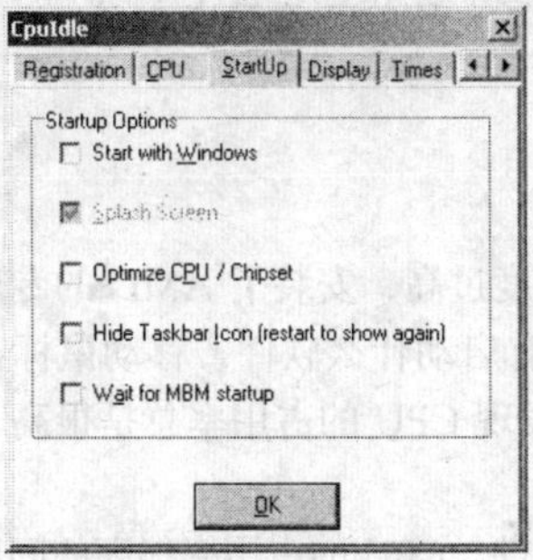

图 3-5

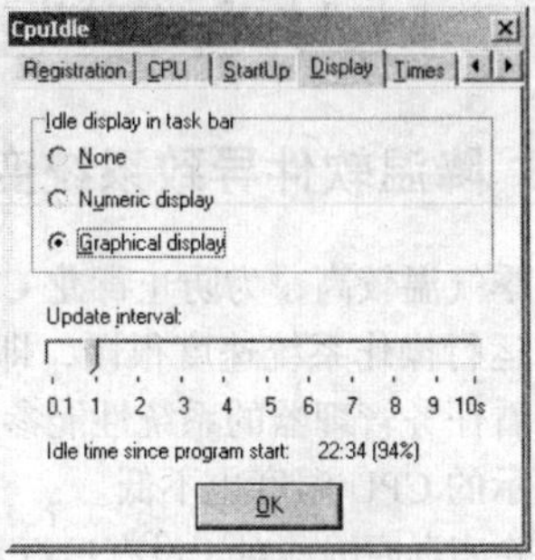

图 3-6

根据测试，使用 CpuIdle 可以降低 5~10℃的 CPU 温度。

5. CPU 的优化大师 — Powertweak

Powertweak 是 Powertweak 公司于 1999 年初推出的系统实用程序类共享软件。Powertweak 启动以后，会重新配置主板芯片组和 CPU 中的有关部件，使它们能够在工作中发挥得更好。那么具体该如何使用该软件呢?

Powertweak 优化的对象是 CPU 和芯片组内部不同组件之间数据传输的速度和相容性。目前 Powertweak 还存在一些兼容性的问题。此外 Powertweak 优化的结果是暂时的，每次重新启动计算机，原来的优化设置即被清除，所以使用它不会永久地改变 CPU 和主板的硬件结构特性，可随时恢复到不优化状态。

Powertweak 在安装的过程中能够自动探测用户当前使用的 CPU 和芯片组类型。安装结束后，通过“开始/程序”菜单中的相应指令打开设置窗口进行基本的设置，设置完成以后，重新启动系统，Powertweak 即自动启动并采用已有的设置，使用户的 CPU 和主板芯片组被优化。

6. CPU 温度过高导致经常死机

电脑在启动后，运行一段时间就会慢下来，而且经常出现无故死机和自动重启的现象。

CPU 和内存。CPU 的性能是引起死机的一个常见原因，如果 CPU 的温度过高就会引起死机或者自动重启现象。经检查，发现该电脑的 CPU 散热风扇的散热效果不好，导致工作温度过高。更换一个优质风扇后故障排除。

提示!!

如果电脑没有检查 CPU 温度和风扇转速的功能，可以打开机箱，通过触摸和观察大致检测温度与转速。

7. 降温软件导致系统变慢

夏季气温较高，为防止毒龙 CPU 温度过高，安装了 AMD 的专用降温软件。运行操作系统速度很慢，即使没有启动什么软件，移动鼠标都不流畅。查看任务管理器的系统性能参数，发现 CPU 的占用率总是很高。降温软件显示的 CPU 温度也不低。

排除病毒原因，对于没有运行其他软件，CPU 的占用率很高的问题，可以这样推理。降温软件一般都提供类似于“当温度高于设定值时进行节流”、“当温度超过设定值时自动关机”等选项。当 CPU 温度达到一定数值时，降温软件一方面暂停系统中正运行的进程，同时不断地向 CPU 发送“休眠”指令。由于 CPU 接收到大量指令，便会显示出占用率很高的情况，同时系统速度会明显下降。

对于这种故障，应该从硬件方面降低 CPU 的温度，例如更换大功率风扇、向风扇轴承注入一些润滑油，甚至选择其他制冷方式等等，而不要使用软件降温手段。

8. 如何在不重装系统的前提下升级成双 CPU

在微星 694D Pro 主板上，原先安装一块 Pentium III Coppermine 733MHz CPU。现在又有了一块新 CPU，请问如何在不重新安装系统的前提下把原来的 Windows 2000 升级成双 CPU 系统？

当然必须把 CPU 安装在主板上，然后再作如下操作：单击“开始”→“设置”→“控制面板”→“系统”，切换到“硬件”标签，点击“查看”菜单，选择“依连接排序设备”菜单项，这时就可以看到计算机名下的设备重新按照连接进行排序。再双击“Advanced Configuration and Power Interface（ACPI）PC”，切换到“驱动程序”，单击“更新驱动程序”，接着按“下一步”按钮。就出现升级设备驱动程序向导，按“下一步”后，再选择“显示已知设备驱动程序的列表，从中选择特定的驱动程序……”，按“下一步”。接着选择“显示这个设备类别的所有硬件”，从中选择

"ACPI Multiprocessor PC"，按"下一步"进行安装。最后画面显示安装完成，按"完成"重新启动计算机。重新启动计算机后，单击"开始"→"设置"→"控制面板"→"系统"，切换到"高级"标签，单击"环境变量"。此时由系统变量当中的"NUMBER_OF_ PROCESS- ORS"为 2，就说明系统已使用双 CPU 工作了。

9. 新电脑使用不久便出现风扇噪音过大现象

某新电脑，使用几天后，开机后机箱内噪音很大。经检查是 CPU 散热风扇发出，但风扇是新的，而且非劣质产品。

打开机箱，启动电脑，经过仔细检查，发现风扇轴承部分的润滑油已经凝固，导致风扇转动不畅，从而产生噪音。仔细分析，推断为室温过低导致润滑油凝固。对于此故障，有两个解决方法，一是更换为防冻润滑油，二是改善使用环境。

> 提示!!
> 电脑对工作环境是有一定要求的，例如，除尘、温度、防静电和稳压等方面。如果不能满足这些要求，容易出现各种故障。

10. CPU 被烧毁、压坏导致系统无法开机

系统无法开机，按下电源开关无任何反应。

打开机箱检查，取下风扇，拿出 CPU 用肉眼观察 CPU 是否有被烧毁、压坏的痕迹。现在采用的陶瓷封装的 CPU，其核心十分脆弱，在安装风扇时，稍不注意，便很容易被压坏。CPU 物理损坏还有一种常见现象就是针脚折断。所以安装 CPU 时要注意是否针脚已有弯曲，不要一味的用蛮力压或拔，否则就有可能折断 CPU 针脚。

11. 风扇运行是否正常

启动或运行几分钟以后，系统即进入保护状态，无法正常运行。

CPU 运行是否正常与 CPU 风扇关系很大。风扇一旦出故障，则很可能导致 CPU 因温度过高而被烧毁。平时使用时，我们不应忽视对 CPU 风扇的保养。比如在气温较低的情况下，风扇的润滑油容易失效，导致运行噪音大，甚至损坏风扇，这时我们就应该将风扇拆下来清理并加油。

12. CPU 安装不到位会导致哪些故障现象

如果 CPU 安装不到位，则会出现系统无法启动，机箱蜂鸣器无鸣叫，显示器无任何显示或者系统不稳定，频繁死机等故障。

此时应检查 CPU 是否插入到位，尤其是对采用 Slot1 插槽的 CPU，安装时容易安装不到位。现在的 CPU 都有定位措施，但仍要检查 CPU 插座的固定杆是否固定到位。

13. 主板上 CPU 相关跳线、电压设置是否正确

系统无法启动或者 CPU 性能无法达到其规格应有的标准。

尤其是采用硬跳线的老主板上，稍不注意就可能将 CPU 的有关参数设置错误。因此在安装 CPU 前，应仔细阅读主板说明书，认真检查主板跳线是否正常并与 CPU 匹配。当然现在大多数主板都能自动识别 CPU 的类型，然后把 CPU 的外频、倍频及电压设置项改为"Auto"跳线设置。

14. CPU 为何自动降频

开机后本来是 1.2GHz 的 CPU 变成 800MHz 了，显示的信息是"Defaults CMOS Setup Loaded"，在重新设置 CMOS Setup 中的 CPU 参数后，系统正常显示 1.2G 主频，但下一次开机时，又会重复上面的过程。

这种现象常见于软设置 CPU 参数的主板。普通的纽扣型锂电池是 3V 的，实际测量应该是高于 3V。如果发生上述问题，多数是电池电压已经低于 3V 了，只需更换 CMOS 电池即可。

关机，在主板上找到纽扣形的锂电池，更换该电池；开机，重新设置 CPU 等参数。

提示!! 这种现象常见于软设置 CPU 参数的情况之下。如果使用的是特殊电池，如 Dallas 电池，则需要找厂商更换。

15. CPU 降频使用会有危险吗

CPU 是 Pentium III，主频 993 MHz，133 MHz 外频，请问是否可以稳定工作在只是支持 100 外频的主板上，CPU 是否有危险。

很显然，一般来说 CPU 降频使用是没有任何危害的，可放心使用。但这并不是绝对的，大家知道目前 66、100、133MHz 为标准外频，采用标准

外频时主板 PCI 总线的速度自动为 2、3、4 分频，保持 33MHz 的标准速度不变，但是如果你将 CPU 外频从标准的 133MHz 降为 112 等非标准外频时，在某些主板上由于 PCI 总线的速度将高于 33MHz，则有可能对显卡、硬盘等其他配件造成不良影响。

16. CPU 电压为何与标称不合

电脑 CPU BIOS 里显示温度为 55℃左右（未超频），是否正常？另外 CPU 标称电压为 1.7V，为何 BIOS 测出来是 1.77V，VIO 电压是 3.47V，均比默认的高，这是怎么回事？

CPU 温度受室温影响很大。一般在正常情况下比室温高 20~30℃左右。夏秋季 CPU 温度在 55℃左右当然很正常。主板 BIOS 测出的 CPU 温度、电压等值，受多方面因素的影响（比如电源、主板质量、CPU 个体差异等）并不一定与 CPU 的标称值完全一致。该例的实际情况看应该在误差范围内，对正常使用没有影响。

17. CPU 风扇不匹配导致无法进入系统

某电脑使用的是赛扬 800MHz CPU，却采用的是毒龙、雷鸟的风扇，开机后突然黑屏后重新启动。

如果采用不同种类的 CPU 就很有可能出现这种故障。雷鸟、毒龙所使用的风扇和赛扬、Pentium 3 不一样。因为 AMD CPU 的 DIE 要高于 Intel 的，所以如果使用 Socket 370 的主板，就会导致雷鸟、毒龙专用风扇电压不够，导致速度下降，从而出现死机。另两种可能：CPU 风扇的 3 根线有一根是测速度的，如果此根线坏了，那新款主板就认为 CPU 风扇未工作，而 BIOS 默认是不报警，所以先要把报警的选项打开，否则主板可能自动断电；如果电源的质量不过关，CPU 超频也会出现上面的问题。

18. 系统频繁重启只因 CPU Cache 损坏

一台几年前配置的兼容机，K6-2 200MHz CPU，采用 VX-Pro+芯片组的主板，两根 16MB 72 线 EDO 内存，Windows 98 操作系统。在出现蓝天白云画面后自动重启，安全模式同样无法进入，只能进入 MS-DOS 模式。

首先更换同型号内存条测试，故障依旧。再更换电源仍无法解决问题。排除到最后只剩下主板、CPU 和显卡，排除显卡问题后，将检测重点放在主板和 CPU 上。将 BIOS 设置恢复到缺省值，看是否能解决问题。并可将 CPU Internal Cache 一项设为 Disable，保存退出后重启，系统竟然可以启动了。由此估计应当是 CPU 的缓存有问题，于是再将缓存设置为打开状态并启动电脑，果然系统又不能正常启动了。由于将缓存关闭后大幅度降低了 CPU 的性能，所以 Windows 98 在启动和运行程序时比以往慢了许多，换了一块正常的 CPU 才能恢复系统的性能。

19. 制冷片导致 CPU 故障

因毒龙 CPU 工作温度较高，在芯片和散热片之间安装了一片半导体制冷片，并在制冷片两面涂上了硅胶。一段时间内降温效果良好，但有时开机后会出现黑屏无法启动的现象。

首先用替换法排除了显卡、内存等硬件的问题，重点检查 CPU。经过仔细查看，发现 CPU 芯片的铜针脚上出现了很多锈迹。用牙刷小心清理后，装好电脑，开机检测正常。

根据现象推断，是由于半导体制冷片的制冷效果太强，导致芯片表面温度降得太低了，甚至低于结露点。CPU 长期工作在潮湿的环境中，氧化反应使铜针脚上出现了铜锈，从而引发了 CPU 芯片与主板插座接触不良的故障。使用制冷片的用户应每月检查一下 CPU，以防出现此类故障。另外，建议购买带有自动调温电路的制冷片。

20. CPU 针脚折断后如何处理

CPU 是件很娇贵的电脑配件，可能会因为运输和保养不当，不小心把 CPU 的脚折断了。是不是就不能使用了呢？其实没这么严重，现有两种处理方法。

首先，大家要准备好 20W 的电烙铁一把，将铬铁头磨尖，以方便焊接，并注意烙铁应有良好的接地，如果没有接地只能在拔去烙铁插头后利用余热焊接，否则 CPU 有被感应电击穿的危险。

方法一：引脚焊接法

（1）将 CPU 断脚处的表面刮净，用焊锡和松香对其迅速上锡，使焊锡均匀地附在断面上即可。

（2）将 CPU 断脚（如果丢失，可用大头针或电子元件的引脚代替）刮净，用同样的方法上锡。

（3）用双面胶将 CPU 固定在桌面上，用镊子夹住断脚，使上锡的一端与 CPU 断脚处相接，同时用电烙铁迅速将两者焊接在一起，可多使用一些松香，使焊点细小而光滑。

（4）将 CPU 小心地插入 CPU 插座内，如果插不进去，可用刀片对焊接处小心修整，插好后开机测试。

方法二：直接连接法

（1）取 5~15cm 长（长度视情况而定，如果 CPU 是用转接卡转接的，可取短一点，越短越好）、直径 0.2mm 左右的漆包线（可以从坏的变压器中获得），用同上的方法将其一端焊在 CPU 的断脚处，要求焊点平且小。

（2）将 CPU 插入 CPU 座（或转接卡）中，使漆包线从两者之间的缝隙中引出。

（3）仔细观察主板 CPU 座（或转接卡）的背面，发现有许多成行成列的小焊点，排列与 CPU 的相对应，找到与断脚相对应的焊点，将漆包线的另一端小心地焊上去即可。

（4）检查焊接确实无误后，装机、打开电源，屏幕显示 CPU 被侦测到，修复成功。

21. 导热硅胶造成 CPU 温度升高

为了 CPU 更好地散热，在芯片表面和散热片之间涂了很多硅胶，可是 CPU 的温度没有降低，反而升高了一点。

硅胶的作用是提升热量的传导效果，正确的方法是在 CPU 芯片表面薄薄地涂上一层，基本能覆盖芯片即可。如果涂抹得过多，反而不利于热量传导。而且，硅胶很容易吸附灰尘，硅胶和灰尘的混合物会大大影响散热效果。

> 提示：如果硅胶涂抹得太多，从芯片和散热片之间被挤出，则有烧毁主板的危险。因为硅胶中含有少量导电物质，容易引起线路短路。

22. 挂起模式造成 CPU 烧毁

一般的系统挂起并不会造成 CPU 烧毁，系统会自动降低 CPU 工作频率和风扇转速来节省能耗。而这里所说的挂起模式造成 CPU 被烧毁，均是超频后的 CPU。CPU 在挂起模式下为什么会被烧毁？这是由于风扇停止运转造成的。原来，主板上的监控芯片除可以监控风扇转速外，有的还能在系统进入 Suspend（挂起）省电模式下，自动降低风扇转速甚至完全停止运转，这本是好意，可以省电，也可以延长风扇的寿命与使用时间。过去的 CPU 处于闲置状态下，热量不高，所以风扇不转，只靠散热片还能应付散热。但现在的 CPU 频率太高，即使进入挂起模式，当风扇不转时，CPU 也会热得发烫。因此有的人就会遇到，当从挂起转入正常模式时，Windows 98 会死机并出现蓝屏，这就是 CPU 过热产生的错误。严重时，CPU 会因为过热而烧毁，尤其是雷鸟或超频后的 Duron。

这种情况并不是在每块主板都会发生，发生时必须要符合三个条件。首先 CPU 风扇必须是 3pin 风扇，这样才会被主板所控制。第二，主板的监控功能必须具备“Fan Off When Suspend”（进入挂起模式即关闭风扇电源），且此功能预设为“On”。有的主板预设“On”，甚至有的在“Power Management”的设定就有“Fan Off When Suspend”这一项选项，可以注意看看。第三，进入挂起模式。因此，现在就对照检查一下自己的电脑吧。

23. 正确对待主板检测的 CPU 温度

新装一台电脑，主要硬件配置如下：盒装 P4 1.6A，微星 845 Ultra 主板，金士顿 256MB DDR，希捷酷鱼 IV 60GB 硬盘，小影霸 G8000 显卡。装好机器测试，发现一开机，BIOS 就显示 CPU 温度为 48℃（室温为 25℃左右），什么也不动，几分钟后就上升为 54℃。而其他同等 CPU 的电脑一般开机在 32℃左右，使用一会儿也就大概 38℃。安装主板自带的测温软件，结果也比别的电脑温度高。这是什么问题？长期下去对硬件是否有影响？应该将主板中的 CPU 警戒温度设置到什么值？

主板检测 CPU 温度都是依靠 CPU 座下的探温头完成的。探温头做得高一些，就离 CPU 近，所探测到的温度就高；探温头做得低些，就离 CPU 远些，所探测的温度也就低。一般来说，正常情况下大部分主板探测到 P4 1.6A 的开机温度在 30~35℃之间，即使工作较长时间，温度也多在 38~45℃之间。而近期的许多微星主板探测的 CPU 温度均比其他品牌高很多，实际触摸散热片而温度并不高。该温度显示的高低并不会对硬件工作造成影响。设定 BIOS 中的 CPU 警戒温度的依据主要是 CPU 所能承受的极限温度。一般警戒温度设置比它所能承受的极限温度低 20℃左右即可。

24. CPU 金手指生锈

因 K6-2 在超频后温度升高，为其安装了一片半导体制冷片，安装在散热器与 CPU 之间，为保证导热良好，制冷片两面都涂了硅胶，其后

CPU 的温度没超过 50℃，稳定好用，可两个月后开机却出现黑屏故障。

从显示器的指示灯来判断是无信号输出，认为是显卡出了故障。更换一块好显卡后故障仍然存在。又怀疑是显示器有故障，换了一台显示器情况一样。更换 CPU 再试，故障消失。原来是金手指不是发黑了就是生锈被氧化了。这时需要一块橡皮之类的东西，仔细把每一个针脚都擦一遍，直到恢复以前的模样，再装入机内，开机，一切正常。故障排除。

25. CPU 针脚被污染导致无法开机

某台一直使用正常的电脑，突然无法开机，屏幕上无任何信号输出。开始认定显卡出现故障。用替换法检查后，发现显卡和显示器都正常。纳闷之余，拔下插在主板上的 CPU，仔细观察并无烧毁痕迹，但就是无法点亮机器。后来发现 CPU 的针脚均发黑、发绿，有氧化的痕迹和锈迹（CPU 的针脚为铜材料制造，外层镀金），便用牙刷对 CPU 针脚做了清洁工作，再开机，电脑就正常工作了。

CPU 除锈后解决了问题，但锈究竟怎么来的?最后把疑点落在了那块制冷片上，可能是因为制冷片将芯片的表面温度降得太低，低过了结露点，导致 CPU 长期工作在潮湿环境中。而裸露的铜针脚在此环境中与空气中的氧气发生反应生成了铜锈。日积月累锈斑太多造成接触不良，从而引发这次奇特故障。此外还有一些劣质主板，由于 CPU 插槽质量不好，也会造成接触不良。用户需要自行固定 CPU 和插槽的接触，方可解决问题。

26. 为何 Duron 超频后经常断电

将 Duron 1GHz 超频到 1.33GHz 后，主机经常自动断电。

主机自动断电不是超频失败的表现，问题应该不是出在主板和 CPU 身上，估计电源供电不足的可能性最大。建议更换一个功率较高的电源。

27. CPU 超频导致系统无法正常启动

CPU 超频使用，开机后在自检内存时死机。超频前，系统工作正常。

根据现象分析，是内存不能适应当前的工作环境。常用的解决方法是在 BIOS 设置程序中把内存设为 CL=3（如果以前是 2），如果此方法不能解决问题，则需要考虑更换性能更高的内存了（例如工作频率更高的，高于或者等于超频后的 CPU 外频）。

提示!!

CPU 的标准工作频率是根据芯片的性能制定的，在此频率下，CPU 能够稳定的工作。有些 CPU 能够在高于标准参数的频率下工作，但不能保证稳定。对于普通应用，超频并不能使系统整体性能提升很多，建议没有特殊需求不要超频。

28. CPU 超频导致 3D 游戏死机

CPU 超频使用，其他工作都正常，但运行 Quake 等 3D 游戏时经常死机，画面停止不动，只能重启。

根据现象分析，问题应该出在显卡上，可能是显卡本身不支持当前的超频环境，也可能是超频使用后，显卡的散热能力不能满足需要。试试更换散热性更好的显卡散热风扇能否解决问题。

29. 升级 P4 后出现的死机故障

将电脑升级到 Pentium 4 时，一些不必要升级的配件就没有更换了，如显卡、电源等。但升级后，电脑出现死机现象。

Intel 所推出的 Pentium 4 处理器，特别加强对 3D 绘图及网络功能的支持能力，所需的整体耗电量也随之增加。许多 Pentium 4 主板上除了保留旧有一组 12V 的 ATX 电源供应器连接插槽外，又再增加一组供处理器风扇使用的 3.3V 外接的电源插座。机器经常出现死机现象有可能是因为电源功率不够，还有可能是新旧的配件的兼容性不好造成的。

第 4 章

电脑显示设备维护与故障处理

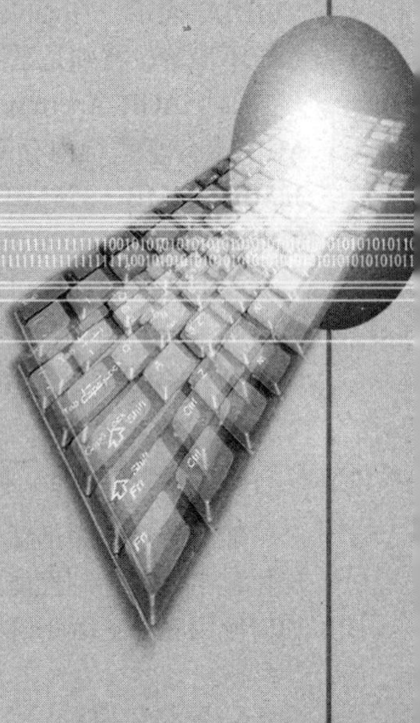

本章内容

4-1 显卡维护与故障处理

1. 更改 BIOS 设置发挥显卡性能

确定显卡是否发挥出了最佳的性能，主板 BIOS 中与 AGP 相关的设置不容忽视，下面做一简单说明。

（1）AGP Mode（AGP 模式）。AGP 模式决定了 AGP 的频率，其值为 66MHz 的倍数，1×最慢，8×最快。一些主板具有自动侦测功能，可以根据 AGP 槽中的显卡决定最适合的速率。部分显卡的高级属性中可能有一项“AGP 4× Mode”Enable/Disable 设置选项，Enable 将设置为 4×，Disable 将设置为 2×。老的 Intel BX 和 VIA Apollo 主板由于采用的芯片组不支持 AGP 4×，故没有 4× 选项，对这些主板就选择其最高的值吧。

（2）AGP Fast Writes（AGP 快写）。决定显存是否允许直接写入，而不通过系统内存中转。该设置设为“Enable”时可以减少图像数据传送到显卡待处理的时间，因为它跳过了系统内存控制器。将该选项设为“Enable”可以提高性能，但是以牺牲系统稳定性为代价的。有些主板没有此选项，但一般来说具有超频功能的主板提供了此选项。

（3）AGP Sideband Addressing（AGP 边带寻址）。允许边带寻址后，显卡可以处理更多的 AGP 请求而不降低主要的地址/数据传输速度。具 NVIDIA 表示，“Enable”这项设定可以提高显卡的性能，但也可能会导致系统不稳定，特别是系统外频超频后。

（4）AGP Aperture Size（AGP 孔径尺寸）。该项的具体功能是设定 AGP 卡分享系统内存的大小，其可选取的参数有 4MB、8MB、16MB、32MB、64MB、128MB、256MB 七种，默认和预设 64MB，建议选取默认值即 64M。

以上几项设置有利于显卡性能的发挥，但“AGP 边带寻址”一项可能会引起系统不稳定，建议大家尝试使用，如果不存在不稳定现象，再将此设置作为优化的一种方式。

2. 显卡优化——对于所有显卡都管用的 Powerstrip

随着游戏业的迅猛发展，显卡的更新换代也越来越快，那么究竟怎么优化显卡才能达到性能的极致呢？面对眼花缭乱的显卡优化软件，到底该如何使用呢？下面介绍一种显卡优化软件 Powerstrip 如图 4-1 所示，它的优点就在于对所有的显卡都具有一定的优化作用，是目前显卡、显示器超频调试工具中比较优秀的软件。

PowerStrip 是功能非常强悍的显示卡、屏幕功能配置工具，拥有诸如调整桌面尺寸、屏幕更新频率、放大缩小桌面、屏幕位置调整、桌面字形调整等功能；而这些功能都可利用附在桌面上的 Toolbar 或是快速键并 根据个人喜好快速变更。

通过 PowerStrip，我们可以很方便的调节显卡的核心、显存频率，如图 4-2 所示。

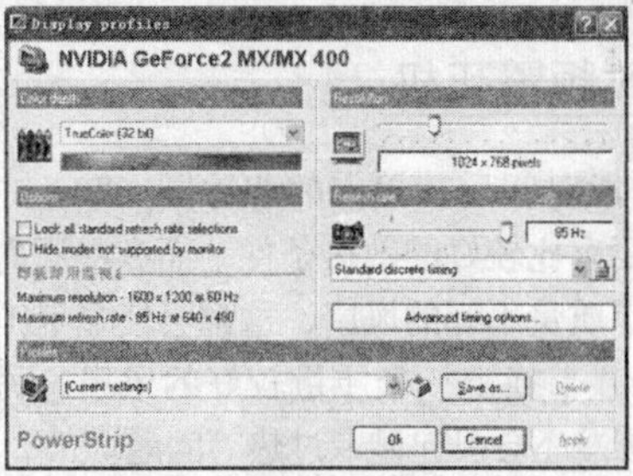

图 4-1

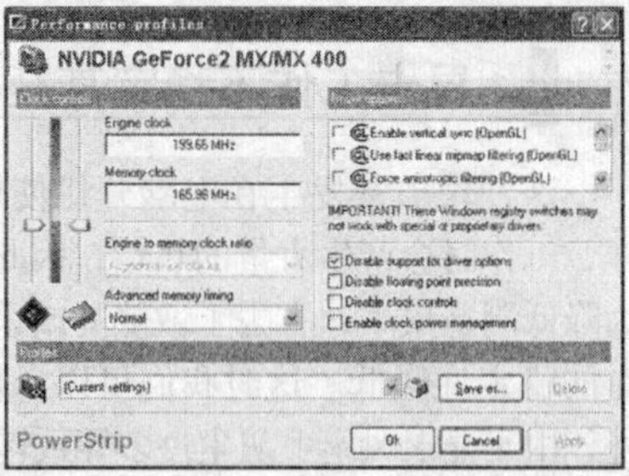

图 4-2

通过上图界面，我们就可以轻松的设定核心和显存的频率，一般超频的时候选择显卡和显存一起超频，这样才能达到更好的效果。

另外我们可以在显示模式里调节所有显示刷新率。

3. 接触不良、灰尘、“金手指”氧化等

显示卡接触不良是导致显示卡不能稳定工作的原因之一，而出现接触不良的原因主要有 4 种。第一，不少价格低廉的主板的 AGP 插槽用料不是很好，AGP 槽不但不能和显示卡 PCB 紧密接触，有的主板还省略 AGP 插槽的卡子，这就让显示卡在插槽中有了松动的空间。第二，就是在安装显示卡的过程中，一些劣质的机箱背后挡板的空挡不能和主板 AGP 插槽对齐，在强行上紧显示卡螺丝以后，过一段时间可能导致显示卡的 PCB 变形，这是 AGP 显示卡和插槽接触不良的另外一个原因。第三，就是我们通常谈到的显示卡“金手指”本身的问题。不少劣质的显示卡的金手指上的镀层金属厚度不够，在多次插拔显示卡后，镀层金属已经脱落，导致显示卡的金手指在潮湿的空气中氧化。最后一种情况就是灰尘在 AGP 插槽周围堆积，使得显示卡金手指和主板的接触出现问题。随着大功率的显示卡风扇的出现，这个问题已经出现得越来越频繁了。

针对接触不良的显示卡，如果发现是显示卡在尺寸上和机箱不能“兼容”，只要尝试着松开显示卡的螺丝就可以了。如果担心电脑在使用过程中会遇到撞击、移动而导致电脑运行产生问题，那么可以使用宽胶带将显示卡挡板固定，如果还不放心就把显示卡两边的机箱都装上，把显示卡的挡板夹在中间。如果显示卡金手指遇到了氧化问题，那么可能要麻烦许多。首先使用绘图橡皮把金手指上的锈渍除掉，如果显示卡还不能正常工作，就需要使用除锈剂清洗金手指，然后在金手指上轻轻的敷上一层焊锡，以增加金手指的厚度，注意不要让相邻的金手指之间短路。

4. 显卡工作不稳定甚至导致频繁死机

这种现象常发生在电脑开机使用一段时间后。显卡的芯片同 CPU 一样，工作时会产生大量的热量，因此需要有比较好的散热条件，而有些厂商为降低制造成本，省去了散热片或采用了质量不好的风扇，这都会使显卡工作的稳定性降低。这时我们可以自行给显卡换上一个质量较好的风扇。另外，由于显卡风扇上灰尘过多导致转速减慢还会引起显卡过热等问题。

5. 系统不能正确的识别到显卡设备或显卡工作不正常

出现这类故障一般多发生在电脑刚装机或进行升级后。多见于主板与显卡的不兼容；主板插槽与显卡“金手指”不能完全接触；显卡与其他板卡不兼容。可试着替换排除。

6. 显卡驱动安装失败

安装显卡驱动时，提示失败，换用不同版本的驱动也无法解决。

要正确安装显卡驱动，可按照以下方法进行：

首先，在机器启动时，按 Del 键进入 BIOS 设置，找到“Chipset Features Setup”选项，将里面的“Assign IRQ To VGA”设置为“Enable”，然后保存退出。很多显卡，特别是 Matrox 的显卡，当此项设置为“Disable”时一般都无法正确安装其驱动。另外，对于 ATI 显卡，要先将显卡设置为标准 VGA 显卡后再安装附带驱动。

其次，在安装好操作系统之后，一定要主板芯片组补丁程序，特别是对于采用 VIA 芯片组的主板而言，一定要记住安装其 VIA 4IN1 补丁。

其三，按照以下方法安装驱动程序：进入“设备管理器”后，右键单击“显示卡”下的显卡名称，然后点击右键菜单中的“属性”。进入显卡属性后点击“驱动程序”标签，选择“更新驱动程序”，然后选择“显示已知设备驱动程序的列表，从中选择特定的驱动程序”，当弹出驱动列表后，选择“从磁盘安装”。接着点击“浏览”按钮，在弹出的查找窗口中找到驱动程序所在的文件夹，按“打开”按钮，最后确定。此时驱动程序列表中出现了许多显示芯片的名称，根据显卡类型，选中一款后按“确定”完成安装。如果程序是非 WHQL 版，则系统会弹出一个警告窗口，点击“是”继续安装，最后根据系统提示重新启动电脑即可。另外，如果显卡安装不到位，也会引起驱动安装错误，因此在安装显卡时，一定要注意显卡金手指要完全插入 AGP 插槽。

7. 显卡驱动问题导致 Windows 无故重启

某电脑一直工作正常，将操作系统从 Windows 2000 升级到 Windows XP 后，经常出现播放视频文件时无故重启的现象。

经过多方面检查，排除了病毒和软件故障。后得知升级 Windows XP 操作系统后，显卡驱动程序并没有更换成支持 Windows XP 的，而是使用了支持 Windows 2000/NT 的。怀疑是显卡驱动程序不合适导致问题出现，下载支持 Windows XP 操作系统的最新显卡驱动，安装后故障消失。

8. 显卡驱动程序丢失

显卡驱动程序载入，运行一段时间后驱动程序又自动丢失。

此类故障一般是由于显卡质量不佳或显卡与主板不兼容，使得显卡温度太高，从而导致运行不稳定或出现死机现象，唯有更换显卡。

还有一种比较特殊的现象，即以前能够载入显卡驱动程序，但以后在显卡驱动程序载入后，进入 Windows 时出现死机现象，对此，我们可以更换别的型号的显卡在载入其驱动程序后，再插入以前的显卡即可予以解决。

若还不能解决此类故障，那就说明注册表有问题，对注册表恢复或重新安装操作系统即可。

9. 显卡驱动问题导致进入 Windows 后黑屏

对某电脑重新安装操作系统和显卡驱动后，进入 Windows 操作系统时黑屏。

能够正常通过自检，而且启动过程正常，只是在 Windows 启动过程黑屏，说明硬件没有问题，可能的故障原因包括病毒、系统故障、启动时加载的程序有问题、硬件驱动程序有问题。

经过反复检查，排除了其他原因，确定为显卡驱动问题。重启进入操作系统的安全模式，重新安装驱动程序，故障排除。

提示!! 如果显卡驱动程序不合适，或者出现了问题，经常会导致黑屏、花屏、不能调整显示分辨率和刷新频率等现象。出现了此类现象，可以尝试重新安装显卡驱动程序。

10. 电脑启动时黑屏

启动电脑时，显示器出现黑屏现象或者蜂鸣器发出一长两短的蜂鸣声。

当出现这样的故障后，可从以下方面下手：

首先，我们需确定显示是否有问题。判断的方法就是听电脑启动时喇叭所发出的自检音，如果能听到一长两短的报警音，则说明很有可能是显卡引发的故障。

接下来确定是否为显卡接触不良引发的故障：打开机箱，将显卡拔出来，然后用毛笔刷将显卡板卡上的灰尘清理掉，特别要注意将显卡风扇及散热片上的灰尘处理掉。接着用橡皮擦来回擦拭板卡的“金手指”。完成这一步之后，将显卡重新安装好，看故障是否已经解决。

如果通过上面的方法不能解决问题，则可能是显卡与主板有兼容性问题，此时可以另外拿一块显卡插在主板上，如果故障解除，则说明兼容性问题存在。当然，用户还可以将该显卡插在另外一块主板上，如果也没有故障，则说明这块显卡与原来的主板确实存在兼容性问题。对于这种故障，最好的解决方法就是换一块显卡或者主板。

除了这些原因外，超频、温度过高、显卡与其他硬件有冲突等等都有可能造成该故障。

11. 显示颜色不正常

在 Windows 中，显示器所显示的颜色不正常。

出现该故障一般有以下原因：一是显卡与显示器信号线接触不良。对于这种情况，则只需重新将信号线插头插好即可；二是显示器自身故障。

如果出现故障的电脑所用的显示器是一台已经使用多年的机器，而当将该电脑连接其他显示器后，故障能够解决的话，则可以肯定是显示器的问题；三是显示器被磁化。此类现象一般是由于显示器与有磁性的物体过分接近所致，显示器磁化后可能会引起显示画面出现偏转。要解决该问题比较简单，只需利用显示器自身的消磁功能进行消磁即可；四是显卡损坏。用户可以通过“替换法”来查看是不是显卡的问题，如果是的话，则需要更换显卡。

12. 显卡风扇引起的故障

电脑经常性的出现“非法操作”，通过查病毒、重装系统都不能解决问题。

该故障表现呈多样性，且在电脑长时间工作后更加严重，因此怀疑是温度过高引起的故障。经打开机箱查看，发现显卡风扇已经停止转动。找到原因后，重新安装一个散热风扇，故障解除。

13. VGA 插头上的隐患

显示卡上的 VGA 插头在多次插拔以后可能会导致针孔中的簧片变松，使得其不能和显示器的信号线公头良好接触；对显示器信号线的暴力拉扯，也可能导致 VGA 插头信号传输问题。对于常见的 15 针的 VGA 插头，1、2、3 脚分别对应红、绿、蓝三色信号，其正常的电压波动范围是 0.03～0.06V；13、14 脚分别对应显示器的行扫描信号和场扫描信号。对于行扫描输出信号，正常工作的时候电压应该为 3～5V，场扫描信号不应该高过 1V。如果在对 VGA 插头暴力操作以后，显示器黑屏，经过测量后发现 VGA 插头的针脚输出电压异常，那么基本上可以断定 VGA 插头出现了问题。

碰到 VGA 插头内部簧片松动的情况，可以使用焊锡把显示器信号线公头上的针脚加粗，让松动的簧片重新和显示器信号线紧密接触。对于检查出问题的 VGA 针脚，可以顺着 VGA 插头找到 PCB 板上的对应焊点，发现断路，重新补焊就可以了。

14. 屏幕出现异常杂点或图案

屏幕出现异常杂点或图案该如何处理？

此类故障一般是由于显卡的显存出现问题或显卡与主板接触不良造成。需清洁显卡“金手指”部位或更换显卡。

15. 显卡风扇问题导致“非法操作”

某电脑一直工作正常，一日在使用时系统多次提示“非法操作”，异常退出程序。进行病毒扫描也没有发现病毒，于是重装操作系统。在复制文件过程中，安装程序报错，提示找不到文件。操作系统安装程序在其他电脑上使用正常。反复安装，总是报错找不到文件，但每次找不到的文件不同。

根据现象分析可以断定是硬件故障。打开机箱仔细检查，发现电脑工作时，显卡的散热风扇转速过慢，推断可能是显卡温度过高导致故障出现。更换显卡风扇后，故障排除。

16. 更换显卡后无法设置分辨率

为升级电脑更换了显卡，且运行了新显卡所带光盘上的驱动程序安装文件，但重启电脑后发现，在 Windows 系统中只能使用 640×480 分辨率和 16 色显示。重新运行了驱动程序安装文件，还是这样。

根据现象分析，可能是新旧显卡的驱动程序发生了冲突，导致系统不能正确使用显卡。对于此问题，建议进入安全模式，卸载原驱动程序，然后通过“设备管理器”指定显卡驱动程序安装文件的存放路径，再根据操作系统的安装向导一步一步安装驱动程序。重新启动电脑后，即可调整显示分辨率等参数了。

17. 升级显卡引起的电源问题

一台老电脑，配置为 Celeron Ⅱ 1GHz，现在超频至 1.1GHz，微星 815E PRO（集成显卡），HY 196MB SDRAM，两块容量分别为 20GB 和 30GB 的昆腾硬盘，三星 48 倍速光驱，世纪之星 300W 电源。最近又换了一块性能好一点的 Unika 的 GeForce2 MX 显卡，打开机箱，将显卡插在 AGP 槽上，开机自检顺利通过，然后在 BIOS 中打开 AGP 4 倍速模式，开机进入 Windows XP 跑了一个小时极品飞车 6，速度还过得去。但关机后，却无法再开机了。只见 CPU 风扇和电源风扇在转，但是几秒钟后便停了，然后按电源按钮或重启按钮机箱内都没有反应，必须将电源插头从电源上拔掉，过半分钟左右再插上去，再按电源按钮电脑才会启动，但通电几秒后又断掉了。

表面上看来，拔掉这块显卡使用原来的集成显卡重新开机，一切正常，似乎是显卡坏了。但现在的显卡耗电量越来越大，相对于集成显卡，

GeForce2 MX 也挺耗电的，会不会是电源功率不够呢？现在用的是 300W 的电源，把电源卸下来打开外壳，里面布满了灰尘。把里面的灰尘刷干净，发现有一个大电容看起来有点奇怪，它的顶部有些土黄色的东西，用手一摸就掉了，而且可以明显感觉到电容的顶部已经突起来了，原来是漏液了。这个电容的型号是 16V 3300μF，这么大的电容是用来滤波的，如果失效了会造成电压不稳，这就是病因所在。买一个新的电容，把它焊上去，再次开机一切正常，没有出现开机后断电的情况了，故障排除。

18. AGP 4 倍速显卡插在 2 倍速插槽上会烧显卡吗

某 AGP 4 速显卡的工作电压是 1.5V，而 AGP 2 速为 3.3V，用 AGP 4 速的 TNT2 显卡插在 AGP 2 速的接口上工作正常。请问，AGP 4 速显卡插在 AGP 2 速的插槽上除了带宽受到影响外，还有烧坏显卡的可能吗？

不会的。一般的 AGP 4 速显卡同时支持 2 速和 4 速方式，通过显卡的 BIOS 可以识别是 2 倍速还是 4 倍速的显卡，从而决定显卡的工作方式，不会烧坏显卡。不过如果反过来，就有所不同了。特别是 i850 及 i845 等 P4 主板只支持 1.5V 的显卡（不论 2 倍速还是 4 倍速），AGP 插槽用了防呆设计，所以过去采用的 3.3V 的 AGP2 倍速就无法使用了（虽然有些可以强行插入 4 倍速防呆插槽，但开机后肯定会被烧毁）。

19. 让显卡正确的输出视频图像

显卡为 OEM 的镭 7500，带视频输出，可是在显示属性里，电视输出总也无法选中，启动电视输出的按钮总也打不开，请问如何解决？

（1）显卡必须与电视连接才能打开电视输出功能。

（2）如果电视与显卡已经正常连接，那这种情况可能与驱动程序有关，许多具备视频输出等特殊功能的显卡，最好使用原厂配套的驱动程序，如果使用操作系统自带或公版驱动，就可能无法发挥显卡的全部功能，甚至出现一些问题。建议首先确认是否正确安装了原厂的驱动程序，若问题仍未解决，则可能与硬件有关。比如有些显卡要实现视频输出，可能需要与特殊的设备或信号线连接。请仔细阅读显卡说明书，并向厂商咨询有关技术问题。

20. 如何恢复显示的分辨率

在 Windows 98 下将分辨率改成最大，结果 Windows 98 桌面出现黑屏。

该怎样恢复?

请重新启动计算机，出现 Staring Windows 98…时按 F8 键，然后选第 3 项以安全模式进入 Windows 98，然后在显示属性中将分辨率改成默认，点击“应用”，然后再重新启动计算机即可。如果还是不行，那么请进入安全模式，在“控制管理器”→“系统”→“设备管理器”中将“监视器”删除，再重新启动即可。

21. 开机后显示器指示灯一直呈橘黄色

通常情况是显卡的信号没有发送到显示器，请在关机后更换显卡插槽或显卡本身。但一些 SLOT1 插槽的 CPU 插得不紧，也会出现无显示的情况，或者是一些 AGP 插槽与 AGP 显卡接触不良，而主板上大多只有一个 AGP 插槽，无法更换其他插槽。这时只能更换到其他电脑上测试 AGP 显卡。也可以临时插一个 PCI 或 ISA 显卡来证明是否是显卡的问题，这样可以排除 CPU 的接触问题。

提示!!

一些名牌显卡可能需要 AGP 插槽提供更大的电量，而 INTEL 440LX 时期的主板不能很好支持这些插卡。关机后，插紧显卡或更换另外的扩展槽。尽可能保持显卡与主板垂直。在显卡无效的时候，可以把 CPU 拔下来，再插紧。

22. 显卡安装问题导致开机黑屏

电脑开机后黑屏，但能听见自检和硬盘启动声音。

首先检查显示器的电源和数据线的连接是否正常，然后将显示器安装到其他电脑上使用。排除这些问题后，打开机箱检查显卡，发现显卡没有完全插入主板插槽，可能是搬运时的振动所致。将显卡重新安装后开机，故障排除。

23. 进入游戏就死机

Geforce 显卡，Windows XP 操作系统，普遍使用都正常，但运行游戏程序时黑屏、死机。

经过检查和询问，发现显卡的驱动程序是在安装操作系统时，Windows XP 自动安装的。一般情况下，操作系统自带的显卡驱动程序中没有 OpenGL 程序，但多数 3D 游戏都需要这个程序。对于此故障，建议安装显卡厂商正式发布相应驱动程序。

24. 显卡散热问题导致工作不稳定，有时频繁死机

显卡工作不稳定，有时频繁死机。

此类情况常发生在电脑开机使用一段时间后。显卡的芯片同 CPU 一样，工作时会产生大量的热量，因此需要有个比较好的散热条件，而有些厂商为降低制造成本，省去了散热片或采用了质量不好的风扇，这都会使显卡工作的稳定性降低。这时可以给显卡换上一个质量较好的风扇。另外，由于显卡风扇上灰尘过多导致转速减慢还会引起显卡过热等问题。

25. 显卡氧化导致屏幕抖动

电脑启动正常，短时工作后频繁出现屏幕画面抖动现象，严重影响使用。

先检查显示器是否正常，安装到其他电脑上使用，工作正常。重新插拔显卡，故障依旧，排除安装问题。仔细检查显卡，发现“金手指”上有灰白色锈迹，推断为金属氧化物导致接触不良。使用橡皮或者软布仔细清理，安装好后开机，故障消失。

26. 灰尘过多导致显示不正常

某电脑使用多年，突然出现显示故障，屏幕色彩变为 16 色，且不能修改。

此故障现象多为显卡驱动程序出现问题导致，但重新安装驱动程序后故障依旧。怀疑是显示器坏了，安装到其他电脑上检测也正常。只能通过替换法检查显卡是否正常。打开机箱，发现显卡上灰尘很多，决定清理灰尘后试试。将各硬件拆下一一清理，然后重新组装。开机后故障消失。

27. 重新安装显示卡后，显示器屏幕无显示

电脑在安装好后，使用一直都非常正常，但更换显示卡后，就出现不能启动的问题，但是主机电源指示灯显示正常，CPU、电源风扇能正常运转，开机也无警报声。

（1）打开机箱，判断显示卡、内存、硬盘及各类硬件的安装是否存在问题，如果都没有问题，就应该从新安装的显示卡入手进行解决了。

（2）拔下显示卡并重新安装，如果仍旧无法开机，可以用刷子对插槽

进行除尘处理，再次插好显示卡及内存，重新开机，一般问题都可以得到解决。如果问题都不能解决，那基本上可判断显示卡有问题了。

提示!! 主机板上板卡间的接触不好，也是导致屏幕不显示的一大原因，所以在排除这类故障时不可不考虑，解决问题时可试着对板卡多插入几次，确保其接触良好，必要时可对主机板做除尘工作。

28. 播放视频时自动重启

电脑使用基本正常，但在播放 DVD 影片等视频文件时，只要单击鼠标键，系统就会自动重启。操作系统为 Windows XP，升级前使用 Windows 2000，没有出现过此问题。是不是与在 Windows XP 中使用了支持 Windows 2000 的显卡驱动程序有关?

很多时候，在找不到支持 Windows XP 的驱动程序时，使用支持 Windows 2000/NT 的驱动程序也是可以的，但这两种程序毕竟不完全一样，出现一些现象也是可能的。对于此类问题，一般只要安装支持 Windows XP 的显卡驱动程序即可解决。

29. AGP 显卡显示速度不够快

将 AGP 2× 显卡更换为 AGP 4×，感觉显示性能没有明显提高。

增加显卡的显存能够明显提高显示性能，在 BIOS 设置中可以进行有关设置。例如在 Award BIOS 中，将 AGP Capture 选项从默认的 32MB 改为 64MB，就能明显提高显示性能。

30. 运行 3D 游戏屏幕闪烁

电脑运行一直正常，就是在玩游戏时，特别是 3D 游戏，屏幕总是有明显闪烁。GeForce3 显卡，Windows XP 操作系统。

屏幕闪烁与刷新频率有关，一般情况下，刷新频率达到 75Hz 以上就基本感觉不到闪烁。目前的显卡和显示器基本都能保证 1024×768 分辨率下 75Hz 的刷新率，但这只是在 2D 情况下，在 3D 游戏中，有时会变为 60 Hz，就会感觉有些闪烁。此问题的解决方法如下：运行 Windwos\system32\dxdiag.exe 文件，启动 DirectX 诊断工具，打开“其他帮助”选项卡，单击“替代”按钮打开“替代 DirectDraw 刷新行为”对话框，在“替代值”框中输入一个合适的刷新频率值，确认后退出程序。

4-2　显示器维护与故障处理

1. 调整显示器屏幕控制

显示器在出厂时都提供了工厂预设的显示模式，但随着显卡支持能力的提高，许多时候仍需要对显示器屏幕进行人工设定和调整。最初的显示器大都使用模拟方式，通过显示器下方的旋钮进行调节，不仅功能单一，而且调整的范围有限。数控方式的实现，显示屏幕调节显得更加方便简单。目前的屏幕控制方式主要有两种：数字按键式和单键飞梭式。数字按键式又分为普通和 OSD（On Screen Display，在屏显示）两种，普通数控方式的显示器面板按键较多，操作完全通过按键的更替来实现，操作的易用性稍差一些；OSD 数控方式的显示器面板上只有三四个按键，操作界面完全在屏幕上显示，操作较为简单。单键飞梭的显示器都是 OSD 方式，通过面板上的旋钮的旋转达到调节的目的。

下面仍然以 Acer 77e 显示器为例来进行讲述。

（1）数控按键调整

Acer 77e 显示器面板共有五个调节键，除了智能设定键 i Key 键外，其他均为手动调整键。触动 Exit 键即可启动 OSD 菜单，主菜单的 6 个图标分别为“明亮度调整”、“几何调整”、“色温调整”、“恢复出厂预设值”、“手动消磁”和“其他”。

①明亮度调整：这是最基本的调整功能，调节显示的对比度和亮度，按 Enter 键进入调整菜单，再确定亮度或对比度调整，选择左右方向键调节数值，直到满意为止。然后按 Esc 键退出即可保存。

很多显示器出厂预设的对比度为 100，建议设定是 80 ~ 90 左右，以免对比度过高造成显示管老化加快。

②几何调整：包括水平方向和垂直方向位置和画面大小、针垫失真、平衡调整、梯形失真、平行四边形调整、旋转等多项功能，提供全面的画面细节调整，以达到最佳的视觉效果，避免变形、扭曲等现象有产生。具体操作步骤和明亮度的调整方式相似，只要确定调整的模式改变其数值即可。

③几何调整是显示器的重要调节功能之一，它和普通数控方式的显示器提供的功能相近，但多少会缺少其中的一种或几种功能。

④其他：包括摩尔波纹的消除、OSD 界面的弹出位置设置和多国语言的设定。

（2）单键飞梭调整

采用单键飞梭调整的显示器现在也有不少，其操作方式都非常接近。以 DJ700 为例，单击显示器面板下方的圆形旋钮的中心即可出现 OSD 菜单画面，菜单也通常呈现环形的排列，用手指转动旋钮的边缘可来回切换菜单。DJ700 的主要菜单选项和 Acer 77e 相近，选定要调整的功能菜单后，按旋钮的中心确定，然后转动旋钮即可调整数值。相对而言，单键飞梭方式比数控按键方式的控制更为简单方便。掌握上述提到的各种方法，即使是初入门的用户也基本可以轻松设定自己的显示器了。其实显示器还有许多调节的小技巧，而且即使是一台早期的产品在不超过技术参数太多的情况下，也可以调整为一台具有较好显示质量的显示器，当然其中也不乏破坏性和危险性。

2. 如何对显示器除尘

显示器是一种高压设备，使用时将产生较强的静电，对灰尘具有很强的吸附能力。过多灰尘，不仅会污染屏幕表面，而且也会黏附在内部的电路板上，时间一长形成一层厚厚保护层，影响电子元器件的散热，同时内部电子线路也会受到腐蚀，严重的可能影响到高压线路，会造成整个显示器损坏。因此有必要定期对显示器进行除尘。

（1）清除显示器表面上灰尘。对于显示器表面上的灰尘可以用柔软干净的棉布，沾湿后轻轻擦去。擦拭时不可用力过猛。

（2）清除显示器内部灰尘。对于显示器内部灰尘，一定要在关闭电源的情况下进行清除。把显示器后盖打开，借助打气筒等工具将灰尘除去。如果灰尘堆积较厚，可以用毛刷轻轻刷去。吸附在显示器行输出变压器、高压包及显像管高压嘴上的灰尘不易刷落，可用干燥清洁的棉布轻轻擦去。

显示器除尘工作虽然简单，但是需要注意：千万不要碰撞显像管，否则可能造成显像管尾部的偏转线圈移动，轻则会影响图像质量，重则容易引起显像管损坏甚至爆炸；不要随便将高压包帽头打开清洁，以防被高压电击伤；清洁显像管高压嘴边的灰尘时要特别仔细，做到彻底清除，同时不要破坏显像管上的石墨层。

3. 刷新率对眼睛的影响

听说调高屏幕的刷新率有利于保护眼睛，是这样吗？

屏幕刷新率指屏幕图像每秒重写的次数，太小时用户会感到屏幕画面有不连续的闪烁感，刷新率越低闪烁也就越厉害。实践表明，长期观看这样的屏幕眼睛容易疲劳，容易受到伤害；刷新率高，图像稳定自然对眼睛有好处。那么屏幕刷新率多大可以满足一般要求呢？

大量实验表明对大部分人而言，大约 75~80Hz 可以满足要求，判断方法是用眼盯着屏幕边上的某一目标，然后用余光观察屏幕，如无明显的闪烁感即认为达到要求。否则容易引起眼睛疲劳，可考虑将其调高，当然需要显卡与显示器的支持。如果使用的是高性能的显示卡，应安装相应的驱动程序，以使其完全发挥其功能。同时还需要显示器的支持，性能越好的显示器支持的屏幕刷新率也越高。有些显卡的调整屏幕刷新率软件比较周到，会提供试用与恢复的机会，如设置后正常工作，通过问话框确认即可，否则一小段时间后会自动恢复原设置。

4. 显示器有哪些安全标准

目前关于显示器的安全标准的确很多种，但最常用的无非是 EPA、MPR-Ⅱ和 TCO 三种。

（1）EPA 又称为“能源之星”规范，是一个关于节能方面的国际标准。支持这一标准的显示器能有效地节约电力，提供各种节能状态，普通显示器一般都支持它。

（2）MPR-Ⅱ是一个衡量电磁辐射程度的国际标准。符合此标准的显示器可称为“超低辐射”显示器，对人体的伤害大大减小。因此在选择显示器时应注意显示器是否符合该标准。

（3）TCO 是一个目前最常用的显示器安全标准，同时它也是一个检测范围很广泛的安全规范，包括环保、低辐射、人体工程学、节能等等。其标准相对于前两种来说更苛刻，它对每一台显示器都要认证。目前的 TCO 标准分为 TCO92、TCO95、TCO99 三种，是按制定的年份来命名的，一个比一个严格。应该注意的是，TCO 标准与显示器的画面质量无关，购买时请注意。

5. BNC 接口与 15 针接口显示器比有何优势

一些高档显示器上有一种名为 BNC 的接口，请问它与普通 15 针梯形接口相比有什么优势？

BNC 接口用一套分离的同轴电缆来传输信号，这种方法具有性能稳定、不同的连接器分别适用于不同的频率、对视频信号影响小等特点，适合高带宽要求的专业系统使用。如果系统要求高带宽传输、则普通 15 针 D 型接口就不适用了，必须使用 BNC 接口。所以较高级的显示器均带有

BNC 接口，出于用途和成本等考虑，除少数专业显卡外，绝大多数显卡没有 BNC 接口。

6. CRT 显示器的保养与维护

显示器在电脑中有着举足轻重的地位，因为当我们在使用电脑时，我们始终要面对的就是它了，眼睛是心灵的窗口，所以无论如何，我们也不能亏待自己的眼睛。

（1）不要让显示器放在有磁场的地方。显像管中的荫罩板极容易被磁化，然而无奈的是在电视机、电冰箱、电风扇等耗电量大的家用电器的周围或其他如非屏蔽的扬声器或电话甚至传呼机上都存在着磁性物质。长期暴露在磁场中可能会磁化或损坏显示器，因此如果我们发现显示器局部变色，应该马上确定显示器附近是否有磁性物质，迅速排除，否则可能会给显示器造成永久的损害。幸亏现在多数显示器都具备自动或者手动消磁功能，可以修复磁化的显示器，如果显示器没有消磁功能，那么只好求助于专业技术人员了。

（2）最好让显示器处于干燥的环境。我们都知道，显示器内部存在高压，在过湿的环境下，显示器内部的电源变压器和其他线圈受潮后也易产生漏电，甚至有可能霉断连线；而显示器的高压部位则极易产生放电现象；机内元器件容易生锈、腐蚀，严重时会使电路板发生短路。如果用户使用的是液晶显示器的话，一定要注意不能让液晶屏沾上水或被放在湿度大的地方，这样的话显示屏中的数字就会变得非常模糊，而且较严重的潮气会损害液晶显示器内部的元器件，尤其是用户给含有湿度的 LCD 通电时，会导致液晶电极腐蚀，造成永久性的损害。因此，建议各位电脑用户，无论自己使用的是普通的显示器，还是质量较高的液晶显示器，都要给显示器做好防潮防湿工作，特别在梅雨季节，即使不使用显示器，大家也要定期接通计算机的电源，让计算机运行一段时间，以便加热元器件驱散潮气。

（3）要定期进行清洁工作。每个人都希望自己的“面子”光洁艳丽，这就要求我们至少每个星期都要对显示器进行清洁一次。由于显示器整天暴露在空气中，时间长了显示器可能会出现这样或者那样的污点，有些污点仅使用一般的软绒布不能擦掉，这时就必须使用专业的清洁剂来对付它。目前市场上有各种各样的屏幕清洁剂，有些还相当的贵，但我们没必要去买，只要是家里不含氨的任意一种柔性清洁剂都可以用。因为含氨的清洁剂会破坏显示器的表面涂层（那是用来防反光、眩光，增加透明度而设的，破坏的后果可想而知）。在准备清洁工作时，切记应关闭显示器的电源，还必须拔下显示电源线和信号电缆线，然后用柔软的干布或者清洁剂小心地从屏幕中心向外擦拭，千万不能用酒精之类的化学溶液擦拭、更不能用粗糙的布、纸之类的物品来擦拭显示屏，也不要将液体直接喷到屏幕上，以免水汽侵入显示器内部。除显示屏以外，也要常用毛刷、小型吸尘器经常擦除显示器机壳上的灰尘与污垢，但尽量不要用沾水的湿布抹擦。由于显示器内部有高电压（断电后的高压包中仍可能有余电），如想清除其内部的灰尘，必须请专业人员操作，不能私自打开显示器后盖，以免产生严重后果。

（4）要防止强光直接照射显示器。由于显示器中含有聚酯橡胶和塑料成分，这些成分常受阳光或强光照射，时间长了，容易老化变黄，而且显像管荧光粉在强烈光照下也会老化，降低发光效率。发光效率降低以后，我们将不得不把显示器的亮度、对比度调节得很高，这样会进一步加速显像管灯丝和荧光粉的老化，最终的结果将是显示器的寿命大大缩短。为了避免造成这样的结果，我们就必须把显示器摆放在日光照射较弱或者没有光照的地方；或者在光线必经的地方，挂块深色的布减轻它的光照强度。

（5）让显示器处于通风的环境。让显示器处于通风的环境下，可以确保显示器散热良好，从而能正常工作。大家知道，显示器在长时间地工作时，显像管会产生很大、很高的热量，这些大量的热量如果不能及时散发出去，可能会导致显示器内部产生很高的温度，而在过高的温度下，显示器的工作性能和使用寿命将会大打折扣，某些虚焊的焊点可能由于焊锡熔化脱落而造成开路，使显示器工作不稳定，同时元器件也会加速老化，最终轻则导致显示器“罢工”，重则可能击穿或烧毁其他元器件。因此，我们一定要保证显示器周围有足够的通风空间，来让它散发热量。在炎热的夏季，如条件允许，最好把显示器放置在有空调的房间中，或用电风扇吹。

（6）防止灰尘进入显示器内部。由于显示器内部的高压高达 10kV ~ 30kV，这么高的电压形成的电场很容易吸附空气中的灰尘颗粒，被吸附的灰尘长期积累在显示器的内部电路、元器件上，会影响电子元器件的热量散发，使得电路板等元器件的温度上升，产生漏电而烧坏元件。另外，灰尘也可能吸收水分，腐蚀显示器内部的电子线路，造成一些莫名其妙的问题。所以灰尘体积虽小，但对显示器的危害是不可低估的。首先应放置显示器在干净清洁的环境中，同时，还应该给显示器购买或做一个专用的防尘罩，每次用完后应及时用防尘罩罩上。

（7）要合理使用调节按钮。现在的显示器基本上都有显示调节按钮，用户可以根据自己的需要或者实际环境来进行调节。在使用这些调节按钮时，一定要缓慢稳妥，不可猛转硬转，以防损坏旋钮。在这里，笔者要特别提出的是，调节亮度或对比度时一定要根据室内照明情况和自己的视觉感受来调整。有些用户由于使用视保屏，必须将亮度调到很高才能保证正常的有效亮度，长期的高亮度会加速显示器的老化。视保屏是否有用目前说法不一，如果你非常愿意使用它，请不要忘记经常清理视保屏上灰尘，以保证有效亮度的提高。显示器亮度和对比度的调节需要相互配合进行，一般来讲，两者不能同时保持在较高或者是较低的水平，调高亮度以后就需要降低对比度，而调高对比度后也需要降低亮度，一般来讲，亮度低一些，而对比度高一些是比较合适的，这样调节可以让显示画面更清楚，看着比较舒服一些，但是也可能由于亮度较低而降低对一些细节的表现。

（8）要正确插拔显示器。插拔显示器看上去是一件很简单的事情，其实这小小的事情对我们用户的要求还是很高的，因为如果插拔不当，可能会烧坏显示器甚至计算机的主板。为此，我们在插拔时一定要注意下面的一些事项：在移动显示器时，我们不要忘记将电源线和信号电缆线拔掉，而插拔电源线和信号电缆时，应先关机，以免损坏接口电路的元器件；插拔显示器时不要让线缆拉得过长，这样可能会使显示器的亮度减小，且射线不能聚焦；插拔时动作一定要轻，如果不小心将插头的某个引脚弄弯或者折断，可能会导致显示器重则不能显示内容，轻则不能显示颜色或者偏向一种颜色，以及有可能导致屏幕上下翻滚。

（9）让电源插在单独的插口上。尽管显示器的工作电压适应范围比较大，但也可能由于受到瞬时高压冲击而造成元件损坏，所以还是让显示器电源插在单独的插口上，如墙上的插口，而尽量避免插在线板上。用多眼插座往往会造成显示器供电不良、屏幕抖动、屏幕线条、忽暗忽亮，甚至黑屏都有可能是由电源引起的。劣质插座还会烧毁显示器，很多毁坏的显示器都是由于使用插座所至。但如果手头一时没有单独插口，也可以接到单独的电源上，但电源插座最好应使用带保险丝的。如条件许可，最好配一个 UPS（不间断电源）。

（10）不要随意拆卸显示器。使用显示器，无论何时都不要轻易拆卸它。同其他电子产品一样，在显示器的内部会产生高电压。显示器在关机很长时间后依然可能带有高达 1000V 的电压，对于只有 36V 的人体抗电性而言，绝对是个危险值，它可能对人体造成的伤害可想而知。所以，永远不要企图拆卸或打开显示器机壳，这可不是普通电脑用户的“游戏”范围。即使没有发生对人体的危害，对显示器而言，暂时的或永久的“丧失工作能力”也是有可能存在的。

（11）要设置好刷新频率。字体太小、显示器刷新频率过低或者聚焦不良等都会造成眼睛的疲劳。就刷新频率来说，设在 75Hz/s 或更高可以有效地防止眼睛疲劳，在刷新频率达到 85Hz/s 时，对人眼已经基本没有影响了。不同的显示器在相同的分辨率下能支持的最高分辨率是不同的。在具体修改刷新频率时，首先在“显示属性”对话框中，单击“设置”标签，然后在该标签下再单击“高级”按钮，随后系统将会弹出“显示卡属性”对话框，在该对话框中单击显示卡属性标签，例如单击“sis settings”标签，系统弹出了一个对话框，在该对话框“refresh rate”设置栏处选择一个合适的刷新频率就可以了。通常这种修改方法比较简单，但如果我们的显示器使用的是 windows 缺省的适配器驱动程序，就不能按照这种方法设置刷新频率了，那么我们到底该如何设置没有正确驱动的显示器刷新频率呢？最简单的方法是使用专用的免费软件来设置，例如，一个被称为 MultiRes 的免费软件就可以很方便地对显示器的刷新频率进行调整，一旦运行该应用程序时，它会在系统的任务栏中加入一个更改分辨率的图标，我们就可以用鼠标单击那个图标，然后选择“重描速率”，并在弹出的菜单中选择所需要的刷新频率。当设置被更改后，MultiRes 会询问是否确认更改。如果认为更改后显示不清晰，可以取消更改，系统将保持原来的设置。如果确认更改，重新启动机器后，设置将生效。

（12）要学会给显示器消磁。由于显示器内部存在着电磁场，因此如果显示器旁边有无线通讯设备接近，例如，手机、BP 机、无绳电话时，它们都会引起显示器产生磁化反应，从而影响显示器的显示效果。因此，如果一旦发现显示器出现磁化现象，我们首先应该切断磁场干扰，不要在显示器旁使用无线通讯或者其他具有磁化功能的设备，或者是让显示器远离磁场源；经过了这个步骤后，如果显示器的磁化现象仍然没有消除的话，我们可以通过持续开/关显示器电源的方法来消磁。如果使用的是数控的显示器，就可以直接使用其内置的消磁功能来消磁。

7. LCD 显示器的保养与维护

相比 CRT 显示器，LCD 毕竟要精贵许多，所以对它的维护、保养要复杂些。

（1）不要让 LCD 显示器长时间持续工作。CRT 会因为长期工作而烧坏，LCD 也是如此。所以要注意，在不用的时候，一定要关闭显示器，或者降低显示亮度，否则时间长了，会导致内部烧坏或者老化。这种损坏一旦发生就是永久性的，无法挽回。另外，如果长时间地连续显示一种固定的内容，就有可能导致某些 LCD 像素过热，进而造成内部烧坏。

（2）正确清洁 LCD 显示器。如果发现显示屏表面有污迹，可用沾有少许水的软布轻轻将其抹去，不要将水直接洒到显示屏表面，水进入 LCD 会导致屏幕短路。

（3）避免让 LCD 显示器遭受意外冲击。LCD 屏幕十分脆弱，所以要避免强烈的冲击和振动。LCD 中含有很多灵敏的电气元件，掉落在地板上或者其他类似的强烈打击会导致屏蔽或其他单元的损坏。还要注意，不要对 LCD 表面施加压力。

（4）不要随意拆卸 LCD 显示器。不要拆卸 LCD。即使在关闭了很长时间以后，背景照明组件中的 CFL 换流器依旧可能带有大约 1000V 的高压，这种高压能够导致严重的人身伤害。此外，未经许可的维修和变更会导致显示屏暂时甚至永久不能工作。

8. CRT 显示器故障类型

CRT 显示器作为传统的主流显示器，在市场中的占有率很高。但由于其原理复杂，元器件众多，故障率也居高不下。现简单介绍一下其故障类型。

根据造成 CRT 显示器故障的主要因素，可将 CRT 显示器的故障分类如下：

（1）磁场干扰造成的故障。如 CRT 附近有磁性物质，会使显示器局部变色，严重时可能会给显示器造成永久的损坏。

（2）潮湿影响引起的故障。要做好防潮防湿工作，特别在梅雨季节，即使不使用显示器，也要定期接通电脑的电源让电脑运行一段时间，以便加热元器件驱散潮气。否则，显示器会因此而产生各种故障。

（3）灰尘太多引起的故障。灰尘是无孔不入的，当显示器内积聚的灰尘太多后，会使电路产生故障。所以除保持环境的清洁以外，建议购买或做一个专用的防尘罩，每次用完后应及时用防尘罩罩上。

（4）调节不当造成的故障。显示器上都有显示调节按钮，可以根据自己的需要或者实际环境来进行调节。在使用这些调节按钮时，一定要缓慢稳妥，不可猛转硬转，以防止损坏按钮。

（5）插拔不当造成的故障。插拔显示器不当可能会烧坏显示器甚至主板。为此，在移动显示器时，不要忘记将电源线和信号线电缆线拔掉；而插拔电源线和信号线时，应先关机，以避免损坏接口电路的元器件。

（6）随意拆卸造成的故障。非专业人士不要拆卸或打开显示器机壳。即使没有发生对人体的危害，但对显示器而言，暂时或永久的“丧失工作能力”也是有可能存在的。

9. 显示器开机时有异响

显示器开机时有响声，好像不正常。

因为市场上的显示器各品牌电路设计不一样。一般较高档的显示器都设计有自动消磁功能，每次开机消磁线圈振动会发出“嘭”的一声，这种情况不会影响显示器正常使用。

10. 刚开机字符模糊 然后渐渐清楚

某 CRT 显示器最近发生了这样的情况，刚打开显示器时屏幕上的字符比较模糊，然后渐渐才清楚。这是什么原因造成的？

这很可能是由于显示器步入了“老年期”，显像管内的阴极射线管必须由灯丝加热后才可以打出电子束，由于阴极射线管开始老化，致使这个加热的过程变慢，所以在打开显示器的开始阶段，因为阴极射线管没有达到标准的温度，无法射出足够的电子束，所以显示屏上的字符会由于没有足够电子束轰击荧光屏而变得模糊。如果该显示器购买的时间不长，则很可能是显像管的质量不佳或以次充好，应该要求供应商退货。

11. 开机后显示器画面先大后小

某新购买的显示器存在这样一种现象，开机后显示画面先是很大，在几秒钟后慢慢缩小到正常，请问这是故障吗？

这其实是一种正常现象，并且说明该显示器品质较好。造成这种现象的原因是在刚开机的时候，显像管内偏转线圈上的电子束强度非常大（偏转线圈的作用是对电子枪射向荧光屏的电子束进行方向、序列方面的控制）。为了防止这些强度过大的电子束瞬间轰击某一小片荧光屏，长此以往将造成该区域内的荧光粉迅速老化，最终形成无光感黑斑区域的故障，一些品牌显示器会针对性地设计一个保护电路，作用是在开机时控制偏转线圈让过强的电子束散开，而不是集中轰击在某块区域内。而当偏转线圈的电子束强度正常后，就关闭这个保护电路。因此用户所看到的显示画面先大后小的情况正是这个保护电路进行调节的过程。当然，如果是用户从一个高亮度图像切换到一个低亮度图像后产生该种现象，则说明该款显示器有明显的“呼吸效应”，即显示器的高压线路部分不是很稳定。

12. 显示器指示灯突然变红后自动关闭

打开显示器时，显示器的指示灯突然变红了（正常时为绿色），然后显示器自动关闭，反复多次都是如此。可当第二天准备把显示器送修时，却发现故障消失。

显示器指示灯变红，随后自动关闭，这应该是显示器进入了高压保护状态。此时应立即拔下显示器的电源线，并检查给显示器供电的电源电压是否正常。如正常，则可能是显示器内部由于某种故障产生了一个瞬间的高压，此时最好将显示器送专业人员维修，以免造成其他故障。

13. 如何消除显示器色斑

CRT 显示器屏幕上出现了一块块的色斑，请问如何解决？

显示器屏幕出现色斑，说明它的显像管被磁化。其原因主要有：显示器靠近音箱或喇叭等物体被磁化；搬动显示器后地磁场导致的色纯不良还有消磁电路损坏等。要预防上述故障出现，首先要避免显示器靠近强磁场。万一显示器被磁化，可以看看它的屏幕菜单中有无消磁功能，如果有，可以按要求进行消磁。以 SyncMaster 750 系列显示器为例，消磁的方法是：不开电脑主机仅打开显示器电源开关，按 Menu 键显示屏幕菜单。再按“+”或“－”键选择“高档”图标，按回车键打开子菜单，继续按“+”或“－”键选中“消磁”图标，按回车键执行（注意：30 分钟内只能使用一次）。如果显示器自带的消磁功能无效，可以到电视机维修点使用专用消磁器处理。

14. 显示器使用时间久后开始变得模糊不清

调节聚焦和对比度。新的显示器多在前面板调节，老显示器多在显示器后面调节。如果表面没有调节旋钮，需要打开显示器调节，请专业人员处理，以防显示器内高压伤人。

调节聚焦和对比度都可能使显示器显示图像模糊。对比度的调节就在显示器前面板，但聚焦电路通常在显示器内部，因此，调节对比度不成功就应该送修。有时是内部灰尘太多，有时是内部多个元器件老化，显示器寿命已尽。

15. 显示器有时候画面会出现抖动或者波纹

出现这种情况很有可能是由于电压不稳定或电磁波干扰造成的。建议采用以下几种方法来处理：

（1）先检查电源。如果显示器的电源是由电脑的主机所提供，请更换显示器的电源线，让显示器有独立的电源供应。

（2）检查是否有电磁波干扰。通常，这种干扰来自显示器附近的电子产品，例如，音箱、手机、电视机等，不要让它们距离显示器太近。

（3）检查显示器周围的电线。通电的导线会产生磁场，通过移除或调整电线的位置，或者不断变换显示器的位置，来判断是否真的是电磁波的干扰。

（4）劣质显卡也会带来这种问题。

16. 显示器信号超出显示范围

某电脑显示器从等待状态进入工作状态，屏幕上就显示"信号超出显示范围"，请问是什么原因？

这应该是刷新频率设置不当，在桌面单击右键出现"属性"对话框，选择"设置"|"高级适配器"选项，前提是必须有显示器驱动程序，然后在适配器的刷新速度里选"默认"或"优化"，如果还出现问题，建议用更换法对显卡和显示器进行校验。

17. 显示器出现波浪状的色彩条纹

CRT 显示器在显示相同颜色的大面积画面时经常出现波浪状的彩色条纹，请问这是什么原因？

这种彩色波纹称为摩尔纹，许多显示器提供了消除它的功能。以 SyncMaster 750 系列显示器为例，只要选中屏幕菜单中的"高档"，按回车键打开下级菜单。选择其中的"水平摩尔"或"垂直摩尔"图标，在水平和垂直方向上进行调节，就能大大减轻甚至完全消除摩尔纹。如果上述方法不奏效，还可以改变显示器的位置和方向试试。

18. 显示器显示突然变为淡蓝色

CRT 显示器屏幕突然变为淡蓝色前景，好像放了一个滤色片。使用屏幕菜单无法将它们去掉，这是什么原因？

这是比较典型的显示器偏色故障，应当重点检查以下几个部位：首先将显示器换到其他电脑上，观察是否仍然偏色，从而确定显示信号线和显卡是否有问题。接着可以检查显像管尾部的 RGB 电路，排除接触不良或元件损坏导致的偏色。

19. 显示器屏幕的部分颜色变化

刚组装的电脑，在开机后，发现屏幕右下角是粉红色的。

这很可能是显示器被磁化了，出现这种情况后，应立即把电脑移到别处。

也可以检查显示器前面板是否有消磁按钮，多数新显示器都有这样的按钮或功能，按一下，整个屏幕就晃动一下，异常颜色就应该消失。

如果显示器没有消磁功能，每次开机也都可以自动消磁，只不过这个过程比较缓慢，不会马上见效。如果想通过多次开机/关机的方法来加速消磁过程，应该注意下次开机时，要等显示器温度降下来后再开机才能有效消磁。

> **提示!!** 显示器的磁化可能是电脑使用的音箱所致，应该更换音箱或者把音箱摆放在远离显示器 20cm 以外的位置。

20. 刷新率设置对显示器的影响

显示器刷新率设置不当是否会烧坏显示器或是缩短它的使用寿命?

显示器刷新率设置太高，超过其标准刷新率太多，确实会烧坏显示器或缩短其寿命。为此显示器最好安装自己的驱动，不要盲目使用高档显示器的驱动。其次，Windows 中“隐藏显示器不支持的刷新率”项不要去掉，否则会导致用户使用显示器不支持的刷新率。

21. 屏幕上有两根很细的黑线

某一台美格 796FD 显示器，屏幕上有两根很细的黑线，请问是不是显像管有质量问题?

屏幕上的这两条细黑线称为荫栅线或减震线，这是特丽珑显像管独有的特征，不是显像管有质量问题。因为美格 796FD 的显像管不同于传统的荫罩式显像管，其中有许多条干行的纵向荫栅，上下两端与屏幕的上下边框相连，而屏幕中的荫栅之间横向不相连，如果没有荫栅线将各荫栅相接，屏幕显示画面时容易发生晃动。

22. 显示器屏幕画面向左偏了一大块

某电脑的显示器在启动 Windows 2000 以后发现屏幕画面向左偏了一大块，调整显示器下面的调节旋钮也无效，这是怎么回事？

这很可能是显示器的负责水平方向显示位置的调节旋钮失灵或者显示器内水平振荡器损坏造成的故障。水平振荡器通常处于显示器的光栅板（显示器内部的大电路板）处，由于显示器内部存在相当高的电压，所以最好送到专业修理部门维修。

23. 显示器颜色有些失真

某显示器不论在 Windows 还是在 DOS 下，显示的颜色都有些失真，整个色调有点发黄，怎么办？

一般常碰到的情况是显示器的数据线接口接触不好，或是有针断了，此外可看看显示器 RGB 电位器是否有故障，其他大的毛病就只有请专业维修人员进行维修了。

24. 显示器的屏幕布满条纹

有一台自己组装的计算机，在安装完毕后，安装了 Windows 95 操作系统，但在设置显示器的分辨率的时候，发现只能设置到 800×600 的真彩色，1024×768 的真彩色也可以设置，但是设置后，显示器的屏幕就会变得充满了奇怪的条纹，根本无法看清屏幕，只能模糊看到是 Windows 95 的界面。换了一个名牌的 PHILIPS 显示器，结果还是一样，请问是什么原因？

用户既然换了一个名牌的显示器仍然无法解决问题，说明问题不在显示器上，本来显示器的刷新频率太低是会导致上述问题的，过低的刷新频率使得屏幕在 1024×768 的分辨率下根本无法快速刷新，自然就会使得屏幕变花，但是 PHILIPS 的显示器绝不会有刷新频率太低的问题，所以这种可能性应该排除。那剩下的可能性应该就是显示卡了，首先，可能是显示卡的质量不好，对于 1024×768 的真彩色无法正常显示和刷新，这就需要更换一块显示卡了。还有一种可能，就是问题出在了显示卡的缓存上，显示卡的缓存也有一定的速度，即刷新的频率，如果几块显示卡缓存的速度不一致，或者有的过慢，或者所有的缓存都过慢，都会导致在高分辨率下无法正常的刷新，这就需要更换速度更快的缓存。

25. 显示器屏幕上经常出现很多红色的斑点

某电脑在屏幕上经常会出现很多红色的斑点。尤其是在玩大型网络游戏的时候最严重。该电脑配置：S3 VIRGE PCI （325） 2MB，P166，16MB EDO。不知道是显卡问题还是显示器的问题？应该如何解决？

此问题很可能与显卡安装的显存有关，可以使用代换法判断。即将显卡插到其他电脑上并装好驱动程序，看屏幕上是否仍有红色斑点。若有，显卡故障确定无疑。否则就要检查电脑是否超频，因为超频后 PCI 显卡的工作频率升高，如果显存速度跟不上，就可能出问题。还可以降低显示器的分辨率和刷新率试一试。最后则要检查显示器，看它在其他电脑上的显示情况，以此确定是否存在偏色、聚焦等方面的问题。

26. 开机时显示器上下扩展和收缩

此症状是由于显示器元件工作在不稳定状态下引起的。一般在开机半小时内会有大小误差，在开机半小时后元器件达到正常工作温度时恢复正常。

27. 显示器边缘有两条垂直黑边

显示器边缘有两条垂直黑边，很宽，减小了很大一部分显示空间，请问这是怎么回事？

这种现象是由于显卡的显存不够所致。较老显卡的显存一般只有 1MB 甚至更少，此时如果将显示分辨率设置得太高，则会出现上述的现象。解决的方法是：

（1）增加显卡上的显存，显卡上一般都会留有空余的扩充显存用的插槽，但一定要注意，扩充的显存型号要与原有的显存兼容，如果用户把握不准，请抄下显卡上原显存的型号供经销商参考或直接拿显卡去扩充。

（2）降低显示分辨率，如果用户使用的是 Windows 操作系统，可以通过“开始”→“设置”→“控制面板”→“显示”→“设置”，将“屏幕区域”调节柄由“大”向“小”的方向拉动，并连续选择“确定”后保存设置即可。

28. MAG XJ530 显示器出现时暗时亮

某用户将电脑重新分区格式化，安装操作系统和所有驱动程序，一切正常，可在使用 Word 2000 编辑文档的时候，MAC XJ530 显示器出现时暗时亮的情况，同时显示器中发出“喀喀”的声音，有时屏幕上突然出现关于分辨率的设置和需要调整设置的提示警告。请问这是什么原因造成的呢?

根据描述，很可能是用户在重装电脑操作系统后选择了错误的显示器驱动程序进行安装，解决方法如下：

（1）正常启动操作系统，在桌面的空白处单击鼠标右键，调出右键菜单。

（2）在右键菜单中选择“属性”→“设置”→“高级”→“监视器”→“更改”。

（3）按照屏幕上的提示选择“下一步”，在随后弹出的页面中选择“显示指定位置的所有驱动程序列表，以便可以从列表中选择所需的驱动程序”选项，并选“下一步”。

（4）在随后出现的页面中选择“显示所有硬件”选项，并在左侧的生产商列表中选择“MAGINNOVISION，INC”，然后在右侧的型号列表中选择“MAG INNOVISION DX　15F”显示器，选“下一步”，然后根据提示确定选择即可。

29. 显示器黑屏指示灯一直呈橘黄色

某电脑在开机后黑屏，显示器指示灯一直呈橘黄色，这是什么故障呢?

可以根据如下步骤进行检查：

（1）首先请检查显示器信号线是否有断针、歪针的现象。如没有，可将此显示器换到另一台电脑上看看有无此现象发生。

（2）打开机箱，检查显卡是否与插槽接触不良或尘土过多，请将显卡拔下，清理后重新牢固插入。如果是 PCI 显卡，请换一个插槽试试。

（3）有些 SLOT 1 接口的 CPU 如果插得不紧，也会出现这种故障，请将 CPU 拔下后重新牢固插入。

（4）一些品牌显卡可能需要 AGP 插槽提供更大的电量，而一些老主板无法提供足够的电量也会出现这种故障，请更换主板试试。

30. 显示器缺色

当电脑从屏幕保护状态下唤醒后，屏幕显示为紫色，大约过 30 秒后，颜色又恢复正常。这是怎么回事?

当显示器出现整体的偏色时，主要是显示器中解码电路出了问题，或者一些小电容漏电造成三原色的阴极管输出功率不够，从而造成三个色彩信号之一出现故障。该显示器由于缺少绿色信号而只剩下红色和蓝色信号，这样就使屏幕显示为紫色。由于时间不长就会恢复过来，估计显示器解码电路损坏的可能性不大，可能与系统温度有关，如果显卡与显示器接口接触不良，当温度升高时，金属触点会膨胀使连接恢复正常。解决方法：为把该显示器连接到另一台主机上使用，如果故障消失，则可能是显卡的故障。如果故障依旧，则可能是显示器本身的故障或者显示器电缆线接口的故障。重点检查显示器电缆线接口金属针是否折断或弯曲，如果不行，干脆给显示器更换一条新的电缆线再试。

31. LCD 的出现水波纹和花屏问题

LCD 常出现水波纹和花屏问题，该怎么办?

首先要做的事情就是仔细检查一下电脑周边是否存在电磁干扰源，然后更换一块显卡，或将显示器接到另一台电脑上，确认显卡本身没有问题，再调整一下刷新频率。如果排除以上原因，很可能就是该液晶显示器的质量问题了，比如存在热稳定性不好的问题。出现水波纹是液晶显示器比较常见的质量问题，自己无法解决，建议尽快更换或送修。

有些液晶显示器在启动时会出现花屏问题，给人的感觉就好像有高频电磁干扰一样，屏幕上的字迹非常模糊且呈锯齿状。这种现象一般是由于显卡上没有数字接口，而通过内部的数字/模拟转换电路与显卡的 VGA 接口相连接。这种连接形式虽然解决了信号匹配的问题，但它又带来了容易受到干扰而出现失真的问题。究其原因，主要是因为液晶显示器本身的时钟频率很难与输入模拟信号的时钟频率保持百分之百的同步，特别是在模拟同步信号频率不断变化的时候，如果此时液晶显示器的同步电路，或者是与显卡同步信号连接的传输线路出现了短路、接触不良等问题，而不能及时调整跟进以保持必要的同步关系的话，就会出现花屏的问题。

32. 显示分辨率设定不当

LCD 显示器应该如何设置显示分辨率?

由于液晶显示器的显示原理与CRT显示器完全不同，它是属于一种直接的像素一一对应显示方式。工作在最佳分辨率下的液晶显示器把显卡输出的模拟显示信号通过处理，转换成带具体地址信息（该像素在屏幕上的绝对地址）的显示信号，然后再送入液晶板，直接把显示信号加到相对应的像素上的驱动管上，有些与内存的寻址和写入类似。所以液晶显示器的屏幕分辨率不能随意设定，而传统的CRT显示器对于所支持的分辨率较有弹性。LCD只能支持所谓的“真实分辨率”，而且只有在真实分辨率下，才能显现最佳影像。当设置为真实分辨率以外的分辨率时，一般通过扩大或缩小屏幕显示范围，显示效果保持不变，超过部分则黑屏处理。比如液晶显示器工作在低分辨率下800×600的时候，如果显示器仍然采用像素一一对应的显示方式的话，那就只能把画面缩小居中利用屏幕中心的那800×600个像素来显示，虽然画面仍然清晰，但是显示区域太小，不仅在感觉上不太舒服，而且对于价格昂贵的液晶显示板也是一种极大的浪费。另外也可使用插值等方法，无论在什么分辨率下仍保持全屏显示，但这时显示效果就会大打折扣。此外，液晶显示器的刷新率设置与画面质量也有一定的关系。用户可根据自己的实际情况设置合适的刷新率，一般情况下还是设置为60Hz最好。

33. 显示器屏幕颜色不稳定

使用半年后出现屏幕颜色不稳定的症状，颜色会突然变化，持续时间不确定，有时1~2秒，有时4~5分钟不等，有时则必须用手拍击才能恢复正常。

这是典型的接触不良，具体解决步骤如下：

（1）开机检查各插件，反复插拔。然后在打开后盖的情况下通电检查，故障似乎解决，颜色不再闪烁，但装上后盖不到几分钟，故障重新出现。

（2）反复检查插件、信号电缆，如问题没解决，只得拔下显像管尾板，把焊接在板上的铁皮盒子（屏蔽盒）用烙铁焊下。但是不久又出现新故障，机内出现不定时的打火，“啪”的一声，屏幕光栅会在响声出现的瞬间收缩，最后一次打火后出现无图像、无光栅、无高压（用手靠近屏幕无静电吸引感觉），但指示灯由红变绿，机内有轻微的交流声且变化不定。

（3）开机检查，观察线路板，行偏转线圈与行管集电极间的一个电感线圈一端松动，有打火氧化的痕迹，补焊后开机。原来是行调谐回路虚焊造成打火，继而断路，引起行扫描弱振，失去高压。同时由于氧化点时接时断，造成机内出现不稳定的交流声（由行推动变压器和行输出变压器发出）。

34. 显像管高压打火

显像管高压打火故障也是显示器维修中最常见的问题之一。主要表现为荧光屏光栅出现许多无规律的亮点，严重的时候出现成点状的线，有时能听见机内“吱吱”作响。如果打火严重，将造成图像模糊，并可能在数秒或数分钟后出现光栅消失的现象。显像管高压打火产生的原因和部位较多，主要有：显像管座内高压打火；显像管高压嘴或高压帽打火；高压包高压引线端打火；聚焦电位器内部接触不良打火等。

其维修方法如下：

（1）显像管座打火的维修。显像管座的打火一般在聚焦极。产生显像管座内部打火的原因主要是显示器使用的环境过于潮湿或长期不用造成。由于聚焦的电压很高，在 4~9kV 之间，修理方法是：关掉电源，将管座从尾板上拆下，用小刀或细砂纸将管脚的锈迹刮去，再用纯酒精清洗干净，并把管座内壁的锈迹用酒精清洗干净，然后用吹风机吹干，重新装好即可。

（2）显像管高压嘴或高压帽周围打火。显像管高压嘴周围打火，除环境潮湿外，还与显像管的高压嘴和锥体玻璃之间接触不紧密或有杂质有关。要排除高压嘴打火，先得对其放电，方法是将大号木柄平口螺丝刀插入高压嘴中多次接触底板即可，有时还可听见“啪啪”的放电声；取下高压帽，检查高压嘴及高压卡簧有无锈迹，其周围有无打火迹象和积灰。如有，可按照前法将其清除干净，然后用电吹风将其吹干，要注意温度和时间，以免显像管局部过热而炸裂，然后在高压嘴周围均匀地涂上一些黄油，再扣好高压帽即可。

（3）高压包及聚油电位器打火。高压包打火可造成光栅模糊或无光栅，如果是高压包本身打火，那就只有换新的。如果是高压包的引线端打火，可关机后调整聚油电位器多次，看是否能使其内部触点接触变好。如果不行，最好还是将其换掉。

第5章

输入、输出设备维护与故障处理

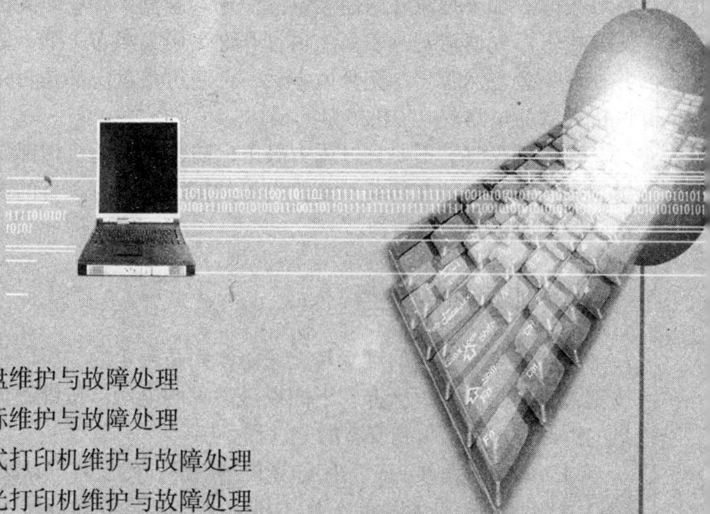

本章内容

5-1 键盘维护与故障处理

1. 键盘的使用维护

对键盘的正确使用和维护对计算机正常工作是十分重要的，在键盘的使用和维护上，需要注意以下一些问题：

在使用过程中，要注意保持键盘的清洁卫生。沾染过多的尘土会给电路正常工作带来困难，有时甚至出现错误操作。有时会有细小的杂物落入键盘表面的缝隙中，可能会使按键被挤住，甚至造成短路等故障。键盘的维护主要就是定期清洁表面的污垢，日常的清洁可以用柔软干净的湿布擦拭键盘，对于难以清除的污渍可以用中性清洁剂或计算机专用清洁剂加以去除，最后再用潮湿布擦洗并晾干。对于缝隙内的清洁可以用棉签处理，所有的清洁工作都不要用医用酒精，以免对塑料部件产生腐蚀。清洁过程要在关机状态下进行，使用的湿布不要过湿，以免滴水进入键盘内部，电容键盘常由于电容极间不洁净导致故障，某些键位出现反应迟钝的现象，需要打开键盘内部进行除尘处理。机械键盘中有些按键故障是键帽下弹性部件的问题，在没有备件的情况下可以用一些不太常用的按键替换使用。

千万注意不要把液体洒到键盘上。因为目前的大多数键盘还没有防水装置，一旦有液体流进，就会使键盘受损，导致接触不良、腐蚀电路或短路等故障。如果很意外的使大量液体进入键盘，应立即关机断电，将键盘接口拔下。先清洁键盘表面，再打开键盘用吸水布（纸）擦干内部积水，并在通风处自然晾干。充分风干后，再确定键盘内部是否完全干透，方可试机，以免短路造成主机接口的损坏。

操作键盘时，不要太过用力敲击，防止按键的机械部件受损而失效。更换键盘时，必须在切断计算机电源的情况下进行，有的键盘壳有塑料倒钩，拆卸时需要格外留神。

2. 如何清洁键盘

大部用户所使用的键盘是无法防水和防灰尘的，所以很容易使键盘的按键失灵。这时该怎么办？下面以最常见的电触点按键键盘为例，介绍键盘的拆卸、清洁，再到安装的全过程。

（1）拔出键盘接头。关闭计算机的电源，然后将键盘接头（一般 PS/2 接口的键盘接头是紫色的）从主机上拔出。将键盘翻转一面，轻轻地拍打，以便灰尘和碎屑能够自动落下。

（2）拆卸键盘外壳。在键盘背面一般都是数量比较多的固定螺丝钉。将十字螺丝刀伸入固定螺丝钉位置，逆时针旋转就可以将螺丝拧开了。再将其他的固定螺丝钉一一拧开，并将螺丝统一放置好。

再将键盘正面朝下，在鼠标后面板的接缝处用平头螺丝刀拨开，就可以比较轻松地将外壳移开，此时就可以看到键盘的内部结构了。

（3）清洁薄膜。打开键盘的后面板时，就能看到嵌在底板上的三层薄膜。三层薄膜分别是下触点层、中间隔离层和上触点层，上、下触点层压制有金属电路连线和与按键相对应的圆形金属触点，中间隔离层是一层透明的薄膜，上有与上、下触点层对应的圆孔。将薄膜从键盘上取出，用干布或刷子轻轻的刷去靠近按键一面的灰尘或污渍，也可以用清水擦拭后再加以风干处理。如果在薄膜的圆形金属触点中，有氧化的现象则需用橡皮进行擦拭。

（4）清洁按键。电触点按键键盘的所有按键都嵌在前面板上，在底板上三层薄膜和前面板按键之间有一层橡胶垫，橡胶垫上凸出部位与嵌在前面板上的按键相对应，按下按键后，橡胶垫垫上相应凸出部位向下凹，使薄膜上、下触点层的圆形金属触点通过中间隔离层的圆孔相接触，从而送出按键信号。

取出按键时要注意，先将橡胶垫取出，然后用螺丝刀或其他起子，将按键从底部上扳开。但需注意，在有些大按键（如：Shift 键、空格键、Enter 键等等）上，还会有一条金属条，这根金属条主要用于固定按键，所以取出这些按键时要小心。按键和橡胶垫全部取出后，就可以用湿布擦拭并加以风干处理。如果按键比较脏也可以加点清洁剂进行擦洗。

（5）清洁键盘内部、外部。先将底座上的电路板取出，再使用刷子或湿布擦拭键盘前面板、后面板、底座。特别是在前面板以及按键的接缝中，聚集的污渍会比较多，用湿布可能不容易清洁干净，建议用清洁剂进行清洗。

（6）安装键盘。将按键、橡胶垫、薄膜、面板全面清洗干净并风干后，就可以进行安装了。首先将按键按照前面拆卸的反方法，全部安装完毕（注意按键的位置要与键盘上的位置相对应，而且方向不可颠倒）。然后将电路板放回底座中，并整理好连线。接着将橡胶垫一一与按键相对应，并放置到位。然后将三层薄膜放在橡胶垫上，并确定是否放置到位，通常在底座上会有一些突出的螺丝孔位置，大家只要将三层薄膜上的圆孔一一对准底座上的螺丝孔位置即可。建议大家在安装橡胶垫与薄膜时，将键盘托起，一来安装上比较容易，二来各部件也能安装到位。最后将后面板盖上，并将所有的螺丝拧紧就完成键盘的拆卸、清洁、安装工作了。

3. 某些字符不能输入

使用键盘进行文字输入，发现有的字符完全不能输入。

若只有某一个键字符不能输入，则可能是该按键失效或焊点虚焊。检查时，按照上面叙述的方法打开键盘，用万用表电阻挡测量接点的通断状态。若键按下时始终不导通，则说明按键簧片疲劳或接触不良，需要修理或更换；若键按下时接点通断正常，说明可能是因虚焊、脱焊或金属孔氧化所致，可沿着印刷线路逐段测量，找出故障进行重焊；若因金属孔氧化而失效，可将氧化层清洗干净，然后重新焊牢；若因金属孔完全脱落而造成断路，可另加焊引线进行连接。

4. 键盘鼠标插反造成开机黑屏

对于某些电脑，键盘和鼠标接口插反，会造成开机后黑屏。

因为目前的电脑主板上，两者的接口都是 PS/2 接口，如果接反了，开机就可能会黑屏，但是不会烧坏设备。可以假设主板平放，则鼠标接口在上，键盘接口在下。如果键盘和鼠标同在一行，就更要注意正确连接了。

只要在关机后，将键盘和鼠标接口调换一下就可以解决。

5. 键盘内部线路故障导致录入错误

录入文字时只按一个键却会同时出现两到三个字母，或某一排键全部都无法输入。

这可能是键盘内部的线路有短路现象。

同时出现几个字母时可以拆开键盘对键盘内部进行清洁；对于一排键无法输出的现象，那是因为键盘中有断路，拆开键盘，找到断路点焊接好即可。

提示!! 平时要注意清理键盘，将键盘反转过来轻轻拍打即可。

6. 个别按键不太灵敏

键盘自检一切正常，个别按键被用力敲，键入的字符完全正常，但轻轻敲击则无反应。

键盘接口和电缆没有问题，这些按键同时失灵往往也不是按键本身的故障，很可能是电路故障造成的。

排除故障时，需要先将键盘拆开，电容式键盘由三层透明塑料膜重叠构成，上下两层分别涂有多条横纵导电条，中间没有涂导电条的薄膜作为隔离层，但在对应键位的地方开有小孔。这样按下某按键时，上下层塑料膜上的导电条在透孔处接触，即可完成该键的输入。此类键盘的灵敏度较高，只要轻触按键即可键入字符。在键盘的右上角有一小块电路板，由一块微处理器和几只电阻、电容及二极管组成。观察个别失灵按键的键位，发现它们处于同一列上，沿着导电层检查，还会发现有断裂处。拆去固定电路板的螺丝，用无水酒精棉球将电路板与导电层接触处擦净，再原样装回。

将键盘插回主机，如果通电检测发现故障依旧，可再重新拆开电路板，仔细检查，发现失灵按键所在列的导电层经接口处由电路板上跳线与微处理器某引脚相连处有虚焊现象，这正是有时重敲按键可以键入字符的缘故。将虚焊点重新焊好，安装完键盘联机加电，故障便可排除。

7. 键盘输入异常

按下一个键产生一连串字符，或按键时字符乱跳。

这种现象是由逻辑电路故障造成的。先选中某一列字符，若是不含回车键的某行某列，有可能产生多个其他字符现象；若是按回车键的一列，将会产生字符乱跳且不能最后进入系统的现象，用示波器检查逻辑电路芯片，找出故障芯片后更换同型号的新芯片，排除故障。

8. 开机时找不到键盘

开机时，显示“Key Board Error”字样，根本无法启动操作系统。

（1）首先检查键盘接口是否有问题。因为它检查起来最方便，不必拆键盘。先将键盘线从机箱上拔下来，然后重新插回，再开机看故障是否消失，这样可排除由于键盘接口接触不良造成的故障。

（2）如果仍有问题，可使用万用表测量机箱上的键盘接口，如果开机时测量到第 1、2、5 芯的某个电压相对于第 4 芯为 0V，说明连接线断了，找到断点重新接好就行了。

（3）如果机箱上的接口没问题，那就得拆开键盘了。注意一下开机时键盘右上角的 NumLock、CapsLock、ScrollLock 三个灯应该同时闪烁一下，如果不闪，则很可能是键盘线与键盘之间的接头出了问题，看看接头是否松动，是，则将其插紧后再开机，如正常则故障排除。否则用万用表测量一下接头各脚电压是否正常，如果机箱上接头的电压正常而此处不正常，则说明键盘线中间有断线，只有换一根线了。

9. 开机提示错误，按 F1 键死机

开机时，显示“KEYBOARD ERROR，PRESS F1 TO RESUME”，按 F1 键后死机。

进行如下处理：

（1）首先检查接口是否有问题。关机后先将键盘线从机箱上拔下来，然后重新插回，再开机看故障是否消失。

（2）如果仍有问题，使用万用表测量机箱上的键盘接口。开机时测量到 1、2、5 芯的电压相对于 4 芯的电压，如果为 0，说明连接线断了。找到断点重新接好就行了。或者直接更换一个新的键盘。

10. 经常使用的按键有时按下后不能回弹

除了可能使用次数过多的缘故，很可能还会是用力过大或每次按下时间过长，造成按键下的弹簧弹性功能消退，无法托起按键所致。

关机后，打开键盘底盘，找到相应按键的弹簧，如果已经老损无法修护，就必须更换新的弹簧；如果不太严重，可以先清洗一下，再摆正位置后，涂少许润滑油脂，改善弹性。

11. 鼠标使用正常，键盘不可用

开机进入 Windows 后鼠标可以使用，但键盘不能使用。

可检查键盘接口是否松动。

（1）使用鼠标软关机 Windows 系统，以防硬关机使系统瘫痪。

（2）关机后，拔出键盘接口一部分再稍用力插回。注意不要用力太大，以免损伤主板上的键盘接口部分。

（3）开机检验。

12. 按下一键后其左右相邻键值也显示

此故障很可能是由于电路板局部线路短路造成的。

（1）打开键盘后盖，检查故障键周围弹簧片是否将电路板表面的绝缘漆磨掉而直接与线路接触，造成某一局部多处短路。

（2）如果是上述原因，可将电路板用无水酒精擦干净，然后用黏性较强的绝缘胶布将磨损处贴上，使弹簧片底部不能直接接触线路，最后重新装好就可以了。

13. 相邻的几个键不能按下

（1）相邻的几个键同时损坏和被污物污染的可能性很小，该故障很可能是由于电路板局部线路断裂造成的。

（2）打开键盘后盖，检查电路板上是否存在某一局部断路，造成相邻的几个键不能正常输出键值。用电烙铁将其焊好，重新装好后就可以使用了。

14. 按下一个键后连续出现多个相同字符

这个故障很可能是由于电路板局部线路短路造成的。

（1）打开键盘后盖，检查键盘电路板的触点处是否有少量金属粉末，这是因为键在被频繁地敲击后，磨损电路板形成少量金属粉末，造成电路板短路。

①如果有，可以用无水酒精把这些金属粉末擦洗干净。

②如果没有，检查是否有细小的金属导体异物掉入键盘内，使触点短路。

（2）打开键盘后盖，仔细清除触点处的导电异物。

5-2 鼠标维护与故障处理

1. 机械鼠标的使用与维护

现在用户使用的多是机械鼠标，但在使用了一段时间后，往往发现它的灵敏度会下降，操作起来没有刚买来时那么方便灵活了。因此，要注意日常的正确使用和维护。

（1）要为鼠标配备一个好的鼠标垫。鼠标垫对鼠标是否好用有相当大的影响，不但可以大大减少灰尘通过滚动球进入鼠标内部的机会，还能增加了滚动球与鼠标垫之间的摩擦力，使操作更加得心应手。注意，华而不实的鼠标垫是不可取的，一定要选择一块表面平整、能对滚动球产生恰如其分的阻力的鼠标垫。

（2）使用时，不可用力击键，以免弹性开关损坏而使控制键失效。不少用户有一个坏毛病：在鼠标使用不顺心时，总是会用力拍打甚至摔打鼠标；这不仅于事无补，反而会加快鼠标零件的损坏，希望能克服这一不良习惯。

（3）定期清洁。机械鼠标在长期使用后，滚动球带入的黏性灰尘会集结在传动轴上，造成传动轴转动不均甚至被卡住，严重影响鼠标的移动灵敏度。因此，每隔一定时间就要对鼠标进行清洁工作。

首先，将鼠标的滚动球取出。这一步非常简单，只需将鼠标翻过来，根据滚动球外盖上的箭头提示，按照正确的方向旋转后外盖就会松开，取出滚动球，并用沾有酒精的药棉清洗晾干。

接着，将鼠标拆开。使用螺丝刀将鼠标背部的固定螺丝拧下，就可以将鼠标解剖开来，其内部结构就呈现在我们面前了。注意，鼠标的保修标签是贴在底部的螺丝上的，对于未过保修服务期限的鼠标来说，拧下螺丝需要撕破保修标签，而使鼠标失去保修服务。

然后，清理灰尘。鼠标内部的灰尘，主要集中在传动轴上，可以看到传动轴上已凝结了厚厚一圈的灰尘，可以先用牙签将传动轴上的污垢刮下来，然后再套上药棉（或者直接用棉签）来进行较为细心的清理；而电路板及其他地方的灰尘，则可以使用小毛刷打扫干净。最后将鼠标装好，这时再使用起来，感觉就不一样了，鼠标又恢复了原来的灵活。

为了保证机械鼠标的正常使用，应该每个月就进行一次清洁，为它保持一个干净的家，让鼠标的移动保持灵敏流畅。

2. 光电鼠标的使用与维护

随着价格的下降，也有越来越多的用户使用光电鼠标，虽然光电鼠标不用担心灰尘的影响，但日常使用时也要注意一些事项。

（1）光电鼠标中的发光二极管、光敏三极管都是怕振动的配件，使用时要注意尽量避免强力拉扯鼠标连线。

（2）使用时要注意保持感光板的清洁和感光状态良好，避免灰尘附着在发光二极管和光敏三极管上，而遮挡光线接收，影响正常的使用。

（3）击下鼠标按键时不要用力过度，并避免摔碰鼠标，以免损坏弹性开关或其他部件。

（4）避免鼠标垫太轻或与桌面之间的摩擦系数太小致使鼠标垫随着鼠标器的移动而移动。

3. 找不到鼠标

系统启动后根本无法识别插好的鼠标或者干脆弹出“没有检测到鼠标”的提示窗口。

（1）鼠标彻底损坏，需要更换新鼠标。

（2）鼠标与主机连接串口或 PS/2 口接触不良，仔细接好线后，重新启动即可。

（3）主板上的串口或 PS/2 口损坏，这种情况很少见，如果是这种情况，只好去更换一个主板或使用多功能卡上的串口。

提示!!

鼠标线路接触不良，这种情况是最常见的。接触不良的点多在鼠标内部的电线与电路板的连接处。故障只要不是在 PS/2 接头处，一般维修起来不难。通常是由于线路比较短，或比较杂乱而导致鼠标线被用力拉扯的缘故。解决方法是将鼠标打开，再使用电烙铁将焊点焊好。还有一种情况就是鼠标线内部接触不良，是由于使用时间长而造成老化引起的，这种故障通常难以查找，更换鼠标是最快的解决方法。

4. 鼠标按键失灵

无论怎样按鼠标的按键，都没反应。

可进行如下处理：

（1）鼠标按键无动作，这可能是因为鼠标按键和电路板上的微动开关距离太远或点击开关经过一段时间的使用而反弹能力下降。拆开鼠标，在鼠标按键的下面粘上一块厚度适中的塑料片，厚度要根据实际需要而确定，处理完毕后即可使用。

（2）鼠标按键无法正常弹起，这可能是因为当按键下方微动开关中的碗形接触片断裂引起的，尤其是塑料簧片长期使用后容易断裂。如果是三键鼠标，那么可以将中间的那一个键拆下来应急。如果是品质好的原装名牌鼠标，则可以焊下，拆开微动开关，细心清洗触点，上一些润滑脂后，装好即可使用。

某新组装的电脑，可以使用串口鼠标，使用 PS/2 鼠标时，系统检测不到鼠标。而该鼠标在其他电脑上可以使用，换别的 PS/2 鼠标也不能使用。

只需将 BIOS 中的 PS/2 鼠标设置为“Enabled”即可解决问题。具体方法：开机时按 Del 键进入主板 SETUP，进入“INTEGRATED PERIPHERALS”，将“PS/2 MOUSE”设置为“Enabled”。

5. Windows XP 中使用鼠标右键引起 CPU 100%占用问题

Windows XP 系统，在资源管理器里面，当用户右键点击一个目录或一个文件，将有可能出现下面所列问题：

任何文件的拷贝操作在那个时间将有可能停止响应。

网络连接速度将显著性的降低。

处理方法：

方法 1：关闭“为菜单和工具提示使用过渡效果”。

（1）单击“开始”→“控制面板”。

（2）在“控制面板”里双击“显示”。

（3）在“显示”属性里点击“外观”标签页。

（4）在“外观”标签页里点击“效果”。

（5）在“效果”对话框里，清除“为菜单和工具提示使用过渡效果”前面的复选框接着点击两次“确定”按钮。

方法 2：在使用鼠标右键点击文件或目录的时候先使用鼠标左键选择目标文件或目录。然后再使用鼠标右键弹出快捷菜单。

6. DOS 下不能使用鼠标

临时使用 DOS 的软件，却无法使用鼠标。

这是由于鼠标在 DOS 下必须启动鼠标驱动程序。流行的比较通用的是 AMOUSE.COM 鼠标驱动程序。但不是所有的鼠标驱动程序都兼容，因此，最好使用鼠标原配的驱动程序。因此，应该先检查驱动程序，查看 AUTOEXEC.BAT 文件中是否有类似 MOUSE 的命令。

在很多电脑上可以找到 AMOUSE.COM 鼠标驱动程序。拷贝过来，DOS 下执行即可。

7. 鼠标只能用一下

某电脑原来使用得很正常，添加了一些新设备后，刚开始启动到 Windows 桌面时还可以使鼠标，然后就无法使用串口鼠标了，键盘此时还可以使用。

查看设备管理器，解决中断冲突。

在“我的电脑”上单击鼠标右键，选择“设备管理器”，检查“鼠标”前或其他选项前，看是否有黄色的符号。一旦发现这样的设备，把它的中断修改成其他的值，避免使用中断 3 或 4。

正常情况下，串口 1 使用中断 4，串口 2 使用中断 3。也可以直接查看中断占用，看什么设备使用了中断 3 或 4。

这是典型的鼠标中断与别的设备冲突的情况。也可以使用另外接口的鼠标。比如，使用串口鼠标出现该故障，就使用 PS/2 鼠标，使用 PS/2 鼠标出现这样的故障就更换串口鼠标。

8. 病毒影响鼠标

开机后 Windows 报告鼠标找不到，但该鼠标在其他的电脑上可以正常使用。

CMOS Destroyed 等病毒会造成鼠标无法检测。主流的杀毒软件都可以检测并消除这类病毒。

用 DOS 版杀毒盘引导系统，然后按提示查杀即可。

9. 光电鼠标为什么乱动

某用户的鼠标有时会不听控制，自己移动鼠标，鼠标就乱动，还左右键乱点。请问为什么？

这种情况一般是鼠标出现了机械故障。更换一个鼠标后故障消失即可确定为鼠标故障。根据光电鼠标的工作原理分析，很可能是鼠标中红外线发射管与栅轮及红外接收管三者之间的相对位置不当，使两个感光管产生的光信号电压正好处于鼠标芯片判别亮暗信号的识别分界线上，这个点非常巧合，即此时鼠标芯片会把暗识别为亮，也可能把亮识别为暗，从而造成信号混乱，使指针满屏乱跑。打开鼠标，适当调整感光管的位置，装好，开机检测，故障排除。

10. 如何解决鼠标失灵问题

鼠标失灵了难道只能换一个新的吗？怎样处理失灵的鼠标？

先列出可能导致鼠标失灵的原因：

（1）时间久了，内部滚轮因积灰尘太多而导致滚动失灵。

（2）由于发光管或光敏三极管的敏感度下降等原因，造成感光不敏感。

（3）按键弹簧失灵。

鉴于以上 3 种情况，维修的方法是：

（1）打开鼠标下部的滚珠盖，取出滚珠，用镊子等钝器轻轻刮除滚轮上的灰尘。

（2）用螺丝刀打开鼠标盒子，可见两组器件，一组专门负责管理横坐标，另一组负责管理纵坐标。用药棉等柔软物沾酒精擦洗齿轮两边的发光管和光敏三极管，并适当调整两管之间的距离，以增强感光敏感度。

（3）用新的按键替换失灵按键。

11. 鼠标 X、Y 轴失灵

某鼠标只能左右移动而不能上下移动了，请问该怎么办呢？

有些鼠标的故障表现为 X 轴或 Y 轴完全失灵，在清洁鼠标球窝后没有明显效果。遇到这种情况需要打开鼠标外壳进一步检查。

提示!! 打开鼠标外壳时不要硬来，注意标签或保修贴下是否有隐藏的螺丝，有些鼠标连接处还会有塑料倒钩，拆卸时要多加小心。

打开鼠标外壳后检查一下有否明显的断线或元件虚焊现象。有的鼠标在打开外壳后故障会自动消除，大多数原因是发光两极管和光敏三极管距离太远，可以用手将收发对管捏紧一些，故障即可排除。

拆卸鼠标最好不要在带电状态下进行，以防静电或误操作损害电脑接口。

12. 鼠标占用了串口

原来串口上有鼠标和 Modem，现在要使用一个串口的绘图仪，无法连接。

使用 PS/2 鼠标或 USB 鼠标，也可换用内置 Modem 或 USB Modem。

USB 鼠标不需要随鼠标的驱动程序。而且可以热插拔，不用关机就可以安装、拆卸。USB 鼠标插入电脑的扁平 USB 接口后，Windows 97/98 会自动检测到该设备。只要按照提示插入系统安装盘即可。

提示!! 改为 PS/2 或 USB 鼠标后，就让出了一个串口，可供绘图仪使用。若电脑上无 PS/2 接口，只能换内置的 Modem。但设置起来比较麻烦，不能使用中断 3 和 4，地址也不能和它们冲突。

13. 唤醒 Windows 时，鼠标不能动

将 Windows 设定为睡眠状态后，再次将它唤醒时，鼠标就不能动。

这是由于使用了“COM Port”鼠标所致，有一些杂牌鼠标的兼容性非

常差，导致 Windows 进入睡眠状态后，再唤醒的时候鼠标不能使用，较简单的解决办法就是更换一个 PS2 鼠标。

14. 鼠标箭头移动困难

开机后鼠标能显示，但移动困难，灵活性明显下降，鼠标指针不像以前那样随心所欲，而是反应迟钝，定位不准确，或干脆不能移动了。这种情况主要是因为鼠标里的机械定位滚动轴上积聚了过多污垢而导致传动失灵，造成滚动不灵活。重点检查鼠标内部的 X 轴和 Y 轴的传动机构。

（1）打开鼠标下面的胶球锁片，将鼠标滚动球卸下来，用干净的布蘸上中性洗涤剂对胶球进行清洗，摩擦轴等可用酒精进行擦洗。

（2）最好在轴心处滴上几滴缝纫机油，但一定要仔细，不要流到摩擦面和码盘栅缝上了。

（3）将一切污垢清除后，鼠标的灵活性就会恢复如初。

5-3　针式打印机维护与故障处理

1. 针式打印机日常维护技巧

相当一部分打印机硬故障和软故障是由于日常维护不当造成的，针式打印机在日常使用时，主要应把握以下维护要领：

（1）保证打印机正常工作的环境。针式打印机工作的正常温度范围是 10～35℃（温度变化会引起电气参数的较大变动），正常湿度范围是 30%～80%，工作环境应保持相当的清洁度，打印机应远离电磁场源和噪音。

（2）打印机必须在干净、无尘的环境中使用，用后盖好罩布。工作台要平稳，不要有震动。要经常用在稀释的中性洗涤剂（尽量不要使用酒精等有机溶剂）中浸泡过的软布擦拭打印机机壳，以保证良好的清洁度；定期用真空吸尘器清除机内的纸屑、灰尘等，用软布擦拭打印头字车导轨并抹适量的润滑油（如缝纫机油、钟表油等），以减少打印头字车的摩擦阻力，防止字车导轨变形，减缓字车电机线圈老化造成电机输出功率下降（打印过程中字车头的初始位置右移不是由于输出下降造成的），同时要注意，在打印机开机过程中，不能用手拨动打印头字车，不要让打印机长时间地连续工作。

（3）注意电源的使用。针式打印机的电源要用 AC220±10%、50Hz 的双相三线制中性电，尤其要保证良好的接地（接地电阻≤4Ω），以防止静电积累和雷击烧坏打印通信口等，并注意插拔信号电缆时，要关掉打印机和主机的电源，避免带电插拔。

（4）不要用手指触摸打印针表面。在打印机使用了一段时间后，用无水酒精将打印头擦洗一下，以保证导向孔畅通无阻。

（5）定期用小刷和吸尘器清理机内的灰尘和纸屑，再用酒精擦洗干净。

（6）打印头的位置要根据纸张的厚薄进行调整，不要离得太近。

（7）如果发现色带有破损，一定要立即更换新的色带。不要使用破旧色带，否则有可能将打印针挂断。

（8）若发现走纸和针头小车运行困难时，不要用手强行移动，要及时查出原因并处理，否则易损坏机械部件和电路。

（9）定期清洗打印头。打印头是打印机的关键部件，因此使用者要加倍爱护。一般说来，打印头每打印 5 万字或使用 3 个月以上就清洗一次，方法是拆下打印头的固定螺钉，取下打印头，将打印头前端 1～2cm 处在 95%无水酒精中浸泡 5 分钟后，再用小毛刷清洗针孔，洗净后取出晾干，重新装上即可。注意调整纸厚调节杆，保持打印针与打印胶辊间的适当距离。

（10）要应尽量减少打印机空转。许多用户在实际工作中，往往打开主机即开打印机，这既浪费了电力又减少了打印机的寿命，故用户最好在需要打印时再打开打印机。

（11）要尽量避免打印蜡纸。因为蜡纸上的石蜡会与打印胶辊上的橡胶发生化学反应，使橡胶膨胀变形。另外石蜡也会进入打印针导孔，易造成断针。同时要注意定期用沾有中性洗涤剂的软布擦洗打印胶辊，以保证胶辊的平滑，延长胶辊和打印头的寿命。

2. 怎样提高针式打印机的打印质量

针式打印机使用过久，总会出现这样或那样的问题，最直接的体现就是打印文稿的质量大受影响，可采取如下措施进行改进：

（1）在打印文稿的正文前加一空行。用针打打印出的文稿的第一行文字往往会出现错位扭曲的现象，而且比其他行同样字体的文字在高度上好像矮了一些。其实，这主要是由于驱动字车的皮带松弛，而且打印机在打印第一行文字前，带动卷辊的电机轴和卷辊轴之间有间隙存在，从而使得电机轴转动时，卷辊并没有同步跟着转相同的角度。在旧打印机上，由于卷辊轴的磨损，这种间隙会更大一些，所以更容易出现这些现象。我们只需在正文前加一空行，就可在打印文字时预先消除这种间隙，从而避免上述问题的发生。当然，也可顺着卷辊转动的方向轻轻地转动卷辊一个小的角度，来排除这种间隙。

（2）将打印机的打印方式设置成单向打印。因为单向打印可有效地消除打印头的空位，使打印机的前后两次打印都能精确在同一横向位置上，这样可以有效避免打印的文字出现错位或表格竖线不齐的现象。最好的办法是利用文字处理软件提供的单向打印功能。

（3）利用打印机断针免修软件。针式打印机打印头磨损后，其打印效果将大大降低，但通常情况下总是中间针号的打印针磨损得厉害一些。因此我们可以先用一些磨损相对较小的针，例如，可用 1~8 号针、17~24 号针进行打印工作，而将其他针置为“断针”状态，这样打印出的字体将非常清晰。一些打印机断针免修软件还可提供“仿激光打印”功能，如能充分利用，打印出的字体将更加漂亮。

（4）换用质量较好的色带。优质色带手感光滑，油墨均匀，不沾手，而劣质色带则手感粗糙，摩擦力大。逆向打印时打印头与色带作相对运动，打印针极易被粗糙的带面别住而使打印头无法正确到位。同时，色带使用时间不宜过长，表面起毛后就不要再使用。

（5）定期清洗打印头和给导杆加仪表油。打印头由于长期使用，使得一些油污沾在打印头出针孔附近，影响打印头的出针，因此应定期地清洗打印头。同时打印头运行导轨也应保持润滑，否则造成打印头运行速度跟不上，造成文字扭曲、对不齐的问题。

（6）调整好打印头和卷辐之间的距离。调整好打印头和卷辊之间的距离非常重要。通常新购置的打印机可按说明书上的要求调整杆位置即可。当打印针磨损后，由于打印针相对短了一些，可将调整杆向前调整一个位置，使打印头和卷辊之间的距离相对较近一些。但应注意打印头和卷辊之间的距离也不可过小，否则由于打印针的击打力过大，将导致打印针磨损过快或打印针断针弯曲的现象，过大也会由于色带挂针而引起断针或挂断色带的现象，通常可以采用新购置的色带作为测试标准，当打印的字迹足够清晰时，以打印头和卷辊之间的距离最大为原则。

3. 打印机无法响应

通过软件向针式打印机发出打印命令后，打印机根本无任何响应。

（1）首先检查一下打印机当前是否已经被设置为“暂停打印”，如果是的话，无论怎样向打印机发送打印命令，打印机肯定不会接受打印命令的，要想让打印机能接受用户的响应的话，可以取消“暂停打印”这个设置；在取消这个设置时，大家可以先打开打印机操作窗口，然后用鼠标右键单击当前系统中安装的打印机的程序图标，从弹出的快捷菜单中，大家就可以看到“暂停打印”命令项前面有一个勾号，只要再用鼠标单击一下该命令选项，就能取消“暂停打印”这个设置了。

（2）检查一下与电脑连接的打印机是否已经被设置为默认的打印机，由于在许多 Windows 程序中，单击“打印”命令时，程序会将当前打开的页面内容传送到默认的打印机上，如果大家使用的打印机事先没有被设置为默认打印机的话，那么打印内容就无法传送到当前安装的打印机上，文档自然也就无法打印了。

（3）检查打印机是否已经处于联机状态，如果打印机还没有联机的话，打印机自然是无法工作的。要让打印机处于联机状态的话，必须确保打印机的电源已经接通，打印机的电源开关必须打开，打印机的纸张必须正确放置好，打印机中的色带必须有效，以及确保当前打印机没有出现卡纸现象。

（4）检查一下当前程序到底要使用打印机的哪个端口，检查时可以在 Windows 系统桌面上，先依次单击“开始”|“设置”|“控制面板”|“打印机”，然后在打开的打印机窗口中，找到对应的打印机图标，并用鼠标右键单击它，然后选择快捷菜单中的“属性”命令，在弹出的打印机属性对话框中，单击“详细资料”标签，在该标签页面下的“打印到以下端口”设置项中，检查打印机是否已经被设置到适当的打印端口。

（5）确保应用程序在输出打印内容时要正确，不然应用程序输出时，就会导致输出内容无法打印。在检查应用程序输出到底是否正确时，可以采用通过其他程序打印文档的方法来进行验证，最简单的方法就是通过“记事本”程序来打印测试文档，测试时可以按照如下步骤来进行操作：首先打开记事本程序窗口，在窗口中打开已经存在的任意一个文本文件或者自行在程序窗口输入几行测试内容，然后单击该程序菜单栏中的“打印”命令，如果打印机能正常工作，那么用户原来使用的应用程序肯定在输出时有问题，大家可以试着重新安装一下该使用程序。

（6）试着重新启动打印机。如果与打印机相连的电脑配置比较低，那么在某个时刻向打印机发送的打印内容很多的话，打印机中的内存或者电脑中的内存就会来不及处理这些众多的打印任务，此时打印机表现出来的现象就是对任何打印任务都不响应。如果大家能够重新启动一下打印机或者电脑的话，那么堵塞在打印机内存中的打印任务就会被清除，说不定打印机遇到的其他打印故障在打印机重新启动后都可能消失。

（7）检查一下打印机是否已经进行了超时设置，一旦设置的话，打印机在接受打印命令后，不会直接将输出内容打印出来，而是在指定的时间才能进入联机状态，进行打印动作。检查超时设置时，大家只要按照上面的操作方法，打开打印机属性窗口，然后单击该窗口中的“详细资料”标签，在这个标签页面下，大家可以增加各项“超时设置”值，当然“超时设置”值是不能用于网络打印中的。

（8）进行了上面的检查和验证后，如果打印机还没有任何响应的话，大家要试着重新安装打印机驱动程序，因为打印机驱动程序一旦损坏，就可能出现文档无法打印的现象。

4. 打印机“嘎、嘎”响并报警，显示无法联机打印

这与使用环境和日常的维护有着很大的关系。如果使用的环境差，灰尘多，就较易出现该故障。因为灰尘积在打印头移动的轴上，和润滑油混在一起，越积越多，形成较大阻力，使打印头无法顺利移动，导致无法联机打印。所以只要关掉电源，用软纸把轴擦干净，再滴上缝纫机油后，反复移动打印头把脏东西都洗出擦净，最后在干净的轴上滴上机油，移动打印头使分布均匀，开机即可正常工作。

5. 打印字样出错

如果在打印的时候，遇到字符重叠，打印不完整，文本扭曲，可尝试使用以下方式修复：

（1）去除软件操作不当导致的失误，检查文件，找到制作时的排列问题。

（2）重新安装打印机的驱动程序，修复资料传输的错误。

（3）重新安装打印字库，常见于磁盘簇丢失造成的文件损坏。

（4）重新启动打印机，清除所有打印任务，防止打印中断电造成的缓存资料出错。

（5）把打印设置为缺省值，避免纸张、边界设置错误而导致的文本不完整。

6. 如何对付经常卡纸

除非打印机的纸张传送机械出了问题，光滑整齐的打印纸，放上打

印机是绝对不会出现卡纸现象的。打印之前，不要放太多纸张在打印机上，而且用调节器固定纸张宽度，就能减少卡纸的几率。一旦遇上卡纸，立即关闭打印机，打开前面板，缓慢取出打印纸，千万不要带电强行拉扯。

7. 自检正常，不能联机打印

打印机自检正常，但却不能联机打印。

接口集成块有问题。打印机自检正常，不能联机打印，接口集成块 M54610P（5A）损坏，换之故障即可排除。

8. 打印头不复位

开机后，电源指示灯亮，其他指示灯随机亮，打印头不复位。

开机后打印头不复位，说明打印机没有初始化。

拆下机盖，开机后用手触摸 7810（7B）是否烫手，如有明显过热现象，则说明（7B）损坏，换之故障即可排除。

9. 打印字符不清晰

打印字符不清晰，色带不转动。

齿轮组齿轮有问题，需清理。

色带不转动，检查色带驱动齿轮组发现齿轮组齿轮有问题。拆下齿轮组对其进行清理，将其中两个完全相同的齿轮进行交换使用，即可排除此故障。

10. 打印出的字符缺点少横

打印出的字符缺点少横，并且机壳导电。

这是由于打印机打印头扁平数据线磨损造成的。打印机打印头扁平数据线磨损较小时，可能打印出的字符缺点少横，会误以为打印头断针。当磨损较多时，就会在磨损部分遇机壳时“吱、吱”导电。引起该故障的原因，一般是色带框破旧，卡不牢下陷，或卡打印头扁平数据线的卡子丢失，扁平数据线浮高起来了，二者相摩擦，日久磨损越来越多。解决办法很简单，更换扁平数据线即可。

11. 打印机不走纸

打印机不走纸，原因可能是走纸电机损坏，也可能是驱动走纸电机的大功率三极管烧毁。

引起故障的主要原因是：有些用户使用打印机，在需要调节打印纸时，带电转动卷轴旋钮，引起过载损坏打印机，更换即可。

12. 打印很多页后，打印头停在某个位置不动

很可能是打印头过热造成的。针式打印机打印时打印头的温度较高。打印头上的热敏电阻监控打印头的温度，当温度达到限制值时，控制电路会使打印机暂停下来散热，温度下降后又会继续工作。

不要让打印机工作在过高的温度环境中，打印机在使用中要保证良好的通风。当打印的文件较大或者打印内容较复杂造成打印针出针频率增加时，应尽量使用较低的打印分辨率，减慢打印头温度升高的速度。

13. 新换的色带，打印的效果却不清楚

由于针式打印机要打印可拷贝的纸张，纸张的厚度范围较大。打印机通过纸厚控制杆控制打印头和打印纸张之间的距离，从而达到控制打印针击打力度的效果。如果距离调节得过大，击打力度小，打印的效果就较浅。如果距离调节得过小，容易使打印针断针或者造成打印针的磨损加快。

根据打印纸张的厚度，严格按照打印机说明书的要求，通过调整打印头到字辊间的距离来调节打印机的击打力度。不仅可以保证满意的打印效果，还能延长打印机的使用寿命。

14. 打印的文字缺笔画

可能打印头断针了，打印头由打印针、线圈和骨架构成，每一个线圈对应一根针。打印时，打印信号被转换成头驱动电压传至打印头上，线圈通电产生磁性，吸引打印针冲出打印头击打色带和纸，在纸上打出一个。有的打印针在打印时断针，造成有的点没有打印出来，这时候文字就缺笔画了。

预防：不要使用质量较差的色带和纸张，不要打印蜡纸。

维修：先确定打印头哪部分发生故障再更换针或线圈。一般情况下断

针数量少的可以进行维修，断针数量多或磨损严重的应更换打印头。

15. 打印蜡纸时针式打印机容易断针

蜡纸的表面有一层蜡，打印机工作时打印头的温度很高，打印针接触蜡纸易使表面的蜡熔化，其中一部分蜡附着在打印针上并被带进打印头内，打印头停止工作后，温度下降，这部分蜡凝固在打印头里，当打印针再次工作时非常容易造成断针。

最好不要使用蜡纸打印。实在不行，可以在蜡纸的打印表面覆盖一层普通纸，避免打印针与蜡纸直接接触。

16. 经常乱走纸

打印机在打印时，纸张的状态要靠纸张传感器探测。有的打印机的传感器是光电式的，当打印纸进入特定的位置，遮住了光电传感器的表面，传感器就探测到纸张的存在了；有的打印机的传感器是触摸式的，纸张压在传感器表面，传感器就探测到纸张的存在了。如果测纸传感器的工作状态不能实际反映纸张状态，就会造成打印机的乱走纸。

打印机要放置在干净的使用环境中，使用洁净的打印纸，避免灰尘或污垢覆盖传感器表面。当然，如果传感器真的坏了，那也只能维修了。

17. 打印头受阻，然后停下发出长鸣或在原处震动

打印头导轨长时间滑动会变得干涩，打印头移动时就会受阻，到一定程度就会使打印停止，严重时可以烧坏驱动电路。

在打印导轨上涂几滴仪表油，来回移动打印头，使其均匀。重新开机，如果还有此现象，那有可能是驱动电路烧坏，需要拿到维修部了。

18. 针式打印机打印头电缆断线

打印头电缆一般都采用塑料柔性带状电缆。这种电缆在使用过程中容易产生折痕：一种是插在打印头插座一端的电缆，随着打印头的插拔次数增多，在折痕处就会发生断裂（修理时需将打印头拆下）；另一种是随着打印时间的增加，打印电缆的中间部分很容易在字车移动过程中被磨损或产生折痕。若将电缆上的绝缘层磨掉，会使打印针驱动信号与打印机机架短路，导致打印机主控电路故障；若打印电缆折痕处断裂则会

使打印针驱动信号开路，引起对应的打印针不出针打印，致使打印字符或汉字出现缺漏。

（1）电缆的这两种故障可以用万用表检查。方法是将万用表的两根表笔分别搭在电缆两端的对应线上，量其电阻是否为零，必要时还要在折痕处做弯曲试验，观察万用表上的阻值有无变化。在确诊有断线后，用相同机型的打印头电缆更换即可。切记电缆的断裂处不能用焊接的方法处理，因为这样会在使用过程中出现信号短路无法处理，严重时将导致信号对地短路，引起打印机的主控电路产生故障。

（2）在打印头电缆出现折痕，但未折断时，可采取预防措施，避免信号线折断。其方法是：先截一段长约 1.5cm 的粘胶带，随后将一条长约 0.5cm、宽度与粘胶带宽度相同的薄纸片贴到胶带的中部，以避免胶带中部与电缆粘在一起。然后使电缆在折痕处微微向外弯曲，让纸片对正折痕，将胶带贴到电缆上。这样，胶带片产生的拉力就会始终迫使电缆在折痕处微微向外弯曲，从而使电缆在折痕处产生一个向外的合适张力，能够可靠地避免打印头在打印过程中向右运动致使电缆在折痕处产生折卷，防止打印头电缆中信号线的折断。

19. 打印时出现无规律的虚横线

爱普生 LQ1600KIII+打印机在打印文字时总有一行或两行缺线的情况，表面上看就好像是断针似的。即使是新买的打印机也有这种情况。

这是 KIII + 打印机的通病，和 KIII 一样老是跳行，只要把纸厚调节杆调在 0~1 之间就可以了。

5-4　激光打印机维护与故障处理

1. 激光打印机日常维护技巧

如何在日常使用中维护激光打印机?

清洗激光打印机之前，应关闭打印机电源，切断与 PC 的连接电缆，等打印机冷却后方可进行。先用不起毛的干净软布擦拭打印机外壳上的浮尘、纸屑，如有油垢，应用无水酒精擦拭。然后取下上盖板、感光鼓和碳粉盒等部件，用软布擦去机器内部的纸屑和灰尘。

对于打印机机械运动部件的油垢可用汽油擦除，但不能让汽油触及塑料部件，以防老化。用汽油擦拭后，还应涂一层硅油，以保证机械部件润湿良好。但时间长了，润滑效果会下降，因此应适当补充硅油。一般在打印 1 万张或使用半年左右，选用硅油进行清理。

激光打印机的感光鼓、定影鼓在一般情况下不必清洗。在更换碳粉盒或清除夹纸的过程中，不要用手触及感光鼓的表面，对其表面灰尘只能轻轻扫除，如不小心印上手印或油污，应用高级镜头纸蘸无水酒精顺着一个方向擦除。

在打印机的转印辊附近，也可能积累一些碳粉，影响成像质量。可用激光打印机自带的软毛刷，对黑色的转印辊进行清洁。对于静电消除器、送纸导引以及分离爪的清理，仍然可以用软毛刷进行清洁。

清理完毕后，即可重新启动打印机进行自检，如一切正常，再连接打印电缆，使打印机进入正常工作状态。

对于激光打印机的维护，可视情况每隔 2 ~ 4 个月进行一次，若运动部件污垢不明显时，可与润滑工作配合进行。其实只要细心呵护，激光打印机定能让用户感到轻松打印的快捷与便利。

2. 巧妙提高激光打印机的打印效果

激光打印机在长时间地使用后，其内部的硒鼓很容易产生疲劳现象，从而导致硒鼓表面不容易退电，这样就会在打印纸张上产生很深的底色，从而影响激光打印机的输出效果。可以采取如下措施避免硒鼓的疲劳现象，改善激光打印机的输出效果。

（1）一旦发现激光打印机的输出纸张上出现很深的底色时，立即打开激光打印机的外壳，将硒鼓小心从激光打印机中取出来。

（2）细心地拆下硒鼓的外壳，在拆卸的过程中，为防止操作不慎损伤硒鼓的表面，可以找一块软布来将硒鼓的表面包裹住。

（3）将硒鼓的外壳拆下来以后，就立即把硒鼓放置到有阳光的地方，让它接受 1~2 小时的光线照射。

（4）使用小螺丝刀在废墨盒端口处来回划动，将废墨盒中的剩余墨粉倒出来。

（5）将从废墨盒中倒出来的墨粉统一收集起来，并再将它倒入墨粉盒中，以便再次使用。

（6）用细软的棉布将硒鼓的表面和墨粉盒的表面再清洁干净，然后重新将硒鼓安装好。

（7）安装完毕，再次使用激光打印机进行打印时，就会发现原先底色很深的背景没有了，而且输出效果非常好。

3. 打印纸刚进入机内就卡纸

这一般是由搓纸轮磨损打滑使打印纸送不到位引起的，如果磨损不严重，清洗后可排除故障，可能使用一段时间后，又会出现故障，最好更换新的搓纸轮以彻底解决此问题。

4. 打印纸在走纸通道内卡纸

这多半是在第一次卡纸后，错误地清除卡纸，使感应器 PS203 的杠杆不能自动复位或折断引起的。拆开打印机，修复或更换杠杆。

5. 打印纸在定影器内卡纸

这是比较常见的卡纸，也是较难处理的卡纸。这种卡纸多数是由于使用不合乎要求的纸张引起的，如纸张太薄、卷曲、太湿等，此外，由于定影器内有异物堵塞和拆解定影器时定影器压紧盖板的螺丝旋得太紧或太松等都会引起此故障的发生。

（1）在一般情况下，当发现定影器卡纸时，应立即停机，打开前盖板，取出粉盒，如果纸张有一部分尚未卷进定影器或前端有部分纸张已输出定影器，则可松开面板左面的齿轮手柄，使定影器的齿轮与其他齿轮分离，然后用力均匀地拉着露在外面的张纸，将其缓慢拉出。

> **提示!!** 一定要先分离定影器与其他的传动齿轮后再拉纸，拉纸时用力要均匀。否则，就容易将纸张拉断，给故障排除带来困难。

（2）若是整张纸全部卷入定影器中（包卷于定影热辊表面或为手风琴状堵塞于热辊中），不可用利器来刮夹，以免损坏定影热辊。只能将机盖拆开，而后将纸取出。具体方法如下：

①先打开前盖盒，并将其取下（只需将左端插点按进一点即可），取出粉盒，松开盖板的三个螺丝，用小平口螺丝刀轻轻撬开机背上部两个向端孔内的暗卡，取下机背盖板。

②拆下机子顶部的两个机壳固定螺丝，向上提出机壳（机壳底部在右两侧靠前单位也有两个暗卡，将机壳固定于底座上，提出机壳时应先拉出

这两个暗卡）。

③取下机子右边定影器护罩上边的挡片，松开定影器护罩上的两螺丝（这两个螺丝在护罩边上，用于将定影器热辊护罩固定在底板上），取下护罩，即可取出卡在里面的打印纸。

④若纸夹在定影器热辊中，则可再松开定影器上加热器的金属压板的固定螺丝，轻轻向上提起加热辊，取出卡在定影器内部的打印纸。

⑤如若要清洁定影器，则全部松开金属压板的螺丝，将金属压板取下，而后将定影器上的污渍清除干净。

⑥最后按原样将机子复原。

提示！！

上金属压板螺丝时要注意，不可将其上得太紧或太松，以免造成日后工作时走纸不畅，容易卡纸。

6. 打印纸在出纸口位置卡纸

这可能是感应器 PS201 视窗被污染，或错误地清除卡纸操作所引起。打印机在打印的运行过程中，走纸速度与打印纸在通道内的位置，控制得非常严格。如果在一定的时间之内，下一个位置的感应器感应不到打印纸的存在，马上就会向主处理器 DC 报出未检测到信号，处理器立即发出指令，使主电场停止运转，以保护打印机。同时错误指示灯亮起，提示发生故障。

清除卡纸时，一般要按走纸的方向清除，不能向相反的方向抽拉打印纸，那样会造成感应器杠杆变形、折断，或者使被撕破的纸张留在打印机内部的某一个位置上，使通道堵塞。如果发生此类故障，只能拆开打印机清除卡纸，以彻底排除故障。

提示！！

一定不要用夹子之类的工具去拉取纸张，以免划伤精密部件的表面。取出被卡纸张后，或许会附带散落出一些墨粉，此时最好使用微型吸尘器将其吸取干净。

7. 如何预防卡纸

（1）散开纸张。从纸包中取出一叠纸张装入打印机的纸盒之前，应用手握住纸的两端，正反弯曲几遍，并分别只握住一端抖动几下，目的是使纸张页与页之间散开，减少“夹带纸”以及随后的卡纸现象。整理齐后再将纸放入纸盒中使用。

（2）纸盒不要太满。纸盒装得太满也会引起“夹带纸”现象，纸张导引槽也不要卡得太紧，否则也会引起卡纸。

（3）使用适宜的纸张。优质复印纸无疑是适合激光打印机使用的。不是激光打印机专用胶片或棉织物纸张，不要在激光打印机中使用，否则承受不了高温会引起物理或化学变化，从而污染精密部件。激光打印机使用的纸张必须干燥且不能有静电，否则易卡纸或导致打印文件发黑。对于有些易卡纸的打印机，不要将刚打印过的纸张紧接着又放入进纸槽中供打印，因为纸上还有少量的静电，容易引起卡纸。

（4）厚纸打印。打印厚纸时宜使用手动进纸。

（5）标签纸。尽管激光打印机允许打印标签纸，但是打印标签纸是很容易引起卡纸故障的。为了真正省钱，还是不用激光打印机打印标签为好。

（6）不干胶标签纸。采用手动进纸可以减少不干胶纸被剥离的可能性，更应注意的是应该使用未揭开过的完整的纸张。若为了节省几分钱，而使用已揭开用掉一部分的不干胶纸，让胶黏剂黏附在打印机内部是得不偿失的。

（7）信封。信封打印时容易被黏住，解决这个问题的办法不多，最重要的一条是使用高质量的信封。信封上不要有装饰物、透明薄膜窗以及邮票等多余的东西，应注意不要让信封卷曲在纸盒内。

8. 经常进纸多页或夹纸

惠普 6L 激光打印机，在打印过程中经常发生进多页纸或夹纸现象，使打印机工作不正常。

（1）导纸板调得不当。应将纸从进纸盒或单张纸输入槽中取出，把纸对齐，之后重新插入。若系单张纸再重新插入槽中。滑动导纸板，使其挨着进纸盒中纸的两边或单张纸输入槽中纸的边缘，使纸放在中间。导纸板调整应适中，不可过紧或过松。

（2）在单张纸输入槽中添加了多张纸。一次只能在单张纸输入槽中加一张纸。若打印一张以上的同类介质，应使用进纸盒。

（3）进纸盒装得过满。进纸盒能容纳 75g 重的纸 100 张，纸张越重装得越少，或最多容纳 10 个信封，在高湿地区最多为 10 个。若进纸盒装得过满，应适量取出些纸张。

（4）纸张切割质量差并黏在一起。将纸张卷曲成一个颠倒的 U 形，使纸张分开，可减少一次送出多张纸的情况，亦可把纸张转过来，使其另一端先送入打印机。

（5）纸张超出了纸盒或前输出槽的容纳能力。不能在出纸盒中存放超过 100 张的 75g 重的纸。前输出槽的前面不允许堆放多张透明胶片或多张其他介质的纸。

（6）纸张不能满足惠普 6L 激光打印机对打印介质的技术要求。应尽量使用符合要求的纸张，不可使用太薄、太厚、不平整、纸粉过多的劣质纸以及纸张受潮后黏结在一起的废纸。

9. 打不上字符而出现空白纸

用激光打印机打印文稿时，发现无法将字打印在打印纸张上面，出来的是空白纸。

此类故障应重点检查电晕丝是否开路，电晕丝的高压是否偏低或为 0V。对于电晕丝开路故障，拆机可直观检查到，而对于高压不正常故障，只要测量电晕丝端子上的高电压是否正常即可进行判定。

10. 打印品出现横条

打印品出现横条，可能是因为：

（1）显影器周围沾有载体粉尘以及墨粉被感光鼓吸附或洒落在纸上所致。

（2）显影器中搅拌装置运转不良或墨粉受潮结块所致。

（3）反光镜或镜头污染。

进行清洁即可排除故障。

11. 打印品出现纵向黑条

打印品出现纵向黑条，可能是因为：

（1）感光鼓与其他部件接触划伤或者因刮板压力过大而摩擦损伤感光鼓表面。

（2）刮板刃口有缺陷或刃口积粉过多。

（3）显影辊上墨粉分布不均匀，呈条状分布或刮刀下有杂物。

（4）磁辊上沾有条状墨粉结块。

（5）定影器入口堵塞，转印后尚未定影的部分与定影器入口摩擦而损伤图像。

（6）加热辊表面沾有墨粉等污物。

针对上述原因进行相应的处理即可排除故障。

12. 打印品出现纵向白条

打印品出现纵向白条，可能是因为：

（1）感光鼓产生严重划痕造成印不上墨粉。

（2）充电电极丝上有污物造成感光鼓相应部分充不上电而出现白条。

（3）电源电压低造成充电电压不均匀而产生宽窄不一和边缘不清的白条。

（4）转印电极丝局部太脏而无法正常转印。

（5）墨粉少且不均匀或分离爪变形。

针对上述原因进行相应的处理即可排除故障。

13. 打印品出现全白故障

该故障现象涉及光学部分、充电部分和机械部分，可能是因为：

（1）激光器或激光器控制电路损坏。

（2）光学系统被异物遮挡、反光镜角度不对、反光镜损坏或太脏、反光表面老化。

（3）扫描驱动电路故障，即无扫描。

（4）充电电极损坏、充电电极连线断开、转印电极接触不良或电极丝断。

（5）传动齿轮轴转，而轮子不转，致使感光鼓不转。

针对上述原因进行相应的处理即可排除故障。

14. 打印图像脏

有规则的图像污染，常出现在打印品某一部位，与打印机的部件污染损坏对应。无规则的图像污染则往往是不规则污染所致。

打印图像脏，可能是因为：

（1）感光鼓表面污染或划伤。

（2）显影部分：显影辊上沾有固化墨粉块，造成该处吸附能力加强。

（3）其他部分：感光鼓清扫装置损坏，尤其是清扫刮板位置不平衡或有缺口。

（4）转印电极或充电电极左右不均匀，造成左右深浅不均的带状污染。

（5）加热辊表面橡胶老化脱落或有划伤；定影辊的清扫刷缺损，导致加热辊局部沾上污物。

（6）定影器的热敏电阻开关和热敏电阻传感器的表面吸附灰尘结块，致使摩擦增大，测量温度不准确，损坏上加热辊和热敏电阻传感器。

（7）搓纸轮被墨粉污染而造成打印图像脏。

针对上述原因进行相应的处理即可排除故障。

15. 打印品黑色图像上出现有规律或无规律的白斑

可能是因为：

（1）感光鼓因感光层剥落、划伤等而造成黑色部分出现有规律的白色斑点。

（2）显影偏压过高或墨粉中含杂质。

（3）清扫转印电极丝故障。

（4）充电电压过高，放电时打火，击穿或半击穿感光鼓，产生细密白点。

针对上述原因，采取相应的处理即可排除故障。

16. 打印品背面污染

打印品背面污染，可能是因为：

（1）显影器或清扫器中墨粉漏出，洒在出纸路上致使背面污染。

（2）加热辊不洁净，使墨粉沾在压力辊上，致使纸背面污染。

针对上述原因进行相应的处理即可排除故障。

17. 打印品定影不足

打印品定影不足，可能是因为：

（1）定影灯管损坏或接触不良，加热丝短路，造成无定影温度或定影温度过低。

（2）定影加热辊磨损，表面出现坑凹，出现局部定影不良。

针对上述原因进行相应的处理即可排除故障。

18. 打印品字迹偏淡

墨粉盒内的墨粉较少、显影辊的显影电压偏低和墨粉未被极化带电而无法转移到感光鼓上，都会造成打印字迹偏淡现象。此外，有些打印机的墨粉盒下方有一组感光开关 用来调节激光的强度，使其与墨粉的感光灵敏度很好匹配。如果这些开关设置不正确，也会造成打印字迹偏淡。

19. 打印页面上出现无规律的空白圆点

激光打印机在打印出的页面上出现无规律的空白圆点，其原因和解决方法如下：

（1）纸张性能不好。应更换激光打印机要求的纸张规格。

（2）纸张表面有潮湿点。当纸张表面上有潮湿点时，则潮湿点处不能接受墨粉，应使用无潮湿点的干燥纸。

（3）转印电极丝脏污。当转印电极丝脏污时，转印的高压明显降低，不能正常转印。应将转印电极丝及其周围区域清洁干净。

20. 打印的纸样左边或右边变黑

激光打印机打印的纸样左边或右边变黑，其原因和解决方法如下：

（1）激光束扫描到正常范围以外。应适当调整多面转镜，使激光束扫描至硒鼓的正常范围。

（2）硒鼓上方的反射镜位置改变。将反射镜调至正确位置。

（3）墨粉盒失效或盒内已无墨粉。重新装墨粉或更换新的墨粉盒。

（4）墨粉盒内的墨粉集中在盒内的某一边，取下墨粉盒，轻轻摇动，使盒内的墨粉均匀。

视其具体情况，经上述处理，打印纸样左边或右边变黑的故障即可排除。

21. 打印品随机出现黑点

若激光束被随机地点亮和断开，就会打印出随机的黑点。这可能是由于打印机控制电路故障引起，但有时也可能是主机故障而引起。可以用自检打印来判断故障源。

（1）有规律地出现在印品的某个部位。若污点有规律，引起的原因有以下几种：

①感光鼓表面划伤，或有污染。

②在显影辊上沾上了固化的墨粉块，使该处附着能力加强。

③感光鼓的清洁刮刀损坏。

④转印电极丝充电电晕电极左右不均匀、造成左右深浅不一。

⑤定影辊上有划痕，或定影辊表面橡胶老化。

⑥定影辊的清扫器缺损。

⑦定影器中热敏电阻损坏等。

（2）无规律地出现在打印品上。若打印品上污点无规律的出现，则是搓纸轮被墨粉污染所致。

22. 印品上会重复出现一些印迹

一张纸通过打印机时，机内的 12 种轧辊转过不止一圈。最大的感光鼓转过 2~3 圈，送纸轧辊可转过十多圈，当纸上出现间隔相等的记号时，可能是由脏污或损坏的轧辊引起的。假设某一轧辊上沾有污点，当其转动时，每当污点与纸接触时，就留下一个印记。

如印记相距较近. 可能是小轧辊形成的，若相距较远，就应检查大一些的轧辊。

测出印迹之间的距离，再用下式算出导印迹的轧辊直径：

轧辊直径 = 印迹距离 / 3.1416

对于惠普系列打印机，感光鼓直径约为 91mm（3.75in），显影辊为 51mm（2in），定影辊为 76mm（3in）。如果根据印迹距离算出辊径为 91mm（3.75in），就应首先检查感光鼓。

23. 激光打印机输出纸张整体发黑

某激光打印机，更换了一个兼容硒鼓后，打印出来的纸张整体发黑，白纸几乎变成了灰纸。

如果打印纸整体发黑，则说明激光打印机的激光扫描和显影系统出现了问题，新换的硒鼓很可能是通过手工灌粉或者经过维修的产品。

更换一个原装硒鼓后，故障消失。

24. 定影过度

激光定影过度时，打印品图像的线条将变粗，分辨力下降，纸张会发黄、变脆。

定影过度的原因有以下点：

（1）散热器件或冷却风扇损坏，使打印机内温度上升。

（2）热敏电阻距定影辊太远，对机内温度上升不敏感。

（3）控制电路发生故障，使得定影温度过高。

（4）电源电压波动大，影响定影效果。

（5）用纸太薄，耐受不了定影器的高温。

25. 打印文稿出现类似空心字的模糊字迹

打印文稿出现类似空心字的模糊字迹的原因一般为：

（1）汉字字体设置被修改。

（2）墨粉盒内的墨粉量不足。

（3）打印机本身有故障。

（4）所用系统被感染了病毒。

针对上述故障现象可做如下处理：

（1）进入所使用的文稿处理系统，检查文件字体设置正确否，经检查文件字体设置正确。

（2）进行打印自测样张检查，自测样张正常，说明墨粉盒的墨粉量充足，打印机本身工作基本正常。

（3 用病毒查杀软件如瑞星杀毒软件 2003 对系统进行查杀病毒处理。

（4）如果故障不变，则重新安装文稿处理系统。

（5）试机，如果故障依旧，说明激光打印机电缆有断线故障，找一条 37 针的同型号电缆替换后，故障排除，证实打印电缆有断线故障。拆开该打印机电缆线，用万用表逐一测试，发现与计算机相连的一根连至 9 针插头上的电缆线脱落，将其重新焊牢后换上，打印输出的文稿恢复正常。

26. 打印 A3 文件时总打印半页

某惠普 5000LE 激光打印机，在打印 A3 页面的文件，同时使用 A3 纸张时，打印出的文件总是只有一半大小，另一半为空白。

经检查，发现打印机液晶屏里的纸张类型设置错误，两个纸盒都设置为 A4 纸，没有设置 A3 纸张。更改设置，打印恢复正常。

27. 条码打印机打印一张后连续走纸

某爱普生条码打印机在更换了新的纸张后，就出现只打印一页就开始连续走纸，然后报错，停止打印的现象。

经检查，发现是纸张安装错误，没有放置到纸张传感器的上面，使得传感器无法检测到纸张，也就无法实现定位，从而在一定延时后，打印机报错，出现连续走纸的故障。重新将纸张安装好后，打印恢复正常。

28. 打印机不进纸，故障灯亮

某惠普 6L 打印机，在接受打印命令后，打印机不进纸，故障灯亮。

惠普 6L 打印机的搓纸轮，是一个凸轮状橡胶轮。凸面上有许多与纸相平行的波纹，以增加摩擦力，打印机接受到打印命令后，主处理器 DC 发出驱动信号（此时，在打印机上有纸张，则“准备好”灯亮），电磁离合器吸合，释放搓纸轮定位凸轮。主电机转动，带动搓纸轮转动 1 周，将 1 张打印纸送入进纸轮位置，这个过程大约需 2.5 秒完成。

（1）如果搓纸轮打滑，在 2.5 秒之内不能完成，通道中进纸轮下部的纸感应（PS203）感应不到纸张的存在，就向处理器报错，主电机就停止转动，错误灯亮。清洁搓纸轮可排除此故障。若搓纸轮打滑严重时，应更换搓纸轮。

（2）如果搓纸轮电磁离合器无动作，不能释放搓纸轮定位凸轮，使打印纸无法送入。检查电磁离合器吸合衔铁吸合困难，清洁衔铁后故障即可排除。当打印机装入纸张时，纸张感应器（PS202）由于纸张的自身重力作用撞开感应器杠杆，“准备好”灯应该亮起。如果不亮，可能是纸张感应器视窗污染。另外，中间进纸感应器（PS203）感应不到纸张也会报错误信号，错误指示灯亮。一般情况下，由于惠普 6L 机型打印机采用上进纸的工作方式，纸末不可避免地要掉到打印机内部，时间久了，纸感应器透视窗会堵塞，感应信号不能正常传递，打印机无法正常工作，这时应清洁光电感应器，即可排除故障。

29. 打印的纸样上出现不规则的划痕

当激光打印机打印时，在字样上出现不规则的划痕，或深或浅并带有一定的周期性，如十几厘米重复一次，其主要原因是由于粉盒内的感光鼓被磨损造成的。此时，应更换新的感光鼓，其故障便自然消失。在激光打印机使用过程中，拆装感光鼓时要避光，不能随意触碰感光鼓，也不能随便清洁感光鼓。如果非清洁感光鼓不可时，也只能用镜头纸或不起毛、柔软的布沾墨粉轻拭，切忌把感光鼓擦伤划坏。感光鼓是激光打印机中的易损部件，存放取拿都必须异常小心。

5-5 喷墨打印机维护与故障处理

1. 喷墨打印机日常维护技巧

购买了喷墨打印机的用户，都希望打印机工作稳定，花在耗材上的费用越少越好。只要掌握正确的使用方法，养成良好的使用习惯，我们完全可以善用好自己的打印机。

（1）养成关机好习惯。喷墨打印机的面板一般都很简洁，通常只设置一两个按钮，有些甚至没有。这些按钮的功能无非是开关电源或启动打印自检步骤（也有部分家用喷墨打印机设置有三个以上按钮，能提供更多的功能）。使用时间一长，许多用户开始偷懒，经常懒得按电源按钮关闭打印机，不是直接拔掉电源插头，就是关断插线板开关。殊不知，这样做往往有害无益，我们在正常关机后机器会自动将打印头复位，同时为墨盒戴上"帽子"，防止墨水蒸发损失。而采用拔电源插头之类的"强行"关机方式，打印头往往来不及复位，顶端也无法盖住墨盒。因此极易造成打印头定位故障，墨水也很容易挥发损失，变黏稠的墨水还可能堵塞打印喷嘴。其结果必然是墨盒寿命减短，打印机出故障的机会更多。所以，我们一定要养成正确的关机习惯。

（2）不用劣质打印纸。许多时候出于成本考虑，在打印时一般都不会选用价格昂贵的专用喷墨打印纸，而通常使用复印纸来代替。这样做未尝不可，但一定要选用质量过关的复印纸，纸质应细密，光洁度要高，不要带有太多的纸粉。其中，劣质复印纸因其纸质疏松、表面粗糙，会对打印头磨损严重，从而减少打印机的使用寿命。

（3）存放墨盒小窍门。在喷墨打印机中，墨盒应算是其中最主要的耗材了，我们要想降低打印成本，必然要打墨盒的主意。由于大部分的用户平常不经常使用打印机，并且一次打印的量也不多，因此家用打印机总是使用一阵子，然后又闲置一阵子。我们如何有效保存已开封的墨盒呢？是随随便便找个地方就放，还是给墨盒找个安稳的"家"？两种做法，其效果却相差很大。我们在拆开新墨盒的外包装时，请小心地拆开塑料封盖，保持墨盒外包装的完整（这里的外包装，指的是与墨盒"贴身"的硬塑料护壳，可不是最外层的纸盒子）。这样，等到墨盒暂时不用时，我们就把它放回塑料盒中，并将已掀开的塑料封盖用双面胶带紧密黏合，以确保墨盒与外界隔绝。笔者采用此方式，曾成功地将一只开封后的墨盒安然保存了一年之久。

（4）打印机夹纸不要急。喷墨打印机基本上都采用直接进纸通道，即从顶端进纸，打印纸几乎不用弯曲，就直接从下方送出来，因此夹纸的现象大为减少。但是，那些采用打印纸在打印机里“翻个身”式设计的打印机，则相对容易出现卡纸的现象。另外，由于静电吸附造成多张打印纸裹挟进纸（这在气候干燥时很常见），或打印纸张不平有所翘曲时，都有可能在各种喷墨打印机中出现夹纸现象。遇到这种情况，用户一定不要心浮气躁，鲁莽地揪扯被夹住的纸张，这样做有可能损伤那些细小的塑料输送齿轮，使得打印机出现进纸故障。正确的做法是先关掉电源，拔去电源插头，再打开打印机前盖，必要时拿掉墨盒，拉着打印纸顺着齿轮输送纸张的方向，缓缓加力将纸小心取出即可。为避免出现卡纸的故障，我们应在填装打印纸之前，将纸张多“抖搂”几遍，消除掉静电。

（5）注墨之前多琢磨。墨盒里的墨水用完后，很多用户都会再买瓶新墨水把它重注入墨盒中，再接着使用。但在注墨前，我们应首先清楚几个细节：假如我用的是打印头一体化墨盒，那么不注白不注，反正墨盒也没什么用了，与其扔掉，倒不如再废物利用，就算打印效果不理想，一般也不会对打印机有什么损害；假如用的是打印头与墨盒分体的打印机，那么在重注墨水时，我们最好选择原厂的墨水，因为选用兼容墨水，打印机厂家通常都会取消用户的保修资格，要是不慎弄坏了打印头，就真是因小失大了。

（6）不要频繁清洗打印头。有些型号的喷墨打印机会在驱动软件里提供清洗打印头的选项，可以实现定期清洗、手工清洗或打印前清洗等等操作。虽然清洗打印头之后，打印效果能得到改善，但清洗打印头却是相当费墨。只要注意保养，并养成正确的使用习惯，打印头并不需要经常清洗。我们完全可以将清洗打印头选项设成手工清洗，待发现打印质量下降时再手工执行清洗操作，这样会节约宝贵的墨水。

2. 巧妙节省喷墨打印机墨水

一般情况下，喷墨打印机的打印成本比激光打印机和针式打印机贵很多，所以必须采取切实有效的节约手段，降低打印成本。可采取如下措施，以达到我们的目的：

（1）在适宜的环境下使用喷墨打印机。喷墨打印机如果一段时间不使用，则残留在喷嘴中的墨水就会干涸，从而造成喷嘴堵塞，这种现象在温度较高、湿度较低、灰尘较多的环境里尤为常见。喷嘴堵塞后通常采用打印机随带工具软件进行清洗，而清洗喷嘴是一项非常浪费墨水的操作，所以保持适宜的使用环境就等于节约了墨水。

（2）集中定时打印。上面讲过，喷墨打印机每次打印之后，总会在喷嘴中留下少许墨水，这些墨水会很快干涸。正因为如此，喷墨打印机在每次开机自检时都需要进行充墨，即从墨盒输送到喷嘴中，打印后这里的墨水又会被白白浪费。所以要把平时零散的打印任务集中到一起进行，便可以有效地节约墨水。但是，任务过于集中可能会使打印机存在长时间的间隔，这样又容易发生喷嘴堵塞，所以要有意识地进行定时打印，并且每次打印时，墨水从喷嘴中冲出的同时也进行了清洗，既达到了目的又不会浪费墨水。

提示!!

如果是原装墨水，一般只需一个月使用一次；如果是灌装墨水，缩短时间间隔多打几次也无妨。

3. 打印时墨迹稀少，字迹无法辨认

该故障多数是由于打印机长期未用或其他原因，造成墨水输送系统障碍或喷头堵塞。如果喷头堵塞得不是很厉害，那么直接执行打印机上的清洗操作即可。如果多次清洗后仍没有效果，则可以拿下墨盒（对于墨盒喷嘴非一体的打印机，需要拿下喷嘴，但需要仔细），把喷嘴放在温水中浸泡一会，注意，一定不要把电路板部分也浸在水中，否则后果不堪设想，用吸水纸吸走沾有的水滴，装上后再清洗几次喷嘴就可以了。

4. 更换新墨盒后开机时打印机面板上的“墨尽”灯亮

正常情况下，当墨水已用完时“墨尽”灯才会亮。更换新墨盒后，打印机面板上的“墨尽”灯还亮，发生这种故障，一是有可能墨盒未装好，另一种可能是在关机状态下自行拿下旧墨盒，更换了新的墨盒。因为重新更换墨盒后，打印机将对墨水输送系统进行充墨，而这一过程在关机状态下将无法进行，使得打印机无法检测到重新安装上的墨盒。另外，有些打印机对墨水容量的计量是使用打印机内部的电子计数器来进行计数的（特别是在对彩色墨水使用量的统计上），当该计数器达到一定值时，打印机判断墨水用尽。而在墨盒更换过程中，打印机将对其内部的电子计数器进行复位，从而确认安装了新的墨盒。

打开电源，将打印头移动到墨盒更换位置。将墨盒安装好后，让打印机进行充墨，充墨过程结束后，故障排除。

5. 喷墨打印机打印速度变慢

某彩色喷墨打印机，说明书上说打印黑白文档的速度为每分钟 6 页，但实际打印时基本上是每分钟 2 页。

经过检查，确定打印速度变慢的原因是采用了“精细”打印选项，而且文档中的字体和字号变化很多，这些都会导致打印速度变慢，并不代表打印机出现了故障。说明书上的打印速度是有一定前提条件的，一般是在文字覆盖率约为 5%，基本上没有复杂的版面变化的情况下的速度。如果采用高分辨率、精细模式打印复杂的图像，10 分钟打印一页也不足为怪。

6. 喷头软性堵塞

喷头软性堵塞指的是因种种原因造成墨水在喷头上黏度变大所致的断线故障。一般用原装墨水盒经过多次清洗就可恢复，但这样的方法太浪费墨水。最简单的办法是利用用户手中的空墨盒来进行喷头的清洗。用空墨盒清洗前，先要用针管将墨盒内残余墨水尽量抽出，越干净越好，然后加入清洗液（配件市场有售）。加注清洗液时，应在干净的环境中进行，将加好清洗液的墨盒按打印机正常的操作上机，不断按打印机的清洗键对其进行清洗。利用墨盒内残余墨水与清洗液混合的淡颜色进行打印测试，正常之后换上好墨盒就可以使用了。

7. 打印机不进纸

某喷墨打印机，突然出现了不能进纸的情况。纸张已经放好，但执行打印任务时，纸张不能正常进入打印机内部，过了一会儿系统就报告打印错误，不能正常打印。打开打印机机盖查看，没有发现有被卡的纸张。

这可能是进纸部分的机械出现了问题。关闭电源，打开机盖仔细检查，发现进纸槽的底部有一个别针卡住了进纸辊。取出别针，再次检查确认无其他异物后，安装好打印机并进行打印操作，故障排除。

> **提示!!** 一些喷墨和激光打印机的进纸槽都是开口向上的，而且比较宽大，如果不注意，很容易落入细小的异物。这些异物很容易导致打印机机械故障，轻则导致不能进纸、不能正常打印，重则损坏内部机械部件。

8. 清洗泵嘴出毛病

打印机清洗泵嘴出毛病是较多的，也是造成堵头的主要因素之一。打印机清洗泵嘴对打印机喷头的保护起决定性作用。喷头小车回位后，要由清洗泵嘴对喷头进行弱抽气处理，对喷头进行密封保护。在打印机安装新墨盒或喷嘴有断线时，机器下端的抽吸泵要通过它对喷头进行抽气，此嘴的工作精度越高越好。但在实际使用中，它的性能及气密性会因时间的延长、灰尘及墨水在此嘴的残留凝固物增加而降低。如果使用者不对其经常进行检查或清洗，它会使你的打印机喷头不断出现故障。

将打印机的上盖卸下移开小车，用针管吸入纯净水对其进行冲洗，特别要对嘴内镶嵌的微孔垫片充分清洗。在此要特别提醒用户，清洗此部件时，千万不能用乙醇或甲醇对其进行清洗，这样会造成此组件中镶嵌的微孔垫片溶解变形。需要指出的是，喷墨打印机要尽量远离高温及灰尘的工作环境，只有良好的工作环境才能保证机器长久正常的使用。

9. 喷墨打印机无故打出细黑线

使用喷墨打印机打印文档时，经常在文字的下面打出细黑线，而且黑线的长短不一。

这可能是喷墨打印机的喷嘴或者控制芯片出现了问题，导致墨滴的控制出现错误。经过检查，发现该打印机的喷嘴和控制芯片与墨盒是一体的，更换一个新的墨盒，打印文档进行检查，故障消失。

10. 喷头硬性堵塞

硬性堵塞指的是喷头内有化学凝固物或有杂质造成的堵塞。

此故障的排除比较困难，必须用人工的方法来处理。首先要将喷头卸下来，将喷头浸泡在 A 液中用反抽洗加压进行清洗。洗通之后用纯净水过净清洗液，晾干之后就可以装机了。只要硬物没有对喷头电极造成损坏，清洗后的喷头还是不错的。

11. 墨线正常而打印精度明显变差

喷墨打印机会因使用的次数及时间的延长的导致打印精度逐渐变差。喷墨打印机喷头也是有寿命的。一般一只新喷头从开始使用到寿命完结，如果不出什么故障较顺利的话，也就是 20~40 个墨盒的用量寿命。如果该打印机已使用很久，现在的打印精度变差，可以用更换墨盒的方法来试试，如果换了几个墨盒，其输出打印的结果都一样，那么这台打印机的喷头将要更换了。如果更换墨盒以后有变化，说明可能用户使用的墨盒中有质量较差的非原装墨水。

如果打印机是新的，打印的结果不能令人满意，经常出现打印线段不清晰、文字图形歪斜、文字图形外边界模糊、打印出墨控制同步精度差，这说明用户可能买到的是假墨盒或者使用的墨盒是非原装产品，应当对其立即更换。

12. 行走小车错位碰头

喷墨打印机行走小车的轨道是由两只粉末合金铜套与一根圆钢轴的精密结合来滑动完成的。虽然行走小车上设计安装有一片含油毡垫以补充轴上润滑油，但因我们生活的环境中到处都有灰尘，时间一久，会因空气的氧化，灰尘的破坏使轴表面的润滑油老化而失效，这时如果继续使用打印机，就会因轴与铜套的摩擦力增大而造成小车行走错位，直至碰撞车头造成无法使用。

一旦出现此故障应立即关闭打印机电源，用手将未回位的小车推回停车位。找一小块海绵或毡，放在缝纫机油里浸饱，用镊子夹住在主轴上来回擦。最好是将主轴拆下来，洗净后上油，这样的效果最好。

另一种小车碰头是因为器件损坏所致。打印机小车停车位的上方有一只光电传感器，它是向打印机主板提供打印小车复位信号的重要元件。此元件如果因灰尘太大或损坏，打印机的小车会因找不到回位信号碰到车头，而导致无法使用，一般出此故障时需要更换元件。

13. 打印时断线

打印时断线是常见故障，一般由以下几个原因引起：

（1）新墨盒上机后，基本上只需 1~2 次清洗打印墨线就能正常，一般在使用中不会断线。断线的原因一是使用者在打印前没有将进纸托架设定好，进纸过程中造成轧纸，纸与喷头摩擦后造成断线。此时将进纸托架设定好即可排除故障。

另一类是原装墨水快用完时，没有及时更换新墨盒，而是将打印机放在温度较高的环境下时间较长所致。一般一个墨盒装机之后要在三个月内用完立即更换，如果换上墨盒不经常使用，会因墨盒内进入空气的作用导致气密性能变差，致使墨水在喷头上、墨盒内的黏度变大，从而造成喷墨打印机断线的故障。此时更换墨盒、清洗喷头即可排除故障。

（2）更换其他品牌墨盒常见的问题。更换其他品牌墨盒产生的断线是因为墨盒理化性能未达到爱普生墨盒所要求的参数。我们在更换其他品牌墨盒时，有时可以发现，某些颜色出墨顺利而有些颜色要经过多次清洗后才能出来，浪费了大量的墨水。这是因为这类生产厂家生产的墨盒远远达不到爱普生墨盒的技术要求，使用时最易发生墨水输墨不平衡的问题。

原装墨盒在墨水的化学特性和墨盒的盒体气压压力调节上做了文章，而其他某些品牌的墨盒因不了解其原理，所做出的墨盒差距较大，难以达到出墨流量的平衡。更为严重的是，某些墨盒因海绵的溶出物较多，海绵遇墨膨胀系数过大，出墨口使用的不锈钢超细滤网达不到要求，这种墨盒给打印机造成故障也在情理之中。在这种情况，只有使用原装墨盒才能排除故障。

（3）往墨盒里加墨出现的问题。使用注墨后的墨盒常见故障是：断线、堵头、色度不准。如果注入的墨水的理化性能和原墨盒残留墨水基本相近，那它是完全可以用的。因为我们手工加墨是在空气中常压下完成的，各色注墨量不可能掌握得很一致，加入的墨水分子中会有较多气泡含量，这时你将墨盒装机之后不要急着立即使用，而是要将喷头清洗 1~2 次之后将打印机关掉。要停机 2~6 小时左右再使用，这时墨盒内的墨水会因化学自动排气的作用，已将气泡及空气排到墨盒顶端，再使用时能减少故障。

堵头是注墨以后最容易发生的问题，因为爱普生喷墨打印机的超精细滤网是设计在墨盒出墨口处，而喷头输墨口与墨盒的接口处是没有滤网的。有些用户在墨盒的出墨口处向墨盒内反向注墨，容易造成灰尘及杂质进入输墨口，从而使打印机堵头。

另一种发生的化学性堵头，是因为加注墨水的化学性质与原装墨盒中残留墨水不一样，其不同墨水的化学反应过程较慢，极难用肉眼观察到，如果这种墨水停留在喷头上产生了反应，将会对喷头造成破坏性后果。

补充墨水常见的另一类问题是颜色不准确。彩色材料的生产会因批号不同，出现色差，这也是生产彩色材料最难的一关。爱普生喷墨打印机的补充墨水，一般出现色度偏差时，用户在爱普生喷墨打印机的属性设置中进行调整就可以了，只要可调范围在爱普生软件可设置的范围内就可用。

14. 喷墨打印机打印偏色

有时候，在 Windows 操作系统中，会出现彩色喷墨打印机打印出来的颜色与屏幕显示的颜色不太一致的问题。

这说明打印机出现了偏色现象，造成这种现象的原因主要有两个：

（1）打印软件参数设置不当，请进入打印机控制软件，根据说明书对各项参数进行调整，直到偏色现象消除。

（2）打印机驱动程序版本太低。到打印机生产商的网站上下载这款打印机的最新驱动程序，然后在系统桌面上执行“开始”|“设置”|“打印机”，在“打印机”对话框中选中安装了的打印机，用鼠标右键单击打印机图标，在弹出的右键菜单中选择“属性”按钮，并选择“高级”选项，对其驱动程序进行更新。

15. 堵头与断线的区分

如何判断喷墨打印机是堵头了还是断线了呢？方法如下：

（1）若每次清洗后，图案中缺线位置没有变化，总是在固定的位置缺线，表明是该喷嘴堵住了。

（2）若缺线的位置是变化的，则不是堵头而是断线。在更换墨盒时（或加墨水后）有断线是正常的。一般清洗 1~2 次全好，而且是每次清洗断线都会减少。使用中出现断线，如果越清洗断线越多，则是墨盒中的墨水没有了，这时应立即更换墨盒或填充墨水。

提示!!

两次清洗时间最好间隔 20 分钟以上。

16. 墨水指示灯显示为有墨水，打印时却没有墨水

喷墨打印机控制面板上都有墨水状态指示等，通过该指示灯，用户就能判断打印机中的墨水是否已经用完，以便及时更换墨水。但是，在墨水指示灯显示为仍有墨水的状态下，打印时却没有墨水。

许多人怀疑墨水喷头可能被堵塞了，还有人认为打印机的其他部位可能出现故障了。其实这种假故障的出现与用户的设置有关，一般来说用户在首次使用墨盒时应设置打印机为最省状态。用过的墨盒可以重复利用打印的张数不定，主要看第一次使用时的打印类型，如果你的墨盒第一次装入时设置的是照片纸，实际上只打了几张照片，那么程序往往会多计算一些墨水用量；如果你开始就是设置为最省状态，程序就可能少计算墨水用量而在墨水实际已经耗干的情况下，墨水指示灯仍会显示打印机中的墨水还有余量。

17. 墨盒漏墨

下面的方法或许能帮助用户堵住“漏洞”：

（1）把墨盒放在温水里浸泡十来分钟，再用蒸馏水将其洗净。

（2）用注射器吸入墨水注入墨盒内。注满墨水后，迅速用玻璃胶将注入口堵住，再用插入墨盒，将里面的空气抽出一部分后把注入口封死。

待玻璃胶凝固后，该墨盒就能够与新墨盒一样好使。

18. 打印时自动压缩为原来的 1/4

佳能 4310SP 打印机在打印文档时，自动将文档压缩为原来的 1/4。

佳能打印机的打印机属性设置错误时，就会出现能够打印、但打印出的文件都自动被压缩为正常页面的 1/4 大小。此时将打印机的相关属性恢复为出厂时的初始值即可。

19. 墨盒没安装到位导致无法打印

某新购买的惠普 640 喷墨打印机不能打印。

经检查，发现是由于该打印机的使用者在安装墨盒时，没将墨盒安装到位。重新安装墨盒，试打一张，打印正常。

20. 打印机被设置为“暂停”造成无法打印

某爱普生 710 打印机，当点击打印命令后，系统没有任何提示，打印机也没有任何动作。

检测打印任务栏后发现，每项打印任务的状态是暂停。原来打印机被设置为了“暂停”，取消该设置后，打印恢复正常。

21. 如何处理喷墨打印机计数器故障

某公司使用了 EPSON 公司生产的 A3 幅面的喷墨打印机 EPSON STYLUS COLOR 1520K。某次使用 1520K 开机打印文稿时，打印机突然发出一阵“恐怖”的声音，随后打印机右边面板上的所有红灯全部发亮，打印头无吸墨动作，机器不能打印任何文字与图像，整台打印机陷于瘫痪。

起初估计是墨盒中的墨水用尽，两个墨盒（彩色的与黑白的）虽使用了一段时间，但根据经验，理应还可以再使用一段时间。因为墨盒中的墨水如果用尽，只会有一个或两个灯闪烁，不会全部灯都亮且闪烁。

使用说明书说：指示灯全亮且闪烁是发生未知错误，须关机几秒钟后再开机，如果错误仍存在，最好与供应商或授权维修中心联系。按操作手册进行操作，反复开机关机均是如此。

按一般常识，估计是软件或病毒原因，于是，又是装软件，又是用瑞星、KILL、KV300 检查杀毒，一段时间忙乎后，问题照样没解决。

经过询问 EPSON 特约维修中心，得知 EPSON 打印机内部设有一个计数器，记录墨头吸墨次数。等计数器计到一定数值后，就要清洗吸墨海绵及装用好墨盒，然后将计数器清零即可。经过反复实验，终于找到了将计数器清零的方法：按住 Alt 键、换行/换页键、进纸/退纸键、字体键四键，开机，听到“嘟”一声响后，机器恢复正常工作。

5-6 扫描仪维护与故障处理

扫描仪是一种光机电一体化的产品，用于捕获影像（照片、文字页、图形和插画等），并将之转换为电脑可以揭示、编辑、储存和输入的数位格式，是继键盘和鼠标之后的第三代主要的电脑输入设备。

扫描仪刚投放市场时曾因其过高的价格而使人望而却步，然而随着扫描技术的不断改进和发展，以及扫描仪价格的日趋大众化，扫描仪正逐步成为计算机不可缺少的外设产品之一。作为光学、机械、电子、软件应用等技术紧密结合的高科技产品，它为家庭、办公、娱乐提供了新的方式。

1. 扫描仪的日常维护技巧

有人形象地将扫描仪比喻为计算机的“眼睛”，然而我们怎样才能更好地保护“眼睛”呢？

（1）保护好光学部件。扫描仪在扫描图像的过程中，是通过一个叫光电转换器的部件把模拟信号转换成数字信号，然后再送到计算机中的。这个光电转换设置非常精致，光学镜头或者反射镜头的位置对扫描的质量有很大的影响。因此我们在工作的过程中，不要随便地改动这些光学装置的位置，同时要尽量避免对扫描仪的震动或者倾斜。遇到扫描仪出现故障时，不要擅自拆修，一定要送到厂家或者指定的维修站去；另外，大部分扫描仪，如 Acer 的绿旋风 1200（5100U），都带有安全锁，在运送扫描仪时，一定要把扫描仪背面的安全锁锁上，以避免改变光学配件的位置。

（2）定期做保洁工作。扫描仪可以说是一种比较精致的设备，我们平时一定要认真做好保洁工作。扫描仪中的玻璃平板以及反光镜片、镜头，如果落上灰尘或者其他一些杂质，会使扫描仪的反射光线变弱，从而影响图片的扫描质量。为此，我们一定要在无尘或者灰尘尽量少的环境下使用扫描仪，用完以后，一定要用防尘罩把扫描仪遮盖起来，以防止更多的灰尘来侵袭。当长时间不使用时，我们还要定期地对其进行清洁。

2. 根据需要的效果放置好扫描对象

在实际使用图像的过程中，有时希望能够获得倾斜效果的图像，有很多设计者往往都是通过扫描仪把图像输入到电脑中，然后使用专业的图像软件来进行旋转，以使图像达到旋转效果，殊不知，这种过程是很浪费时间的，根据旋转的角度大小，图像的质量会下降。如果事先就知道图像在页面上是如何放置的，那么使用量角器和原稿底边在滚筒和平台上放置原稿成精确的角度，会得到最高质量的图像，而不必在图像处理软件中再作旋转。

3. 确定合适的扫描方式

使用扫描仪可以扫描图像、文字以及照片等，不同的扫描对象有其不同的扫描方式。打开扫描仪的驱动界面，会发现程序提供了三种扫描选项，其中“黑白”方式适用于白纸黑字的原稿或 OCR 识别；“灰度”则适用于既有图片又有文字的图文混排稿样，扫描该类型兼顾文字和具有多个灰度等级的图片；“照片”适用于扫描彩色照片，它要对红绿蓝三个通道进行多等级的采样和存储。

在扫描之前，一定要先根据被扫描的对象，选择一种合适的扫描方式，才有可能获得较高的扫描效果。

4. 扫描速度过于缓慢

一台并口扫描仪，在扫描照片时速度很慢，要用很长时间才能扫描一张照片。

扫描速度慢的原因主要包括：

（1）设定的扫描分辨率太大，或者使用了某些特效。

（2）电脑的硬件配置较低，例如，内存、硬盘容量偏小。

（3）并口设置不合适。在主板 BIOS 中，将 Integrated Peripherals 中的 Parallel Port Mode 设置为 EPP 1.9 试试。

5. 优化扫描仪分辨率

扫描分辨率越高得到的图像越清晰，但是考虑到如果超过输出设备的分辨率，再清晰的图像也不可能打印出来，仅仅是多占用了磁盘空间，没有实际的价值。因此选择适当的扫描分辨率就很有必要。可以在扫描后按比例缩小大幅图像。例如，以 600dpi 扫描一张 4×4 英寸的图像，在组版程序中将它减为 2×2 英寸，则它的分辨率就是 1200dpi。

6. 提升扫描仪的扫描性能

（1）使扫描图像色域最大化。为充分利用 30 位或 36 位的扫描仪增加色彩范围，应使用扫描仪软件（如 Agfa 的 FotoTune）或其他公司的软件尽量对色彩进行调节。因为 Photoshop 软件仅限 24 位图像，所以我们的图像可能以最宽的色域范围被插入。

（2）优化扫描仪分辨率。扫描分辨率越高得到的图像越清晰，但是考虑到如果超过输出设备的分辨率，再清晰的图像也不可能打印出来，仅仅是多占用了磁盘空间，没有实际的价值。因此选择适当的扫描分辨率就很有必要。例如，准备使用 600dpi 分辨率的打印机输出结果，以 600dpi 扫描。如果可能，在扫描后按比例缩小大幅图像。

（3）确定合适的扫描方式。使用扫描仪可以扫描图像、文字以及照片等，不同的扫描对象有其不同的扫描方式。打开扫描仪的驱动界面，可以看到程序提供了三种扫描选项：黑白、灰度和照片。其中：①“黑白”方式适用于白纸黑字的原稿，扫描仪会按照 1 个位来表示黑与白两种像素，这样会节省磁盘空间。②“灰度”适用于既有图片又有文字的图文混排稿样，扫描该类型兼顾文字和具有多个灰度等级的图片。③“照片”适用于扫描彩色照片，它要对红绿蓝三个通道进行多等级的采样和存储。我们在扫描之前，一定要先根据被扫描的对象，选择一种合适的扫描方式，才有可能获得较高的扫描效果。

（4）设置好扫描参数。扫描仪在预扫描图像时，都是按照系统默认的扫描参数值进行扫描的，对于不同的扫描对象以及不同的扫描方式，效果可能是不一样的。所以，我们为了能获得较高的图像扫描质量，可以用人工的方式来进行调整参数，例如当灰阶和彩色图像的亮度太亮或太暗时，可通过拖动亮度滑动条上的滑块，改变亮度。如果亮度太高，会使图像看上去发白；亮度太低，则太黑。应该在拖动亮度滑块时，使图像的亮度适中。对于其他参数，我们可以按照同样的调整方法来进行局部修改，直到自己的视觉效果满意为止。总之，一幅好的扫描图像不必再用图像处理软件中进行更多的调整，即可满足打印输出，而且最接近印刷质量。

（5）设置好文件的大小 。无论被扫描的对象是文字、图像还是照片，通过扫描仪输出后都是图像，而图像尺寸的大小直接关系到文件容量的大小，因此我们在扫描时应该设置好文件尺寸的大小。通常，扫描仪能够在预览原始稿样时自动计算出文件大小，但了解文件大小的计算方法更有助于用户在管理扫描文件和确定扫描分辨率时作出适当的选择。二值图像文件的计算公式是：水平尺寸 × 垂直尺寸 ×（扫描分辨率）2/8。彩色图像文件的计算公式是：水平尺寸 × 垂直尺寸 ×（扫描分辨率）2 × 3。

（6）存储曲线并装入扫描软件。有时，我们为了得到最好的色彩和扫描对比度，先做低分辨率的扫描，在 Photoshop 中打开它，并用 Photoshop 的曲线功能来作色彩和对比度的改进。存储曲线并装载回扫描软件，该扫描仪现在将使用此色彩纠正曲线来建立更好的高分辨率文件。如果用一类似的色域范围扫描若干个图像，可使用相同的曲线，也可以经常存储曲线，再根据需要装载回它们。

（7）根据需要的效果放置好扫描对象。在实际使用图像的过程中，我们有时希望能够获得斜效果的图像，我们有很多设计者往往都是通过扫描仪把图像输入到电脑中，然后使用专业的图像软件来进行旋转，以使图像达到旋转效果，殊不知，这种过程是很浪费时间的，根据旋转的角度大小，图像的质量会下降。如果我们事先就知道图像在页面上是如何放置的，那么使用量角器和原稿底边在滚筒和平台上放置原稿成精确的角度，会得到最高质量的图像，而不必在图像处理软件中再做旋转。

（8）在玻璃平板上找到最佳扫描区域。为了能获得最佳的图像扫描质量，我们可以找到扫描仪的最佳扫描区域，然后把需要扫描的对象放置在这里，以获得最佳、最保真的图像效果。具体寻找的步骤如下：首先将扫描仪的所有控制设成自动或默认状态，选中所有区域，接着再以低分辨率扫描一张空白页，白色或不透明块的样稿；然后再用专业的图像处理软件 Photoshop 来打开该样稿，使用该软件中的均值化命令（Equalize 菜单项）对样稿进行处理，处理后我们就可以看见在扫描仪上哪儿有裂纹，条纹，黑点。我们可以打印这个文件，剪出最好的区域（也就是最稳定的区域），以帮助我们放置图像。

（9）使用透明片配件来获得最佳扫描效果。许多平板扫描仪配有放在扫描床顶端的透明片配件。为得到透明片或幻灯片的最佳扫描，从架子和幻灯片安装架上取下图片并安装在玻璃扫描床上，反面朝下（反面通常是毛面）。用黑色的纸张剪出面具，覆盖除稿件被设置的地方之外的整个扫描床。这将在扫描期间减少闪耀和过分曝光。同样地，扫描三维物体时，用颜色与所扫描的物体对比强烈的物体覆盖扫描仪的盖子。这将帮助用户更容易用 Photoshop 的 ColorRange 工具选择它。

（10）使用无网花技术来扫描印刷品。当扫描印刷品时，在图像的连续色调上会有网花出现。如果该扫描仪没有去网功能，尝试寻找使网花最小的分辨率。通常，与印刷品网线一样或一倍的分辨率可能奏效。一旦得到相当好的扫描，使用 Photoshop 使 Gaussian Blur 过滤器（用小于 1 像素的设置）稍微柔化网花直至看不出。然后应用 Unsharp Mask 过滤器锐化图像，使其变得清晰。也可通过稍微旋转图像的方式来改进扫描，因为改变了连续调的网角，黑白图像旋转 45° 正好，对于 CMYK 图像，将需要经过实验确定。

7. 扫描仪的灯管不能自动熄灭

HP Precision Scan 扫描仪闲置 10 分钟或计算机关机后，扫描仪灯管不会自动熄灭。

这是由于驱动程序安装完成后，“hplampc.exe”这个文件记录的灯管状态信息有误所导致。

（1）确认扫描仪随机附赠光盘中的 HP PrecisionScan LT 软件已经安装。

（2）找出“hplampc.exe”这个文件，将“hplampc.exe”复制至 C：\Windows\Start Menu\Programs 目录中。

hplampc.exe 文件一般位于 C：\Windows\System 目录中。这里的 C 代表的是 Windows 系统安装所在的盘符。

（3）重新启动计算机，此时“hplampc.exe”的错误状态设定值将被重新设定，上述两种情况将不再发生。

此外，因为开机情况下扫描仪闲置 10 分钟后灯管会自动熄灭，应单击“开始”/“设置”/“控制面板”/“电源管理”，将电源使用方案设定在 10 分钟以上。

8. 扫描仪没有准备就绪

打开扫描仪电源后，若发现 Ready（准备）灯不亮，先检查扫描仪内部灯管。若发现内部灯管是亮的，可能与室温有关，解决的办法是让扫描仪通电半小时后关闭扫描仪，一分钟后再打开它，问题即可迎刃而解。若此时扫描仪仍然不能工作，则先关闭扫描仪，断开扫描仪与电脑之间的连线，将 SCSI ID 的值设置成 7，大约一分钟后再把扫描仪打开。在冬季气温较低时，最好在使用前先预热几分钟，这样就可避免开机后 Ready 灯不亮的现象。

9. 扫描仪无法运行 DeskScan

扫描仪在运行 DeskScan 后，经常出现“NO Scanner or Other TWAIN Image Source Found on System or TWAIN Error Finding or Opening a DataSource”的错误提示。

出现这个错误提示是因为已经有其他 TWAIN Source 与 DeskScan II 不兼容。

（1）单击 Windows 任务栏的“开始”/“搜索”，在出现的“搜索结果”窗口中/“全部或部分文件名”文本框中输入“TWAIN*.DLL”。

（2）然后按下“开始查找”按钮，将找到的文件，全部删除。

（3）对于 TWUNK*.EXE 文件，也按照步骤（1）和（2）的方法进行处理。

（4）删除 Windows 安装目录下的 TWAIN 和 TWAIN 32 的子目录，再将 Windows 安装目录下的 System32 的子目录中的 ctl3d32.dll 文件进行改名。

（5）重新安装 DeskScan Ⅱ驱动程序，然后重新开机，即可正常运行 DeskScan 了。

10. 扫描仪出现“SCSI card not found”错误

在开启扫描仪时出现“SCSI card not found”的信息提示。

这主要是在 SCSI 卡上设置了保险丝，当遇到不良电路状况（电压不稳或短路等）时会自动断开，等到线路良好或测得温度降低后就又会自动连接。在实际使用中，一定记住要避免不良电路状况对扫描仪造成的损害。

11. 系统检测不到扫描仪

这是最常见的故障。应从以下几个方面着手：开机顺序、扫描仪本身、检查连线、驱动程序和端口冲突。

（1）是否先打开扫描仪，等自检完后再打开电脑开关？若是后开的扫描仪，而不想重新启动电脑，可以按“控制面板/系统/设备管理器”的“刷新”按钮。当然最好还是通过关机或热启的方法来重新检测扫描仪。

（2）查看扫描仪是否有自检，绿色指示灯是否稳定地亮着？若是，则扫描仪基本没有问题。否则扫描仪有故障。扫描仪的指示灯是闪烁的吗？若是，表示该设备状态不对。

（3）检查扫描仪与电脑的接口电缆，最好换条好的电缆试一下。

（4）扫描仪的设备驱动程序是否安装正确了？

（5）检查“设备管理器”中是否有扫描仪与其他设备冲突（IRQ 或 I/O 地址）的情况，注意，若原来用户电脑上安装过别的品牌扫描仪的驱动程序，请将该驱动删除。另外，如果扫描仪采取了 USB 接口，在端口设置中一定要选择好 USB 项。

12. 扫描仪扫扫停停，来回移动，使扫描时间倍增

这是常见的 Backtracking 现象。有些时候，因为内存太少，扫描仪先扫描一部分，再扫描另外的部分。然后再回去把二者平滑连接。这样就会走走停停。这需要扩充内存，减小甚至关闭虚拟内存。在“控制面板”|“系统”|“性能”|“虚拟内存”里可以调整或禁止虚拟内存。

13. 扫描进程不连续

一台平板扫描仪，在扫描文件时断断续续的，好像扫一会停一会似的。

出现这种情况的原因可能是系统内存不充裕，扫描仪只能先扫描一部分，处理并存储，然后再扫描一部分，与前一部分平滑连接，如此反复，直至扫描完所有部分。对于此问题，可以增加系统内存容量，或者增大操作系统的虚拟内存空间试试。

14. 输出图像色彩不够鲜艳

使用某扫描仪扫描一幅色彩鲜艳的图片，但扫描出来的效果却不理想，图片的色彩质量大为降低，远不及原图像鲜艳。

如果扫描的图像色彩不够鲜艳，可以先调节显示器的亮度、对比度和 Gamma 值。

提示!!

Gamma 值是人眼从暗色调到亮色调的一种感觉曲线，Gamma 值越高，人眼感觉色彩的层次就越丰富。在扫描仪自带的扫描应用软件里可以对 Gamma 值进行调整。当然，为了求得较好的效果，我们也可以在 Photoshop 等软件中对 Gamma 值进行调整，但这属于“事后调整”，我们可以根据扫好的照片的具体情况进行 Gamma 值的调整。在扫描仪自带的软件中，如果是普通用途，Gamma 值通常设为 1.4；若是用于印刷，则设为 1.8；网页上的照片则设为 2.2。

15. 扫描出来的画面颜色模糊

（1）首先通过观察法看看扫描仪上的平板玻璃是否脏了，如果是的话请将玻璃用干净的布或纸擦干净，注意不要用酒精之类的液体来擦，那样会使扫描出来的图像呈现彩虹色。

（2）如果不是玻璃的问题，请检查扫描仪使用的分辨率是多少，如 300dpi 的扫描仪扫 1200dpi 以上的影像会比较模糊。因为 300dpi 的扫描仪扫 1200dpi 相当于将一点放至四倍大。

（3）另外，检查显示器设置是否为 16bit 色或以上。如果是扫描一些印刷品，有一定的网纹造成的模糊是可以理解的，处理方法可以用扫描仪本身自带的软件，也可以用 Photoshop 等图像软件加以处理。

16. 扫描仪打开后，指示灯一直是橘黄色的

如果扫描仪在其他机器上没有问题，先检查电源和接地情况。看看扫描仪电源是否插紧在插座上？是否接地？一分钟后再打开扫描仪电源开关。一些扫描仪内具有保护机制，可以避免扫描仪刚断电又立即来电开启，这样能够延长扫描仪中的电源寿命。

因此，在日常的使用中应该注意扫描仪关机后再次开机的延时。

17. 文字扫描效果差

使用冠东 OA-OCR 扫描仪扫描文件，发现有很多文字没有被正确识别出来，不知道应该如何做才可以提高文字识别正确率。

冠东 OA-OCR 是一款印刷体方字识别软件，只能识别印刷体的原稿。

如果原稿是手写稿将无法正确识别。冠东 OA-OCR 要求识别的文稿以黑白模式（Line/art），300dpi 或更高的分辨率扫描。如果扫描时使用的分辨率太低，也会造成文字识别率下降。

（1）尽量使用质量较好的原稿。

（2）识别之前，先使用自动倾斜校正和自动版面分析命令处理原稿。

（3）如果自动版面分析的结果不理想，可以手工调节文本框到合适的大小。

（4）如果原稿字迹比较淡，可调节 Mirascan 的“临界值”选项，使扫描的字迹加深以便识别。

18. 扫描预览模糊

使用并口扫描仪扫描图片时，显示的预扫描图像很模糊。

由于扫描预览的图像模糊，首先用软布小心擦拭了扫描仪的玻璃板（不要将水或者清洗液直接喷到玻璃板上），然后进行预扫描，但故障依旧。怀疑扫描仪驱动程序存在问题，卸载后重新安装，依然没有解决问题。重启电脑，进入 BIOS 设置程序中查看，发现并口的中断和 ISA/EISA 总线存在冲突。调整设置后，进入操作系统，扫描故障排除。

19. 驱动程序冲突造成不能扫描

一台 SCSI 接口扫描仪，安装驱动程序后可以正常工作，但重新启动电脑后，系统提示“Driver 未能加载”，扫描仪无法使用了。

根据现象和检查结果分析，此故障可能是由驱动程序发生冲突引起的。安装 SCSI 卡后，Windows 98 操作系统已经识别并自动安装了有关驱动程序，但在使用扫描仪之前又安装了驱动程序。重新启动电脑后，系统在加载硬件时，检测到两个驱动程序，从而出现了冲突，导致扫描仪无法使用。

在“设备管理器”中删除所有和扫描仪、相应 SCSI 卡有关的驱动程序删除，重新启动电脑，并安装扫描仪驱动程序，故障排除。

20. USB 扫描仪无法使用

在电脑上安装了一台 USB 接口的扫描仪，Windows 系统提示找到新硬件，根据向导安装了扫描仪的驱动程序。在扫描图片时，系统却提示检查扫描仪的电源是否打开、电缆是否连接正确，无法进行扫描。

某些 USB 扫描仪确实存在此故障，问题的关键在于安装扫描仪的顺序。正确的方法是，先安装扫描仪的驱动程序，当程序要求检测扫描仪，或者提示打开扫描仪电源时，再将扫描仪的 USB 接口插到电脑上。

将此电脑上的扫描仪驱动程序卸载，重启电脑，然后按正确的方法重新安装了一遍扫描仪，故障排除。

21. 扫描区域与实际得到的扫描区域存在偏差

某台 ScanMaker X6（USB）预览时选定的扫描区域与实际得到的扫描区域存在偏差，主要是纵向偏差，且偏差幅度不稳定。

从预扫的精度来看，扫描仪在实际扫描时，有 1～2mm 的误差，是属于正常现象。因为扫描仪的预览精度在 18dpi，在算法上，最小的误差，也在 1.41mm。再加上其他的诸如鼠标画框和实际预览图像里面的画框，那么，确实会存在如此的误差。这个误差在扫描一幅 8×10cm 的图片，总的影响很小，对于小画幅的扫描，确实影响比较大。

（1）使用图像处理软件 PhotoShop 进行扫描，扫描完后，按照自己的要求裁剪处理。

（2）在扫描仪的高级模式界面下工作，先选择“预览”，框定一个大致的范围。然后选择“预扫”，对图片进行一个比较细的框定。再进行扫描，这样精度会高一点。建议最后的裁剪工作还是在 PhotoShop 下进行。

22. 打印机设置不当导致扫描仪不能扫描

Epson 彩色办公一体机 Stylus Scan SS2500 通过 USB 连接时，可以打印，但无法进行扫描。而有时却是可以扫描，但无法进行打印。

可进行如下处理：

（1）右击“我的电脑”，选择“属性”，在打开的“系统属性”对话框中单击“硬件”标签选项卡。

（2）单击“设备管理器”按钮，在打开的设备管理器窗口中，查看“图像设备”中是否出现黄色“!”或“？”，设备名称为 Epson Stylus Scan 2500。如果有，选中出现黄色“!”或“？”一行，然后选择“删除”。断开扫描仪和计算机之间的 USB 电缆，再插入，这时，系统会提示发现新的 USB 设备，然后再安装 USB 驱动程序。

（3）如果可以扫描，但无法进行打印，则在“设备管理器”窗口中找到设备名称为“Epson USB 打印机”的设备，找到后查看该设备中是否出现黄色“!”或“?”，如果有，选中出现黄色“!”或“?”一行，然后选择“删除”。

（4）断开 SS2500 和计算机之间的 USB 电缆，再插入，这时，系统会提示发现新的 USB 设备，然后再安装 USB 驱动程序。

（5）检查“Epson Stylus Scan 2500”的“属性”，找到“详细资料”，确认“打印到以下端口”为“EPUSBx:”（通常：x=1）。

23. 扫描出的图像出现线条

使用某扫描仪扫描图片时发现图像上出现几条宽窄不一的光带条纹。

扫描图像有线条，该现象分为两种：

（1）竖线条。该现象是由于镜组或上罩里基准白处有污染造成，解决方法是清洁镜组或上罩。

（2）横线条。该现象是由于数据线有断裂或皮带松紧度不当造成，解决方法是更换数据线或调节皮带松紧度。

24. 扫描时发出的噪音很大

某全友扫描仪，扫描图片时发出很大的噪音。

出现这种情况主要是由于扫描仪工作时机械部分的移动产生的，与扫描仪的扫描速度密切相关。根据各品牌机器的具体软件，一般我们只要把扫描速度设置成中速或低速就可以解决这个问题了。

25. 扫描时出现 2117 错误码

使用某中晶扫描仪扫描图片时，出现了 2117 错误码信息提示。

在 Windows 安装目录中查找“USBSCAN.SYS”，查找的结果可能会出现两个分别为 9KB 及 17KB 两种大小的文件，其中 9KB 的文件才是用于 Windows 系统的文件。这时候只要将 17KB 大小的文件的名称从 USBSCAN.SYS 改为的 USBSCAN.OLD，然后重新启动计算机即可解决问题。

26. 扫描仪的 Ready 灯不亮

打开扫描仪电源后，发现 Ready 灯不亮。

可进行如下处理：

（1）让扫描仪通电半小时后，关闭扫描仪。一分钟后再打开它，问题通常可以迎刃而解。

（2）如果这时候扫描仪仍然不能工作，则应该先关闭扫描仪，断开扫描仪与电脑之间的连线，将 SCSI ID 的值设置成 7，大约一分钟后再把扫描仪打开就可以了。

（3）在冬季气温较低的时候，最好在使用前先预热几分钟，这样就可以避免开机后 Ready 灯出现不亮的现象了。

第6章

声卡、音箱维护与故障处理

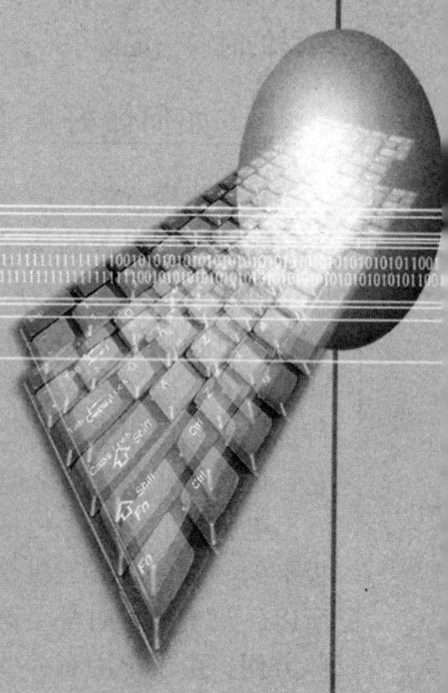

本章内容

1. 音箱的日常维护
2. 如何做好声卡的日常维护
3. 与驱动程序相关的声卡故障有哪些
4. 为何声卡不能正常工作
5. 声卡与 DirectX 的兼容性问题
6. 音频线受干扰导致杂音现象
7. 音箱不发声或者有很大的杂音
8. 音箱不发声或与其他硬件发生冲突

……

1. 音箱的日常维护

音箱在日常使用时应注意以下几方面的问题：

（1）音箱应避免日光直接照射，暖气片的旁边和气温过低的地方也不宜放置音箱，以免引起箱体表面起泡和电气元件的老化。

（2）不要靠近易磁化的物品如显示器等，即使是防磁喇叭，也同样会对显示器有一定影响。

（3）音箱要远离强磁场，如果手机靠近音箱，接听电话的时候就会使音箱出现噪音。

（4）音箱表面的清洁可使用毛巾蘸温水拧干后擦拭，待水分全干后方可开机。

（5）有源音箱由于内置功放，功放芯片最怕大(瞬间)电流直接冲击，因此开音箱时最好把音量开到最小然后再开机，开机后可以正常调大音量。关机时也同样先调小音量再关电源。

（6）长时间大音量放音后，音箱的后面板会变得很热，此时最好关机，以避免事故。应该使用合格的电源插座，长期不使用时，应关掉开关，并拔出电源插头。

（7）音箱的音量不要开太大，至多 1/2 左右，因为有些歌曲中有超常的高音或者动态放大，在音量开满的状态下会烧毁喇叭。

（8）在接电情况下，音箱连线短接会导致短路烧毁音箱，所以在处理线材的时候一定要小心。线头最好沾焊锡防止毛刺并保持合适长度。

2. 如何做好声卡的日常维护

必须要注意的一点是，在插拔接在声卡上的麦克风和音箱数据线时，一定要在关闭电源的情况下进行，千万不要在带电环境下进行上述操作，以免损坏其他配件。

在电脑的各个部件中，声卡算是不太娇贵的产品了，因为它不需要处理大量的数据，没有必要安装风扇；接头简单（高档产品也很复杂），不用特别维护。但声卡也算是电脑中比较大的电路板，静电和灰尘仍然会伤害它，进行一些必要的维护也是有必要的。

电脑内的板卡，包括显卡、声卡、网卡等，芯片和电子元件都安装在板卡的一侧，在立式机箱里，板卡都是水平安装，没有元件的一侧朝上，所以，灰尘积累时都会落在没有元件的那一面，这就给清洁板卡带来了一些方便。由于上面有一些针脚，是不能直接用绒布来清洁的，可以使用吹气球吹掉灰尘就可以了。

有些高档的声卡带有光纤的输出口，在输出口上有一个黑色的小盖，在没有使用这个输出口时，这个口是盖上的，由于光纤的连接是非常害怕灰尘的，所以千万不要将此盖遗失，而且在没有使用时一定要盖好。

3. 与驱动程序相关的声卡故障有哪些

工具栏右下角“喇叭”图标丢失，变成灰色或打上红色的叉；声卡设备在“设备管理器”中出现黄色问号或者感叹号；无法更改声卡属性等等。

出现以上情况基本是驱动程序未正确安装或者是驱动与设备不兼容的问题。在安装声卡驱动程序时，应尽量使用厂家提供的驱动程序而不要使用 Windows 默认的驱动程序。如果用“添加新硬件”的方式安装，要选择“从磁盘安装”而不要从列表框中选择。如果已经安装了 Windows 自带的驱动程序，可选择“控制面板”→“系统”→“设备管理”→“声音、视频和游戏控制器”，点中各分设备，选“属性”→“驱动程序”→“更改驱动程序”→“从磁盘安装”。这时插入声卡附带的磁盘或者光盘，安装厂家提供的驱动程序。

4. 为何声卡不能正常工作

某电脑上安装的是 SQ2500 声卡，该声卡在 Windows XP 上面不能正常发声，声音非常小，怎样才可以让它工作正常？

Windows XP 自带的驱动只能保证声卡被 Windows XP 所认出来，而不能提供更多的功能。所以，请下载并安装声卡厂商提供的 For Windows XP 的声卡驱动，如果没有也可以试试使用 Windows 2000 的。

5. 声卡与 DirectX 的兼容性问题

安装了新版本的 DirectX 后声卡不能发声，为什么？

当安装了新版本的 DirectX 后声卡不能发声了，就需要为声卡更换新的驱动程序，如不行，则要将 DirectX 卸载后重装新的版本。还有的表现为将 DirectX 升级成高版本后，Windows 启动时有声音；用媒体播放器播放音频文件有声音；唯独玩游戏时没有声音。这时，可以到“DirectX 诊断工具”的“声音”一项中，将“硬件的声音加速级别”从“完全加速”调整为“没有加速”即可。

6. 音频线受干扰导致杂音现象

某新组装的电脑，使用时音箱中经常出现杂音，检查过声卡和音箱，都是好的，连接没有错误，装完系统后也没有修改过什么设置。

经过反复检查，最后发现是和音频线交叠在一起的其他电线干扰太大所致，将电脑音箱的音频线避开其他线路单独走线，故障消失。

7. 音箱不发声或者有很大的杂音

由于有些声卡制造精度不够高或者安装不牢所导致声卡的“金手指”与主板扩展槽没能紧密接触的问题，可以进行重新插拔，或用工具进行校正，这是独立声卡常见故障之一。

另外还需要查看音频线与声卡的连接是否正确。一般来说，对于有源音箱，应连接在声卡的“Lineout”或者“Speaker”端，检查一下声卡到音箱的音频线是否断线。

8. 音箱不发声或与其他硬件发生冲突

进入 BIOS，仔细查看与声卡有关的设置是否正确，着重于 IRQ 和 PNP 的设置，保证所有的 IRQ 设置为“PCI/ISA PNP”。

使用板载声卡时，检查是否将“AC’97Audio”等项设为“Enabled”。

参照主板说明书或主板的标示，查看跳线是否设置正确。

9. 声卡为何暂停工作

某兼容机的配置是：昂达主板（集成显卡、声卡）CPU（P4 赛场 1.7GHz）、256MB 内存，播放音乐时在系统桌面点击右键选择属性时，音乐会暂停一下，而在 IE 浏览器里点击右键，就没有以上的问题出现。

目前所使用的主板内置声卡一般都是 AC’97 标准的软声卡，这种声卡只有 CODEC（编码解码）功能，而 DSP（数字信号处理）则由 CPU 来完成，因此当 CPU 任务过重时，就会出现杂音、断音甚至 AC’97 声卡停止工作的情况。

由于该电脑所使用的主板又同时集成了显卡，所以在桌面上按右键菜单时，由于调用了太多的任务参数，使得 CPU 占用率过高，造成声卡暂时停止工作。而在 IE 浏览器中右击弹出菜单时，这个弹出菜单中不含有显示属性等参数，所以对 CPU 的占用率较低，因此不会严重影响 AC’97 声卡的工作，这种问题应该是属于正常的现象。

10. 音箱发出汽笛声

某电脑安装了一块内置调制解调器以后，有时候音箱会突然发出“嘟嘟”的声音，好像轮船的汽笛声。

由于故障出现在安装调制解调器之后，怀疑是它与声卡之间存在电磁干扰。打开机箱，发现声卡和调制解调器安装在相邻的两个 PCI 插槽上。将调制解调器拔下，安装到远离声卡的插槽，开机检查，故障消失。

提示!! 有些声卡的抗电磁干扰的能力较差，连 CPU、硬盘数据线、网卡等设备都能对它造成较大的干扰，从而引起杂音等问题。如果不能更换声卡，则需要调整各设备的位置，理顺线缆，或者为声卡自制金属屏蔽层。

11. 超频后声卡就不能正常发声了

某电脑的配置是赛扬 667MHz，集成 AC’97 声卡，当用户对 CPU 超频，外频超到 145MHz 以上时，声卡就不能发音，但系统十分稳定。

66MHz、100MHz 和 133MHz 是系统的标准外频，当对 CPU 进行超频时，特别是 CPU 的外频被设定在非标准外频时，使得内置声卡也处于超频工作状态，部分主板由于不具备分频功能，因而很可能会出现因工作频率过高而导致声卡不能正常工作的现象。

这种情况的解决方法是将 CPU 调到标准外频。

12. 为何电脑时常不能发声

某电脑是联想天禧 2610 的。近期不能发声了。重装声卡驱动程序，重启后有声音了，可是再次启动后又没声了。

这种情况多半是因为驱动程序有问题或和硬件设备发生冲突引起的故障。不知在发生故障前是否安装了新的硬件设备，若安装的驱动程序没有问题，建议用户重点检查声卡有无与其他设备发生中断地址冲突。若有，可以手工重新指定声卡中断地址。

若不是上述原因，那么很可能是操作系统本身出了问题，建议重装系统。

13. 声卡发出的噪音过大

声卡发出的声音中掺杂着很大的噪音或者杂音，为什么？

出现这种故障常见的原因有：

（1）插卡不正。由于机箱制造精度不够高、声卡外挡板制造或安装不良导致声卡不能与主板扩展槽紧密结合，目视可见声卡上“金手指”与扩展槽簧片有错位。这种现象在 ISA 卡或 PCI 卡上都有，属于常见故障。一般可用钳子校正。

（2）有源音箱输入接在声卡的 Speaker 输出端。对于有源音箱，应接在声卡的 Line out 端，它输出的信号没有经过声卡上的功放，噪声要小得多。有的声卡上只有一个输出端，是 Line out 还是 Speaker 要靠卡上的跳线决定，厂家的默认方式常是 Speaker，所以要拔下声卡调整跳线。

（3）Windows 自带的驱动程序不好。在安装声卡驱动程序时，要选择“厂家提供的驱动程序”而不要选“Windows 默认的驱动程序”。如果用“添加新硬件”的方式安装，要选择“从磁盘安装”而不要从列表框中选择。如果已经安装了 Windows 自带的驱动程序，可选“控制面板→系统→设备管理→声音、视频和游戏控制器”，点中各分设备，选“属性→驱动程序→更改驱动程序→从磁盘安装”。这时插入声卡附带的磁盘或光盘，装入厂家提供的驱动程序。

14. 播放 VCD 有声，而播放 CD 无声

某电脑在升级后，使用超级解霸播放 VCD 时音箱声音能够保持正常，而用光驱播放 CD 时音箱却无声。

根据这种情况分析，应该不是声卡和音箱本身的问题，估计是光驱上的音频线没有连接或者已损坏。用光驱播放 CD 时，音频数据是通过这个音频线传输到声卡，然后输出到音箱的。

（1）检查光驱与声卡之间的音频线是否连接，看看声卡上音频线的插口是否不止一个，如是，更换一个插口试试。

（2）如果问题仍然存在，则将音频线掉转一个方向插入接口试试。

（3）如果问题仍然存在，则更换一条音频线试试。

15. 重新安装 Windows 后声卡无声

某电脑在硬盘被格式化后重新安装 Windows 顺利通过，但是 PCI 声卡就是发不出声音。

出现这种情况是由于声卡的驱动程序安装不正确，或者声卡与其他硬件产生了系统冲突，以至于造成了 Windows 系统无法正确识别声卡的现象。

（1）右击“我的电脑”，在出现的菜单中选择“属性”选项，在出现的“系统属性”对话框中选择“硬件”标签，然后单击“设备管理器”按钮。

（2）在出现的“设备管理器”窗口查看是否出现没有被正确识别的声卡；或者“声音、视频和游戏控制器”中，设备前是否带有黄色的感叹号“!”，如果有说明声卡没有正确安装，删除后重新手动安装驱动程序。

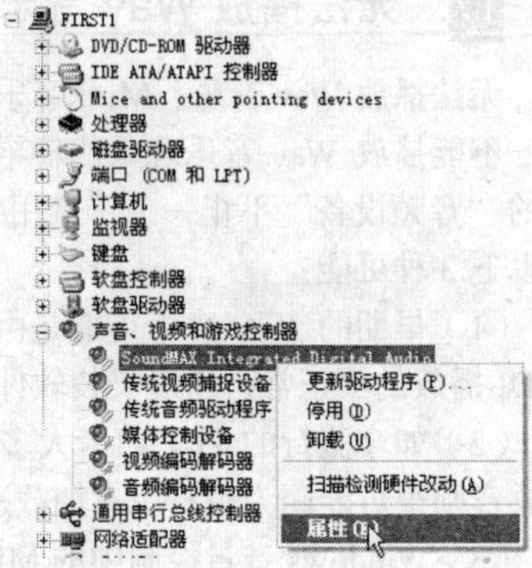

图 6-1

（3）如果故障还不能被排除，则展开“设备管理器”中的“声音、视频和游戏控制器”，然后右击音频设备项，这里为“SoundMAX Integrated Digital Audio”，接下来在出现的菜单中选择“属性”选项，如图 6-1 所示。

（4）在弹出的对话框中选择“资源”标签，查看是否存在 IRQ 冲突。如果有，手动调整为其他空闲的 IRQ。

（5）若仍然没有解决问题，则可以考虑更换一个 PCI 插槽。

16. 安装声卡后系统频繁重启

某电脑配置的是台基 P4266E 主板、赛扬 1.7GHz、GeForce4MX 400 显卡，安装的是 Windows XP 系统。某日买了一块纪念版声卡，在 BIOS 里将 AD’97 声卡关闭以后，将该声卡装好并安装驱动程序后，音箱可以正常发声，可是在运行一段时间以后，系统就会自动重启。将声卡换到其他的插槽也是一样。后来将网卡取下后，系统重启的频率有所降低。

系统自动重启，导致的因素很多，很可能是软故障或硬件冲突，也有可能是电源问题。但如果在更换声卡以前系统运行正常，应把检查重点放在声卡上。由于该电脑采用的台基 P4266E 主板使用的是 VIA 芯片组，很可能是声卡驱动与主板驱动不兼容。如果尚未安装主板驱动，建议安装，或在安装主板驱动后重新安装声卡驱动。

提示!!

在 Windows XP 上安装未经微软认证的配件都会提示要求认证，可以不予理会，继续安装，安装以后都可以使用。

17. 无法播放 Wav 音乐、Midi 音乐

无法播放 Wav 音乐、Midi 音乐，播放其他格式的音频文件正常。

不能播放 Wav 音乐现象比较罕见，常常是由于“多媒体”→“设备”下的“音频设备”不止一个，禁用一个即可；无法播放 MIDI 文件则可能有以下 3 种可能：

（1）早期的 ISA 声卡可能是由于 16 位模式与 32 位模式不兼容造成 MIDI 播放的不正常，通过安装软件波表的方式应该可以解决

（2）如今流行的 PCI 声卡大多采用波表合成技术，如果 MIDI 部分不能放音则很可能因为用户没有加载适当的波表音色库。

（3）Windows 音量控制中的 MIDI 通道被设置成了静音模式。

18. 安装外加声卡后无法找到集成声卡

某电脑主板是捷波 V266A，集成 AC’97 声卡，发声正常，但自从安装了一块创新声卡后，想再使用集成的声卡却怎么也找不到了，更无法安装 AC’97 声卡驱动程序了。

该问题估计是内置 AC’97 声卡与外加声卡存在资源冲突而引起的。有些声卡的确与主板集成的声卡会发生冲突而出现不能同时正常使用的现象。遇到这样的问题，建议先更换一下声卡安装的 PCI 插槽，然后手动调整一下系统资源，如果仍然无效可以考虑换另一种品牌的声卡试试。

19. 无法正常录音

某用户有一块 CMI 8738 声卡，也装了最新的驱动程序，在 Windows 2000 中只能输出声音信号，但不能进行录音，应怎么处理？

（1）双击任务栏中的小喇叭图标，进入 Volume Control 窗口，选择“选项→属性”，单选“录音”项，看看各项设置是否正确。

（2）接下来依次选择“控制面板→多媒体→设备”，分别将“混合器设备”和“线路输入设备”设为“使用”状态。如果“多媒体→音频”中的“录音”选项是灰色的话，请下载并安装新版本的声卡驱动，这样应该可以解决问题。

20. 播放 MP3 声音出现异常

某电脑在播放 MP3 的时候，声音总是怪怪的，而在播放 MIDI 的时候就一切正常。

出现这种故障有可能是设置了过高的采样频率造成的。

（1）打开“控制面板”，单击“声音、语音和音频设备”图标按钮。

（2）单击“声音、语音和音频设备”图标按钮，在出现的“声音、语音和音频设备属性”对话框中选择“音频”标签。

（3）在“声音播放”的“默认设备”的下拉列表中选择用于播放 MP3 的音频设备，然后单击“高级”按钮，在打开的“高级音频属性”对话框中选择“性能”标签。

（4）将“采样率转换质量”右边的滑块拖到最左端“好”端，然后单击“确定”按钮。

21. 为何 4 声道声卡只有两个音箱发声

使用创新 PCI128 声卡，即使将音箱模式调至 4 音箱，有些游戏只能得到两音箱模式音频输出。

现有的 PCI 128 驱动程序允许对任何基于 Direct X 的游戏进行 4 声道音频输出，而无法对单声道信号达到 4 声道输出，而仅能输出立体声信号。因此，很可能是由于该游戏的音频输出只支持单声道信号，同样，音频驱动程序只能从两个前信通道进行输出。这时即使在 Creative PC I128 中打开“4 音箱”模式，也只能从前面两个音箱听到声音。

22. 安装 Real Player11.0 后喇叭发出“嗒嗒”声

电脑在安装了 Real Player11.0 后喇叭经常会发出“嗒嗒”的声音，只有重新启动机器后这种现象才能消除。

（1）可能是由于 Real Player11.0 与该声卡的驱动程序不兼容，不妨下载并安装最新的声卡驱动程序。

（2）如果还是不能解决，可以重装 Real Player11.0，因为可能是前一次没有完全安装成功，重装后还是不行的话，则可能是系统存在问题，不妨重新安装 Windows 操作系统试试看。

23. 在 DOS 下玩游戏无声音

在 Windows 操作系统下，声卡工作一切正常，进入 DOS 游戏后，就没有声音了。

经过检查，发现电脑使用的是主板集成的 Ac’97 声卡，这种配置是不支持 DOS 环境的。如果需要在 DOS 下使用声卡，最好再安装一块 ISA

或者 PCI 声卡。

24. “声音音量”栏为何是灰色的

某电脑右下角的任务栏里只有一个输入法图标，“音量控制”没有了，在“控制面板”→“声音及多媒体”里，“声音音量”栏是灰色的，滑块在最左端，“在任务栏上显示音量控制”前的复选框已选中，该怎么办？

（1）请确认声卡驱动程序安装是否正确，声卡是否能发声，如果声卡驱动程序没有安装正确，那么音量调节图标是不会出现的。

（2）安装声卡的公版驱动程序（最好是 WDM 的，或者经过微软的 WHQL 认证的），有些厂商提供的驱动程序存在兼容性问题，造成不能正确调节音量。

（3）如果安装了关于声卡的应用软件，在系统启动时它也随之启动，请关闭这些程序，看看声卡音量是否能正确调节。

25. 插卡故障导致杂音

某电脑使用时，音箱里经常出现杂音或者爆音。

使用替换法检查，音箱安装到其他电脑上工作正常，说明音箱无故障。开机准备卸下声卡，发现声卡并没有完全插入主板插槽。由于机箱设计不合理，拧紧固定螺丝后，声卡的另一端就会翘起来，不能很好地和插槽接触。将声卡完全插入插槽，适当固定后，开机检查，故障消失。

26. 播放视频文件时影音不同步

某电脑配置是 ASUS P4E 主板、P42.0、256DDR、C-Media 集成声卡，使用的是 Windows XP 操作系统。用超级解霸看电影的时候，刚开始还正常，不过看了一会儿，就出现了画面和声音不同步的问题，声音比画面迟了近二三秒钟。

（1）在“我的电脑”上单击鼠标右键，选择“属性”。

（2）在“系统属性”对话框中单击“硬件”标签，然后单击“设备管理器”按钮。

（3）在打开的“设备管理器”对话框中单击“声音、视频和游戏控制器”前面的加号“+”，然后在媒体控制设备上单击右键，选择“属性”，如图 6-2 所示。

（4）在打开的“媒体控制设备 属性”对话框中再选择“属性”标签，

然后在媒体控制设备选框中选择最后一个 mciwave.dll，如图 6-3 所示。

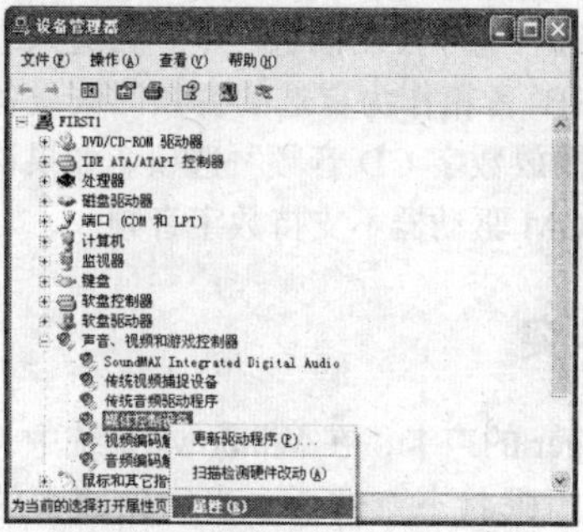

图 6-2

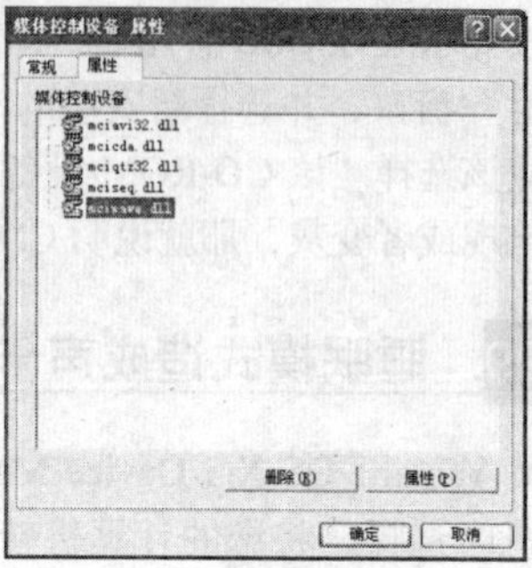

图 6-3

（5）单击“属性”按钮，在弹出的标签中单击“设置”按钮，在弹出的 MCI Waveform 驱动程序设置标签中，我们可以看到系统分配给音频的缓存是 4 秒，我们把滑块移到最右边，即把音频的缓存改为 9 秒。

（6）单击“确定”按钮，依次关闭掉前面打开的对话框。

再次打开超级解霸，这次无论是看硬盘上的 MPG 文件还是看 VCD 光盘都没有再出现声音迟滞的现象了。

27. 为何创新 PCI128D 声卡不支持 EAX

某用户使用的是创新 PCI128D 声卡，应该是支持 EAX 的，为什么该用户在《魔兽争霸 3》《英雄萨姆 2》等游戏中都无法打开 EAX，而该用户已更新过驱动程序。

在《魔兽争霸 3》中无法打开 EAX 可能是用户的声卡设置有问题，PCI128 声卡在游戏中可用软件模拟 EAX，也就是说此声卡支持 Microsoft DirecSound 和 DirectSound3D，由于 EAX 游戏用的是 DirectSound，就是说此声卡必须要在 DirectSound 下才支持 EAX。如果声卡设置正确，《魔兽争霸 3》的声音设定在默认情况下是自动打开 EAX 的，而不用手工打开。另一方面，打开 EAX 效果，要求声卡具有相应的档次，否则只会白白增加系统负担，反而导致了游戏的不稳定。

28. USB 音箱不能播放音频 CD

某新购的 USB 音箱，其他均正常，只是不能播放音频 CD。

这是因为许多电脑中的 CD-ROM 播放器并不支持将 CD 盘中的数字音频直接用音箱播放。因此，在使用 USB 音箱前，一定要看清 CD-ROM 驱动器的兼容性。

按要求装好 USB 音箱后，即可进入到“控制面板”中，再进入“多媒体属性”窗口，并选择新安装的 USB 音箱作为首选的音频回放设备。此外，应该选择“该 CD-ROM 设备可播放数字 CD 音频”选项。如果该选项没有出现或者变灰，那就说明 CD-ROM 驱动器不支持数字音频。

29. 睡眠模式造成声卡冲突

某 Yamaha DS-XG Device Manager 的声卡，在 Windows 系统中，如果在关机时选择“将您的计算机转入睡眠状态”的话，当回到原本的状态时，就会发生声卡出现冲突而无法使用的现象。这时，如果再重新启动计算机的话，冲突就会不见了，也就是说无法使用“将您的计算机转入睡眠状态”功能。

通常睡眠功能是需要各设备相互配合的。这里使用的 Yamaha 声卡，在睡眠后就出现冲突，这时，先到设备管理器中查看声卡的中断 IRQ 值是多少。

重新启动计算机，按 Del 键进入 BIOS 设备，将“Power Management Setup”选中，将这个 IRO 值设置成“Enable”（打开），并将“Power Management”功能设置成“USER DEFINE”就可以了。

30. 5.1 声道的中置喇叭无声故障

某用户购买了一个创新豪华版的 5.1 声卡和一个漫步者 5.1 音箱，将其安装完后，发现在播放 VCD 或是听音乐的时候中置不响，一点声音也没有，但是在声卡的测试软件中还有声音。

如果在测试中五个声道表现正常，证明连线都没有问题。

在听音乐或者看 VCD 时候两个上声道发声很正常，默认状态下 5.1 系统也只有两个主声道有声，只有在看杜比数字的 DVD 电影并正确选择了杜比数字解码时，5.1 声道才能发挥应有的作用，不过现在有不少 DVD 播放软件能让普通 VCD 同样输出 5.1 声道的声音，虽然听起来更好听，但实际上是一种声音的失声。

31. 如何消除音箱杂音

音箱是多媒体设备中的重要组成部分，可以说音箱是除显示器外与我们感观接触最为直接的电脑外设，它的好坏直接影响多媒体电脑的效果。故音箱如果播放有杂音的话，将直接影响其听觉效果，该如何处理?

当音箱有杂音时，一般都应该首先确定杂音的来源。

（1）先在录音机或收音机上测试音箱是否自身有杂音，如果有，是音箱本身的问题可更换或维修音箱。音箱本身的问题主要出在扬声器纸盆破裂、音箱接缝开裂、音箱后板松动、扬声器盆架未固定紧、音箱面网过松等方面。

（2）将声卡换个插槽，尽量远离其他插卡，如显示卡、Modem 卡、网卡等，尤其是显示卡，它的干扰性最强，可能会干扰包括声卡在内的任何插卡。

（3）将声卡上的音频线拔掉测试，若不再有杂音，则说明杂音是该音频线导致的，可换一根音频线或更换声卡。

32. 为何不能使用麦克风录音

以前可以使用麦克风进行录音，某日发现不能录音了。录音时，声音可以从耳机里正常传出，但系统不能记录下来。

根据现象分析，耳机和麦克风都没有问题，声卡本身也正常，可能是设置方面的问题。从“控制面板”中打开声音属性的设置窗口，发现录音的首选项设置成了调制解调器的音频设备，改为声卡后故障解决。推断为在安装具有语音功能的调制解调器的驱动程序时，其 Wave for Modem 程序“抢夺”了系统录音的“地位”。

33. 调整重低音时有噪音

一款 Edifie 漫步者音箱，声音能够正常播放，但是如果调整重低音（BASS）时，喇叭就会传出“噼里啪啦”的噪音，根本没法忍受。

因为是旋转 BASS 旋钮引起的，可以肯定是 BASS 电位器损坏。大多数音箱的音量调节和重低音调节，都使用的是电位器来改变信号的强弱，只有新出的数字调音的电位器除外。电位器是通过一个活动触点改变在炭阻片上的位置来改变电阻值的大小。伴随着使用时间的增长，电位器内会有灰尘或杂质落入，电位器的触点也可能会氧化生锈，造成接触不实，这时在调整音量时就会有“噼里啪啦”的噪音出现。

对于这种问题的处理很简单，更换一个新的电位器就可以。

还有一种最简单的处理办法，就是打开机箱，把电位器后面的四个压接片打开，取下电位器的活动触点，用无水酒精清洗碳阻片，再在碳阻片滴一滴油，把电位器按原来位置装好就可以解决噪音问题。

34. 麦克风带来的噪声消除

某兼容机，接上麦克风时出现各种噪声，包括 CPU 风扇、硬盘、光驱读盘的噪声。

导致多媒体电脑出现噪声的原因大致有以下几种：

（1）如果的确听到的是硬盘、光驱和 CPU 风扇带来的噪声，则可能是主板、电源的滤波电路性能不良，无法滤除硬盘、光驱和 CPU 风扇所产生的干扰信号造成的影响。缩短 IDE 电缆线和 CPU 风扇电源线均可减少相应设备的影响，也可换个电源试试。

（2）麦克风与声卡的连线未使用屏蔽线或屏蔽线接地不良，外界高频干扰信号由麦克风输入电路串入均会引起噪声。在这种情况下，拔掉麦克风后，噪声应当消失。如果是接上麦克风带来的影响，未使用屏蔽线的请换用屏蔽线。如使用了屏蔽线，用万用表检查屏蔽线外层的金属屏蔽层是否与机箱接通，排除接地不良的影响。此外，从声卡到有源音箱的信号线也应使用屏蔽线并良好接地。

（3）用“附件”中的“画图”打开一幅高彩图形，剪下一块用鼠标快速拖动，如能听到拖动时的“刷刷”声，则是由于机内主板、显示卡产生的高频辐射的影响，将声卡插在远离显示卡的扩展槽中，用铝制屏蔽罩将声卡屏蔽并良好接地（接机箱），就能减少高频辐射的影响。

（4）检查一下音箱和声卡的连线，ALS007 声卡有两个音频输出插座，即 Line Out 和 SPK，Line Out 插座输出未经放大的音频信号（高阻），用于接有源音箱或放大器；SPK 插座输出经声卡内置放大器放大的音频信号（低阻），用于接无源音箱或喇叭。如果错误地将有源音箱的输入线插在 SPK 插座上，由于阻抗不匹配、音频信号（包括噪声信号）经两次放大带来的失真均会产生噪声。

如采取上述措施后仍不满意，可考虑换个声卡试试，如果确实是声卡带来的故障，应检查声卡上 ALS007 芯片旁边的电解电容 C4、C20，如果这两只电容容量下降，则无法滤除低频噪声，在其两端并联一只 30 ~ 300pF 的小电容，就能滤除高频噪声。

第 7 章

其他硬件设备维护与故障处理

本章内容

7-1 电源、机箱维护与故障处理

1. 电源的使用与维护

电脑的性能越来越高，功耗也随之不断增长。以前容易被大家忽视的电源，如今变得越来越重要，因为这是电脑稳定运行的第一道屏障。那么在电脑的使用过程中，该如何正确的使用及维护电源呢?

（1）计算机在使用时，应为主机保留一定的空间，使空气流畅，使主机工作时产生的热量能够正常散出。同时，主机在工作时，防尘罩必须取下。如果主机在工作时，发现电源的风扇停止工作，这时必须马上关机，防止电源烧毁甚至造成其他更大的损失。

（2）开关电源在开机的瞬间，会有很大的浪涌电流，容易造成元器件的损坏。所以当我们关机后，最好等 3~5 分钟再进行第二次开机。

（3）为了保障你的计算机能够正常稳定的工作，应该定期检查风扇是否正常工作，一般为 3~6 个月。因为如果风扇停转或者速度变慢，这时电源的温度或机箱内的温度及 CPU、北桥、显卡的温度会升高，造成系统频繁死机或重启，无法正常工作。如果有可能的话，我们选购替换风扇时，最好选购工业标准的滚珠轴承风扇，而不要选购一般的含油轴承风扇，这样可以保证电脑长时间无故障的稳定工作。

（4）电源在使用一年左右时，最好打开电源，用毛刷清除电源内部的灰尘，同时为电源风扇加油润滑。电源在长时间工作中，因为空气流动会有好多灰尘积聚在电源内，造成散热不良。同时灰尘过多，在潮湿的环境中也会造成电路短路。所以为了系统正常稳定的工作，计算机应定期除尘。

2. 有必要清理机箱吗

在购买了电脑之后，很少有人注意到要定期的清洁机器内部的灰尘，以至于机箱内布满了灰尘。清洁机器内部的灰尘尤其是主板上的灰尘是尤为重要的，众所周知，主板是机箱内的其他部件的承载体，在对其他的硬件供电的同时自己也损耗着电能，有了能量的运动就会发生热量，一块主板上有大量电容、电感、电阻等元器件，一旦它们被灰尘蒙蔽住，热量散发不出去，就有可能烧毁。一颗小小的电容的烧毁可能就给你的电脑带来接连不断的故障。

另外，空气的湿度也很重要，空气的湿度不能过高，一旦潮湿的空气接触到主板上的金属部件，而又不加控制的话，那么主板就有氧化的危险，而且接触的面积越大时间越久被氧化的可能就会越大，被氧化的主板往往只能报废无法维修。和其他的家电一样，电脑也需要做一些养护工作，定期的清理和正确的保养会帮助我们避免很多不该发生的故障。

3. 机箱为什么会带电

很多人都遇到过一种现象，那就是在触摸机箱的时候会有轻微的触电感觉。一些朋友往往误以为是电脑“漏电”从而忐忑不安。为什么会有这种现象呢?

其实这是一种正常现象。电源内部是一个电磁环境高度恶劣的场所，在这个空间内有大量的高频交变电流流动，从而产生出强大的干扰电场，这些电场都被电源外壳屏蔽掉。但与此同时，电源外壳上也会有感应电压产生。而且由于电源滤波电路的中点保护接地（就是两个大滤波电容的接地端）连接在电源外壳上（为了对地取零），所以外壳上也会有一个恒定的对地电压，电源外壳带电就会导致机箱外壳的带电。但不管是哪一种情况，其电压虽高，但电流极小，所以虽然有触电的刺痛感，但不会真正触电。

正常情况下，这个电压并不会有所反应，因为电源的外壳是和电源线的零线连接的，当零线正常连接时，电流会被零线导走。然而在很多人家里，电源插座的零线往往并不会正确连接，此时零线形同虚设，“漏电”感就会出现了。

解决这一问题的方法就是正确连接零线，除了连接入户零线外，也可以自制零线。但要提示：使用燃气管道和自来水管道作为接地是绝不可以的！前者会由于电火花引起管道爆炸，而后者看似可靠，但其实由于自来水管的导电性极佳，在出现短路时，其漏电电流足以达到危及生命的程度。

4. 电源问题引起的计算机运行速度变慢

某配置为赛扬 1.7GHz CPU、精英 L4IBMGL 主板（集成 GeForce2 MX200 显卡，AC’97）、DDR333 256MB 现代内存、80GB 迈拓 7200rpm 高速硬盘和普通 300W 电源机箱的兼容机，开始计算机运行正常，速度也快。可是好景不长，计算机突然变得出奇的慢。运行一般程序还好，运行 Photoshop、3D、大型游戏时，计算机就好像死机一样，执行一项命令要 2~3 分钟，可是运行别的程序什么事都没有。病毒的可能性通过查杀基本可以排除。硬件损坏，通过替换法也一一排除。

仔细观察听到有什么声音，再运行，感觉只要一运行大程序，风扇的声音就变小了。打开机箱，运行 Photoshop，CPU 风扇的速度就渐渐地变慢了，几乎要停下来，怎么回事呢？关闭计算机，用万能表测了一下电压，很正常。打开计算机，又测了一下计算机的输出电压（测 5V 的）也很正常，让计算机运行 Photoshop 再测电压还有 4.7V，原来是电源的问题。当 CPU 风扇转速变慢时，CPU 本身的温度就会升高，为了保护 CPU 的安全，CPU 就会自动降低运行频率，从而导致计算机运行速度变慢。

找到了问题的原因，解决起来就很简单了。找来一个额定 250W 的长城电源换上，开机，问题解决。

5. 电源工作状态不稳定

电源工作状态不稳定的主要特征有启动困难、有时能够启动、有时不能启动、刚开始工作正常，过一段时间便不正常。

这类情况比较多，引发这种故障的原因主要有四种：

（1）无 PG 信号或信号延迟时间不足是较为典型的电源故障。检测时可在开机状态下借助万用表的电压挡，测量 20 芯电源插头第 1 脚对地有无 3.3V 电压。如果没有电压则可切断电源，并拆开电源外壳作进一步的检查。一般情况下，引起无 PG 信号的主要原因多为负责 PG 信号控制的晶体管击穿或延时电容漏电所至，将它更换后故障即可消除。

提示!!

POWER GOOD（PG）信号：是由各直流输出电压检测信号和交流输入电压故障信号相“与”产生的，它与 TTL 电平兼容，高电平表示电源正常，低电平表示电源故障。PG 信号从打开电源到输出有效，大约有 100~500ms 的延时，其作用是在电源输出达到稳定后通知主机启动系统，而当突然断电后，PG 信号将在直流稳压输出消失之前做出反应，使得硬盘驱动器有足够的时间使磁头复位，从而防止硬盘受到意外损坏。PG 信号不正常往往导致系统不能启动。

（2）为了实现休眠、远端唤醒和软开机功能，ATX 电源都设有一个独立的辅助电源系统。它输出的 5VSB 电压，通过 20 芯电源插头为主板控制电路供电。而控制电路又通过 PS-ON 端以反馈的形式来控制电源的开启。在这个反馈回路中的任何一个环节出现了问题，都会直接关系到电脑能否正常启动。此外，当电源处于待机状态时，其自激震荡、推动电路部分，还需要一组单独的自用电源供给。如果该电压不正常的话也会造成电源启动困难，或偶然可以启动的故障现象。

（3）自激震荡或保护电路集成块（TL494、LM339）内部出现短路等问题。这种情况可以在断电的情况下，用万用表的电阻挡在线测量各引脚与地间的直流电阻，将所得数据与无故障集成块进行对比，如果数值相差较大则基本可以确定是集成块损坏，将它更换后故障即可排除。

（4）保护电路设置较为完善的电源，只要其电压输出端的任意一路，出现负载过重或短路的情况均会立即启动，强制震荡，推动电路停止工作，从而有效地保护硬件不被损坏。不过发生保护电路失效的故障几率并不高。如电源能够启动且各路电压正常，则怀疑保护电路误动作就是正确的。此时可以采用最小系统法，并逐步添加外围硬件的方法，最终找出存在问题的硬件。

6. 小心主板与机箱短路

现在有些主板单独测试时很正常，但为什么装入机箱会出问题?

好的内涵还需要好的外表，现在的机箱种类繁多，有的消费者一时为了美观没有顾及到机箱的质量问题。很快就出了故障；主板和其他的部件是好的，但是一放进了机箱里就出现不亮或不稳定等问题，仔细观察过后发现该机箱的固定主板的底板是变了形的金属板，其中部分因为没有被有效的支撑起来导致了主板与机箱的短路，造成了故障。所以在这里提醒用户在购买电脑的时候一定要注意各个部件的质量，现在好看不中用的产品太多了。

7. 电源质量问题导致 USB 闪存故障

某电脑配置为 P4 2.0GHz CPU、顶星 TM-865G2 主板（集成 6 个 USB 接口）、希捷 80GB 硬盘、Hynix 256MB DDR333 内存，安装的是 Windows XP(SP1)。插入 USB 闪存后能被系统识别，也能看到盘符，有时在进行读写操作时，USB 闪存上的指示灯就长亮，随后不能看到任何文件，有时也能写入或读出文件。

当不能读写文件时，查看 USB 闪存属性，发现 USB 闪存容量为 0MB，该 USB 闪存在其他电脑上试验一切正常。重装 Windows，故障依旧。更换电源后，故障消失，原来是由于劣质电源导致 USB 接口供电不足。

8. 电脑主机无法关机

电脑主机无法关闭，有以下几种现象和原因：

（1）BIOS 中设定关机时有一定的延时时间（Delay Time），关机时需要按住电源按钮，保持数秒钟，才能将机器关闭。不能实现瞬间关闭，是正常现象，不是故障。

（2）电源按钮失灵。这种情况下，不仅不能关机，开机也会有问题。

（3）主板上的电源监控电路故障，PS-ON 信号恒为高电平。

（4）关不了键盘电源（键盘的 NumLock 指示灯在主机关闭后是亮的）。有些机器允许使用密码通过键盘开机，键盘上的 NumLock 灯在关机后仍亮着，是正常现象。

（5）关不了显示器。如果显示卡或显示器中有一个部分不支持 DPMS（显示器电源管理系统）规范，在主机关闭后显示器指示灯亮，屏幕上仍有白色光栅，也属正常现象。

9. 启动时电脑表现不稳定

机器开机时有下列不稳定的现象：当先打开机器的总电源开关后，机器的 Power 指示灯及 HDD 灯微亮，接着按一下 Power，机器自检完光驱和硬盘之后就没有动静了，用 Reset 键重启也无济于事。但这种现象也不是一定的，偶尔也能够正常启动，而且一旦正常启动之后就没有任何问题，所以不知道到底毛病出在什么地方。

这是由于电源与其他部件的不匹配而引起的问题。其主要原因可能有：

（1）电源提供的启动脉冲的宽度不足以满足主板的要求。

（2）主板提供的启动 ATX 开关电源的脉冲宽度不满足电源的要求。

（3）启动各种设备（如主板、硬盘等）时所需瞬时电流非常大，引起电源过流保护。

对于第一、第二种故障，可以更换功率大一点的电源。对于第三种故障，如果更换功率大的电源还不能解决，就需要对主板进行更换了。

10. 电脑自行开机

自行开机故障有以下两类：

（1）在 BIOS 设置中将定时开机功能设为了“Enabled”，这样机器会在所设定的某个日期的某个时刻，或每天的某个时刻自动开机。某些机器的 BIOS 设置项中具有来电自动开机功能设置，如果选择了来电开机，则在插上交流电源后，机器便会启动。应该说，出现这些问题，并不是真正的故障，而是用户不了解机器所具有的这些功能。

（2）在 BIOS 中关闭了定时开机和来电自动开机功能，机器只要接通交流电源还会自行开机，这无疑是硬件故障了。硬件故障有三种原因：第一种是电源本身的抗干扰能力较差，交流电源接通瞬间产生的干扰使其主回路开始工作；第二种是+5V 电压低，使主板送不出应有的高电平，而总为低电平，这样机器不仅会自行开机，还会关不掉；第三种是来自主板的 PS-ON 信号质量较差，特别是在通电瞬间，该信号由低电平变为高电平的延时过长，直到主电源准备好了以后，该信号仍未变为高电平，使 ATX 电源主回路误导通。

11. 电源功率不足引起电脑故障

要保证电脑的正常运行，首先必须保证电源功率的正常供给。否则，电脑将不能正常地工作。现举两个例子来说明功率不足所带来的问题。

（1）功率不足，影响超频。现在，超频是一个热门话题。但更高的频率就意味着更快的处理速度，随之而来的便是更大的耗电量。不少人发现自己的 CPU 在别的电脑上超得稳稳当当，但在自己的机上，一超频就很容易造成重新启动计算机（若是 CPU 超不上去，通常情况是死机）。要注意的是，有些计算机在一段时间或某个地方是可以超上去的，但移到了别的地方（供电不太稳定）就超不上去了。比如有一台电脑，超频之后工作稳定，在机箱内另外加了 4 架大风扇后，刚开机时还没什么问题，一打开光驱就要重新启动计算机了，弄巧成拙，搞了老半天只好把新装的风扇给拆了。

（2）功率不足，易损坏硬盘。一般处于临界状态的机器（电源功率比实际功率大点）可以正常运作一段日子，但电源长期在接近最高负荷的情况下工作，很容易老化。隔了些日子，在开机或进行一些需要磁头做大量读写工作的操作时，就可能听到好像是自行车轮一下一下摩擦刹车橡胶的声音，不时还会在 Windows 中出现蓝屏死机，提示说读写某个分区时出现错误。那些声音是磁头不断激发，功率不足又复位，这样往复的结果。于是，再过一段日子，硬盘就要出现坏区，随着坏区不断扩大，硬盘也就要报废了。

说了这么多电源不足的弊端，现在提出几点建议：

（1）应尽量买 250W 以上的电源，并且最好是买名牌产品。

（2）如果有较多的外设，如双硬盘、双 CPU、双光驱、SCSI 卡时，最好找个功率更大的（300 ~ 400W）或接个服务器电源。

（3）如果打算装 AMD Athlon、Intel Pentium 4 或者是用 GeForce 显卡的就一定要用 300W 以上的电源（AMD Athlon 主板推荐使用 300W 电源）。

（4）尽量减少主机的负担，显示器要直接插到电源插座上，不要由主机供电。有条件的话买个 UPS 电源。

12. 电源导致零部件异常

有经验的维修人员，在遇到主板、内存、CPU、板卡、硬盘等部件工作异常或损坏故障时，通常要先测量电源电压。正常的工作电压是电脑可靠工作的基本保证，而很多莫名其妙的故障都是电源惹的祸。

一台机器发生了找不到硬盘的故障，通过对比试验，确信硬盘是好的。判断为主板上的 IDE 接口损坏，于是找来老的多功能卡，插在主板的空闲 ISA 插槽中，接上硬盘开机重试，仍然找不到硬盘。测量电源电压，+12V 电压只有 10V 左右。在这样低的供电电压下，硬盘达不到额定转速，当然不能工作。换一台 ATX 电源，故障排除。

13. 电源引起的微机不能自检

计算机不能自检，在 BIOS 中查看，发现 CPU 风扇转数只有 9r/min，正常应该是 4000rpm 左右。

查看系统电压，本来为+5V 的电压只有 4.4V 左右，－12V 电压只有－10V 左右，+12V 电压也偏低，问题一定出在电源上。

换一个好的电源，开机自检，观察 CPU 风扇转数恢复为 4000r/min，系统电压恢复正常，上下浮动只有 0.1V 左右，故障排除。

14. 开关损坏导致死机

某电脑启动时自检到键盘就死机，重试几次也是如此。

根据故障现象判断可能是键盘或主板有问题，换了一个键盘检查，故障依旧。再看主板，仔细观察主板表面没有什么明显的问题，只有使用替换法检查。把其他板卡、硬盘等配件接到新主板上装好，开机检查故障依旧，把原主板换到别的机器上使用，正常，主板也没问题。对其他配件采用替换法检查无结果。这台机子的配件装到别的机子上都没问题，可是一装到这台机子上就不行。将这台机子的配件逐个检查了一遍，唯独机箱没换过，于是便换了个机箱试了一下，问题消失了。问题果然就在机箱上，不过到底是机箱电源功率不足，还是电源质量差、电压有问题？经测量，电源各负载接口电压都没问题。单独把电源交换使用后，发现电源功率也没问题。将主板上的开关连线拔下，用螺丝刀短接试了一次后，启动正常了，终于确认是开关损坏（估计是内部接触不良）导致启动失败。更换开关问题解决。

15. 电源负载能力差

开机时，电源风扇转一下即停，各输出端的输出电压均为 0V。

开机瞬间，风扇转动几转，说明电源开关已起振，并有电压输出，后由于某种原因，保护电路动作，使开关管停振，所以无电压输出。

（1）检查+5V 端、–5V 端、+12V 端、–12V 端的对地电阻，无短路。

（2）检查+5V 反馈电路中元件，未见异常。

（3）该电源的脉宽调制组件用的集成电路是 UC3842，7 脚是供电电源端，5 脚是地，6 脚是输出端，用万用表检查 UC3842 外围阻容元件，也未见异常。

（4）关机测量 UC3842 各引脚的对地电阻，与另一台型号不同的电源上的 UC3842 的对地电阻比较，发现故障电源上的 UC3842 局部损坏，更换 UC3842。再用软驱作负载，接上电源风扇（风扇的正极接+12V，负极不是直接接地），开机，风扇转几下就停了。关机，风扇转几下又停了，大约 3 秒钟后又转几下，如此重复四五次。

（5）又对该电源板上的各元件进行检查，也没发现异常元件。查看有关资料，把电源风扇的负极改为直接接地，用一只 4Ω/5W 的电阻接在+5V 端作假负载，加电，风扇转动，测量各组输出电压，电压正常。

16. 升级电源导致电脑故障

某用户最近将机器升级，把原来的赛扬换成了毒龙 750，主板也换成了微星 K7T Pro，显卡换为七彩虹的 Geforce2 MX 200，还换了光驱，加了个内存和 Modem，机箱和电源用的是风云世纪版。

升级后重新安装系统，初步运行基本正常，但有时看 VCD 或玩游戏时会死机，只能按 Reset 键重启。有一次死机后启动时突然在找到光驱后系统报告内存测试失败，以后启动到此就停止自检，按 F1 键跳过，不能进入 Windows，热启动时不出现这一提示（热启动不检查内存）。

（1）怀疑内存条不好，换了一根内存条，开机后偶尔能进入蓝天白云画面，然后还是死机。后来再启动时不能检测到硬盘，在 CMOS 中使用检测硬盘项也无法检测到硬盘。

（2）换了一块主板后依然是同样的毛病。

（3）怀疑是电源容量不够。把电源拆下来检查，标称功率是 250W 的，但估计没有达到这个标准。因为手头暂时找不到其他的电源，于是先采用最小系统法，然后再把其他的配件一个一个加上去，当加到光驱时（此时还剩软驱未加）故障出现，看来是电源的毛病，更换一个电源即可。

17. UPS“啪啪”响

一台 500W 后备式 UPS 电源，在使用中，时而发出“啪！啪！”的轻响，显示器屏幕随之跳动，但 UPS 指示灯并未变化，此时用万用表测试，发现 UPS 输出电压在 210~250V 之间变化，测量输入电压，一直保持在 220V 左右，未有明显变化，用电笔测输入插座极性为“左零右火”，未见异常。在 UPS 不接计算机等负荷时，故障依旧。先后更换 3 台不同型号的后备式 UPS，均有此现象。

在后备式 UPS 电源中，通常采用变压器分级调压稳压技术，当输入电压在 180~250V 之间变化时，利用继电器改变变压器的抽头，可以使 UPS 的输出电压稳定在 200V 左右。所听到的“啪！啪！”轻响很可能是继电器切换时发出的响声，属正常现象。虽然会引起显示器屏幕跳动，但对微机的正常工作无影响。

用万用表测试 UPS 输出电压，如果在 UPS 轻响时输出电压在 210~250V 之间变化，且影响了微机正常工作，则需要查找原因。因先后更换了 3 台不同型号的后备式 UPS，且在 UPS 不接计算机等负荷时故障依旧，所以故障源很大可能来自外部，故障源有以下几种：

（1）输入电源引线是否接触不良。

（2）是否有其他电器带来的干扰，如复印机、空调机、电冰箱、电焊机等，这些设备启动时会使电源电压瞬间降低，关闭时会使电源电压瞬间升高。尤其是 UPS 的负载不能有其他电器，如日光灯。

（3）负离子发生器产生的负离子浓度过高，会诱发 UPS 电源或微机印刷电路板产生瞬间静电击穿，使 UPS 出现故障。

（4）化纤、纯羊毛地毯也是静电之源，尤其是在干燥的冬季，所以机房应使用防静电地毯。

18. UPS 稳压电源逆变器不工作

供电中断时，三特牌 500VAUPS 稳压逆变器不工作，红色指示灯长亮。

从故障现象可知，该故障是因电池电压太低引起。打开机盖，测得电池两端电压只有 16.8V，通电后两端电压不变，说明故障出在充电电路。该充电电路工作原理是：市电工作时，主变压器 T3 输出 25V 的交流电压，经 S2 继电器的第 1、2 脚接点后，再经 B1 桥堆整流、C21、C22 滤波后输出 34V 的直流电压。然后将其送至可调稳压器 U8（MG317T）稳压后对蓄电池充电。

用万用表测得 C21 两端直流电压正常，说明故障位于滤波电路后。当测量 MG317T 输出脚时，发现输出电压只有 10V，查输出负载均正常，调整 VR3，输出电压无变化，说明 U8 已损坏。

用同型号的 MG317T 更换 U8，断开电池，调整 VR3，使得 U8 输出电压稳定在 28V 左右。开机试运行，故障排除。

19. 如何升级电源

所谓的升级电源，就是更换一个功率更大的新电源，以替换掉陈旧的电源或满足当前电脑整机负载的需要。

（1）找到电源。关闭电脑的电源，拔下电源插头，打开机箱盖。

（2）确定新电源的功率。新购买的电源一定要达到或超过现在所使用电脑所需的功率，这一点很重要。

（3） 取下电源接头。松开主板和驱动器的电源接头。若接头有些松动，可以把它固定紧。对于 AT 电源：松开电源开关和地线。

（4） 拆除旧电源。拔掉电源后面的 4 个螺丝，从机箱中小心拿出电源。有时，用户可能还需要拿掉电脑中其他配件才能把电源拿出来。

（5） 安装新电源。把新电源小心放入机箱中，再用螺丝拧紧，仔细连接主板电源线及其他刚卸掉的电源接头和电源线。

（6） 检查并打开电源。把电源的电源线连接到墙上的插座上，然后启动。确保系统启动、配件工作正常。如果电脑死机，断掉电源，仔细检查所有电源连接是否正常，然后再重新启动机器。

提示!!

在电源的后面板上如果有电压选择开关，确保已经设置成正确的电压。

20. UPS 电池放电过量

一台 500V 三特牌 UPS，在无任何输入电源的情况下，开机无任何反应。加输入电源，开机后机内发出“喳喳喳”的响声，红色指示灯微弱闪亮，有交流电输出，但极不稳定。

该电脑是 3 年前购买的，但有几个月未使用，最近使用时发现不能启动。由此分析，可能是由于长时间闲置，电池慢慢放电造成放电过量，电压过低，逆变器不能启动。

此时的 UPS 是一台后备式 UPS，内置两块电池，每块电池的理论电压为 12V，串联后为 24V。用万用表测电池组电压，仅仅 13V。测单块电池，每块电压为 6.5V。加输入电源，发现机内的“喳喳喳”声是电路板上的继电器发出的，前面的分析看来是正确的。

借来一台同型号的 UPS，打开机箱，用导线将一块电池同坏的 UPS 的电池组串联，也就是电池的正极接负极，负极接正极，形成一个 3 块电池组成的串联电池组。用万用表测电池组电压为 22V，再仔细检查连接线路，一切正常，输入交流电源，开机，UPS 一声长鸣，绿色指示灯亮。测交流电输出，有 220V 稳定输出。

充电一个小时后试机，故障依旧，但故障电池电压略有上升，估计是 UPS 自带充电器充电功率太小。再开机充电 10 小时。故障电池组电压达 16V 多，试机还是不能正常工作，但“喳喳喳”声消失，改为报警声长鸣，红色指示灯长亮。对照说明书，得知长鸣声是电池电压不足报警。再次证明判断是对的，电路正常，电压不足。

再加长充电时间，电池组电压达 20V 以上。开机，绿色指示灯亮，一切重归正常。事后用这台 UPS 对微机（功率在 200~300W 之间）进行供电，切断交流电输入后工作 15 分钟没任何问题。

其实，电池电压不足造成 UPS 不能正常启动，是 UPS 常见故障之一，由于方法极其简单，每个人都可以自己动手解决。这里有几点需要加以说明：

（1）没有电工经验的人，开机连接电池时最好关掉交流电源，以免不小心触电。电池上标有正负极，注意区分。

（2）如果条件允许，可用大功率充电器给电池充电，时间将大大缩短。

（3）并非在整个充电时间内都要一直占用另一台正常 UPS 的电池，当绿色指示灯亮，故障 UPS 开始工作后，可小心取下第三块串联电池，恢复故障 UPS 的原电路连接，只对故障电池组充电。

7-2 网卡、Modem 维护与故障处理

1. ADSL Modem 的日常维护

对 ADSL 设备进行必要的日常维护不仅可以减少意外的故障，保持网

络的通畅，还可以提高设备的使用寿命。主要的日常维护包括以下内容。

（1）ADSL Modem 一般最好在温度为 0~40℃、相对湿度为 5%~95%的工作环境下使用，并且还要保持工作环境的平稳、清洁与通风。一般 ADSL Modem 能适应的电压范围在 200~240V 之间。

（2）ADSL Modem 应该远离电源线和大功率电子设备，比如功放设备、大功率音箱等。

（3）要保证 ADSL 电话线路连接可靠，无故障、无干扰，尽量不要将它直接连接在电话分机及其他设备，比如传真机上。要接分机可以通过分离器的“PHONE”端口来连接。

（4）遇到雷雨天气，务必将 ADSL Modem 的电源和所有连线拔掉，以避免雷击损坏；最好不要在炎热的天气长时间使用 ADSL Modem，以防止 ADSL Modem 因过热而发生故障及烧毁。

（5）在 ADSL Modem 上不要放置任何重物，要保持干燥通风、避免水淋、避免阳光的直射，也不要将 ADSL Modem 放置在计算机的主机箱上。

（6）定期对 ADSL Modem 进行清洁，可以使用软布清洁设备表面的灰尘和污垢。

（7）定期拔下连接 ADSL Modem 的电源线、网线、分离器及电话线（接线盒），对它们进行检查，看有无接触不良、有无损坏，如有损坏，电话线路接头如果氧化要及时更换。

2. 网卡资源冲突

在安装网卡时，有许多即插即用的网卡很容易和计算机的其他设备发生资源冲突，而且发生冲突时计算机往往不会出现提示，那么我们该怎样解决这种冲突故障呢？

可能与其他设备发生资源冲突的网卡有：NE2000 兼容网卡和 COM2 有冲突，都使用 IRQ3；Realtek RT8029 PCI Ethernet 网卡容易和显卡发生冲突，它们都“喜欢”用 IRQ10。为了解决这种设备的冲突，可进行如下设置：首先在设置窗口中将 COM2 屏蔽，并强行将网卡中断设为 3。如果遇到 PCI 接口的网卡和显卡发生冲突时，可以采用不分配 IRQ 给显卡的办法来解决，就是将 CMOS 中的 Assign IRQ for VGA 一项设置为“Disable”。

3. 网卡工作不正常

一块 PCI 总线网卡，无论在 Windows 98 还是在 Windows 2000／XP 中

工作都不正常。主要表现在网络时断时续，查看网卡的指示灯，发现时灭时亮，而且交替过程很不均匀。与该网卡连接的 HUB 所对应的指示灯也出现同样的现象。

根据故障表象，开始怀疑是 HUB 的连接端口出了故障，于是将该网卡接到其他的端口（该端口已证明工作正常）上，问题依然，说明 HUB 没有问题。之后再用网卡随盘附带的测试程序盘查看网卡的有关参数，其 IRQ 值为 5。返回到 Windows 操作系统，查看操作系统分配给网卡的参数值，其 IRQ 同样是 5。后来怀疑主板插槽有问题，但换了几个插槽，问题没有好转。进入 BIOS，选择“PNP/PCI CONFIGURATION”一项，发现 IRQ 5 后面的状态为“Legacy ISA”（保留的 ISA 总线设备）。问题就是出在这里，原来系统将 IRQ 5 分配给了 ISA 总线设备，而我们使用的却是 PCI 总线的网卡，从而导致网卡无法正常工作。将 IRQ5 后面的状态改为“PCI/ISA PNP”后，网卡的工作一切正常。

提示!!

对于 ISA 总线的网卡而言，一般不会出现上述问题。但是当使用的是 PCI 的设备，而该设备要使用 IRQ 5 中断值时，因为在 BIOS 中已将 IRQ 5 分配给了 ISA 总线的设备，使中断值与要求的设备类型不对应，设备也就无法正常工作。因此，对于网卡参数的设置应确定一个“三统一”标准，即网卡自身拥有的 IRQ 值、操作系统分配给网卡的 IRQ 值以及 BIOS 确定的 IRQ 值的总线类型三者之间应该相一致。

4. 网卡无法安装

（1）检查计算机中网络适配卡的物理安装是否正确。确定网络适配卡或插槽工作是否正常，适配卡是否正确插入插槽。

（2）运行“添加新硬件”向导，安装适配器。如果“添加新硬件”向导检测不到网络适配器，可以尝试将适配卡移到其他插槽中。

（3）在“网络”属性框的“配置”选项卡中双击已安装的网络适配器列表中的网络适配器。在适配器属性框的“高级”选项卡中检查“收发机类型”设置的“值”是否与所用网线类型匹配；在“资源”选项卡中检查设置是否与网络适配器应使用的设置匹配。如果不能确定该网络适配器应使用哪些设置，请单击“配置类型”框中的“已检测配置”。

5. Modem 拨号上网时总是掉线

一般来讲，导致 Modem 掉线的原因主要有以下几点：

（1）电话线路质量不好。由于数据通信对线路的质量要求要比语音通信高，所以当电话线路有问题就会影响线路质量而容易产生掉线，接电话线的时候一定要注意电话线“只可顺接，不可逆接”的原则。

（2）如果电话具有“呼叫等待”功能，每当有电话打进来，调制解调器就会受到干扰而断开。

（3）数据终端就绪（DTR）信号无效会引起掉线。

（4）Modem 本身的质量以及 Modem 的兼容性问题也可能引起掉线。

6. 检测不到外置 Modem

这个问题虽然比较少见，但是却很麻烦。出现这个问题大致有以下 3 种情况：

（1）主板没有将 BIOS 中的 COM 端口打开。解决方法是，重启电脑按住 Del 键进入 BIOS 设置，将 Integrated Peripherals 菜单中 Onboard Serial Port 2 选项由“Disabled”改为“Auto”即可。

（2）如果排除了 BIOS 设置问题，那可能是主板的 COM 端口损坏造成的。解决方法是让主板厂商修理。

（3）如果是早期的 AT 结构主板出现此故障，则可能是由于 COM 端口与主板之间的连线出现了问题。

7. Modem 不执行拨号操作

正确连接微机、Modem 和电话线后，进行拨号上网操作时，Modem 没有拨号音，始终没连接上或指示灯没闪烁。

该现象表明 Modem 没有执行拨号操作，造成该故障的原因很多，现分析如下：

（1）上一次使用时能否正确执行拨号操作，若上次使用时能拨号而现在不能拨号，请参见（2），否则转到（5）。

（2）最近是否修改过有关 Modem、串行端口的设置，若修改过，请将相关参数恢复成修改前的设置再试。如果问题解决，则 Modem 可正常工作了，否则继续。

（3）最近是否新装过什么软件或硬件设备，若安装过，可能是该软件或硬件与 Modem 冲突。可以考虑删除该软件或去掉硬件，或者重新安装 Modem 的驱动程序。问题解决则罢，否则继续。

（4）最近是否有过雷击、闪电，若 Modem 与电线的插头未取，则可能是 Modem 被雷击损坏。请用交换法，换一块好的 Modem 在本机上测试，看本机有无问题。

（5）将不能拨号的 Modem 换到其他计算机上，试着拨号，看能否听到拨号音，若能听到拨号音，请转到（9）。

（6）若不能听到拨号音，则检查与 Modem 相连的电话是否能拨号。若不能，可能是电话线路本身出现故障，请检查电话线路。

（7）如电话线本身没有故障，则检查通信软件是否能识别到 Modem。重新拨号，如果拨号正常，则问题得以解决，否则继续。

（8）若通信软件已能正确识别 Modem，请检查通信软件中 Modem 参数的设置是否正常；若使用的系统是 Windows XP，则在"开始"|"控制面板"中双击"电话和调制解调器"图标，在"调制解调器"选项卡上，单击要测试的调制解调器，然后单击"属性"|"诊断"，再单击"查询调制解调器"，确认与调制解调器连接的端口是否正确，I/O 地址、IRQ 中断是否与硬件设置相同；若使用的系统是 Windows 98/ME，则在"控制面板"中双击"调制解调器"图标，然后单击"常规"标签，单击选中正在使用的调制解调器，单击"属性"按钮，确认与调制解调器连接的端口是否正确。然后再次拨号，如果拨号正常，表示问题得以解决。

（9）如果硬件连接、参数设置都正常，请检查一下电话的拨号等待音是否正常，正常的拨号等待音应为长音，如果拨号等待音正常，请转到（11），否则继续。

（10）如果拨号等待音不正常，请检查该电话是否在电信局安装了语音信箱或类似功能的设备，如这时电话的拨号等待音是一连串的短促音，请更换未安装语音信箱的电话或到电信局停止语音信箱功能后再试。如果使用的是 Windows 98 操作系统，也可以在"控制面板"中双击"调制解调器"，打开"常规"选项卡。单击正在使用的调制解调器，单击"属性"按钮，在"连接"选项卡中取消"拨号前等待拨号音"复选框。

（11）如果拨号音不正常，请检查是否在连通之前，该电话被取消。若是，在"控制面板"中双击"调制解调器"，打开"常规"选项卡。单击正在使用的调制解调器，然后单击"属性"按钮，在"连接"选项卡中取消"如果没有接通，请取消呼叫"复选框。如果不想禁用此项，可增加秒数。

（12）检查拨号音的音频或脉冲方式是否正常。若不正常，在"控制面板”中双击“调制解调器”，打开“常规”选项卡，单击正在使用的调制解调器，然后单击“属性”按钮，单击“拨号属性”按钮，选择正确的音频、脉冲方式。

（13）如果连入 Modem 的是电话分机，请检查所输入的电话号码是否加入了外线前缀号，如 0 或者 9。

（14）检查电话号码本身格式是否正确，电话号码采用国际标准格式，即：

国家代码（区号）电话号码

其中，国家代码和区号只能由数字 0~9 构成，电话号码可含连字符、句号、空格和其他格式字符。

（15）如果 Modem 与之相连接的电话采用的是并联方式，请检查该电话是否被拿起或正在通话，确保该电话未被使用和话机放在正确的位置。

（16）如果拨号系统没有问题，请检查系统使用的 Modem 驱动程序是否正确，若与使用的 Modem 的型号不符合，请用 Modem 驱动程序盘重新安装。

（17）若通过上述所有步骤检查仍不能解决问题，请更换相同型号的 Modem 再试，若更换 Modem 后问题解决，则原 Modem 已坏，请与生产厂商或销售厂商联系。

8. Modem 和鼠标冲突

某电脑上原有一只 TP-LINK（使用 Cirrus 芯片）的 33.6KB/s 的内置 Modem 和一只 PS/2 的鼠标，后来鼠标坏了，就买了一个串口的新鼠标接到技嘉 HX 主板上的 COM1 口上（HX 芯片，集成 S3V64＋显卡，COM2 的位置被 VGA 端口占用了，因此只留下一个 COM1 端口），开机进入 Windows 98，屏幕上显示为“Standard Serial mouse”鼠标，用起来也很顺手。在上网用 Modem 拨号连接的时候，鼠标突然间失灵，不管怎样摇怎样按都无济于事，随后用键盘强行把拨号连接关闭了，鼠标就恢复正常。再拨号连接，鼠标再次失灵。

重新启动，鼠标还是不能使用；重装 Windows 98 和 Modem 驱动程序，一拨号鼠标又不能使用了。

重装 Windows 98 都解决不了问题。Modem 与鼠标的硬件质量问题肯定是排除在外了，因为它们只在拨号连接时才产生冲突。那会不会是 Modem 的驱动程序有缺陷呢？打开了 Modem 的驱动程序看了看，发布的日期竟然是 1997 年 11 月份，肯定兼容性不佳。于是借来一只 PS/2 的鼠标，上网找到最新的驱动程序，安装后再次拨号，上网后鼠标还是无法使用。

回到 Windows 98，在启动桌面的时候，在右下角的工具栏中见到了一个以前从未有过的图标，打开一看，原来是新加入的一个检测内置 Modem 的工作状态的程序，其中一项“Comport”是用来选择 Modem 的工作端口的，共有 4 个选项，分别为“COM1、COM3、COM2 和 COM4”，根据默认设置，Modem 的接口是在“COM3”上。COM1/COM3、COM2/COM4 这两对串口都是由相同的中断（IRQ）来控制两个不同的 I/O 地址，因此在 COM1 和 COM3（或 COM2 和 COM4）上接的设备同时工作时就会出现 IRQ 地址上的冲突，从而导致其中的一个设备无法正常使用。此时恍然大悟，原来内置 Modem 在使用时占去了鼠标的 IRQ，鼠标“死掉”当然是合情合理的了。赶紧把 Modem 的工作端口改为 COM4，使 Modem 和鼠标使用不同的 IRQ 地址，然后重新启动，再拨号上网，故障终于消失了，鼠标和 Modem 在网上配合得很默契，“猫”再也不咬“老鼠”了。

9. 56KB Modem 连线速率不足 56KB

56KB Modem，连线速率总是达不到 56KB。

56KB 是一种理想速率，需要较好的线路质量。平时使用时，在线路正常的情况下，应该可以连到 46~52KB 左右，如果达不到这样的速度。可以使用一些加速/优化软件。当然，如果使用分机上网，位置离电话局交换机的距离过远、线路差，或者所选择的 ISP 不支持 56KB 速率的接入，56KB 连接方式有可能无法启动。

可以采取优化线路质量，选择好的 ISP 来提升连线速率。

10. Modem 总是记不住口令

选择了“保存口令”的复选框，但下次使用还需要设置口令。

很可能使用的是 Service Pack 1 Windows 95。因为它有这样的 BUG：拨号窗口的口令与桌面口令不同。

删除 C 盘根目录下的*.pwl 文件，重新启动系统后，系统会提问口令，输入即可。再保存拨号口令就可以记住了。

11. Modem 拨号时提示“Login incorrect”

输入用户名和密码后提示“Login incorrect”。

可能有三种情况：

（1）用户名或密码输入不符，输入的密码必须完全正确。

（2）费用已用完了或是欠上月费用而被暂停了服务，去指定地点续费或补齐欠费，即可开通使用。

（3）ISP 的问题，可以询问当地 ISP。

确认密码是否正确、是否欠费。

12. Modem 拨号时提示“678 错误”

提示 678“拨入方计算机没有应答”错误。

可能与 TCP/IP 有关，可删除所有有关“TCP/IP”的选项后重新添加“TCP/IP 协议”；也可能是线路本身的问题。

可以换一根好的线路，以判断是否是线路问题（对于 56KB Modem，正常线路的连接速度为 42~52KB/s 之间，如其速度小于 40KB/s 就是线路问题），如是线路问题，最好先解决线路问题，以更好地发挥 Modem 的功能。

13. Modem 拨号时提示“没有拨号音，请检测调制解调器是否正确连到电话线”

一台笔记本电脑上的 Modem 不能拨号上网了，现象是 Modem 不能正常拨号，总是提示“没有拨号音。请检测调制解调器是否正确连到电话线”。

这台电脑因为感染了 CIH 病毒，于是格式化了 C 盘并重装了系统，装好后打算拨号上网时出现了上述问题。重新把电话线插了一次，还是提示无拨号音。这根电话线在台式电脑上就用得很好。在“控制面板”的“调制解调器”选项中检查了 Modem 的设置，又在“诊断”选项中检查了 Modem 的通信情况，这台 IBM 33.6KB Modem 也可以正确响应。

删除 Modem 的驱动程序，重新启动计算机后重新安装了 Modem 的驱动。这台 IBM 笔记本电脑的驱动安装很简单，只要直接执行相关安装文件就可以，它会自动在 C 盘生成一个 MWWW 目录，安装完毕重新启动就可以了，但重新安装驱动后还是故障依旧。

打开安装驱动时产生的 MWWW 目录，里面有一些 Modem 的相关工具软件，其中有一个名叫 world set 的目录。打开这个目录，里面只有一个名为 set 的可执行文件，执行这个程序后出现了一个关于国家的设置菜单，默认的设置是“USA”（美国），把参数更改为“中国”，此时系统提示要重新启动改动才能生效。重新启动后再次拨号，故障解决。

14. Modem 在分机电话上不能拨号

分机电话要打出去时，必须先拨零，等到拨号音出现后，再输入电话号码。根据一般的拨号原则，这时在“拨号连接”中的电话号码前要输入“0”，比如：“0，169”，但是这个方法在这台分机电话上却行不通。通过仔细地观察，发现问题在于这台分机电话所用的交换机速度很慢，拨零后等待的时间很长。按照一般 Modem 的拨号速度，拨完“0”以后，还来不及等到电话的拨号音出现，就已经把后面的号码全拨出去了，当然无法呼叫成功。

在电脑旁边再装上一部电话，要拨号时先用电话拨“0”，等到在话筒中听到了拨号音后，再从 Modem 开始拨号，结果轻松地连通了网络。

15. 安装 ADSL 出现提示“Rundll32 错误”

安装 ADSL 后在电脑关机时提示“Rundll32 错误”，单击“关闭”按钮后可关机。

由于是在安装 ADSL 后出现的此类问题，应该与网卡及其驱动程序有关，请首先升级网卡的驱动程序，然后调整一下网卡安装的插槽位置，此外需要注意的是，很多关机故障都与显卡和声卡的驱动程序有关，建议同时升级显卡和声卡等设备的驱动程序。

16. 网络属性中没有 PPPoE 相关项目

Windows 2000 安装协议完成以后，在网络属性中没有 PPPoE 相关项目。

用鼠标右击“我的电脑”图标，打开“计算机属性”对话框，单击选择“硬件”选项卡，单击“驱动程序签名”按钮，在打开的对话框中，选取“禁止未签名驱动文件”单选项。

17. ADSL 拨号超时

拨号窗口中显示“Begin Negotiation”错误提示信息，最后出现“Time out”。

这种情况表明网络不通，原因可能是 ADSL 上的 10BaseT 端口处的网线没有连接好或者 ADSL 网络不通，可以重启 ADSL 后再试。

18. ADSL 拨号出现无错误代码故障

拨号的时候总是出现“Connect communication service”后就没有反应

了，也看不到出错的代码提示。

这种情况往往是 ADSL Modem 本身的连接参数没有设置正确所导致。在接入 ADSL 服务时不只是要获得用户名与密码，还要获得 ADSL 服务的安装协议名称（比较普遍的如 1483Bridge LLC）、配置协议名称（比较普遍的如 G.lite）、VCI、VPI 的数值。因此可以打开 ADSL Modem 本身的设置选项。查看这些参数设施是否与电信部门所提供的参数一致，如果不一致的话，拨号也是不能成功的。此时可以通过按下 ADSL Modem 面板 Reset 键解决。

19. USB 接口的 ADSL Modem 无法拨号

使用 USB 接口的 ADSL Modem 拨号无法接通，一般来说，出现这种情况是由于 USB Modem 是通过 USB 接口供电，则启动时间比较短，网络设备没有被激活或者线路没有被激活的原因，即 ADSL Modem 没有被激活而导致线路不通。

出现了类似问题可以耐心地等待 30 秒至几分钟，再尝试连接，有时候开机就可以连接上，而有的时候要激活几分钟或者重新启动才可能连上；如果线路一直不能激活的话，则可能是网络连线出现了问题，请及时致电 ISP。

20. 使用 ADSL 上网玩游戏时电话一来就掉线

之所以出现这个问题，可能是 ADSL 硬件或者本地网络的问题。建议与 ADSL 的提供商联系。

通常，ADSL 断线涉及多方面的问题，包括 ISP 的接入服务器故障，线路的故障，线路干扰，ADSL Modem 故障（发热、质量、兼容性）和网卡（速度慢、驱动程序老）等等，可以从几个方面着手解决：

（1）检查 ADSL 电话线接头稳妥。

（2）远离电源线和大功率电子设备。

（3）ADSL 入户线和分离器之间不可安装电话分机和传真机等任何设备。

（4）正确安装分离器。

（5）淘汰老式的 ISA 网卡，换成 10MB/s～100MB/s 的 PCI 网卡及最新驱动程序。

（6）确保 ADSL Modem 散热良好。

21. ADSL 的指示灯正常也会掉网

当 ADSL 线路没问题的时候，ADSL 指示灯应该是绿色的，但是有些用户在 ADSL 指示灯正常的时候也会掉线，只要重新启动 Modem 就好了。

这种情况多发生在没有做代理服务器、没有做防火墙或路由器的网络用户上。因为 ADSL Modem 有个“10BaseT”口，这个口是接局域网的，实际上是个 Hub 口，虽然是 10Mbit/s 的端口，但是 ADSL 的上行带宽只有几百 KB/s，如果用户局域网内部是 ADSL 直接连接 HUB，HUB 再连接下面的客户机，网络内的许多与 ADSL 无关的数据包将占用 ADSL 上行通道，ADSL 也无法控制局域网内的广播风暴，如果超过 ADSL 上行传输能力，数据包将装入 ADSL 的缓存，如果数据量继续增大，缓存溢出，造成 ADSL“休眠”现象，这时只有重新启动 Modem 了。

可以选用一台双网卡的代理服务器（一定要双网卡）或者选用路由器，这样可以隔断 Modem 与局域网之间的直接通信，避免上述问题的发生。

22. 使用 ADSL 上网提示密码错误

使用 ADSL 上网时，已经输入了正确的用户名和密码，但系统还是提示密码错误。

出现这一故障，可能是由于输入的用户名格式有问题。因为 ADSL 需要指定登录和使用的服务项目，所以用户名的格式一般来说是这样的：ADSL+用户电话号码。当然，这个格式根据 ISP 的不同可能有所差别。然后，就可以通过 PPPoE 软件看到 ISP 所提供的服务项目列表，根据需要选择即可。

23. ADSL 拨号提示“Error 602 The port is already open”

拨号网络由于设备安装错误或正在使用，不能进行连接。

RasPPPoE 没有完全和正确地安装。卸载干净任何 PPPoE 软件，重新安装。

24. ADSL 拨号提示“Error 605 Cannot set port information”

拨号网络由于设备安装错误不能设定使用端口。

RasPPPoE 没有完全和正确地安装。卸载干净任何 PPPoE 软件，重新安装。

25. ADSL 拨号提示“Error 606 The port is not connected”

拨号网络不能连接所需的设备端口。

RasPPPoE 没有完全和正确地安装，连接线故障，ADSL Modem 故障。卸载干净任何 PPPoE 软件，重新安装，检查网线和 ADSL Modem。

26. ADSL 拨号提示“Error 608 The device does not exist”

拨号网络连接的设备不存在。

RasPPPoE 没有完全和正确地安装。卸载干净任何 PPPoE 软件，重新安装。

27. ADSL 拨号提示“Error 609 The device type does not exist”

拨号网络连接的设备其种类不能确定。

RasPPPoE 没有完全和正确地安装。卸载干净任何 PPPoE 软件，重新安装。

28. ADSL 拨号提示“Error 617 The port or device is already disconnecting”

拨号网络连接的设备已经断开。

RasPPPoE 没有完全和正确地安装，ISP 服务器故障，连接线故障，ADSL Modem 故障。卸载干净任何 PPPoE 软件，重新安装，致电 ISP 询问，检查网线和 ADSL Modem。

29. ADSL 拨号提示“Error 619”

与 ISP 服务器不能建立连接。

ADSL ISP 服务器故障，ADSL 电话线故障。检查 ADSL 信号灯是否能正确同步。致电 ISP 询问。

30. ADSL 拨号提示“Error 630”

ADSL Modem 没有响应。

ADSL 电话线故障，ADSL Modem 故障（电源没打开等）。检查 ADSL 设备。

31. ADSL 拨号提示“Error 633”

拨号网络由于设备安装错误或正在使用，不能进行连接。

RasPPPoE 没有完全和正确地安装。卸载干净任何 PPPoE 软件，重新安装。

32. ADSL 拨号提示“Error 638”

过了很长时间，无法连接到 ISP 的 ADSL 接入服务器。

ISP 服务器故障；在 RasPPPoE 所创建的连接中用户错误的输入了一个电话号码。运行其创建拨号的 Raspppoe.exe 检查是否能列出 ISP 服务，以确定 ISP 正常；把所使用的拨号连接中的电话号码清除或者只保留一个 0。

33. ADSL 拨号提示“Error 645”

网卡没有正确响应。

网卡故障，或者网卡驱动程序故障。检查网卡，重新安装网卡驱动程序。

34. ADSL 拨号提示“Error 650”

远程计算机没有响应，断开连接。

ADSL ISP 服务器故障，网卡故障，非正常关机造成网络协议出错。检查 ADSL 信号灯是否能正确同步，致电 ISP 询问；检查网卡，删除所有网络组件重新安装网络。

35. ADSL 拨号提示“Error 651”

ADSL Modem 报告发生错误。

Windows 处于安全模式下，或其他错误。出现该错误时，进行重拨，就可以报告出新的具体错误代码。

36. ADSL 拨号提示“Error 691”

输入的用户名和密码不对，无法建立连接。

用户名和密码错误，ISP 服务器故障。使用正确的用户名和密码，并且使用正确的 ISP 账号格式（name@service），致电 ISP 询问。

37. ADSL 拨号提示“Error 718”

验证用户名时远程计算机超时没有响应，断开连接。

ADSL ISP 服务器故障。致电 ISP 询问。

38. ADSL 拨号提示“Error 720”

拨号网络无法协调网络中服务器的协议设置。

ADSL ISP 服务器故障，非正常关机造成网络协议出错。致电 ISP 询问，删除所有网络组件重新安装网络。

39. ADSL 拨号提示“Error 734”

PPP 连接控制协议中止。

ADSL ISP 服务器故障，非正常关机造成网络协议出错。致电 ISP 询问，删除所有网络组件重新安装网络。

40. ADSL 拨号提示“Error 738”

服务器不能分配 IP 地址。

ADSL ISP 服务器故障，ADSL 用户太多超过 ISP 所能提供的 IP 地址。致电 ISP 询问。

41. ADSL 拨号提示“Error 797”

ADSL Modem 连接设备没有找到。

ADSL Modem 电源没有打开，网卡和 ADSL Modem 的连接线出现问题，软件安装以后相应的协议没有正确绑定，在创立拨号连接时，建立了错误的空连接。检查电源、连接线；检查网络属性、RasPPPoE 相关的协议是否正确地安装并正确绑定（相关协议），检查网卡是否出现“？”或“!”，把它设置为 Enable；检查拨号连接的属性，是否连接的设备使用了一个“ISDN channel - Adapter Name （xx）”的设备，该设备为一个空设备，如果使用了取消它，并选择正确的 PPPoE 设备代替它，或者重新创立拨号连接。

7-3 数码相机维护与维修

1. 如何存放数码相机

保存相机要远离灰尘和潮湿，在保存前，要先取出电池。如果数码相机长期不用时，应取出电池，卸掉皮套，存放在有干燥剂的盒子里。有条件的情况下，应该放在能够控制温度、湿度的封闭空间。数码相机是精密的机器，放在平常的衣橱、柜子容易受到湿气的影响，虽然不致立刻损坏，长期下来也不是好事。能够保存在防潮箱中最好。存放前应先把皮套、机身和镜头上的指纹、灰尘擦拭干净。

2. 烟尘会对数码相机产生什么样的影响

数码相机应在清洁的环境中使用和保存，这样可以减少因外界的灰尘、污物和油烟等污染导致相机产生故障。因为污染物落到相机的镜头上会弄脏镜头，影响拍摄的清晰度，甚至还会增加相机的调整开关与旋钮的惰性。在户外空旷地区，拍摄时风沙会比较大，可能会有忽然到来的狂风，由于风沙容易刮伤相机的镜头，其渗入对焦环等机械装置易造成损伤，因此除了正在拍摄外应随时用护盖将镜头盖住，风沙大的地区最好记得将相机的护套带上。

3. 数码相机能放置在高温中吗

相机不能直接暴露于高温环境下，不要将相机遗忘在被太阳晒得炙热的汽车里。如果相机不得不晒在太阳下，要用一块有色而且避沙的毛巾或裱有锡箔的遮挡工具来避光，不要用黑色工具，因为黑色只会吸光，会使情况变得更糟。在室内时，不要把相机放在高温、潮湿的地方。

4. 如何保护好数码相机的镜头

镜头是数码相机的一个重要组成部分，由于它经常暴露在空气中，因此镜头上落上一些灰尘也是很正常的，但是如果长时间使用相机而不注意维护镜头的话，那么镜头上的灰尘将越聚越多，这样会大大降低数码相机的工作性能。例如，镜头上的灰尘会严重降低图像质量，出现斑点或减弱图像对比度等。另外在使用过程中，手碰到镜头而在镜头上留下指纹，也是不可避免的，这些指纹同样也会使取景的效果下降。

只有在非常必要时才对镜头进行清洗。镜头上有一丁点儿的灰尘并不会影响图像质量。清洗时，可用软刷和吹气球清除尘埃。而指印对镜头的色料涂层非常有害，应尽快清除。

在不使用时，最好盖上镜头盖，以减少清洗的次数。清洗镜头时，先使用软刷和吹气球去除尘埃颗粒，然后再使用镜头清洗布。滴一小滴镜头清洗液在拭纸上（但不要将清洗液直接滴在镜头上），并用专用棉纸反复擦拭镜头表面，然后用一块干净的棉纱布擦净镜头，直至镜头干爽为止。如果没有专用的清洗液，可以在镜头表面哈口气，虽然效果不比清洗液，但同样能使镜头干净。提示：务必使用棉纸，而且在擦洗时，不要用力挤压，因为镜头表面覆有一层比较易受损的涂层。

> 提示!!
> 千万别用硬纸、纸巾或餐巾纸来清洗镜头。这些产品都包含有刮擦性的木质纸浆，会严重损害相机镜头上的易损涂层。在清洗相机的其他部位时，切勿使用溶剂苯、杀虫剂等挥发性物质，以免相机变形甚至溶解。

5. 如何保养好数码相机的液晶显示屏

彩色液晶显示屏是数码相机的重要的特色部件，不但价格很贵，而且容易受到损伤，因此在使用过程中需要特别注意保护。

在使用、存放中，要注意不让彩色液晶显示屏表面受重物挤压，更要注意不要脱手将相机掉到地上以免摔坏液晶显示屏；彩色液晶显示屏表面脏了，只能用干净的软布轻轻擦拭，一般不能用有机溶剂清洗；有些彩色液晶显示屏显示的亮度会随着温度的下降而降低，这属于正常现象，不必维修。

在温度相当低时，液晶显示屏显示的亮度将会很低，一旦温度回升，亮度又将自动恢复正常；彩色液晶显示屏的背后有一个无法从表面看到的灯，如果彩色液晶显示屏显示的影像变暗，或显示影像上斑斑点点，或根本就不能显示影像，是灯泡老化所致，遇到这种情况一般只要更换相应的灯泡即可。

如果怕数码相机的液晶显示屏会被刮花或拍摄时沾上面油，可以贴上 PDA 用的透明贴纸，这也有一定的用处。

6. 数码摄像机的保养

数码摄像机保养应从以下几个方面入手：

（1）使用清洁带。摄像机如果长期使用而又不注意保养清洁，磁头就会出现结垢或结灰的现象，从而影响拍摄和播放质量。清洁带的使用能有助于改善拍摄的效果，可如果使用不当也会给摄像机带来损害。使用时应按以下步骤进行：

① 使用时，用放置录像带同样的方式将清洁带放人摄像机中。

② 按 PLAY 键，等待最多十秒钟后，按 STOP 键。

③ 取出清洁带（勿倒带）再观看播放和录制的图像。

④ 如果图像没有恢复正常，重复前面提到的三个步骤。但是重复操作不要超过四次。

在每次使用清洁带时请勿倒带。请一直使用到清洁带卷到头为止。另外，清洁带不能持续使用太长时间，否则会导致磁头的磨损。而且，大家最好购买正宗的专用清洁带，以确保清洁带本身的质量。

（2）拍摄时避免镜头直对阳光以免损害 CCD 板。

（3）寒冷的冬天，从室外进入室内机器容易结露，像人戴的眼镜一样。正确的方法应该是放置在密封的塑料袋中，待机器与室内温度一致时再取出。

（4）拍摄完毕保存时一定要取出磁带和卸下电池。

（5）尽量避免在雨天雪天拍摄，如要拍摄要更加妥善防护。

（6）避免在低温下长时间拍摄，防止机器提前老化。

（7）保存时应该尽量放置在干燥地方，避免机器受潮。

（8）镍铬电池充电时，一定要先使用完再充电，防止产生记忆效应，锂电器不在此列。

（9）一定要定期清洗磁头，一般拍摄 30 ~ 50 小时后清洗一次，请使用专用清洗带，清洗时不要超过 10 秒。

7. “红眼”产生原因及其解析

如果你曾经使用过闪光灯拍照的话，肯定遇到过“红眼”现象。就拿现在正在逐渐流行起来的数码相机为例，当你在使用闪光灯拍摄完成后，将照片传到电脑中后，发现被拍摄者的眼睛均为红色，看上去就和游戏中的恶魔差不多，这是什么原因呢？

其实，“红眼”是闪光灯反射视网膜血管所造成的，在弱光下，瞳孔很好、很大，允许光线进入视网膜后再反射回相机的镜头，而这样也就造成了“红眼”。不同的相机由于设计的不同，它们出现“红眼”的几率也是不同的。一般来说，镜头和闪光灯越接近，造成“红眼”的可能性也就越大，再加上一般摄影者都会使用长焦距也增加了“红眼”出现的几率。现在许多数码相机在设计上也考虑到了“红眼”的问题，目前新款的产品都会为用户提供降低“红眼”以及防止“红眼”的功能。另外，现在数码相机厂家也将镜头和闪光灯做得距离比较远，从而在很大程度上防止了“红眼”的产生。

一般来说，最简单的解决方法就是打开相机上的红眼降低闪光灯，它在第一次闪光时可以将被拍摄者的瞳孔变小，在第二次闪光时拍摄到正常的照片。另外还有一种比较被动解决“红眼”的办法，你可以让被拍摄者先凝视一下较亮的光源或者多开几盏灯，这样可以将被拍摄者的瞳孔缩小，从而避免红眼现象的产生。

8. 使用数码像机在室内拍摄，图像模糊不清

晴朗天气在户外拍摄，一般相片效果都不会有大问题。但拿到室内利用自然光拍摄，相片就常常变得模糊不清，开闪光灯拍摄又怕影响现场气氛。

因室内光线一般较户外暗，若不想利用内置闪光灯拍摄破坏现场气氛，相机的自动曝光系统就会自动将镜头的光圈值开到最大，同时也会将快门值调得较慢。在慢快门的情况下拍摄，只要有轻微手震，或被拍摄的人物有少许移动，就会令相片变得模糊不清。

（1）将相机安装于脚架上拍摄，就可避免出现手震情况。

（2）调高相机的 ISO 感光值，一般数码相机都起码有 ISO100~ISO400 感光值供用户调节。只要将 ISO 感光值调至 ISO400 或以上，室外拍摄时的快门值也不需设得太慢，即使手持相机拍摄一般都可降低相片模糊的情况。不过要注意一点就是 ISO 感光值愈高，相片上出现的杂讯就会愈多，影响效果。

9. 使用数码像机时常遇到焦点不正，前朦后清

日常拍摄生活照，常常遇到当被拍摄的人物不在画面中央时，就会出现背景清楚但主角反而朦胧以及暗淡无光的情况。

出现前朦后清的尴尬情况，主要是由于拍摄时没有将相机的对焦点对准想拍摄的人物所致。因为大部分数码相机的对焦点都会预设在画面中间，所以当被拍人物不在画面正中，而使用者又没有以正确手法处理，相机的自动对焦及测光系统便会错误地把背景当成想拍摄的主体，导致被拍人物朦胧不清或暗淡无光。

（1）先将画面中央的对焦点对准想拍摄的人物面部，半按快门按钮完成对焦距测光程序，按着快门按钮不放，横向移动相机至想拍摄的构图。

（2）如数码相机本身拥有不止一个对焦点的话，只要直接将对焦点调校至想拍摄的人物上；或者利用相机本身的自动对焦功能，自行选择以距离最近相机的一点作为对焦点，也可达到同样的效果。

10. 户外拍摄时整体效果暗淡无光

虽在户外拍摄，但相片整体效果仍然偏暗，被拍人物当然就更加暗淡无光了，但打开闪光灯拍摄又怕会过亮，牺牲了现场环境的自然光线。

天色灰暗，现场环境光线不足，或光源并非向着被拍人物的一方，都会出现相片偏暗的情况。

遇到此种用与不用闪灯之间的情况，最佳方法就是利用大部分数码相机都有内置的曝光补偿功能了。只要将曝光补偿功能推高一至两级，一般偏暗的情况就会有所改善，就不需动用闪光灯拍摄了！

11. 数码相片严重偏色

数码相片出现十分严重的偏色情况，最常出现就是整张相片都偏蓝，在室内拍摄时，有时又会出现被拍人物出现面色青青的恐怖效果。

通常是由于数码相机内置的白平衡（White Balance）设定不正确所致。可能是因为以前手动调校过的白平衡设定不适合现场拍摄环境的光源，又或是因现场为混合光源的环境，有多种不同色温的光源同时存在，令相机本身的测光系统无法正确判断该用何种白平衡设定。

只要手动设定好正确的白平衡设定即可。一般数码相机都可让用户手动调校多种不同的白平衡设定，配合不同色温的光源，一般分为太阳光、灯泡光、光管光、闪光灯光等。一些较高级的机种，甚至可让用户手动调校色温值，如 3000K、6500K 等的数值，用意就是当遇到混合光源的现场环境，就可直接将色温值调校到最佳效果。

12. 近距拍摄效果不好

看到面前的花朵很美，想用数码相机拍下来，谁知出来的相片却模糊不清，很多时候拍摄其他体积细小的东西都有如此情况。

相机与主体之间的距离太近，同时又没有激活大部分数码相机都有的 Macro 近摄功能。

（1）激活数码相机的 Macro 近摄功能。

（2）查阅数码相机说明书，查看相机本身的拍摄范围，一般在详细的规格表中都有提到。通常可看到分为一般拍摄时的拍摄范围和 Macro 近摄时的拍摄范围。例如，Macro 时的拍摄范围是 20~60cm。即使激活了 Macro 功能，镜头与主体之间的距离都不能近过 20cm，不然的话相片就会模糊不清了。

13. 拍摄时动态效果不理想

当拍摄快速移动的人物或对象时，常常出现模糊不清甚至完全拍摄不到的情况。

一般都是因快门值设定不够快，以及没有完全掌握按下快门键与真正拍摄之间的时间差距。

（1）利用部分数码相机拥有的快门先决（TV）拍摄模式，自行调校至更高速的快门值，如 1/500s，甚至 1/2000s 等，快门愈快就愈能捕捉高速移动的主体。不过快门可设多快，还要视现场环境的光线是否足够。在光线不足的情况下，快门设定得过快会令相片变暗。

（2）使用大部分中高档机种都有内置的高速连拍功能，一秒之内就能拍数张相片，配合较高的快门值设定，在数张相片中一定能选到一张最合心意的。

14. 晚间拍摄有人无景

在夜间拍摄人像，必须利用内置闪光灯才能拍摄，但背后美丽的夜景在相片上消失了，非常可惜。

利用内置闪光灯拍摄，快门值就会自动调得较高速，因曝光时间不够，因此背后光线较弱的夜景，就没能很好地拍在相片中。

（1）将相机安装于脚架上，再利用 TV 快门的先决功能，调校快门至较慢速度，如 1~2 秒等，长时间曝光令被拍人物背后的夜景重现。不过在曝光中途被拍人物就绝不能动，否则就会变得模糊不清。

（2）利用数码相机的 Slow sync 闪光灯模式，在闪光灯拍摄后，继续曝光，令背景的微弱光线也能拍摄下来，这样便可保证被拍人物及背后夜景都能清晰地重现于相片中。不过如发现背景仍有模糊情况，则可能仍要将相机安装在脚架上拍摄。

15. 计算机从睡眠模式唤醒后摄像头不再工作

当计算机从睡眠模式唤醒后，摄像头（USB 接口）无法工作了。

这个时候不要慌张，也不要重新启动电脑，试着把摄像头从 USB 接口上拔下来，再重新插入即可解决问题。

16. 数码相机不能摄取图像

以下是造成该故障的可能原因及解决办法：

（1）数码相机闪光灯正在充电，等取景器旁边的状态灯变绿后再拍摄。

（2）已经安装了压缩闪存卡。

（3）检查数码相机照片计数器，若计数器为零说明存储器已满，需要清除一些图像或更换压缩闪存卡。

（4）数码相机正与计算机相连的话，在数码相机上的任何操作均无效，此时只能通过计算机来控制数码相机。

17. 数码相机闪光灯不能工作

（1）确认闪光灯处于关闭设置状态。

（2）检查电池并确认已正确安装。

（3）确认数码相机没有处于“连续拍摄”模式。

18. 数码相机的 LCD 无图像显示

（1）确认数码相机电源已被打开。

（2）检查电池并确认已正确安装，必要时请重新安装电池。

（3）确认数码相机的镜头盖已经打开。

（4）可能数码相机已自动关闭电源，按快门按钮或关闭再返回“拍摄”或“回放”模式。

（5）确认已经安装了数码相机的压缩闪存卡。

19. 在 LCD 屏幕上显示的图像太暗

需要调整 LCD 显示屏的亮度，将数码相机转换开关扳到（i），按 MENU 键，再按 LCD 屏幕右侧的 + 键或 – 键，直到调整到满意的亮度为止。

20. 插入压缩闪存卡时数码相机不能摄取图像

（1）检查 LCD 显示屏获取相关信息，可能需要格式化使用的闪存卡。

（2）检查显示面板上的照片计数器，确认是否闪存卡存储已满，需要清除一些照片。

21. 数码相机拍摄的图像太暗淡

（1）确认闪光灯未处于关闭状态。

（2）在应用闪光灯的情况下，确保在距离景物 50 ~ 340cm 处进行拍摄。

（3）当感光度被设定为标准，应用近距离模式进行拍摄时，应该在距离 15 ~ 50cm 处进行拍摄。

（4）调整曝光，以使照片更加明亮。

（5）在近距离模式下拍摄，由于数码相机的光圈被自动调到最小，所以应确保拍摄景物有足够的光线。

22. 将 Photo PC800 图像转换到计算机时出错

（1）确保电缆连接正确。

（2）数码相机的转换开关扳到播放模式且有足够电力。

（3）检查爱普生 Photo!3 软件设置菜单中的串口设置，将其端口和速度改为自动。

（4）如果使用 Windows 系统并发现 COM 接口在连接时发生故障，请检查 PC 机的端口设置，确保其分配的 I/O 地址正确并且中断请求号与其他设备无硬件冲突；如果使用苹果机与 PC800 相连，请将 AppleTalk 设置为不活跃。

（5）直接将 PC800 与计算机的 USB 接口相连而不要连接到 USB 集线器。

23. 数码相机在按下快门时没有反应

一台数码相机，在按下快门离合器的按钮后没有任何反应。

数码相机的运行比较慢，如闪光灯充电便需要几分钟时间，再比如存储卡需要对图片进行处理，图片的分辨率越高，对其处理所需要的时间就越长。因此，有时没有反应是正常现象。存储卡未放进相机也会使按下快门按钮后没有反应。

检查是否安装到位或关闭闪光灯。

24. 数码照片失真

某数码相机，拍摄出的照片很模糊。

数码相机不能照出和影像本身同样清晰的图片，必须得注意保持相机的稳定，并且还会受到快门离合器的许多限制。

防止图像失真的一个方法就是通过提高快门离合器速度来弥补由于相机颤动而引起的失真，一些专业数码相机设置了快门速度调节功能，能够像使用带 SLR（单反）的摄录机那样调节快门速度，一些相机内含提前程序模式，比如“运动式”（sports）可以提高快门离合器的速度，从而拍摄出保真度高的图片。

25. 数码相机的电池很快就耗尽

某数码相机充电后，只拍摄几张照片后电池就被耗尽。

可以通过下面的方法延长电池使用时间。

（1）对新购电池充电时，要反复充几次电，使电池完全充满。

（2）关掉 LCD 显示屏这个耗电大户，改用光学取景器。如果必须使用 LCD 显示屏时，调小它的亮度或是改用黑白模式。

（3）定期将电池全放电后再充电，最简单的方法是使用调节充电器或脉冲充电器。

（4）非经常性的用蘸有酒精的棉签来摩擦清洗电池的接触点，很多充电问题都是由于这些接触点不干净而引起的。

（5）如果长时间不使用相机，将电池从相机中取出，并放在阴冷干燥的地方保存，同样也要将闪存卡取出，电池不可能永久性地使用。

7-4 MP3 随身听维护与维修

1. MP3 播放器内存变小

MP3 播放器经过格式化后，内存有时会变小。

可采用以下办法：

（1）给 MP3 放上电量充足的电池。

（2）按住 MP3 前面的 STOP 键，然后用圆珠笔或铅笔尖点击 MP3 背面的 Reset 键，此时 MP3 屏幕上会出现版本信息。

（3）接着按右键，再按左键，此时会出现工厂恢复模式，屏幕上出现“00% coMPleted...”，直至屏幕出现“100% coMPleted”，机器即可恢复原来内存的大小。建议不要轻易对 MP3 进行格式化。

2. MP3 播放器出现“Hold”而不能操作

MP3 播放器的机器屏幕有时会出现 Hold，不能进行任何操作。

由于 MP3 系运动型，为了防止运动中对机器的按键有误操作，所以设定了锁定键。遇到这种情况，可以检查 MP3 右侧面的 Hold 是否设定，如果设定，解除设定即可（将 Hold 键往下推即可）。

3. 按下开机键后，播放器没有显示

机器没装电池或电池没有电了或电池装反了。检查是否装电池；或更换电池；或取出电池，5 秒后重新正确地装入机器中。

4. MP3 随身听与电脑相接后，不能下传音乐文件

（1）确认 USB 通信器是否已经连接了电脑及数码播放机，且播放机处于开机状态。

（2）确认 USB 驱动程序已安装。

（3）请确认储存器可用的容量，及要下载的文件大小。

（4）请检查电池是否电量不足。

（5）请检查 USB 连接线是不是好的，或者换一条 USB 连接线试一试。

5. 播放 MP3 歌曲时出现跳过、死机现象

因为某些 MP3 文件和 MP3 播放器支持的范围不同，容易出现跳过、死机的现象，一般有几个原因：采用率不对，一般是 44.1kHz ，有时 48kHz 的文件就不能用；压缩率，如果 MP3 机不支持该 MP3 的压缩率（太高或太低）； VBR 不支持；还有一个容易出现的问题，一些文件采用超级解霸压缩而来，默认的是压缩成 MP2 格式的，但显示的是 MP3 格式，大部分 MP3 机都不支持。

可以删除或自己用软件重新转换一下，转成符合机器要求的格式即可。WMA 文件还有可能遇到版权保护的问题，这时就要用其他软件解除版权限制后才可以播放了。对于出现乱码的现象，如果语言设置没问题的话，一般是 ID3 标签没设置好，可以自己调整一下。

6. MP3 不能开机

兴冲冲地拿来 MP3，准备开机听听美妙的音乐，却发现怎么也开不了机。

电池没电、电池没正确安装都可能导致该现象发生。更换电池、检查电池是否安装正确。并检查附近是否有电磁或静电干扰，因为闪光灯及人体内所携带的静电都有可能使 MP3 播放机停止工作。

7. MP3 没有声音

打开 MP3 播放机，发现音乐在播放，但却听不到声音。

可能是耳机没接好、音量调到了最低。接好耳机，调节好音量，自然就会有声音了。

8. MP3 随身听无法播放下载的歌曲

从网上下载了大量蔡琴的经典音乐，并放到了 MP3 随身听中，却发现无法播放他们。

下载的歌曲虽然存在了播放器中，但没有存放在“AUDIOS”文件夹中的“MUSIC”文件夹中。

将 MP3 与电脑相连，在电脑中打开 MP3 随身听，打开 MP3 随身听中的“AUDIOS”文件夹，可以看到一个“DVR ”文件夹（专门用来存放录音文件）和一个“MUSIC”文件包（专门用来存放音乐文件），下载的歌曲只有放进“MUSIC”文件夹中才能够被识别，才能够正常播放。因此只要将歌曲移动至“MUSIC”文件夹中便能够放音了。

9. MP3 播放器不能识别文件

有一些 MP3 文件是通过豪杰超级解霸所带的 MP3 数字抓轨工具从 CD 上抓取的，在抓取音轨的选项中，都是采用系统默认的方式，而压缩方法的默认值是“方法二（最快）”，于是，造成了压缩出来的文件并不是标准的 MP3 文件，在电脑上能正常播放，却不被 MP3 播放器所识别。

利用超级解霸的 MP3 格式转换器，把刚才生成的 MP3 文件再转换一次，在设置选项中，把压缩层次设为第三层。再拷到 MP3 播放器里，即可听到了熟悉的旋律。

用超级解霸的 MP3 数字抓轨工具时除了压缩层次，频率和位率也是需要注意的。例如，有的播放器只支持 128KB/s 的位率，如果在压缩的时候选择了 320KB/s 的位率，结果当然是被播放器所拒绝。所以，用户在进行数字抓轨时，一定要先仔细阅读播放器的说明书，然后在压缩时才能选择适当的参数，既保持尽可能高的音质，又让自己的爱机能够认同。

10. 播放MP3歌曲时噪音特别大

现在MP3歌曲很多都是直接从盗版MP3歌碟上拷贝出来，由于盗版MP3歌碟制作水平不一，里面的很多歌曲都存在明显的噪音。最好的办法是直接用电脑转录音乐CD为MP3格式，再复制到MP3播放机中欣赏。或者先在电脑上试听一遍MP3文件，确定没有背景噪音再将文件复制到MP3播放机上。

11. MP3播放机中有歌曲，但是全部不能播放

在电脑上选择用FAT格式来格式化MP3播放机。如果误采用FAT32或者NTFS格式来格式化MP3播放机，就可能造成MP3播放机无法播放歌曲的故障。

12. 有的歌曲无法播放，或者播放到某一首歌时死机

检查MP3歌曲是否为标准格式，有的MP3歌曲虽然在电脑上可以播放，但在MP3播放机上却无法播放。因为MP3播放机对MP3格式要求严格，请更换标准格式的MP3歌曲文件。

13. 进入未完成下载任务的文件夹时出现死机

由于下载没有顺利完成会造成机器内数据结构的混乱，此时可能会产生多余无用的文件，同时造成机器的死机，建议重新开机并格式化内置闪存。

7-5 其他数码设备维护与维修

1. 数码摄像机对温度有什么要求

使用时不要用布等覆盖物盖住数码摄像机，否则将使机器工作时散热不良，内部过度积热而产生故障。夏天数码摄像机放在汽车内时，要注意开门窗或开空调，否则温度容易升到超过50℃，造成机器损坏。高温环境里拍摄时间不能太长，每拍几个镜头，就应把数码摄像机拿到通风阴凉的地方降温。在对着高温发热物体拍摄时，不能靠得太近，防止高温辐射对数码摄像机的伤害。在高温下拍摄时，如果图像出现白色斑点，这是因为CCD(电荷耦合器)数码摄像机在很高温度下使用出现的特性。并非故障，当温度降低后自然会消除。

2. 数码摄像机为什么要防结露

当数码摄像机由温度低的地方移到温度高的地方时，磁鼓和导带机构可能会结露。当结露发生时，有的数码摄像机会出现“HUMID”结露显示，数码摄像机除装取磁带功能正常外，其他功能均不起作用，并有报警声音响起。此时，应该立即停止工作，放到干燥的环境中，待结露完全消除后，方可使用。

3. 数码摄像机如何防尘防湿

在拍摄过程中，如果暂时不用，应盖好镜头盖，长时间不用时，将机器放入专用箱内，特别在潮湿和多尘的地方拍摄时，应尽量减少外界灰尘和湿气对数码摄像机的污染。在雾中或雨中拍摄时，不要让雨水淋在机身上，更不要淋到机器里面去。可用数码摄像机雨衣套住拍摄，拍完尽快放入专用箱内。

4. 数码摄像机为什么要防强光

强光有可能烧毁摄像器件。也不要让数码摄像机的目镜直接对着太阳，目镜透镜能聚集太阳光线而熔化取景镜内部的器件。当拍摄较光亮的物体时，如灯泡，光点将会产生垂直拖尾，这也是 CCD 数码摄像机的特征，不是故障。

5. 数码摄像机为什么要防磁

数码摄像机、录像带都应避免在有强大电磁场的地方操作和保存。太接近磁场强的地方会使摄取的图像变形或变色。

6. 数码摄像机为什么要防震

数码摄像机的电子系统和光学部分都是高度精密的，无论操作还是运输时，都要避免强烈震动和碰撞。

7. 为什么要保管好数码摄像机的磁带

质量差的磁带会磨损磁头。磁带发霉、磁粉掉落也会弄脏磁头和传导机构，影响正常工作。因此除了避免使用质量差的、发霉等有问题的磁带外，还要注意保管好磁带。

在把磁带插入摄像机时必须检查一下磁带有没有松弛，如有松弛就应该转动驱动轮把磁带拉平。为了减少磁带的松弛，应把磁带盒竖立起来保管。并把磁带多的一端放在下面。

8. 如何严格按照操作规程操作摄像机

如安装或取出电池时，应先关闭电源开关。在数码摄像机不工作时，一定要把磁带取出，关闭电源，取出电池，盖好镜头盖，放入专用箱内。数码摄像机电池也要按正确方法进行充电、放置和使用，确保延长其使用寿命。

9. 为什么要清洁数码摄像机的外壳

数码摄像机是外出采访的常用设备，外壳的清洁至关重要。外壳主要由塑胶材料组成，不能用酒精或其他化学清洁剂清洗，否则会令外壳变色或受损。可用吸尘器吸去表面灰尘后再用干净的软布擦拭。对于顽固的污点，用湿布擦拭后，再用干布擦干。

10. 为什么要清洁数码摄像机的清洁镜头和滤光镜

当镜头的表面有灰尘或其他污渍时，就会影响图像质量，必须及时清除。清洁镜头时要非常小心，否则会把手上的油垢粘到镜头上，不但达不到清洁效果，而且更难清洁。平时，当不使用摄像机的时候或在拍摄的间隙时，应盖好镜头的防护罩，以免灰尘粘在镜头上。

11. 如何清洁数码摄像机的磁头

经常清洁磁鼓，不但能保证图像质量，还能延长磁头和磁带的寿命。

（1）手工清洗：这是一般模拟摄像机最基本、最常用的方法(对数码摄像机作用不大)。卸开机器后，用清洁布(如麂皮等不起毛的软材料)蘸清洁剂(磁头清洁剂或无水酒精)压在磁头上，按磁头旋转方向轻轻转动磁鼓。一般转动 10 多次便可。注意不能用棉花、纱布等易起毛的东西来洗，不能上下擦磁头，不能用镊子夹着清洁布擦，不能用纸擦，不能通电擦，尽量避免用力过大。磁头包括旋转磁头(视频磁头、旋转消磁磁头等)、固定磁头(全消磁头、CTL 磁头、单频消磁磁头、音频记录/重放磁头等)，都要一一小心清洁。任何1个磁头不干净，都会影响图像质量。

（2）清洗带清洗：对于牢固附着在磁头上的杂质和磁头上的划伤，用清洁剂和清洁布清洗几乎无效，这就要用清洗带(数字格式数码摄像机必须用清洗带)，清洗带是经过精心设计制造的，可保持磁头良好的工作状态。数码摄像机磁头正常寿命1000小时以上，应该每使用100小时用清洗带清洗一次，正确使用清洗带不会影响数码摄像机的正常工作寿命，否则就会缩短磁头的正常工作寿命。那么应该如何正确使用清洗带呢？按照通常装磁带的方法把清洗带装入数码摄像机，装好后按重放键或录制键，5秒后推出清洗带。

提示!!

不要频繁地使用磁头清洁磁带。因为磁头清洗带起到的是一种打磨作用，所以，经常用会磨损磁头反而不好。为此，当发现磁头上粘有灰尘而用棉花棒擦不掉的时候，再用磁头清洁磁带清洗。

12. 如何清洁数码摄像机的带仓内部件

数码摄像机在使用一段时间后，带仓内走带系统部件和驱动部件会受到脱落的磁粉、油污、灰尘等物质的污染。应该打开带仓的面盖，对其进行清洁。先将里面的灰尘、纸屑等黏附不牢的杂质用小型吸尘器吸出，然后用麂皮蘸无水酒精等清洁剂对零部件逐一小心清洁。要清洁的主要是磁带通路——导柱、磁鼓、主导轴、压带轮等。

提示!!

这些磁带通路部件多为橡胶制品或与橡胶直接接触的部件，清洗时不要用过多的无水酒精，以免橡胶老化，不要用力过度，以免变形，特别是清洗主轴和导柱时不要通电清洗，必须关机操作。

13. 如何维护数码摄像机的电池

目前市场上销售的充电电池一般分为两种：一种是镍氢/镍镉电池，另一种就是锂电池。当镍氢/镍镉电池里的电还没有用完就继续充电的话，容易使电池的使用时间越来越短，导致最后只能使用几十分钟就没有电了。所以最好等完全用完了以后再充电。所以在出外拍摄之前必须要确认是否还有足够的电。新电池使用原则：新电池使用有一个激活过程，前3~4次充电时间要在3小时以上，并且每次要用完后再充电。否则，即使是锂电池，也会影响使用。将新电池插入充电器接上电源后，充电器充电指示灯亮，充电开始。连续充电 4 小时，其间，充电指示灯灭时间不到仍继续。以后，每次充电都如此，连续 3～4 次，即可转为正常使用。

14. MD 机的线控失灵，机身操作键仍能正常操作

这是线控的某条电路断了。

MD 机的线控是由几条非常细小的导线组成的，操作时如果一不小心，用了过大的力量去拉它的话，就很容易把导线拉断，造成线控失灵。因此，小心使用线控是预防此故障的最好办法。如果线控已经坏了，就只好换一新的线控。

15. MD 机读不到碟

长期使用后，MD 机出现读不到碟的现象。

MD 工作时，很重要的一个部件就是激光头，读取和反射光电信号，靠的都是这个激光头。MD 机在长期使用后，激光头可能会发生老化，导致信号变弱，电路就会出现读不到碟的问题。另外还有一种可能就是激光头积累了过多灰尘，阻碍了信号。

用棉签清洁激光头，看看故障是否排除。若无效，便只有更换激光头了。

16. 数码摄像机重放时没有图像

重放拍摄完的磁带时，在液晶屏、监视器或电视机屏幕上没有图像显示。

这种故障很可能是因为磁带根本没有录上内容。

（1）视频磁头损坏、严重堵塞或者磁头连线开路，导致无磁记录信号输出，此时重放其他节目带（非自录）也无图像，这时可以更换磁头或对磁头进行清洗。

（2）记录电路故障，使得记录信号中断。此时重放其他非自录节目磁带能够有正常图像显示，进一步用仪器测试记录信号，若有问题可进行维修或更换。

（3）录像磁带的质量问题，碰到无磁性层或者磁粉严重脱落的伪劣磁带，重新更换磁带即可。

17. 无法从数码摄像机的机仓中取出数码摄像带

（1）检查是否接通电源，或者充电电池有没有电。如果是电源问题，“补充”电力即可。

（2）检查是否是带仓机械故障。如果是，只有拿着机器去维修站修理了。

18. 数码摄像机的摄像键不起作用

常见的原因是由于使用者没有把模式转盘拨到“摄像档”，或者是录像带已经用完了；比较麻烦的原因是，由于湿气凝结造成摄像带与摄像机的磁鼓粘连，摄像机自动保护，摄录按钮暂时失效，无法继续拍摄。前两种原因都可以对症解决，如果是最后一种原因，那么用户就需要将摄像带退出带仓，把摄像机放在干燥通风的地方插电一小时以上，一般都可以解决问题。

简要地谈一下如何避免湿气凝结。当把数码摄像机从寒冷的地方拿到比较温暖的地方时，或者在雨后和高温高湿的环境下使用数码摄像机时，就很容易使机器发生湿气凝结，所以使用时一定要注意避免这种情况的发生，以免自己心爱的机器受损。如果条件所限，你必须要把数码摄像机从寒冷的地方拿到比较温暖的地方，那么可以先将数码摄像机装在塑料袋中，然后密封，当袋内空气的温度达到周围环境温度时（一般为一小时左右）再取下塑料袋，这样就可以有效地防止湿气凝结现象的发生。

19. 数码摄像机不走带

摄像机在拍摄时有时不走带，发出“嗡嗡”声数秒后自动断电。

通常是由于磁带质量低劣或绕带太紧所致。

刚开机时，利用摄录机的放像功能，快进或快倒磁带少许，再倒回原处进行拍摄，摄录即可恢复正常。建议不要使用劣质录像带也不要选用过长的录像带。因为磁带越长产生“不走带”故障的可能性就越大，应尽量用 30～60 分钟的录像带，避免使用 180 分钟的磁带。

20. 数码摄像机取景器取景时看到的影像模糊不清

一般的原因是由于使用者未调整取景器的镜头，如果观察仔细，就会发现取景器的两侧其实有一个小小的调节旋钮，可以根据使用者的视力情况进行调节。经过这样一番调整，取景器中的影像就会变得十分清晰了。

21. 数码摄像机除可以退带外，其他功能均无法使用

（1）检查电源。

（2）检查数码摄像机的显示屏中有没有一个小水滴形状的指示灯在闪烁。如果有，说明机器结露了，这时只要按照第一条故障提到的解决办法处理就可以了；如果结露指示灯没闪，则按下“RESET 键”。

如果数码摄像机还不能正常工作，那么就只有送特约维修站请专业技术人员修理了。

22. 数码摄像机不能开始拍摄

当按下“摄像开始 / 停止按钮”（START / STOP）时，寻像器上不出现拍摄显示符号，录像带也不走动。

（1）录像带盒上的保险片（防误抹片）被挖掉，这样自然无法正常录像。可以用胶布重新将挡舌孔贴住，或者换一盘保险片完好的录像带。

（2）未插入录像带，这种情况多为一时疏忽所致，但却不时遇到。插入录像带时一定要查看一下保险片是否完好。如果录像带已到尽头或录像带黏到了磁鼓上，此时应该退出磁带，重新装带。

（3）电路故障。如果是数码摄像机的“启 / 停按钮”（START / STOP）与相关的摄像部分的操作电路故障，多半是由于长期使用后按钮接触不良；如果是“摄像 / 录像”选择开关与相关的摄像部分操作电路故障，多半是选择开关经长期使用接触不良。

（4）录像机部分故障。着重检查主导电机或系统控制部分。首先应排除电源输出电压方面的原因。

23. 数码摄像机重放时没有声音

某数码摄像机重放时图像正常，但是没有声音。

首先要弄清是记录故障还是重放故障，就是说磁带已记录上了声音信号而放不出来属于重放问题；反之磁带没有记录上声音信号，则属于记录问题。判断方法是将磁带拿到另一台正常机器上重放，或者换一盘正常节目带听一下便可分辨清楚。

（1）如果属于记录问题，则又分两种情况进行处理：一是话筒及其电路故障，可以通过 AV 连接方式的监视器试听一下现场声音是否正常，如果有现场声音，则说明话筒及电路正常，否则话筒及其电路有问题；二是音频记录电路故障，当判断出话筒及其电路无问题后，即可认定故障发生

在音频记录电路。

（2）如果属于放音问题，则又分三种情况进行处理：一是放音电路故障，此时无论是 AV 连接方式的监视器，还是 RF 射频方式连接的电视机，均重放无声；二是 RF 射频调制器故障，此时 AV 连接方式的监视器声音正常，应仔细检查射频调制器的音频电路；三是 AV 插孔及连线故障，这时射频连接方式的电视机声音正常。

第 8 章

WindowsXP/2000 维护与故障处理

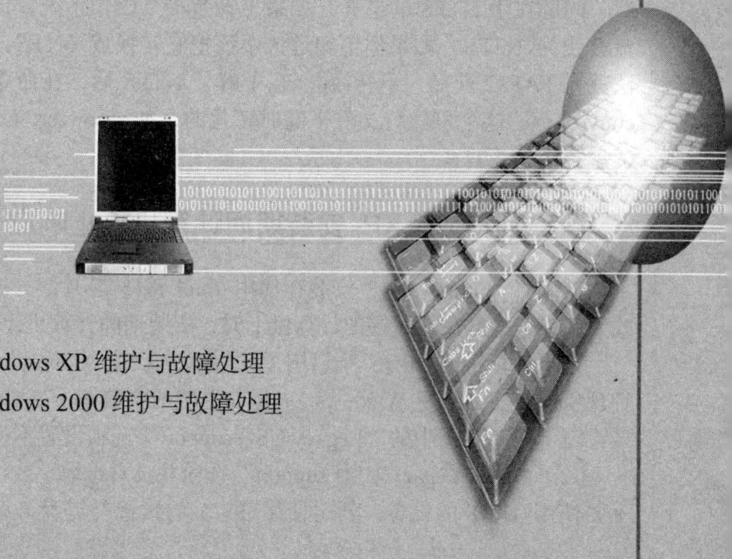

本章内容

8-1 Windows XP 维护与故障处理

1. 在 DOS 下装 Windows XP 不能直接运行 setup.exe

新买电脑直接装 Windows XP，只得在 DOS 下安装，但是不能直接运行 setup.exe 命令进行安装。

由于 Windows XP 采用了新的技术，因此不能像在 Windows 98 的 DOS 下那样，敲入 setup.exe 就可以了，而是先加载 smartdrv.exe，然后运行/i386 目录下的 winnt.exe。具体操作方法：假设 smartdrv.exe 这个文件在 A 盘，光驱为 G 盘（注：这个文件在 Windows 98 的光盘上有或是 Windows 9X 系统的 Windows 目录下有）。

```
a：\smartdrv.exe
a：\g:
g：\cd i386
g：\i386\winnt.exe
```

这样就可以了。

2. NTFS 问题引起的 Windows XP 安装失败

安装包括 Windows XP 在内的多个操作系统结果失败。

问题在于 NTFS 的选择，如果想安装多个操作系统，请记住不要把 C 盘转化为 NTFS。如果你不知道该不该把它转换成 NTFS，一个简单的办法就是 FAT32 选择“不转换”。在了解了 NTFS 后，在命令行模式下可用 convert.exe 这个可执行文件来随时转化的，如“convert C：/fs：ntfs”把 C 盘转化为 NTFS。

3. Windows XP 安装期间计算机停止响应

试图将 Windows XP 安装在使用 Intel i815 芯片组并插上通用序列总线（USB）的键盘与鼠标的计算机上时，安装期间计算机停止响应。

如果计算机的 BIOS 中启用了“Legacy USB support”，就可能发生此种现象。其实安装了 Windows XP 操作系统的电脑，不需要使用此选项。

（1）将 BIOS 中的“Legacy USB support”选项设置不可用。

（2）如果“Legacy USB support”选项并没有选取，或没有此选项，就不要使用 USB 的设备，暂时使用 PS/2 的鼠标与键盘来解决此问题，直到可以修改 BIOS 的设定为止。

4. Windows 98/XP 双系统启动菜单丢失

电脑装的是 Windows 98/XP 双系统，Windows 98 装在 C 盘，Windows XP 装在 D 盘。重装了 Windows 98。重新安装后，双系统启动菜单丢失，可以按照以下步骤修复。

具体操作步骤如下：

（1）修复前，在 BIOS 中设置从光驱启动。用 Windows XP 安装盘启动电脑，在加载必要的驱动后，出现 Windows XP 的安装界面。有三个选项：

①要现在开始安装 Windows XP，请按 Enter 键。

②要用“恢复控制台”修复 Windows XP 安装，按 R 键。

③要退出安装程序，不安装 Windows XP，按 F3 键。

（2）按 R 键，进入“Microsoft Windows XP（TM）故障恢复控制台”界面；故障恢复控制台提供系统修复和故障恢复功能。

（3）系统这时会搜寻已安装的 Windows XP 系统文件，然后显示搜寻结果，并询问“要登录到哪个 Windows XP 安装（要取消，请按 Enter）”。

选择 1. D:\Windows，回车，系统会再询问“管理员密码”，再键入安装 Windows XP 时设置的管理员密码，回车。出现：

```
D:\Windows〉
```

这时需要输入修复命令 Fixboot，后面的参数为启动扇区要写入的磁盘盘符，这里填入 C:，回车。

（4）修复完成，键入 Exit 退出。重启后就会看到久违的双重启动菜单了。并且，这样修复后基本不产生垃圾文件。

5. 安装 Windows XP 时，画面停留在启动画面上

如果硬件或 BIOS 与 Windows XP 的 ACPI 规格不符时，在安装时会有什么问题?

如果安装 Windows XP 时，第一次重新启动电脑后，画面就停留在 Windows XP 启动画面，无法完成安装程序。建议与主机板厂商联系，更新 BIOS。若无法立即更新 BIOS，可以进入 BIOS 选单，禁用 BIOS Power Management Setup 中的 ACPI function。并重新运行 Windows XP 安装时按 F5 键，在出现的选项中，选择 Standard PC，以便完成 Windows XP 安装，但完成安装后将无法使用 ACPI 各项功能。

6. 安装 Windows XP 后，其他分区不见了

电脑是使用的 40GB 硬盘，分成 C、D、E 三个分区。在 C 盘上安装有 Windows 98，后来又安装了 Windows XP，想使用双操作系统，但是，安装完成后发现 D 盘和 E 盘不见了。

一个或数个分区不见了是安装多操作系统失败的后遗症。现在微软发布的 Windows 2000 和 Windows XP 都是支持 NTFS 格式的，在安装时可让用户格式化或转化分区格式为 NTFS，新手在不太了解的情况下可能选择了这种格式。如果 Windows XP 的安装程序在转化格式的时候中途死机的话，很可能会破坏分区表；或是安装多操作系统后不正常卸载，直接删除 Windows NT 内核的操作系统，也会导致分区表的错误。

另外，不当使用 GHOST，也可能导致分区的异常。比如一台机器装的原是 Windows 98 和 Windows 2000 双系统，Windows 2000 装在 G 盘，Windows 98 崩溃后用户用 GHOST 恢复，原来备份 Windows 98 的时候尚未安装 Windows 2000。现在启动时没有系统选择就进 Windows 98，而且在“我的电脑”里也看不见 G 盘了，就是因为把 G 格式化为 NTFS，而 Windows 98 无论图形界面还是其启动盘都不支持 NTFS 格式，所以结果可想而知。有的新机器，用户图省事，直接用 GHOST 的方式来安装操作系统，所以可能在 Windows 98 中能看到所有分区，但在纯 DOS 模式下却不能访问后面的一个或几个分区。这是因为 GHOST 备份和你的机器硬件不相同导致的分区表 BUG。

可以使用 Windows XP 的安装程序修复，如果修复失败就只能重装系统。

7. Windows XP 上安装 Windows 98 出错

在已经安装了 Windows XP 的机器上无法安装 Windows 98。

在 Windows 98 环境下安装 Windows XP 系统时，一般不会出现任何问题。但是如果先装了 Windows XP（比如有些品牌电脑在出厂前就预装了 Windows XP Professional），后来由于某种原因（如不习惯 Windows XP 环境，某些设备驱动程序不支持 Windows XP 等），想再装一个 Windows 98，但是系统会因为检查到高版本 Windows 系统的存在而拒绝安装。

直接在 Windows XP 环境下安装 Windows 98 是行不通的，但是可以通过别的渠道进行。

（1）首先必须保证所有的磁盘驱动器文件格式是 FAT32 格式，否则安装 Windows 98 会出现多处报错。

提示!!

不单单是 Windows 98 的目标盘，所有的盘都要转化为 FAT32 文件格式，因为 Windows 98 和 DOS 都不支持 NTFS 格式，安装时不允许 NTFS 分区的存在。

（2）准备好后，现在便拿出 Windows 98 的启动盘，启动到 DOS 下，从 DOS 下安装 Windows 98 到另外的分区，安装方法很简单。

8. 无法卸载 Windows XP

在 Windows 98 下看不到安装 Windows XP 的 D 盘，无法在 Windows 98 下将 D 盘中的 Windows XP 删除掉。

先在 Windows 98 下运行 Windows XP 的安装程序，选择“修复安装”，在安装的过程中把 Windows XP 所在的 D 盘转化为 FAT 格式，然后重新启动电脑，进入 Windows 98 就可以将 D 盘 Format 掉，之后再使用 Windows 98 的启动盘引导电脑，在 DOS 下执行“sys c:”命令就可以去掉多级引导菜单，将 Windows XP 完全删除掉。

提示!!

NTFS 文件系统对文件的保密起了很大的作用，在 DOS 和 Windows 9X/Me 下是访问不了 NTFS 分区中的数据的，如果你在安装 Windows XP 的时候想让 Windows 9X/Me 共享 Windows XP 中的数据，就不要选择 NTFS 来格式化硬盘分区。

9. 无法安装冲击波补丁

在安装冲击波补丁的时候，系统弹出对话框出错信息：“KB823980 安装程序错误，安装程序不能验证 updatainf 文件的完整性。请确定加密服务在此计算机上运行。”

在“控制面板→管理工具→服务”下启用 Cryptographic Services，或是在命令提示符中运行 net start cryptographic service 启用 Cryptographic Services 服务，即可解决问题。

10. Windows XP 升级安装时出现错误

当升级至 Windows XP 的过程中首次重新开机时，收到下列错误信息：

STOP 0x000000ED UNMOUNTABLE_BOOT_VOLUME

出现这个错误上可能会出现信息，指出使用的缆线错误，但在开机较快的计算机上则看不到这个信息。

下列情况下有可能出现这种现象：

（1）计算机使用了 Ultra Direct Memory Access（UDMA）控制器。

（2）使用标准的 40 线（40-wire）连接器缆线连接 UDMA 磁盘与控制器，而不是使用 80 线 40 针连接器缆线。

（3）基本输出/入系统（BIOS）设定成强迫执行快速 UDMA 模式。

以 80 线的 UDMA 缆线取代 40 线缆线，故障即可排除。

11. 安装 Windows XP 时第一次重启就死机

电脑所配的主板是 EPOX EP-BX7+，它带有 HighPoint HPT368 的 RAID 控制芯片。在装 Windows XP 时第一次重启就死机。在检查系统兼容性时发现：“不支持的硬件配置，你的电脑上的硬件设备阻止你升级到 Windows XP。”

将主板的 BIOS 更新到最新版本，可能会解决这个问题。

主要的解决办法是安装 RAID 控制芯片的驱动程序。安装开始的时候会提示你要安装 RAID 设备，此时，可以先找一下 HighPoint 的专门针对 Windows XP 的驱动程序，然后把它拷贝到一张软盘里，把软盘插入软驱以后，按 F6 键，系统会搜索软驱，然后进行 HighPoint 的安装，把它安装好以后，就可以安装 Windows XP 了。

其实，在安装 IDE 卡、SCSI 设备时，也会出现同样的状况。在刚开始安装时需要提供驱动程序，要先安装相应的驱动程序，当驱动程序安装完，系统识别了这些设备后，Windows XP 才可以正常安装。

12. 假鼠标导致 Windows XP 安装失败

某电脑使用的是双飞燕鼠标，在将 Windows 98 升级到 Windows XP 时，选择了全新安装，以实现安装完毕后就达到 Windows 98 和 Windows XP 双重启动。安装程序在复制完安装所必需的文件后自动重新启动到 DOS 状态，根据屏幕提示安装程序首先要对系统硬件进行一番检测，以测试其兼容性等问题。检测完毕后出现如图 8-1 所示画面。

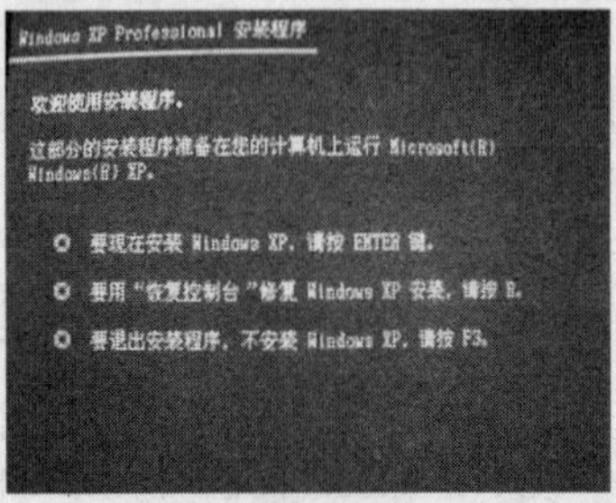

图 8-1

此时按下回车键，系统却一点反应都没有，再按但系统仍然没反应。

（1）首先怀疑是键盘接口松动，于是关机重新插拔键盘保证其与 PS/2 口的良好接触，再次安装 Windows XP，故障依旧。

（2）按 F3 键及“恢复控制台”的 R 键，仍然没有反应，按热启动键 Ctrl+Alt+Del 也是如此。

（3）或许是主板 BIOS 版本过旧引起了安装程序在检测硬件时发现了兼容性问题而造成的安装失败，遂立即拨号上网下载了主板的最新 BIOS 文件，刷新成功，但问题仍然得不到解决。于是重新启动电脑，进入 CMOS 设置加载出厂默认值，然后再次安装 Windows XP，故障依旧。

（4）仔细观察，发现此鼠标外表的光泽以及标识的细腻程度都与别的双飞燕鼠标有较大差距，上网查寻关于双飞燕鼠标打假的信息，仔细一对照，确认该鼠标为假冒伪劣产品。会不会是假鼠标引起 Windows XP 安装失败呢？一般硬件有兼容性等问题时安装程序都会在检测完后显示错误信息，并终止安装，而此例却无任何提示信息只是在要正式安装前使系统停止了响应。于是换上一只正品鼠标，开机，再次安装 Windows XP，一直按回车，一帆风顺直至系统安装完成。

13. 安装 Windows 2000 后无法启动 Windows XP

安装 Windows 2000 后试图启动 Windows XP 时，用户可能会收到下面的错误消息：

Starting Windows...

Windows 2000 could not start because the following file is missing or corrupt: \WINDOWS\SYSTEM32\CONFIG\SYSTEMd startup options for Windows 2000, press F8.

You can attempt to repair this file by starting Windows 2000 Setup using the original Setup floppy disk or CD-ROM.

Select 'r' at the first screen to start repair.

出现此问题的原因是，Windows 2000 引导程序不知道已在 Windows XP 中做了改动，电脑需要知道这些改动才能加载 Windows XP。若要解决此问题，用 Windows 2000 启动电脑，然后将 Windows XP 光盘上 I386 文件夹下的 NTLDR 和 Ntdetect.com 文件复制到 Windows XP 系统安装驱动器的根目录中即可。

14. 无法安装 SP1 系统补丁

使用的操作系统是正版 Windows XP，下载 XP 的 SP1 升级补丁包后，在安装时系统提示“该程序非法”。

（1）在 Windows XP 操作系统所在盘符下的\windows\pchealth\helpctr\syste- m \DFS 文件夹下找到 uplddrvinfo.html 文件。

（2）将 uplddrvinfo.html 文件删除或更名，重新启动后就可以安装 SP1 了。

15. 如何取消系统的文档保护功能

Windows XP 系统，不希望继续使用系统的文档保护功能。但是却不知道如何消除这项功能。

如果想完全消除 Windows XP 系统的文档保护功能，可以打开注册表编辑器，找到如下注册表子项：

HKEY_LOCAL_MACHINE\Software\Microsoft\WindowsT\CurrentVersion\Winlogon

双击项值 SFCDisable，将其数值修改为 0xFFFFFF9D。

退出注册表编辑器，重新启动电脑之后，系统的文档保护功能就被取消了。

16. 关机时停留在“您现在可以安全地关闭计算机了”画面上

有时候当用户执行了关闭计算机后，计算机并没有完全关闭，而是停留在“您现在可以安全地关闭计算机了”的关机画面上，通过对注册表的修改再配合 ATX 电源，就可以实现自动关机了。

具体操作步骤如下：

（1）运行注册表编辑器，打开如下注册表项（如果不存在，则新建）：

HKEY_LOCAL_MACHINE\Software\Microsoft\Windows NT\CurrentVersion\Winlogon

（2）根据表 9-1 编辑相应项值（如果不存在，则新建）。

表 9-1 项值及项值数据设置

项 值	数据类型	项值数据
PowerdownAfterShutdown	REG_DWORD（DWORD 值）	1（允许选择关闭电源） 0（禁止选择关闭电源）

（3）重新启动计算机或注销当前用户，再次进入 Windows XP，修改即生效。

提示!!

① 只进行上述的注册表修改是不够的，还需把 WINNT\SYSTEM32\目录下的 HAL.DLL 改名为 HAL.DLL.OLD。并且把 HAL.DLL.SOFTEX 拷贝到该目录下，改名为 HAL.DLL。
② 如果修改 HAL.DLL 后，再安装 Service Pack 则会报错:电源管理程序与之不兼容。解决方法是:把 HAL.DLL 改名为 HAL.DLL.NEW，把 HAL.DLL.OLD 改名为 HAL.DLL，再进行安装。安装完后，将其改回。

17. 关机总是变成重启

某电脑购买不久，其配置为 Pentium 4 2.0GHz 的 CPU、技嘉 8IR533(845D)主板、盈通 G6200 显卡，使用 Windows XP 操作系统。由于电脑的噪音比较大，就将机箱打开进行清理。但清理完毕后，该电脑在单击“关闭计算机”对话框中的“关闭”按钮后总是重新启动电脑，而不是关闭电脑。

有些主板的高级电源管理不能被 Windows XP 支持，就会造成上述故障。但由于该主板使用的是技嘉 8IR533(845D)主板，所以排除了高级电源管理不支持 Windows XP 操作系统而造成不能正常关机的可能性。

再次打开电脑，发现电脑自检完毕后停了下来，要求按 F1 键继续。这是典型的主板 CMOS 电池供电不足导致的开机故障。由于电脑刚买不久，主板电池应该不会没电。打开该电脑的机箱，仔细查看主板，发现主板电池旁边的 CMOS 跳线上的跳线帽不见了。这个跳线帽很可能是清理灰尘时不小心弄丢的，而且关机后又重新启动的原因很有可能与 CMOS 设置有关。于是找来一个跳线帽安装好，打开电脑，在 CMOS 中恢复默认设置，然后保存退出。

重新打开电脑，故障依旧。

再次进入 CMOS，在电源管理菜单中发现“PME Event Wake up”(PME 事件唤醒)一项设置为了“Enable”(默认值)，将其改为“Disable”。

再次打开电脑，故障排除。

18. 运行过程中频繁死机

Windows XP 系统，在运行的过程中频繁死机。电脑并没有超频使用，其他硬件也没有故障。

因为没有硬件故障，所以考虑是病毒的原因导致系统频繁死机。于是，使用杀毒软件对整个系统进行病毒查杀，没有发现病毒，故排除了病毒导致故障的可能性。后来经过仔细的检查，发现系统中安装有虚拟光驱软件，怀疑正是因为安装了虚拟光驱软件才导致系统频繁死机。于是，卸载虚拟光驱软件，重新启动电脑，经过长时间使用（10 小时左右），系统都没有发生死机的现象，故障就此排除。

提示!!

目前大多数的虚拟光驱软件在 Windows XP 系统中运行都是不很稳定的，很容易引起系统的死机。而且，就算是找到了能够在 Windows XP 系统中稳定运行的虚拟光驱软件，也不要虚拟 4 个以上光驱。那样，就会触发 Windows XP 系统的激活检验机制，要求再次激活操作系统。所以，尽量不要在 Windows XP 系统中使用虚拟光驱软件。如果一定要用，最好安装 Windows 98 和 Windows XP 双系统，在 Windows 98 中使用虚拟光驱软件，这样就可以保证系统的稳定性了。

19. Windows XP 关机蓝屏

Windows XP 系统关机时出现蓝屏故障。

（1）Windows XP 有 Bug。Windows XP 有一个关机故障的 Bug，如果你的计算机在关机过程中时常出现关机蓝屏，而且该故障是间歇性的，按下 Ctrl+Alt+Delete 键也毫无反应，那么可以肯定你的系统还没有打上相应的补丁，请下载 SP1 补丁包打上补丁，一般就可以了。

（2）创建声卡的驱动有问题。如果你使用的是创新声卡，并且在关机过程中出现蓝屏，错误码是“0X0A”，那么，请进入设备管理器，将声卡删除，刷新后，手动安装最新的带有数字签名的驱动程序。

（3）罗技鼠标、键盘不完善。如果你使用的是罗技的网络键盘，并且安装了 Key Commander 软件来驱动键盘相应的网络功能，则有可能造成关机变成重启故障。如果你的罗技鼠标的驱动程序是 MouseWare 8.6，则会造成关机蓝屏故障，只有卸载该驱动才能解决问题。

20. 提示找不到 HAL.DLL 文件，启动中止

这是由于 C：盘根目录下的 boot.ini 文件出错，导致默认从 C:\Windows 启动，但由于 Windows XP 没有安装在 C：盘，所以系统提示

找不到 HAL.DLL 文件，从而导致启动失败。解决方法是重新编辑 Boot.ini 文件。下面提供几种解决方案。

方法 1：使用 Windows 98 启动盘启动电脑，在 DOS 下使用 EDIT.EXE 命令打开 Boot.ini 文件，按照正确的格式输入 Boot.ini 文件的内容，保存为 Boot.ini 文件即可。

方法 2：使用 COPY CON 命令创建一个 Boot.ini 文件。在 DOS 下输入 Copy Con C:\boot.ini 以后回车。然后按照 Boot.ini 文件的格式输入，每输入一行敲一次回车键，当全部内容输入完毕以后，按 Ctrl+Z 组合键，出现 ^Z 提示后再敲一次回车，系统会提示创建成功，问题会得以解决。

方法 3：在其他无故障的电脑上创建好 Boot.ini 文件以后，拷贝到受损电脑的 C：盘根目录下，覆盖掉 Boot.ini 文件即可。

21. 每次开机均提示需要下载并安装 Windows XP 安全更新程序

根据 Windows Update 提示下载并安装 Windows XP 安全更新程序（KB835732）后，系统确认更新成功。但此后每次联网甚至开机均提示需要下载并安装相同的更新。

这是因为没有正确注册已安装在计算机上的更新。

（1）在“运行”中输入“regedit”打开注册表编辑器，定位到如下注册表项：

HKEY_LOCAL_MACHINE\SOFTWARE\Microsoft\Updates\Windows XP\SPx

提示!!

> 对于 x，请使用下一个 Service Pack 的编号。如果正在运行 Windows XP SP1，请找到 SP2 项。

然后在 SPx 项下找到并单击有问题的 Microsoft 知识库文章编号（如 KB835732）的注册表项：

HKEY_LOCAL_MACHINE\SOFTWARE\Microsoft\WindowsXP\SP2\KB835732

单击注册表编辑器界面中的“编辑”菜单上的“删除”，按“确定”按钮后后退出“注册表编辑器”，并在得到提示之后重新启动计算机。

（2）重启后请在联网的情况下单击“开始”中的“Windows Update”，重新下载并安装编号为 KB835732 的补丁，最后重新启动计算机即可。

提示!! 也可以直接升级 SP2 补丁包，因为 SP2 中已经包含了 KB835732 补丁。

22. Scandisk 功能丢失

用户将操作系统升级为 Windows XP 之后，就再也找不到“Scandisk”功能了，使用管理员身份登录也没有，是安装错误还是这个功能在 Windows XP 中被去除了呢?

扫描硬盘的功能在 Windows XP 中并没有被去除，找不到的原因主要是由于该功能在 Windows XP 内的位置和叫法都不同了。

可以通过以下步骤执行该功能：

（1）单击打开“我的电脑”。

（2）用右键单击选择其中一个硬盘，选择“属性”，然后再选择“工具”就可以看到“开始检查”。

（3）执行“开始检查”即可。

23. 开机自检无法通过

某电脑安装的操作系统是 Windows XP 专业版，每次开机都要自检，并且每次都显示如下提示信息：

X:\Doument and settings\Administrator\Local settings\Temporary Internet Fi les\Content.IE5\4TCYQXLK\C[1].gif is cross-linket on allocation uint459301（这里的 X:表示系统所在盘符）。

然后电脑就停止响应。只有重新开机并忽略自检，才能进入系统。

方法 1：可能是文件系统出错，产生有两个文件或目录共用同一磁盘空间的记录，自检程序 CHKDSK 会报告有交叉链接文件。如果 CHKDSK 发现有交叉链接文件存在，就会显示类似信息，此时可在“开始”→“运行”中输入“chkdsk/f”命令进行修复。

方法 2：使用具有 Administrator 权限的用户账户登录系统，然后删除“\Dument and settings\Administrator\Local settings\Temporary internet Files 下面的所有 IE 缓存文件夹。

如果仍然不行，则检查电脑上是否感染了病毒，有可能是中了恶意代码。

24. 启动时提示设备错误

有时候启动 Windows XP 系统，会出现以下的提示错误信息：

Cannot find a device file that may be needed to run Windows. The Windows Registry or System.INI refers to this device file, but the device no longer exists.文件名.vxd

该错误的意思是系统启动时查找到了一个设备错误，该设备被注册到了注册表或者 System.ini 文件中，而该设备实际上并不存在（注：此处的设备是指某个设备的驱动程序文件）。

记住上边显示的错误信息中的“文件名.VXD”的名称，然后打开 System.ini 文件（使用系统配置程序或者记事本程序打开），在[386Enh]段中查找类似“device=文件名.vxd”的项目，找到后将该项删除（如果确认该设备文件有用，那就不要删除它，而应该从相应的安装路径中重新安装该文件）即可。

如果在 System.ini 文件中未找到该项，则请运行注册表编辑器，然后执行菜单中的“编辑”→“查找”命令，在弹出的对话框中输入文件名，单击“查找”，找到后删除即可。

25. 启动时提示显示适配器配置错误

有时候启动 Windows XP 系统，会出现以下的提示错误信息：

Your display adapter is not configured properly. To correct the problem ,click OK to start the Hardware Installation Wizard.

该错误的信息是系统启动时检测到了显示适配器配置不合适。要解决这个问题，则单击“OK”按钮，重新运行硬件安装指南，以重新配置显示适配器。

同时，Windows XP 系统可能已经恢复了注册表的原始备份“System.1st”，因为它认为注册表已经被破坏，并且没有找到合适的备份。

重新启动系统后，重新设置显卡驱动。

26. Windows XP 中无法创建启动软盘

在将操作系统升级成 Windows XP 后，想用 Windows 98 中制作启动盘的方法制作一张启动盘，但是却没有找到创建启动盘的选项。

Windows XP 中制作启动软盘的功能还是有的，只是换了个地方。

可以采取以下步骤：

（1）将软盘插入驱动器，然后用右键单击“我的电脑”中的软驱图标。

（2）在弹出的菜单中选择“格式化”。

（3）在弹出的对话框中选择“创建一个 MS-DOS 启动盘”的选项就可以创建启动盘了。

27. 找回 Administrator 账户密码

安装 Windows XP 时，设置了 Administrator 密码，Windows XP 安装在 NTFS 分区上。在使用故障修复控制台时，程序要求输入 Administrator 密码时，却发现已将密码遗忘。

（1）若能正常进入 Windows XP，则使用具有管理员权限的账户登录 Windows XP，然后打开“控制面板→管理工具→计算机管理”（也可以在“运行”里输入 compmgmt.msc 打开计算机管理），在右边“计算机管理（本地）”的树形列表中选择“本地用户和组→用户”，在右边就可以看到当前系统里面存在的全部账户。用鼠标右键单击 Administrator，选择设置密码，然后按照屏幕提示操作即可重新设置密码。

（2）若无法正常进入 Windows XP，如果可以使用命令行安全模式，那么用具有管理权限的账户登录，使用 NET USER 命令修改密码，格式为“NET USER Administrator<输入你的新密码>”，然后回车即可。

（3）如果使用安全模式无法进入 Windows XP，那么只有使用安装光盘修复了。方法是：用安装光盘启动电脑，在安装程序选择菜单上选择“现在开始安装 Windows XP”，然后选择“修复”开始修复程序。修复过程类似于 Windows 98 的覆盖安装，修复中会要求重新创建密码，而且已经安装的软件仍然可以继续使用。

28. 找回 Windows XP 中的 Administrator 账户

在 Windows XP 下，如果建立了一个新的计算机管理员用户，下次登录计算机时，将不会出现 Administrator 超级用户的登录入口了。但在某些情况下，必须使用 Administrator 账户登录怎么办？

具体解决方法如下：

（1）首先以现有的计算机管理员的账户（如“lcw”）登录，然后打开“控制面板”，依次执行“性能和维护”→“管理工具”→“计算机管理”命令。

（2）选择“系统工具”→“本地用户和组”→“用户”，将右边的“lcw”账户（即当前的计算机管理员账户）停用或者删除。禁用后的账户前应该有个红色的叉号，这样就会又以 Administrator 账户登录了。

29. 字体不正常

系统字体不正常的原因通常是因为字体文件丢失或损坏、字体文件的注册信息丢失或损坏而引起的。对于字体文件的丢失或损坏只需要恢复它们到“C:\Windows\Font”文件夹下即可。下边主要叙述注册信息的修复。

Windows XP 系统将字体文件的注册信息保存到了下述注册表路径下：

HKEY_LOCAL_MACHINE\SOFTWARE\Microsoft\Windows\CurrentVersion\Fonts

同时它还提供了一个字体注册修复程序“Fontreg.exe”，通过该程序可以修改大多数字体问题。如果执行该程序后，问题依然存在，那就需要重新建立该项，方法如下：

（1）备份字体文件：将 C:\Windows\Font 下的文件复制到另外一个文件夹下，然后删除它们。

（2）删除上述注册表中的字体项 Fonts。

（3）进入 C:\Windows\Font 文件夹中，选择“文件”菜单中的“安装新字体”命令，然后选择相应的字体文件，如此重复，直到所有的字体文件安装完成为止。

（4）删除复制的字体文件夹。

30. 系统崩溃出现蓝屏死机

当 Windows XP 出现系统崩溃时，也会像 Windows 98 一样出现蓝屏，通常的解决方法是，按下 Reset 键进行重新启动。但这种方式有一定的缺陷，即往往导致系统文件被损坏，因此建议尽量不用 Reset 键来启动系统。管理员可以考虑通过修改注册表的方式来设置系统自动重新启动。

具体解决方法如下：

（1）运行注册表编辑器，打开如下注册表子项分支（如果不存在，则新建）：

HKEY_LOCAL_MACHINE\SYSTEM\CurrentControlSet\Control\CrashControl

（2）双击该项右边窗口区域中的项值 AutoReboot，将其项值数据更改为 1。

（3）设置完成后，按 F5 刷新注册表以使设置生效。这样如果系统再次出现崩溃的情况时，Windows 将会自动重新启动。

31. S3芯片显卡无法正常使用

电脑显卡的芯片比较老，是S3的。最近在安装了Windows XP系统之后，发现滚动屏幕画面时容易发生画面静止现象。

对于此故障，可以采用如下的方法解决：

（1）在控制面板中单击“显示”图标，打开“显示属性”对话框。

（2）选择“设置”选项卡。

（3）单击“高级”按钮，然后打开“疑难解答”选项卡，将硬件加速功能设为无。

（4）单击“确定”按钮完成设置。

重新启动电脑后，故障消失。

提示!! 为彻底解决这个问题，最好的方法是到相关网站下载并更新显卡驱动程序和BIOS。

32. 电脑配置较高，在打开一些大型应用程序时出现死机现象

即使你的电脑配置再高，操作系统在使用一段时间后，系统中就会存在大量垃圾文件，这时就不能避免在运行大型程序时会死机，最大的可能性是系统没有进行优化的设置。

如果同时打开了多个大型的应用软件，例如，同时使用Photoshop、3ds max、Maya，并且还进行网页浏览的话，这时也会因为这些软件占用大量的系统资源，使系统资源过少，导致死机。

但是，如果使用者没有合理地设置系统，即使没有同时打开大软件也会造成死机，使用者可以检查一下系统区的剩余空间是否太小，建议至少有双倍于内存大小的剩余空间。

因为Windows在运行程序时，要将一部分硬盘空间作为虚拟内存来使用，所以如果硬盘空间过小，Windows所能用的虚拟内存空间就会变少，就会导致电脑运行速度变慢，甚至会引起死机。

另外，也要检查Windows的虚拟内存设置情况。如果使用者经常需要运行大型应用程序，最好还是让Windows自己管理虚拟内存，这样可以保证系统根据软件的需要设置合适的虚拟内存。

33. 删除 Windows 中无法删除的文件

有时候在删除某个文件或文件夹时，系统提示无法删除，这令人十分头疼。

提供以下六种方案：

方案 1：常规解决办法。

（1）注销或重新启动电脑，然后再试着删除。

（2）不行的话，开机时以“安全模式”进入删除。

（3）仍然不行的话，进入纯 DOS 环境，使用 Del，Deltree 和 Rd 命令将其删除。

（4）如果是文件夹中有比较多的子目录或文件而导致无法删除，可先删除该文件夹中的子目录和文件，再删除文件夹。

（5）在任务管理器中结束 Explorer.exe 进程，然后在命令提示符窗口删除文件。

（6）如果安装了 ACDSee，FlashFXP，Nero，Total 这几个软件，可以尝试在这几个软件中删除文件夹。

方案 2：高级解决方案。

（1）排除磁盘错误。运行磁盘扫描程序，并扫描文件所在分区，扫描前确定已选上修复文件和坏扇区，全面扫描所有选项，扫描后再删除文件。

（2）禁止预读机制：某些媒体播放中断或正在预览时会造成无法删除。在“运行”框中输入如下命令注销掉预读功能：

REGSVR32 /U SHMEDIA.DLL

或删除注册表中如下项：

HKEY_LOCAL_MACHINE\SOFTWARE\Classes\CLSID\{87D62D94-71B3-4b9a-9489-5FE6850DC73E}\InProcServer32

方案 3. 借助防火墙。

由于反病毒软件在查毒时会占用正在检查的文件，从而导致执行删除时提示文件正在使用，这时可试着暂时关闭它的即时监控程序，或许可以解决。

方案 4：Office、WPS 系列软件的非法关闭所导致。

Office 的非法关闭也会造成文件无法删除或改名。重新运行该程序，然后正常关闭，再删除文件。

方案 5：借助 WinRAR。

右击要删除的文件夹，选择“添加到压缩文件”。在弹出的对话框中选中“压缩后删除源文件”，随便写个压缩包名，然后单击“确定”按钮。

方案 6：权限问题。

如果是 Windows 2000 和 XP 系统，请先确定是否有权限删除这个文件或文件夹。

（1）可执行文件的删除。

如果可执行文件的映像或程序所调用的 DLL 动态链接库文件还在内存中未释放，删除时就会提示文件正在使用，解决方法是删除系统的页面文件，在 Windows 98 中是 Win386.SWP，在 Win2000/XP 中是 pagefile.sys。注意要在 DOS 下删除。

（2）文件粉碎法。

使用文件粉碎机，如 File Pulverizer，可以彻底删除一些顽固文件。

34. 安装 MSI 格式的文件包时遇到 Windows Installer 出错

很多用户在安装 MSI 格式的文件包时，经常会遇到 Windows Installer 出错的情况，有如下几种现象：

（1）所有使用 Windows Installer 服务安装的 MSI 格式程序均不能正常安装，并且系统提示“不能访问 Windows Installer 服务，可能你在安全模式下运行 Windows，或者 Windows Installer 没有正确的安装，请和你的支持人员联系以获得帮助”。

（2）查看“Windows Installer 服务”的状态，一般为停用，当试图启用此服务，会发现此服务已被系统禁用，或者 Windows Installer 服务已被标记为删除。

（3）如果重新安装 Windows Installer 服务，系统会提示“指定的服务已存在”。

例如，不管是装 Office 2000，XP 还是 2002，运行 Setup 后都出现：“不能访问 Windows Installer 服务，可能是你在安全模式下运行 Windows 或 Window Installer 没有正确安装……”

出现了以上现象，是非常令人头疼的，可以采取如下解决方法：

Windows XP 集成了最新版本的 Windows Installer V 2.0，但在 Windows XP 里安装 MSI 程序也会经常出现找不到“Windows Installer 服务”的错误。

（1）使用记事本编写 installer.reg 文件，内容如下：

```
Windows Registry Editor Version 5.00
```

```
HKEY_LOCAL_MACHINE\SYSTEM\CurrentControlSet\Services\MSIServer
"ImagePath"=-
"ImagePath"=hex(2):25,00,53,00,79,00,73,00,74,00,65,00,6d,00,52,00,6f,00,6f,00,\
74,00,25,00,5c,00,53,00,79,00,73,00,74,00,65,00,6d,00,33,00,32,00,5c,00,6d,\
00,73,00,69,00,65,00,78,00,65,00,63,00,2e,00,65,00,78,00,65,00,20,00,2f,00,\
56,00,00,00
```

然后将文件保存为“.reg”格式，双击该文件，将文件内容导入注册表。

（2）重新启动电脑进入安全模式（启动时按 F8 键），然后执行“开始”→“运行”命令，输入“CMD”命令后单击“确定”按钮，在弹出的“CMD 命令提示符”窗口中输入“msiexec /regserver”，最后重新启动电脑即可。

35. 每次启动时都扫描 C，D 盘，且提示 C 盘的 Bootex 文件损坏

Bootex 文件错误是因为在检查系统或修正磁盘时文件错误所导致的。因此根本原因不是 Bootex 出错，而是系统文件 fastfat 出了问题。

（1）在 CMOS 里将第一启动盘附设为“光驱盘符”。

（2）将 Windows XP 安装光盘放进光驱，进入到 DOS 下，然后转到光驱盘所在盘符，输入如下命令后回车：

CD i386

（3）继续输入如下命令后回车：

expand.exe fastfat.sy_ c:\winnt\system32\drivers\fastfat.sys

（4）转到 C 盘根目录。

（5）重新启动电脑，进入 CMOS 里将第一启动盘设置为硬盘引导。

这样就将 Windows XP 安装光盘中的 fastfat 文件重新装入了系统盘符内。再次启动电脑，进入 Windows，故障消失。

36. Windows XP 启动速度非常慢

使用微软提供的“Bootvis”软件可以有效地提高 Windows XP 启动速度。这个工具是微软内部提供的，专门用于提升 Windows XP 启动速度。下载后解压缩到一个文件夹下，并在“Options”项中设置使用当前路径。然后从“Trace”项下拉菜单中选择跟踪方式。该程序会引导

Windows XP 重新启动，并记录启动进程，生成相关的 BIN 文件。之后从 Bootvis 中调用这个文件，从 Trace 项下拉菜单中选择“Optimizesystem”命令即可。

37. Windows XP 不能自动关机

安装 Windows XP 后，关机是提示“您可以关机了”后，按关机按钮不起任何作用。

如果主板不支持高级电源管理功能就会出现这样的情况，可打开“控制面板”中的“电源”选项，将“APH”项选中后 Windows XP 就会自动进行电源管理。

38. STOP 消息 0x0000007B 故障

在输入/输出系统的初始化过程中出现问题（通常是引导驱动器或文件系统）。

（1）检查电脑上是否有病毒。这个 STOP 消息通常在引导扇区有病毒时出现。

（2）使用“修复控制台”来修复驱动器。

（3）拆下新安装的硬盘驱动器或控制卡。

（4）如果系统配有 SCSI 卡，请向 SCSI 卡销售商索取最新的 Windows 2000/XP 驱动程序。

（5）检测硬盘是否有问题。

（6）重新启动电脑后。在启动屏幕处按 F8 键进入“高级启动选项”，然后选择“最后一次正确的配置”。

39. STOP 消息 0x00000058 故障

在主驱动器中发生错误。

（1）用 Windows 2000 启动盘（软盘），从镜像（第二个）系统驱动器启动电脑。

（2）检测硬盘是否有问题。

（3）重新启动电脑，在启动屏幕处按 F8 键进入“高级启动选项”，然后选择“最后一次正确的配置”。

40. STOP 消息 0x0000000A 故障

驱动程序使用了不正常的内存地址。

（1）如果 Windows 2000/XP 还可以启动的话，进入操作系统后，检查“事件查看器”中显示的信息，确定引起问题的设备或驱动程序。

（2）关掉或禁用一些新安装的驱动程序。

（3）拆下一些新安装的硬件（RAM、网络适配器、硬盘、调制解调器等等）。

（4）确保已经更新了硬件设备的驱动程序，以及系统最新的 BIOS。

（5）运行由电脑制造商提供的系统诊断工具，尤其是内存检查。

（6）检查 Microsoft 兼容硬件列表（HCL），确保所有的硬件和驱动程序都与 Windows 2000/XP 兼容。

（7）在 BIOS 中禁用内存缓存功能。

41. STOP 消息 0x0000002E 故障

系统内存中的奇偶校验错误。

（1）运行由电脑制造商提供的系统诊断工具，尤其是内存检查。

（2）如果内存损坏，更换内存。

（3）确保已经更新了硬件设备的驱动程序。

（4）拆下一些新安装的硬件（RAM、网络适配器、硬盘、调制解调器等等）。

（5）重新启动电脑，在启动屏幕处按 F8 键进入“高级启动选项”，然后选择“最后一次正确的配置”。

42. STOP 消息 0x0000007F 故障

硬件或软件问题，常见的原因是硬件失效。

（1）运行系统诊断工具，尤其是内存检查。这个 STOP 消息经常出现在误配内存的情况下。

（2）试着拆下或替换以下硬件：内存、网络适配器、调制解调器或其他接口设备。

（3）确保所有的硬件和驱动程序都与 Windows 2000/XP 兼容，这个问题可能是由于不兼容的主机板引起的。

（4）重新启动电脑，在启动屏幕处按 F8 键进入“高级启动选项”，然后选择“最后一次正确的配置”。

43. STOP 消息 0x0000001E 故障

硬件驱动程序问题。

（1）检查是否有充足的磁盘空间。

（2）禁用 STOP 消息中显示的驱动程序和所有新安装的驱动程序。

（3）如果所使用的视频驱动程序不是 Microsoft 提供的，试着切换到标准 VGA 驱动程序或者更换由 Windows 2000/XP 支持的合适驱动程序。

（4）确保系统有最新的 BIOS。

（5）重新启动电脑，在启动屏幕处按 F8 键进入“高级启动选项”，然后选择“最后一次正确的配置”。

44. STOP 消息 0x00000023 和 0x00000024 故障

严重的磁盘碎片、某些驱动器镜像软件或者一些防病毒软件出错。

（1）禁用电脑中的防病毒软件。

（2）运行磁盘重组工具检修硬盘驱动器，然后重新启动电脑。

（3）重新启动电脑，在启动屏幕中按 F8 键进入“高级启动选项”，然后选择“最后一次正确的配置”。

45. STOP 消息 0x0000003F 故障

驱动程序没有被完全清除。

删除一些新安装的软件，例如防病毒软件。

46. Windows XP 的输入法图标消失

在 Windows 98 系统托盘里会有一个输入法图标，单击这个输入法图标可以更改输入法或设置输入法选项，可是 Windows XP 中的托盘区有时却没有这个图标。

这是因为没有开启语言设置中的某些选项，如果想要重现输入法图标，可以在控制面板中双击“区域和语言选项”，然后单击“语言”选项卡，再单击“详细信息”按钮，在弹出的“文字服务和输入语言”窗口里单击左下角的“语言栏”按钮，在“语言栏设置”对话框中把“在桌面上显示语言栏”这个选项打开就行了，此时会发现输入法图标又显示在托盘区了。

47. 电脑里的一些字显示不出来

这可能是 Windows XP 将错误的结果写入了字体缓冲文件 ttfacache 中，可尝试如下解决问题的方法：

（1）使用 Windows XP 启动盘启动电脑，进入 MS－DOS 模式。

（2）在记事本里输入如下内容（在每一个命令后都要加入一个回车键）：

```
C:
CD Windows
ATTRIB –H TTFCACHE
DEL H TTFCACHE
```

（3）重新启动电脑，Windows 会建立新的缓冲文件。

48. 版本导致程序无法安装

当我们在安装一些应用软件时，它们会检测 Windows XP 系统的版本。如果版本符合它的要求，它就允许进行安装。如果版本不正确，那它将拒绝安装。

具体解决方法如下：

（1）运行注册表编辑器，打开如下注册表子项分支（如果不存在，则新建）：

HKEY_LOCAL_MACHINE\SOFTWARE\Microsoft\Windows\CurrentVersion

（2）记录该项下的项值 VersionNumber 的项值数据，将它修改为相应 Windows 版本的版本号，然后进行软件的安装。

（3）在软件安装完毕之后，再将该数据改回为原来的值即可。

49. DOS 虚拟设备驱动程序出错

在 Windows XP 下安装了一些程序后，可能会发生 DOS 虚拟设备驱动程序出现错误的信息，信息可能如下：

16 bit MS-DOS Subsystem

drive：\program path

SYSTEM\CurrentControlSet\Control\VirtualDeviceDrivers. VDD. Virtual Device Driver format in the registry is invalid. Choose 'Close' to terminate the application.

如果这个错误不解决，则所安装的程序可能会不能运行。这个问题是怎样引起的呢？原因是此程序访问了错误的 VDD 键值。

具体解决方法如下：

（1）运行注册表编辑器，打开如下注册表子项分支（如果不存在，则新建）：

HKEY_LOCAL_MACHINE\SYSTEM\CurrentControlSet\Control\VirtualDeviceDrivers

（2）先删除项值“VDD”，然后重新建立项值“VDD”（多字符串值），注意此时不要对“VDD”设置任何的值。

完成上述步骤后，问题就得到了解决。

50. 双击图像文件时打开程序不正确

当双击系统中的图像文件时，系统会调用默认的图像编辑器软件来打开它，如“*.bmp”文件默认的是用画图程序打开的，而不是用诸如看图程序打开，这就影响了操作效率。

如果希望更改这种默认方式，如使用 Photoshop 来打开它，那么请按如下方法进行修改即可。

（1）运行注册表编辑器，执行菜单中的“编辑”→“查找”命令，在打开的“查找”对话框中输入需要更改的文件的扩展名，如“*.BMP”。

（2）单击“查找下一个”按钮，找到扩展名为“*.BMP”的文件后，修改默认值为 Photoshop 的关联程序（如“PhotoshopFile”）即可。

51. 未正确卸载程序导致错误

有时候启动 Windows XP 系统，会出现以下的提示错误信息：

Error occurred while trying to remove name. Uninstallation has been canceled.

该错误的信息是由于未进行正确的卸载程序而造成的。发生这种现象的一个最常见的原因是用户直接删除了原程序的文件夹，而该程序在注册表中的信息并未删除。要解决它，请运行注册表编辑器，查找如下注册表子项分支：

HKEY_CURRENT_USER\software\Microsoft\Windows\CurrentVersion\Uninstall

找到后，删除右边的相应项值即可。

52. 使用杀毒软件进行杀毒后，运行可执行文件或快捷方式出错

当在上了某个网站或收发一封 E-mail 之后，系统却出现了一些莫名其

妙的错误，一般这是病毒感染系统的兆头，于是应立即使用杀毒软件进行清除。杀毒后，先前的那些错误是修正了，但出现了比杀毒前更恼人的错误：不能正确执行可执行文件或快捷方式（可执行文件和快捷方式不能正确运行，使用 Windows 还能干什么）。

只需将.EXE、.COM（可执行文件）与.LNK（快捷方式）文件的关联设定正确，即可修正该类错误。

（1）运行注册表编辑器，打开如下注册表子项分支（如果不存在，则新建）:

HKEY_CLASSES_ROOT\comfile\shell\open\command

（2）将 Command 项的默认值修改为“"%1" %*”。

以上方法只恢复了.COM 的正确文件关联，还需要恢复.EXE 的正确文件关联。

（3）运行注册表编辑器，打开如下注册表子项分支（如果不存在，则新建）:

HKEY_CLASSES_ROOT\exefile\shell\open\command

（4）将 Command 项的默认值修改为“"%1" %*”。

.LNK 的正确文件关联：

打开注册表编辑器，定位到如下注册表子项（该项没有的话请新建相同名称的项）:

HKEY_CLASSES_ROOT\lnkfile\shellex\ContextMenuHandlers\{00021401-0000-0000-C00 0-000000000046}

将该项的默认项值的数据设定为空。

如果 HKEY_CLASSES_ROOT\lnkfile\shell 项存在，则将其删除。

53. 修复被损坏的压缩文件

有时候，从某个地方拷贝回来一个压缩文件，当在自己的电脑上打开时却被告知该文件包已经损坏，不知道怎么修复。

可使用 WinRAR 解决该问题：

（1）在 WinRAR 中选中该文件。

（2）然后执行“命令”→“修复压缩文件”菜单命令。

（3）按“确定”按钮后就开始自动修复这个文件，并弹出修复的窗口，将最后的修复结果通知你。要注意的是，不管修复多少个文件，WinRAR 都是将修复文件默认存为_reconst.zip（对 ZIP 文件）或_reconst.rar（对 RAR 文件），所以如果当前文件夹下还有这个文件的时候，请先将它拷贝到别的地方，以免上一次修复文件的丢失。

54. 修复 EXE 文件

当用鼠标双击一个 EXE 文件时，系统会弹出警告框，告诉该文件不能被执行或打开。

出现上述现象，或许是这种 EXE 文件不是一般的 Windows 下的 EXE 文件，而是用 WinZip 生成的自解压的文件，在文件头上出了点问题，所以不能被解压，其实只要先运行 WinZip 软件，再打开这个 EXE 文件重新制作成自解压文件或直接解压就可以使用其中的文件了。

55. 任务栏假死

（1）执行“控制面板”→“区域和语言选项”→“语言”→“详细信息”，在弹出的“设置窗口”中，单击“首选项”的“语言栏”按钮，在弹出的“语言栏设置”对话框中，取消“在桌面上显示语言栏”选项，并选择第三项“在通知区域显示其他语言栏图标”复选框。

（2）如果不需要手写识别、语音识别的话，也可以再勾选最后一项“关闭高级文字服务”。然后单击“确定”按钮返回“文字服务和输入语言”对话框，单击“确定”按钮完成设置。

56. 任务栏目上控制音量的小喇叭图标不见了

打开“控制面板”，选择“声音、语言和音频设备→声音和音频设备”，然后再打开窗口的“音量”选项，勾选“将音量图标放入任务栏”选项，确定后音量图标便会出现。

57. “远程桌面连接”对话框最小化后，屏幕一片空白

某用户因工作需要，在出差过程中随身携带笔记本电脑，并经常通过 Internet 远程访问放在公司内部的一台台式电脑，使用的是 Windows XP 的远程桌面功能。有时发现“远程桌面连接”对话框最小化后，屏幕出现一片空白。

在使用远程桌面连接时，有可能出现这样的问题。导致此故障的原因很有可能是在使用密码保护的屏幕保护程序时，应用程序仍然在远程计算机上运行，但是却不能再次使用这个程序，于是屏幕就出现了一片空白。

为了避免上述问题的发生，应该注意以下两点：

（1）如果远程电脑使用了密码保护的屏幕保护程序，那么就应注意不

要最小化“远程桌面连接”对话框。

（2）不要在本地电脑上使用密码保护的屏幕保护程序。

58. 任务栏启动项太多

执行“开始”→“运行”命令，在打开的对话框中输入 Msconfig，打开“系统配置实用程序”，在“启动”选项中选中不需要的启动项就可以把它们除去。另外，我们在安装软件的时候，在某个步骤中会出现一些选项，比如“设为任务栏启动项”，我们只要把它前面的钩去掉，它就不会出现在你的任务栏启动项中了。

59. 清除电脑病毒后，桌面上的图标和任务栏消失

这是病毒破坏了注册表中与桌面图标和任务栏的有关的注册项目所致。

可采取以安全模式进入 Windows 系统，然后进入到 C:\Windows 目录下执行 grpconv.exe 文件，再重新启动电脑，系统就会恢复正常。

或者，以安全模式进入 Windows 系统，执行 C:\Windows\system 目录下的 runonce.exe 文件，再重新启动电脑，也可以使问题得到解决。

60. 计划任务无法按时运行

在 Windows XP 系统中设置了计划任务，但是发现计划任务并不能按照设置的时间准时运行。请问应如何解决？

如果在 Windows XP 系统中，计划任务无法按照设置的时间准时运行，可以考虑按照以下的几个步骤进行检查：

（1）计划任务是否已经被启用。首先，在 Windows XP 中打开“任务计划”窗口，使用鼠标右键单击该任务，在弹出菜单中选择“属性”菜单项，打开该任务的属性对话框。在“任务”选项卡中，确保“启用（已计划的任务会在指定时间运行）”复选框已被选中。如果没选中该复选框，即便设定了计划任务的运行时间，该任务也不会准时运行。

（2）确保正确指定了计划运行的程序的路径以及命令行参数。打开“任务计划”窗口，然后打开该任务的属性对话框，在“任务”选项卡的“运行”栏中，确保正确填写了计划运行的程序的路径以及命令行参数。如果这一项填写有误，那么该计划任务无法正确运行。

（3）如果无法运行电脑上的任何计划任务，且电脑已经连接到域，那么就必须咨询系统管理员，以确保计划任务服务已启用。

61. AVI 文件中的电影冲突

对于那些在 Windows 98 中保存的 AVI 文件，如果在 Windows XP 中打开时发生冲突，可以通过以下介绍的简单修复方法进行排除。

具体操作步骤如下：

（1）打开附件中的 Windows Movie Maker。执行“查看”→“选项”命令。

（2）取消“自动创建剪辑”旁的复选框，然后单击“确定”按钮。

（3）现在，导出发生冲突的电影文件，并将其拖放到时间线上。随后，保存该电影，在重新渲染期间，冲突将被自动删除。

62. ViaVoice 出现 mfc42. dll 调用错误提示

在使用 IBM 的 ViaVoice 语音识别软件时经常出现 mfc42. d11 调用错误的提示。

首先，遇到的这个问题是该款软件的一个 BUG，可以到如下网址下载补丁程序，安装后问题即可解决：

http：//www-4. ibm. com/software/speech/cn/ support. html

8-2 Windows 2000 维护与故障处理

1. 主板 ACPI 不相容导致 Windows 2000 安装时蓝屏

在安装 Windows 2000 时，出现蓝屏：“The ACPI Bios in this system is not fully compliant with the ACPI specification” 的提示。

这个问题主要是由于主板 ACPI 不相容而造成无法安装 Windows 2000，这时我们可以重新启动计算机，然后按 F7 键离开 ACPI Mode Setup，到 Text Mode Setup 中就可以继续安装 Windows 2000 系统了。

当然，也可以在安装时按 F5 键，这时就会出现四个选项，其中如果没有厂商提供的驱动程序，只要选择 Standard PC 就可以完成 Windows 2000 操作系统的安装。

从理论上讲，纯 32 位的 Windows 2000 是不会出现死机的，但这仅仅是理论上而言。病毒或硬件和硬件驱动程序不匹配等原因将造成 Windows 2000 的崩溃，当 Windows 2000 出现死机时，显示器屏幕将变为蓝色，然后出现 STOP 故障提示信息。

操作方法与应用技巧：

① 首先使用新版杀毒软件检查计算机上是否有病毒。

② 如果 Windows 2000 可以启动，请检查“事件查看器”中的信息，以确定导致故障的设备或驱动程序。

提示!! 启动“事件查看器”的方法为：依次单击“开始”→“控制面板”→“管理工具”→“事件查看器”→“系统日志”。

③ 如果不能启动计算机，试着用“安全模式”或“最后一次正确的配置”启动计算机，然后删除或禁用新安装的附加程序或驱动程序。如果用“安全模式”启动不了计算机，可使用修复控制台。修复控制台可以禁用一些服务、重新命名设备驱动程序、检修引导扇区或主引导记录。

2. 安装双系统时死机

雷鸟 1.2GHz，256MB DDR 内存，IBM7200 转，QDI KD-7A，Ati ALL-IN-WONDER RADEON，在装 Windows 98/2000 双启动系统时，因出现问题而中断。蓝屏显示“STOP ：0*4000008A(0*81768E0，0*8183B128，0*00000000，0*0000000)A Kernel Thernd Terminated While Holding a Mutex……”

这个问题和硬件关系较大。如果内存质量不好，每次安装新硬件都很可能出现这种故障。一般来说除了换新内存不能完全解决问题。当然可以牺牲一些性能表现来换取稳定。先在 BIOS 里关闭内存缓存功能，再试试其他驱动程序，或者同一硬件不同版本的驱动程序，故障症状大都会缓解。

Windows 2000 里解决 STOP 错误的一般方法：

（1）先要怀疑是否为病毒发作，应使用最新版本的杀毒软件检查计算机上是否有病毒，并清除发现的病毒，尽可能修复由病毒造成的损坏。

（2）若在发生错误后还可以启动 Windows 2000，则首先要检查事件查看器，因为在发生故障时，系统会将错误报告及一些相关信息写入事件查看器，这样就能在事件查看器的“系统日志”下获得有助于确定引起问题的设备或驱动程序信息。

（3）卸掉所有最新安装的硬件，并确保已更新了硬件的驱动、最新的 BIOS 版本，此外还可以从设备制造商处寻求帮助。

3. 系统监视器的曲线图出现间隙

Windows 2000 Server 系统，在使用“系统监视器”工具进行系统性能监测时，经常会发现在显示系统性能的曲线图中出现间隙。

在 Windows 2000 系统中使用“系统监视器”工具进行系统性能监测时，如果发现在显示系统性能的曲线图中出现间隙，一般是由于系统此时负载比较重，数据收集服从于优先级更高的处理活动。所以，当系统负载降低时，系统就会拥有充足的资源继续数据收集，曲线图就会照常继续。因此，如果曲线图中出现间隙，只需稍等片刻就会正常。

4. Windows 2000 安装后中文部分出现乱码

Windows 2000 安装完毕后，操作界面图标上的中文成乱码。

这是由于在安装过程中将地区设置成了“China(PRC) ”以外的国籍设置。解决办法：进入“控制面板”→“时区”，设定为“China(PRC) ”并重新启动。

5. 系统中的声音时断时续

在使用 Windows 2000 Professional 系统的过程中，发现系统中的声音时断时续。

这个问题在 Windows 2000 Professional 系统的使用过程中是比较常见的，一般来说，如果声卡的硬件加速设置过高就有可能导致这个故障。可以尝试采用下面的方法进行处理：

（1）在控制面板中双击“声音和多媒体”图标，打开“声音和多媒体属性”对话框。

（2）在“声音和多媒体属性”对话框中，选择“音频”选项卡。单击“录音”下的“高级”按钮，打开“高级音频属性”对话框。

（3）在“高级音频属性”对话框的“性能”选项卡中，把“硬件加速”滑块向左移动一个刻度。

（4）单击“确定”按钮，完成设置。

设置完成后，再试试系统中的声音是否正常，如果不正常，可以再次按照上面的步骤进行设置。

6. 驱动程序不正确导致打印机安装错误

以前的系统是 Windows 98，最近刚刚把系统升级成为 Windows 2000

Professional。由于打印机的驱动程序是针对 Windows 98 系统的，所以在 Windows 2000 Professional 中无法正常地安装该打印机。而且，在 Windows 2000 Professional 系统的添加打印机向导列表中，也没有列出该打印机的驱动程序。请问应该怎么办？

如果是由于打印机驱动程序版本不对，导致无法在系统中安装打印机，那么可以从打印机销售商处索要，或者从打印机生产厂商的网站上下载该款打印机针对于 Windows 2000 Professional 系统的驱动程序，然后按照下面的步骤进行安装：

（1）选择“开始”→“设置”→“打印机”命令，打开“打印机”窗口。

（2）在窗口中双击“添加打印机”图标，运行添加打印机向导，按照向导的提示一步一步进行，最后单击“从磁盘安装”按钮，然后选择新驱动程序，即可完成打印机的安装。

7. 系统无法找到光驱

把系统升级成为 Windows 2000 之后，开机之后发现找不到光驱的盘符了。系统中还安装了虚拟光驱，可以找到虚拟光驱的盘符。重新安装光驱驱动程序之后，故障依旧。

首先，一般的光驱都有 Windows 2000 系统下的驱动程序，所以不需要使用 DOS 下的驱动程序，因为这样有可能引发系统故障。根据故障现象分析，找不到光驱的盘符有可能是虚拟光驱引起的。于是，卸载了系统中的虚拟光驱，重新启动电脑之后，故障消失。

8. Windows 2000 不能安装软件

Windows 2000 安装运行一段时间后，就无法再安装其他软件了，系统总是提示“Ins5576_mp.exe”出错。

问题在于没有定期清空临时文件夹。首先看一下系统分区空间和交换文件所在分区的空间是否充足，然后看一下 C 盘 Windows 目录下的 Temp 文件夹（主要是 WinNT\Temp 和上面提到的个人文件夹），把它们都清空，应该就没有问题了。

9. 无法打开以前系统加过密的文件

以前使用的是 Windows 2000 Professional 系统，当时对一个文件夹中的一些文件使用高级属性进行了加密处理。现在重新安装了系统，还是使用 Windows 2000 Professional 系统，但是在试图打开这些以前进行过加密的文件时，发现无法打开。

Windows 2000 系统使用一种只对于 NTFS 分区有效的加密算法 EFS。通过这种加密算法进行过加密处理的文件，对于执行加密操作的用户是透明的，但是不允许其他用户访问。在重新安装系统之后，可能导致用户名、密码与原来的系统不同，这样就会导致无法使用原来加密的文件。所以，如果要打开这些文件，可以在重新安装系统之后使用和原来一样的用户名和密码登录系统，然后采用如下方法对这些文件进行解密：

（1）打开“Windows 资源管理器”窗口，用鼠标右键单击加密的文件或文件夹，从弹出菜单中选择“属性”命令。

（2）在打开的对话框中单击“常规”选项卡的“高级”按钮，去除“加密内容以便保护数据”复选框的选择标记。

（3）单击“确定”按钮，就完成了对加密文件的解密操作。

这样，就可以打开那些加过密的文件了。

10. 无法以 Guest 用户的身份登录

在使用 Guest 用户登录 Windows 2000 Professional 时，系统提示“你没有足够的权限登录，请与管理员联系”。

出现这种故障可能是因为 Guest 账号被关闭了。如果希望恢复 Guest 登录，可以到“控制面板”→“用户和密码”中启用 Guest 账户，即可正常使用了。

11. 在 Windows 2000 中玩游戏速度特别慢

Windows 2000 Professional 系统，在玩游戏 Quake 3 时，游戏的速度非常慢，基本上无法正常运行游戏。

经过检查，发现出现此问题的原因是 Windows 2000 自带的 i810 显卡驱动程序没有安装 OpenGL 函数库。这对于一般的 3D 游戏影响不大，但是对于 Quake 3 这种使用 OpenGL 的函数库就很难运行了。重新安装主板自带的显卡驱动程序，故障排除。

12. 更换系统之后不认第二块硬盘

电脑上安装了两块硬盘，一块是希捷 40GB，另外一块是昆腾 20GB。以前的操作系统是 Windows 2000 Server，可以正常地使用这两块硬盘。最近把系统更换成了 Windows 2000 Professional，就无法使用第二块硬盘了。在系统中，只能看到盘符，但是无法访问。只要一访问这块硬盘，系统就提示该硬盘没有格式化。但是在 Windows 2000 Professional 中格式化该盘又总是不能成功。

首先需要明确，Windows 2000 是一个非常注重安全性的操作系统。特别是当硬盘分区采用 NTFS 格式时，在每一个分区的下面都有一个隐藏的目录，记录着用户的使用权限。所以，当把系统从 Windows 2000 Server 换成 Windows 2000 Professional 时，第二块硬盘是不需要重新格式化的，只需要按照如下操作就可以恢复对第二块硬盘的正常访问：

（1）打开资源管理器，右击此硬盘分区，从弹出菜单中选择“属性”命令。

（2）在“安全”选项卡中将原来的用户删除，重新添加当前系统的用户并且重新分配相应的权限。

这样，就可以对这块硬盘进行正常的访问了。

13. 输入法所导致的系统故障

Windows 2000 Professional 系统，在关机时系统经常提示 UPEngine.exe 没有响应，需要确认之后才能关机。这个文件在目录 C:\Windows\System32 中。而且，在使用过程中查看系统进程，发现有时 UPEngine.exe 存在，有时不存在。

经过检查，UPEngine.exe 是紫光拼音输入法的核心引擎文件。为了避免系统的资源浪费，紫光拼音输入法采用的是输入法核心和输入法接口分离的方式。核心引擎仅仅在系统中留有备份，如果一段时间没有打开输入法（大概 30 秒左右），输入法引擎就会自动退出。这就是为什么在查看系统进程时，有时可以看到 UPEngine.exe，有时却看不到。如果在使用完紫光拼音输入法之后马上关机，此时输入法引擎还没有正常关闭，就会出现上面的故障。除此之外，一些应用程序在运行中的错误也可能导致输入法引擎无法正常关闭。如果是这种情况，系统就只能强行关闭输入法。这样就有可能使已经打开的用户词库受到损坏，但是系统不会因此受到什么影响。

14. 系统的运行速度变得很慢

安装了 Windows 2000 Professional 系统，使用了几个月后，系统的运行速度变得越来越慢，运行应用程序的速度也非常慢。硬盘灯经常频繁

烁，启用系统性能监测发现 CPU 的占用率很高，程序的响应速度较慢。检查了所有的硬件，没有发现异常；使用杀毒软件查杀整个硬盘，也没有发现病毒。

既然不是硬件问题，也不是病毒的原因，怀疑是 Windows 2000 的配置有问题。选择“开始”→“程序”→“管理工具”命令，对该栏目下的各个管理项逐个检查，发现在“事件查看器”下面的“应用程序日志”、“安全日志”、“系统日志”等日志中，都写满了记录，这样会增加系统的资源消耗。为了加快系统运行速度，减轻系统的负担，可以先对这些日志进行备份，然后清空所有的记录。重新启动电脑，运行速度改善很多。

15. 启动休眠功能之后文件变大

在 Windows 2000 的系统根目录下有一个名为 Hiberfil.sys 的文件，非常大，而且怎么也删除不掉。请问如何删除这个占空间的文件？

如果启用了系统的休眠功能，此功能将在执行时把内存中的信息保存在文件 Hiberfil.sys 中，重启系统时，系统使用该文件来恢复内存中的数据。此文件的大小就等于物理内存的大小。如果想要删除它，只需在“控制面板”→“电源选项”→“休眠”中把“启动休眠功能”复选框取消即可。

16. 启用高级电源管理后关闭电源变成自动重启系统

启用了 Windows 2000 Professional 系统的高级电源管理之后，关闭电源之后电脑自动重启，请问是什么原因呢？

经过检查，发现是 Windows 2000 高级电源管理的 APM 出现了问题。APM 是为了兼容一些老式笔记本电脑而设计的，如果在台式机上使用就有可能导致异常现象。对于此故障，需要升级主板 BIOS，然后把系统高级电源管理的 APM 禁用即可。

17. 驱动程序错误导致系统不能正常启动

在 Windows 2000 Professional 系统中安装声卡，由于驱动程序有错误，导致系统无法启动。

这种故障可以采用恢复系统最后一次正确的配置来解决。在系统启动时，按下 F8 键进入高级选项菜单，选择其中的“最后一次正确的配置”选项，然后按下 Enter 键，重新启动电脑。系统就会用上一次正常关闭时所保存的正确配置信息来启动系统，故障即可排除。

18. Windows 2000 不能正常关机

一台原装机在安装了 Windows 98 和 Windows 2000 双系统后，在关闭电脑时，不知道为什么在 Windows 98 里可以关闭电脑，而在 Windows 2000 系统里却不能关闭电脑，关闭时在保存设置后电脑还会读光驱（里面没有光盘），而后再发出一阵刺耳的响声，显示器就会出现“现在可以安全关闭计算机”的字样（电源是 ATX），电脑的电源却完全没有关闭（并且如果按下光驱的开关托盘还会弹出来）。

可能导致这个问题的原因很多，但主要还是由于电源管理设置以及主板和 Windows 2000 的兼容性问题，因此，可以使用如下步骤来解决这个故障：

（1）首先要确认自己的主板是不是完全支持 ACPI，可以到 BIOS 的电源管理中把相应的项目激活（Enable），然后再进入 Windows 2000，在控制面板里面也把支持 ACPI 的选项选上，这样就可以正常关机了。

（2）但是如果是主板不支持 ACPI 或者对它的支持不完善，这就比较麻烦了，最好先到主板生产厂商的主页上看看有没有对应更新的 BIOS 下载。

（3）还可以试一下 APM（也是一种能源管理规范，但是没有 ACPI 先进），但不一定行。

19. 系统只能启动到安全模式

Windows 2000 Server 系统，以前一直可以正常使用，但是安装了一个游戏软件之后，就只能从安全模式启动了。

这种故障一般是由于系统中的 DirectX 被损坏或者存在问题而导致的。所以，可以采用如下的方法对系统中的 DirectX 进行检测：

（1）选择“开始”→“运行”命令，然后输入 Dxdiag.exe，按“Enter”键后打开“DirectX 诊断工具”对话框。

（2）在“DirectX 诊断工具”对话框中，打开“DirectX 文件”选项卡，查看该选项卡中的“说明”一栏，这里会显示某些 DirectX 文件存在的问题。

（3）如果 DirectX 存在问题，从网上下载最新版本，然后安装到系统中，即可排除故障。

20. 启动 Windows 2000 时屏幕上出现垂直线

最近刚刚安装了 Windows 2000 Server 操作系统，发现启动时屏幕上出现垂直线。已经检查过显示器和显卡以及驱动程序，没有发现任何问题。

因为已经排除了显示器、显卡硬件以及驱动程序问题导致故障的可能性，那么就要考虑是否是系统的图形硬件加速设置得过高了。可以采用如下方法处理故障：

（1）在控制面板中双击“显示”图标，打开“显示属性”对话框。

（2）在“显示属性”对话框中，选择“设置”选项卡，然后单击“高级”按钮，在弹出的对话框中打开“疑难解答”选项卡。

（3）在选项卡中，将“硬件加速”滑块向左移动到第一个刻度，也就是设置为基本加速选项。

（4）单击“确定”按钮，完成设置。

重新启动电脑，故障排除了。

21. 无法添加默认网关

电脑中安装的操作系统是 Windows 2000 Server，在公司的局域网中，该电脑有一个固定的 IP 地址，但是却不能正常地添加默认网关。

根据故障现象分析，很可能是设置的默认网关的 IP 地址和电脑的 IP 地址不在同一个逻辑网段中，如果是这样，就无法正常地设置默认网关了。比如：如果电脑的 IP 地址是 192.168.210.111，子网掩码为 255.255.255.0，那么默认网关的 IP 地址就应该是 192.168.XXX.XXX。

22. 在 Windows 2000 中无法安装内猫驱动

在 Windows 98 下能正常工作的内置 Modem 在 Windows 2000 中能够找到，但却无法装驱动程序。

病因在于 Windows 2000 下不能使用 Windows 98 的驱动程序，因此办法是安装适合 Windows 2000 的驱动程序，也可以尝试用 Windows NT 的驱动程序。

23. 系统无法装载 DLL 文件

每次开机启动 Windows 2000 时，系统总是提示“无法装载动态链接库 Msnp32.dll，系统找不到指定文件”，把该文件复制到原来的路径也不起作用。

出现这种故障，很可能是由于错误地安装了某个与 Windows 2000 系统不兼容的软件。如果想排除此类故障，可以在 DOS 命令符状态下使用命令 sfc/scanonce 检查一遍所有的系统文件。检查完成后，重新启动电脑。故障即可排除了。

24. 系统的休眠功能无法使用

最近安装了 Windows 2000 Server，系统的休眠功能无法正常使用。重新安装系统，故障还是没有排除。

要启动系统的休眠功能，只需打开控制面板的“电源选项属性”窗口，单击“休眠”选项卡，选择“启用休眠支持”复选框，然后单击“确定”按钮。但是，有这样一个问题，如果在 Windows 2000 Server 中安装了终端服务，系统的休眠功能就会失效。因为这些终端服务要求服务器不能中途停止响应，所以系统取消了休眠功能。因此，如果系统安装了终端服务，也可能导致系统的休眠功能无法正常使用。

25. 无法自动关机

以前使用 Windows 98 时，选择关机命令后，就可以退出操作系统并关闭电脑的电源。但是最近安装了 Windows 2000 Professional，发现系统不能自动关机了，选择关机命令，等操作系统退出后，还要按电源键才能关闭电脑。

出现此问题的原因是没有启用高级电源管理支持。采用如下方法可以启用高级电源管理支持：

（1）打开控制面板的“电源选项属性”窗口。

（2）打开“高级电源管理”选项卡，选中“启用高级电源管理支持”选项。单击“确定”按钮。

启用了高级电源管理支持后，选择关机命令后即可自动关机了。

26. Windows 2000 不支持 ATX 结构主板的自动关机

自动关机主要与 BIOS 相关，你可能要更新你的 BIOS。如果更新以后你还不能软关机，而且你的主板是在 1 年内购买的新型主板的话，就需要你对 Windows 2000 进行重新安装。在安装的时候请注意：在安装过程中第一次启动时，你需要进入 MS-DOS 方式，然后手工修改 TXTSETUP.SIF 文件，找到 ACPIEnable 这一句（位于文件尾部），将 ACPIEnable 的数值设置成 1，存盘退出。

重新启动计算机并继续进行安装，安装完成后，在“控制面板”→

"电源选项"→"休眠"选中"启用休眠支持"，在高级电源管理上，选择"启用高级电源管理支持"就可以软关机了。

27. 启动时提示 NTLDR 丢失

Windows 2000 Professional 系统，在启动时死机，进不了 Windows 图形界面，系统提示"NTLDR is missing"。

出现此故障的原因可能是 Windows 2000 系统的核心文件之一——Ntldr.com 被损坏或者被误删除。可以对系统进行修复安装来解决这个故障，方法很简单，使用 Windows 2000 的安装光盘引导系统，在安装界面上选择修复安装即可。也可以从其他运行正常的 Windows 2000 电脑上复制一个 NTLDR 文件，粘贴到故障电脑的相应目录。

28. 由于系统文件损坏导致无法正常启动

Windows 2000 Professional 系统，使用了几个月没有发现什么问题。但是，某天启动时系统提示由于系统文件损坏导致无法正常启动。

如果发生由于系统文件损坏导致系统无法正常启动的情况，可以采用如下的步骤进行处理：

（1）使用 Windows 2000 Professional 的安装盘启动电脑。

（2）在安装过程中选择修复现存的 Windows 2000 系统，而不是安装新的系统。

（3）选择修复类型，可以选择快速修复选项或者手工修复。快速修复相对容易而且不用用户干预；手工修复可以选择希望修复的是系统文件、分区启动扇区还是启动环境，但是无法修复注册表。如果能够肯定是系统文件的问题，可以选择手工修复。

（4）启动修复过程。为了启动修复过程，需要系统紧急修复盘和 Windows 2000 Professional 安装光盘。

修复过程结束，重新启动电脑，系统恢复正常。

29. 运行游戏时鼠标周围有黑块

Windows 2000 Professional 系统，在系统中运行游戏时，发现鼠标周围有黑块。已经检查过了显示器、显卡以及相关驱动程序，没有发现任何问题，鼠标也是正常的。

如果已经排除了硬件以及驱动程序导致故障的可能性，那么就要考虑一下是否是系统中同时运行的其他程序干扰了游戏的正常运行，特别是一些病毒防火墙和磁盘管理程序。可采用下面的步骤处理故障：

（1）首先关闭所有程序的窗口。

（2）然后在系统的“任务管理器”中关闭任务栏上没有显示，但是运行在后台的应用程序。

（3）重新运行游戏，发现显示正常。此时，一个一个地重新启动刚才关闭的程序，观察启动了哪个程序后故障再次出现。

（4） 最后发现，在启动了一个病毒防火墙之后问题再次出现，所以断定是游戏和此病毒防火墙存在冲突。因此，只需要在玩游戏时关闭这个病毒防火墙就可以了。

30. 系统提示系统文件已被替换或删除

在使用 Windows 2000 操作系统时，系统提示系统文件已被替换或者删除，无法正常使用。

对于此故障，可以使用 Windows 2000 自带的系统文件保护程序进行修复，步骤如下：

（1）启动操作系统后，选择“开始”→“运行”命令。

（2）输入 sfc/scannow 命令，单击“确定”按钮，就可以对系统文件进行扫描和恢复。

系统文件恢复完成之后，故障排除了。

> 提示!!
>
> SFC 命令的相关参数：/scannow，立刻扫描所有受保护的系统文件；/scanonce，只扫描所有受保护的系统文件一次；/scanboot，系统每次启动时扫描所有受保护的系统文件；/cancel，取消所有暂停的受保护系统文件的扫描；/enable，为正常的操作启用 Windows 文件保护；/purgecache，清除文件缓存并且立即扫描所有受保护的系统文件；/cachesize=x，设置文件缓存大小；/quiet，不提示就替换所有不正确的文件版本。

31. 光盘安装 Windows 2000 时出现错误提示

尝试使用 Windows 2000 光盘开机去安装 Windows 2000 时，系统出现下列信息：

Setup cannot load the keyboard layout file Kbdus.dll
Setup cannot continue .Shut down or restart you computer

故障原因是硬盘分区超过了 24 个分区。如果在电脑中有一个以上的硬盘，请关闭其电源。如果电脑中只有一个硬盘，请重新划分分区，并少于 24 个分区。

32. 启动 Windows 2000 时机器总读软驱

凡是安装 Windows 2000 系统的计算机开机时，总是读写软驱。

因为 Windows 2000 不仅适用于台式用户，而且也适用于使用笔记本电脑的移动用户，而笔记本电脑的光驱和软驱均属于可拆卸部件（主要是为了减轻重量和体积），Windows 2000 在设计时就有了在启动时检测软驱这一项设计，以确认和对比当前的硬件配置情况，所以启动时会读一下软驱，并不是系统中有病毒或是设计缺陷。假如不经常使用软驱，可以暂时将它禁用：右击“我的电脑”，在快捷菜单中选择“属性”→“硬件”→“设备管理器”，找到软盘驱动器，在它的“属性”对话框中将软盘驱动器设置为停用就可以了，以后若想再使用软驱，按照此方法进行修改即可。

33. Windows 2000 下的 0000023 和 0x00000024 故障

在运行 Windows 2000 时经常会出现 0000023 和 0x00000024 故障，接着系统就重启。

这往往是严重的驱动程序碎片造成的。另外，超载的文件 I/O、第三方的驱动程序镜像软件或者一些防毒软件出错都会造成这种故障。要解决这种故障，当然首先要禁用一些防毒软件或者备份程序，禁用所有碎片整理应用程序。接着运行 CHKDSK/f 检修硬盘驱动，然后重启，如果还是有错误，那么在启动屏幕出现时按 F8 键进入“高级启动选项”，选择“最后一次正确的配置”即可。

34. Outlook Express 在 Windows 2000 里故障频繁

Outlook Express 因为属性问题，出现工作故障。

需要在 Outlook Express 做一下相关设置：① 从菜单上顺序选：“工具”→“账号”；② 选择所有要改的账号，点击“属性”→“高级”；③ 把服务器超时，时间拉到最长（5 分钟）。

35. 在登录 Windows 2000 终端服务器时无法输入登录信息

将登录信息输入终端机服务器的时候，总是被拒绝。

先确定在终端机服务设置中的 RDP-TCP 联机内容中，登录信息是否勾选由使用者提供。然后确定终端机服务设定/服务器设定/Internet 连接器授权，应为停用。

36. Windows 2000 不支持太多的游戏

Windows 2000 是内置 DirectX7，但是许多游戏在 Windows 2000 下面玩不了。

直接支持 DrectX7 是没有错（在“系统信息”里面能看到 DirectX 工具），但是问题并不是出在这儿，而是由于没有安装显卡的 Windows 2000 驱动程序的缘故。Windows 2000 确实能正确识别大部分显卡，但是它所带的驱动程序大多是一个精简后的小版本。为了解决这个问题，可以去驱动之家（http：//www.mydrivers.com）下载相应显卡的 Windows 2000 驱动程序，安装即可。

37. 安装 Windows 2000 专业版总是死机

在 C：盘上装 Windows 2000 专业版，文件可以拷贝完毕，重启后却不能进入开机画面，呈死机状态。

有可能是超频所致，可恢复到原来频率试试。或者进入 BIOS，关闭病毒警告，然后检查病毒，若故障依旧，请到对应主板的网站上看一看，是否有针对 Windows 2000 的 BIOS 升级版本可以使用。在关机之后去掉声卡再安装。若还不行，请用 DM For Seagate 低级格式化硬盘后再装系统。

38. Windows 2000 检测不到当前版本

在安装 Windows 2000 时出现“Windows 2000 无法检测到你目前运行的 Windows 版本”的提示，多次安装结果一样。

在非正式版的 Windows 98 中安装 Windows 2000 会出现上述情况，原因是 Windows 2000 的安装程序不能识别 Windows 的版本号。由于微软不把 Windows 98SE 认为是正式版本，因此 Windows 2000 也不能识别其版本，可启动系统到 MS-DOS 下，执行 Windows 2000 安装光盘 i386 目录中的 Windows NT 命令即可。

39. 如何恢复被替换或者删除掉的系统文件

可以使用 Windows 2000 中自带的系统文件保护程序进行恢复，在“开始”→“运行”中输入 SFC /SCANNOW，对系统文件进行扫描并修复。

SFC 命令对维护整个系统来件是很有用的，相关语句如下：

SFC [/SCANNOW] [/SCANONCE] [/SCANBOOT] [/CANCEL] [/ENABLE] [/PURGECACHE] [/CACHESIZE=x] [/QUIET] /SCANNOW 立即扫描所有受保护的系统文件。

/SCANONCE 扫描所有受保护的系统文件一次。

/SCANBOOT 每次启动时扫描所有受保护的系统文件。

/CANCEL 取消所有暂停的受保护系统文件的扫描。

/QUIET 不提示用户就替换所有不正确的文件版本。

/ENABLE 为正常操作启用 Windows 文件保护。

/PURGECACHE 清除文件缓存并立即扫描所有受保护的系统文件。

/CACHESIZE=x 设置文件缓存大小。

第 9 章

网络维护与故障排除

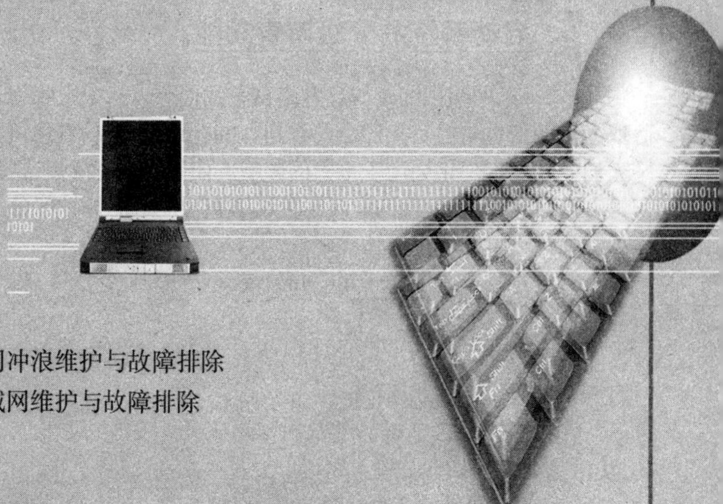

本章内容

9-1 上网冲浪维护与故障排除

1. 如何加快网页的下载速度

一般来说，网络上的网页会包含声音、图片和动画，甚至还有视频信息。这些信息的容量很大，与低网络传输速度相比，网页的下载速度可能更加让人难以忍受。如何才能加快网页的下载速度？

我们在网络上查找的信息往往以文字形式存在，因此，相对来说其他的图片信息显得不是十分重要，而上面所说的声音、图片以及视频信息是使网页下载显得“慢”的关键。我们可以将这些内容屏蔽掉，而在需要的时候显示它，这样就可以大大的加快网页的浏览速度。

如何屏蔽声音、图片和动画呢？下面是具体的操作方法：

（1）打开“工具”菜单，单击“internet 选项”，选择“高级”选项卡。

（2）在“设置”下面找到多媒体，将其下面的播放动画、播放声音、播放视频，显示图片前面的复选框取消。此后，我们浏览网页的时候，就不会再传输这些视频文件了。

如果我们还需要个别的查看某些图片，此时，可以在未显示图片的区域，单击右键，选择“显示图片”命令，网络便开始传输图片信息，这样我们就可以看到图片了。

2. 启动系统的分级审查功能

Internet 网络中的资源异常丰富，我们可以从中吸收到大量的知识，获取大量的信息。但是我们也要看到，Internet 也充斥着色情和暴力，这些对人们尤其是青少年会产生很大的影响。如何才能过滤掉这些信息呢？

可以利用 IE 为我们设置了分级审查功能过滤掉一部分不健康的东西。

如何设置分级审查功能呢？

（1）选择工具菜单下的“Internet 选项”命令，打开“Internet 选项”对话框。

（2）单击“内容”选项卡，单击“分级审查”框中的“启动”按钮，打开“分级审查”对话框。

（3）单击分级审查的“常规”选项卡，单击“更改密码”按钮，打开“更改密码”对话框，输入密码。

（4）对未分级站点的处理方式、监护人的特权等选项进行适当的设置。

（5）单击“分级审查”对话框的“分级”选项卡，分别对暴力、性、裸体、语言等项目设置适当的分级审查级别。

（6）对其他的项目进行适当的设置。

单击确定按钮后，这样我们就完成对 IE 的分级审查的设置了，从而可以过滤掉相当一部分不健康的东西。

3. IE 发生内部错误，窗口被关闭

在使用 IE 浏览一些网页时，出现错误提示对话框“该程序执行了非法操作，即将关闭……”，单击“确定”按钮后又弹出一个对话框，提示“发生内部错误……”。单击“确定”按钮后，所有打开的 IE 窗口都被关闭。

该错误产生的原因多种多样，内存资源占用过多、IE 安全级别设置与浏览的网站不匹配、与其他软件发生冲突、浏览网站本身含有错误代码……这些情况都有可能，需要耐心加以解决。

解决方法如下：

（1）关闭过多的 IE 窗口。如果在运行需占大量内存的程序，建议 IE 窗口打开数不要超过 5 个。

（2）降低 IE 安全级别。执行“工具→Internet 选项”菜单，选择“安全”选项卡，单击“默认级别”按钮，拖动滑块降低默认的安全级别。

（3）将 IE 升级到最新版本。IE 6.0 下载地址：

http：//download.sina.com.cn/cgi-bin/detail.cgi?s_id=6041

IE 6.0 SP1 下载地址：download.microsoft.com

可使用以 IE 为核心的浏览器，如 MyIE2。它占用系统资源相对要少，而且当浏览器发生故障关闭时，下次启动它，会有“是否打开上次发生错误时的页面”的提示，尽可能地帮你挽回损失。下载地址：

http：//dl.pconline.com.cn/html/1/8/dlid=7998&dltypeid=1&pn=0&.html

4. 出现运行错误

用 IE 浏览网页时弹出“出现运行错误，是否纠正错误”对话框，单击“否”按钮后，可以继续上网浏览。

可能是所浏览网站本身的问题，也可能是由于 IE 对某些脚本不支持。

（1）启动 IE，执行“工具”|“Internet 选项”菜单命令，选择“高级”选项卡，再选中“禁止脚本调试”复选框，最后单击“确定”按钮即可。

（2）将 IE 浏览器升级到最新版本。

5. 使用浏览器时提示“401 Unauthorized”

使用 IE 浏览器浏览网页时，有时程序会显示“401 Unauthorized”错误信息。

如果在浏览过程中出现上述提示信息，说明访问此网页需要得到网页制作者的授权。在制作该网页时，作者很可能在网页代码中添加了权限设定，只有得到授权（通常为获得用户名和密码）才能正常访问该网页。

6. 使用浏览器时提示“404 Not Found”

使用 IE 浏览器上网浏览，有时浏览器会显示“404 Not Found”提示信息。

出现这样的提示，说明浏览器没有找到用户要访问的页面文件。归纳起来，导致此故障的原因大概有以下几种：

（1）用户输入的网址不完全正确。有可能输入的主站网址正确，但是分支目录或者网页文件名错误。所以，用户应首先确认输入的网址正确无误。

（2）网站的服务器过于繁忙也可能导致此故障。对于此种情况，可以过一段时间再次访问该网页。

（3）用户试图访问的网页已经被删除或者改名。如果是这样，那么用户只能放弃访问。

7. 网页只显示了一部分

Windows XP 系统，在使用 IE 浏览器上网浏览某些网页时，有些页面只下载到一半，程序就显示完成，停止下载了。此时，浏览器窗口上显示的页面也只有一半。

可以先检查一下与 Internet 的连接是否正常。如果异常中断了与 Internet 的连接，有可能出现此类故障。如果连接没有问题，那么有可能是网络流量太大，导致访问网页速度过慢甚至停止。如果是这样，可以尝试重新刷新该网页。

8. 使用浏览器时提示“500 Server Error”

使用 IE 浏览器浏览网页时，有时程序会显示“500 Server Error”错误信息。

如果程序显示这个出错信息，说明该网页的服务器出现了故障，导致无法对用户的请求进行响应。对于此情况，只能等待一段时间再试，或者联系网站的客户服务部门。

9. IE 窗口始终最小化

每次打开的新窗口都是最小化窗口，即便单击“最大化”按钮后，下次启动 IE 后新窗口仍旧是最小化的。

IE 具有“自动记忆功能”，它能保存上一次关闭窗口后的状态参数，IE 本身没有提供相关设置选项，不过可以借助修改注册表来实现。

（1）打开注册表编辑器，找到如下注册表子项分支：

HKEY_CURRENT_USER\Software\Microsoft\InternetExplorer\Desktop\Old WorkAreas

然后选中窗口右侧的“OldWorkAreaRects”，将其删除。

（2）在注册表编辑器中找到如下注册表项：

HKEY_CURRENT_USER\Software \Microsoft\Internet Explorer\Main

然后选择窗口右侧的“Window_Placement”，将其删除。

（3）退出注册表编辑器，重新启动电脑，然后打开 IE，将其窗口最大化，并单击“往下还原”按钮将窗口还原，接着再次单击“最大化”按钮，最后关闭 IE 窗口。以后重新打开 IE 时，窗口就正常了。

10. 使用浏览器时提示“503 Service Unavailable”

使用 IE 浏览器浏览网页时，有时程序会显示“503 Service Unavailable”错误信息。

出现这样的错误信息，说明用户正在试图访问的网站服务器非常繁忙，负载过重，导致无法及时响应用户的请求。遇到这种情况，可以稍候片刻再尝试进行访问。

11. IE 无法打开新窗口

在浏览网页过程中，单击超级链接无任何反应。

多半是因为 IE 新建窗口模块被破坏所致。

执行“开始”|“运行”命令，依次运行“regsvr32 actxprxy.dll”和“regsvr32 shdocvw.dll”将这两个 DLL 文件注册，然后重新启动系统。如果还不行，则可以将 mshtml.dll、urlmon.dll、msjava.dll、browseui.dll、oleaut32.dll、shell32.dll 也进行注册。

12. 使用浏览器时提示“Unable To Create Host”

使用 IE 浏览器浏览网页时，有时程序会显示“Unable To Create

Host”错误信息。

有多种原因能够导致出现此错误提示。归纳起来，主要包括以下三种：

（1）用户的网络连接出现问题。首先要检查一下电脑与 Internet 的连接是否正常，如果连接不正常，可以尝试重新建立与 Internet 的连接，然后再试。

（2）用户输入的网址不完全正确。

（3）该网页的主机发生故障或者网站被封。对于此类情况，用户就无能为力了。

13. 使用浏览器时提示“NNTP Server Error”

使用 IE 浏览器浏览网页时，程序出现错误提示“NNTP Server Error”。

出现此错误提示，说明浏览器无法找到新闻组服务器。有可能导致无法连接新闻组服务器的原因有很多，例如，该服务器出现故障、服务器被关闭或者输入的服务器名称有误，等等。对于此故障，首先应检查一下输入的服务器名称是否正确，如果没有错误，那么就有可能是服务器端的原因，只能等一会再尝试连接了。

14. 脱机却无法浏览本机上的网页

通过 IE 的“脱机浏览”功能，我们差不多能浏览所有已经下载到本地硬盘的网页内容，这对拨号上网的用户来说更是省钱的一大法宝。但有时，目标网页虽然在硬盘上，但是却提示“无法浏览”。

这多半是由于修改了系统时间所导致的 IE 历史记录的错乱。

（1）可用直接在“临时文件夹”中搜索的方法来激活它。按下 Win+F，在“包含文字”处输入部分记忆中的关键字，在“搜索”处按“浏览”按钮选择 IE 临时文件夹的地址，如“C：\WINDOWS\Temporary Internet Files”，然后单击“开始查找”，在结果列表里双击目标页打开。

（2）尝试用腾讯的 IE 等浏览器来脱机浏览。

15. 联网状态下，浏览器无法打开某些站点

上网后，在浏览某些站点时遇到各种不同的连接错误。

这种错误一般是由于网站发生故障或者用户没有浏览权限所引起。

针对不同的连接错误，IE 会给出不同的错误信息提示，比较常见的有

以下几个：

（1）提示信息：404 NOT FOUND 这是最为常见的 IE 错误信息。主要是因为 IE 不能找到你所要求的网页文件，该文件可能根本不存在或者已经被转移到了其他地方。

（2）提示信息：403 FORBIDDEN 常见于需要注册的网站。一般情况下，可以通过在网上即时注册来解决该问题，但有一些完全“封闭”的网站还是不能访问的。

（3）提示信息：500 SERVER ERROR 通常由于所访问的网页程序设计错误或者数据库错误而引起，你只有等待对方网页纠正错误后再浏览了。

另外，由于 Internet 变化很大，每时每刻都有站点新生或是注销，所以一些以前存在的站点不一定现在还存在。

16. 在 Internet Explorer 中单击链接无效

用 Internet Explorer 打开网页后单击所有的链接都无效，但是用 QQ 自带的 Tencent Explore 打开网页后却可以浏览，单击任何链接都能打开。

在单击网页链接之前一直按下 Ctrl 键，直到打开新的网页窗口再放开 Ctrl 键，这样就能正常打开新窗口的链接了。可尝试以下方法：

（1）单击 Windows 任务栏中的“开始”按钮，在打开的菜单中单击“运行”，在出现的“运行”对话框中输入“regsvr32 actprxy.dll”，然后单击“确定”按钮。

（2）在出现的对话框中单击“确定”。

（3）再次打开“运行”窗口，输入“regsvr32 shdocvw.dll”后单击“确定”按钮后，在出现的如图 9-1 所示的对话框中单击“确定”按钮。

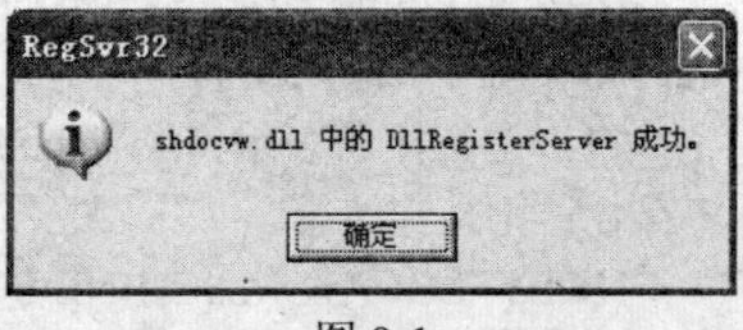

图 9-1

（4）重新启动 Windows，运行 Internet Explorer，随便打开一个网页，单击一个超链接，发现 Internet Explorer 又能打开新窗口了。

17. IE 无法重新安装

IE 不能正常使用，在重装时却提示“发现系统中有该版本的 IE”而拒绝安装；“添加或删除程序”中又没有卸载选项。

“重装”是解决 IE 故障的“终极大法”，也是初级用户的法宝。

对 IE 5.0 的重装可按以下步骤进行：

（1）打开注册表编辑器，找到如下注册表子项分支：

HKEY_LOCAL_MACHINE\Software\Microsoft\Internet Explorer

单击其下的 Version Vector 键。

（2）在右侧窗格中双击 IE 子键，将原来的“5.0002”改为“4.0”，单击“确定”后退出注册表编辑器。

（3）重启后，就可以重装 IE 5.0 了。

IE 6.0 的重装有两种方法：

①打开注册表编辑器，找到如下注册表子项分支：

HKEY_LOCAL_MACHINE\SOFTWARE\Microsoft\Active Setup\Installed Components\{89820200-ECBD-11cf-8B85-00AA005B4383

将 IsInstalled 的 DWORD 值改为 0 就可以了。

②放入 Windows XP 安装盘，在“开始”→“运行”窗口键入“rundll 32.exe setupapi，InstallHinfSection DefaultInstall 132 %windir%\Inf\ie.inf”后按键盘上的 Enter 键即可。

18. 忘记了 IE 分级审查功能的监护人密码

IE 具有分级审查功能，它可防止未经授权的用户访问那些不太合适的网站。在使用 IE 的分级审查功能前必须设置控制密码，但是如果忘记了分级审查密码，那么我们不但不能再对分级审查功能的权限进行调整，而且还无法访问绝大多数网站了。

IE 的分级审查功能密码保存在系统的注册表数据库中，只需对其进行适当修改即可解决问题。

（1）运行注册表编辑器 regedit.exe，打开如下注册表子项分支（如果不存在，则新建）：

HKEY_LOCAL_MACHINE\SOFTWARE\Microsoft\Windows\Current Version\Policies\Ratings

在该项下有一个名为“KEY”的项值，它所对应的就是 IE 的“分级审查”口令（数据已经加密），用户只需删除该项值即可取消 IE 的“分级审查”口令。

19. 清除“腾讯 Explorer”

安装了腾讯 QQ 软件后，如果在安装时选择了安装“腾讯 Explorer”，那么就会出现“腾讯 Explorer”取代 Internet Explorer 的情况，即当双击.htm 文件甚至是打开收藏夹中的连接时，并不是用 IE 打开，而是更改为腾讯

Explorer 打开。

这个问题可通过修改注册表来解决。

（1）运行注册表编辑器 regedit.exe，分别打开如下注册表子项分支（如果不存在，则新建）：

HKEY_CLASSES_ROOT\ftp
HKEY_CLASSES_ROOT\htmlfile
HKEY_CLASSES_ROOT\http
HKEY_CLASSES_ROOT\https

（2）将上述四个注册表项所对应的项值“默认”的数据更改为“C：\Windows\System \url.dll,0”。

如果 Windows XP 安装在 D 盘，则上述数据应该是“D：\Windows\System\url.dll,0”，依此类推。

（3）重新启动计算机或注销当前用户，再次进入 Windows XP，问题就得以解决了。

20. 浏览主页时应该显示的图片显示不出来

具体解决方法如下：

（1）启动 IE 浏览器，依次执行“工具”|“Internet 选项”|“高级”，找到“多媒体”选项下的“显示图片”选择框，看看是不是把显示图片功能给关了。

（2）查看网页源代码，看看图片的设置路径及文件名是否和上传的目标路径文件名相同。另外，看图片类型是否为 jpeg 或 gif 格式的。

21. 页面无法自动刷新

为什么 IE 浏览器在浏览某些页面时，总是显示以前浏览过的老内容，而必须自己按刷新按钮才显示出更新内容。

解决方法如下：

（1）打开 IE 浏览器。

（2）执行“工具”|“Internet 选项”|“常规”|“设置”选项，然后只要选中“每次访问此页时检查”后，单击“确定”按钮就可以了。

22. IE 不定时提示错误

在浏览网站的时候，常常会不定时出现：“发生 Runtimeerror，要纠错？”的对话框，如果选择“否”，IE 浏览器会关闭或是网页显示不完整；如果选择“是”，就会接着激活一个“Microsoft Development Environment”的窗口，进行纠错，该问题如何解决？

要解决这个问题，必须首先关闭 IE 浏览器中的 Debug 功能。

（1）启动 IE 浏览器，然后依次执行“工具”|“Internet 选项”|“高级”选项。

（2）把禁止脚本调试勾选或是按还原默认值，因为 IE 浏览器预设是不会进行侦错的。

（3）按“确定”按钮后，在我们把 IE 重新激活之后，新的设定值便开始生效了。

23. 图片不能保存为 JPG 格式

在上网浏览的时候，经常会发现自己喜欢的图片，通常是只要单击鼠标右键选择弹出菜单里的“图片另存为”命令，就能够把这幅图片保存在自己的电脑中了，保存类型可以是 JPG、GIF 或 BMP 格式。但情况有时并不是这样，有些时候图片只能保存为 BMP 格式。

这是因为“Temporary Internet Files”文件夹空间不够所造成的，只要重新调整“Temporary Internet Files”文件夹的大小，或者清除文件夹里面的历史文件就可以很好地解决该问题了。

（1）打开 IE，执行“工具”|“Internet 选项”命令，在“常规”选项中的“Internet 临时文件”里再单击“设置”按钮，根据你的硬盘容量来调整 Temporary Internet Files 文件夹的大小。

（2）如果硬盘上的剩余空间还比较大，就可以将文件夹的容量也相对设置得大一些。

（3）定期清除“Temporary Internet Files”文件夹里面的东西。

24. 网页出现乱码

上网浏览网页时，网页上经常出现乱码。

其实这一问题有两种现象：一种是语言的选择不当引起的，比如说浏览繁体字网页，或国外有些网站，电脑一时不能自动转换内码，而出现了乱码。要消除这种现象，可单击浏览器上的“查看”|“编码”，选取要显示的文字，则乱码取消。另一种是电脑缺少内码转换器，安装上问题就解决了。

25. IE 默认首页被修改

IE 浏览器上方的标题栏被改成“欢迎访问……网站”的样式，这是最常见的篡改手段，受害者众多。

解决方法如下：

（1）在 Windows 启动后，单击“开始”|“运行”菜单项，在“打开”栏中键入 Regedit，然后单击“确定”按钮；

（2）展开如下注册表项目：

HKEY_LOCAL_MACHINESOFTWAREMicrosoftInternet ExplorerMain

双击右半部分窗口中的串值“Start Page”，将 Start Page 的项值数据改为“about：blank”即可。

（3）展开如下注册表项目：

HKEY_CURRENT_USERSoftwareMicrosoftInternet ExplorerMain

双击右半部分窗口中的串值“Start Page”，将 Start Page 的项值数据改为“about：blank”即可。

（4）退出注册表编辑器，重新启动计算机，IE 浏览器上方的标题栏恢复正常。

> **提示!!** 有一些特殊例子，就是当 IE 的起始页变成了某个网址后，即便是进行了上述处理，电脑重新启动后，故障又会出现，这是因为浏览这些网站时，网站在你的电脑里加进了一个自运行程序，它会在系统启动时将你的电脑 IE 起始页设成他们的网站页面。

运行注册表编辑器 regedit.exe，然后依次展开如下注册表项：

HKEY_LOCAL_MACHINESoftwareMicrosoftWindowsCurrentVersionRun

将其下的 registry.exe 子项删除，然后删除自运行程序 C：Program Filesregistry.exe 即可。

26. 邮件打不开

主要有如下几个可能的原因：

（1）错误的用户名或密码，重新输入。

（2）收件服务器设置有误。

（3）网络维护或故障。

27. Outlook 出现 0x800C0131 错误

在发送邮件时时常遇到不能发件的问题，这个问题往往要通过重新启动才能够得以解决。某用户使用的是 Windows 98 系统，在出错时屏幕上显示该程序执行了非常操作或者是 Outlook Express 发生了 0x800C0131 错误。

0x800C0131 出错的原因是由于 OutLook Express 的 folders.dbx 文件出错。

（1）关闭 Outlook Express，在“开始/查找/文件或文件夹”中搜索 folders.dbx 文件。

（2）在 folders.dbx 文件上点鼠标右键，选择“内容”。

（3）取消 folders.dbx 文件的只读选项。

（4）重新打开 Outlook Express。

（5）如果还不能解决问题，则把 folders.dbx 文件剪切到备份文件夹。

（6）重新打开 Outlook Express。

（7）如果收件箱中的信件不见了，则导入备份的 folders.dbx 文件即可。

28. Outlook 中无法查看彩色信纸

在 Outlook Express 中，甲用户使用彩色“信纸”给乙用户发了一封 E－mail，但是收到的却是什么背景也没有的“白纸黑字”的纯文本邮件。

这是因为在 Outlook Express 中设置为使用纯文本阅读邮件，要取消使用纯文本阅读邮件，单击主窗口中的“工具”→“选项”打开“选项”对话框，并选择“阅读”标签，将“用纯文本格式阅读……”选项取消选择，再“应用”→“确定”即可。

29. “已删除邮件”文件夹丢失

最近，某用户 Outlook Express 5.0 中的“已删除邮件”打不开了，并提示“无法显示文件夹”，而且也无法将其删除。

出现这种现象是文件夹损坏造成的。可以使用文件“查找”功能，查找到“已删除邮件.dbx”这个文件并将其删除，这样就可把已经损坏的“已删除邮件”文件夹彻底删除掉。

由于“已删除邮件”是一个系统预设的文件夹，因此，当你删除它以后，只要重新激活 Outlook Express，系统就又会自动生成一个。然后重新启动系统，打开 Outlook Express 看看，怎么样？是不是又看到“已删除邮件”文件夹了？只是原来删除的邮件已经不见，但你已经能正常使用它了。

30. Outlook 如何实现自动回信功能

由于工作流动性较大，常常不能及时回复朋友的来信，请问在

Outlook Express 中如何实现自动回信功能?

只要两步操作:

(1)撰写回信。启动 Outlook Express,在主窗口单击“新邮件”(或“创建邮件”工具按钮)来创建一封新邮件。然后在“新邮件”窗口选择“文件”→“另存为”,输入文件名并选择好保存位置,如保存为“C:\My Documents\你好.eml”。

(2)设置回复规则。依次单击“工具”→“邮件规则”→“邮件”选项,在“邮件规则”窗口中单击“新建”,弹出“新建邮件规则”窗口,可以在这里选择规则条件和回复条件。

①选择规则条件:先在“选择规则条件”栏选择需要回复邮件的条件,比如你可以选中“若‘发件人’行中包含用户”前的复选框;然后在“规则说明”(Outlook Express 6 中为“规则描述”)栏中单击带下划线的“包含用户”链接,再在弹出的对话框中输入该用户的 E-mail 并单击“添加”,或从通讯簿中选择一个 E-mail,单击“确定”。

②选择回复规则:在“选择规则操作”栏中选中“使用邮件回复”前的复选框,然后在“规则说明”栏中单击“使用邮件回复”中的“邮件”链接,再在弹出的“打开”对话框中打开前面保存好的回复邮件(如“C:\My Documents\你好.eml”)。

31. 如何让 Outlook 防护病毒

如何在 Outlook Express 中预防病毒?

只要在 Outlook Express 6.0 的主窗口中选择菜单“工具”→“选项”,再在打开的“属性”窗口中切换到“安全”选项卡,然后在“不允许保存或打开可能有病毒的附件”前打上小勾,最后单击“确定”即可。不过要提醒大家的是,由于这项新增功能还不是很强大,防止邮件病毒还不能单纯依赖它,建议还是安装上专门的杀毒软件为好!

32. 接收邮件后死机

某用户用 Outlook Express 接收邮件时,收到了一个同学来自同一地址的两封邮件,其中第一封邮件是他和我叙旧的普通信件,从主题到内容都很正常,但第二封邮件却没内容,只有一个附件,当时我没加思索就打开了,后来就出现频繁死机、不能连接上网等怪现象。

当这种邮件来自你十分了解和信赖的朋友时,也最容易让你丧失警惕！下次再收到来自同一地址的两封邮件时，如果第二封邮件带了附件而你的朋友在前面的邮件中没有提及，千万不能贸然打开，因为它可能是跟在你朋友的第一封邮件后偷偷附上去的病毒，而且使用 Outlook Express 的朋友最易遇上这事。

这时你可以先和你的朋友联系，确定他是否给你发了附件，或者用杀毒软件对它进行检查后再确定是否打开邮件。

33. 更换 SMTP 服务器后无法正常发送邮件

使用 Outlook Express 收发电子邮件，以前一直都很正常，最近更换了一个 SMTP 服务器，能够正常接收邮件，但每次发送邮件时，程序总是报错，无法正常发送。

根据故障现象分析，是 SMTP 身份验证没有设置的原因。目前，大部分邮件服务器都需要 SMTP 身份验证，否则不能正常发送邮件。

在 Outlook Express 中，设置 SMTP 身份验证的方法如下：

（1）打开 Outlook Express，选择“工具”→“账号”命令，打开“Internet 账号”对话框。

（2）选定需要设置的账号，单击“属性”按钮，打开该账号的属性窗口。

（3）打开“服务器”选项卡，在“外发邮件服务器”选区中，选中“我的服务器要求身份验证”选项，并单击旁边的“设置”按钮。

（4）在打开的“发送邮件服务器”窗口中，确保选中“使用与接收邮件服务器相同的设置”选项。

（5）依次单击“确定”按钮关闭各窗口。

具体设置方法应参见邮箱提供者给出的说明文档，或者咨询网络管理员。不同的邮件服务器的实际设置方法可能会稍有出入。

34. 如何给 Outlook 设置密码

打开 Outlook Express 后，单击“文件”→“标识”→“管理标识”菜单项，然后单击“新建”按钮，输入你的姓名或代码，再输入密码，然后按“确定”退出。当你重新启动 Outlook Express 时，就可以选择以你自己的标识登录，这样别人就无法轻易看到你的账户和邮件了，同样你也看不到别人的这些信息。

35. 如何用 Outlook 发送大容量文件

网上免费邮箱邮件服务器都对可发送和接收邮件的大小进行了限制，过去发送大邮件前都是先用工具软件对邮件进行分割处理，非常麻烦。听说 Outlook Express 具有将大邮件自动拆分和合并的功能，请问应该如何进行设置和操作?

Outlook Express 可将大邮件自动拆分为几个小邮件，然后分别发送到邮件服务器上，当接收完这组邮件后，邮件程序再将它们重新合并，这种方法比使用分割软件分别发送要方便得多。

具体使用方法为:

在 Outlook Express 主窗口单击“工具”→“账户”，在“邮件”或“新闻”选项卡中，单击“属性”。在“高级”选项卡中，选中“拆分大于 XKB 的邮件”复选框，然后输入服务器所能允许的最大文件字节数（如 2000KB），设置好后，就可按正常方法撰写和发送邮件了。对于被分割成几份的邮件，接收过程与普通邮件相同。当这几封邮件全部接收完毕后，Outlook Express 将自动把它们合并起来。

另外，Outlook Express 还提供了手工的合并方法，看一下“已删除邮件”箱，分割后的几个邮件都在里面，先将它们全部选中，然后在“邮件”菜单中，单击“组合并解码”。在对邮件进行合并解码后，它会显示在独立的窗口中，该邮件的邮件列表仍显示为多个小邮件的组合，若要保存重新合并后的邮件，则单击“文件”菜单，然后选择“另存为”即可。

36. 如何知道对方已经收到我的邮件

使用 Outlook Express 发送邮件后，怎么才能知道对方已经收到了我的邮件?

通过对 Outlook Express 的“回执”选项的设置，可以在对方收到你的邮件后自动给你一个通知。

设置方法是:

在 Outlook Express 主窗口中依次打开“工具”→“选项”，然后选中“回执”选项卡，选中“所有发送的邮件都要求提供阅读回执”前的复选框即可。

37. POP3 方式收信出错

很多人可能都遇到过用 POP3 收信时，系统反复提示密码不对、让你重新输入的情况。

这种提示固然可能是密码错误，但更多的情况下是提供服务的网站上邮件服务器忙或出了问题导致的。在 Outlook 进行收信的登录操作中，新手们是无论如何想不到这点的，只能靠经验；但是通过 Outlook 的错误报告，你却可以看到真正的错误原因，并不是真的密码不对。

这种错误没什么办法可以纠正，只能等服务器恢复正常。需要提醒各位的是，遇到程序提示你密码不对，反复输入几次也不行的时候，别太心急以为被黑忙着更改密码，你可以尝试用 Web 页面登录到邮箱里。

38. 使用 Outlook Express 收信时出现 23012 错误

在使用 Outlook Express 收发电子邮件时，系统报错，错误信息为“Error：23012”。

此错误信息说明 Outlook Express 在收发电子邮件时网络连接失败，程序无法正常地完成邮件的收发工作。出现此错误提示后，应检查电脑是否与 Internet 正常连接，以及电脑的网络设置是否正确。如果都没有问题，则可能是网络拥堵导致的网络连接失败，可以稍候片刻再尝试收发电子邮件。

39. 使用 Outlook Express 收信时出现 16999 错误

在使用 Outlook Express 收取电子邮件时，系统报错，错误信息为“Error：16999”或者“The POP Server Returned an Unexpected Reply”。

此错误信息说明当前的邮件服务器上没有用户的邮件。此时，应等待一段时间后再使用 Outlook Express 收信。

40. 使用 Outlook Express 收信时出现 3216 错误

在使用 Outlook Express 收发电子邮件时，系统报错，错误信息为“Error：3216”或者“Could not retrieve mail from the account XXX. The file name is already in use”。

出现此错误信息说明存在重名的账号同时从邮件服务器发送或者接收邮件，这两个账号发生了冲突。可以使用以下几种方法排除故障：

（1）把使用同一个代理服务器的不同邮件账号分别取名，以便区分。

（2）删除多余的电子邮件账号。

（3）重新安装 Outlook Express。

41. 使用 Outlook Express 收信时出现 17199 错误

在使用 Outlook Express 发送电子邮件时，系统报错，错误信息为“Error：17199”。

出现此错误信息说明此时 Outlook Express 的发件箱中至少有一封电子邮件无法正常发送。导致邮件无法发送的原因是编辑这封邮件的账户身份配置信息遭到破坏，从而使该账户无法被 Outlook Express 确认。

（1）如果要发送的邮件非常重要，可以先尝试恢复账户信息（例如，使用向导重新生成该账户），然后再执行邮件发送操作。

（2）如果要发送的邮件并不是非常重要，可以先删除该邮件，然后重新编辑一封邮件再次发送。

42. 如何查看邮箱的大小

利用 Web 登录方式查看邮箱大小不仅繁琐而且经常找不到，如何才能在 Outlook Express 中查找邮箱大小呢？

在 Windows XP 中，使用 Outlook 收发邮件的朋友如果想知道邮箱的大小，可以单击“工具”→“邮箱清除”命令，在弹出的“邮箱清除”对话框中单击上方的“单击此处”按钮，系统将弹出“文件夹大小”对话框，在此就显示着诸如发件箱、收件箱、草稿等各子文件夹的大小及其总计。

（1）还可以单击“清空”按钮以清空“已删除的邮件”文件夹，单击下方的“单击此处”按钮可以查看“已删除的邮件”文件夹的大小。

（2）单击“查找”按钮可以打开“高级查找”对话框，从而进一步查找各种项目。

43. 如何设置 Outlook 的代理服务器

某用户使用 Outlook Express 收发邮件，想给其设置一个代理服务器，不知具体应该如何设置？

Outlook Express（以下称 OE）的代理服务器与 IE 的一样，你只要设置了 IE 的代理服务器就行了。

具体操作如下：

单击 IE 主窗口的菜单“工具”→“Internet 选项”，在打开的窗口中选择“连接”选项，再单击“局域网设置”按钮即可在打开的窗口中进行设置了。

44. 收取邮件后为何还提示有新邮件

某用户已经用 Foxmail 收取了 Hotmail 邮箱中所有的邮件，为何 MSN Messenger 中的新邮件提示仍然提示有新邮件？

这是因为用户在 Foxmail 中设置成“邮件服务器保留邮件备份”选项了，只要重新设置一下即可解决问题：在 Foxmail 主窗口中选择 Hotmail 邮箱并右击之，选择“属性”项，在打开的窗口中再选择“接收邮件”项，取消选择右侧窗口中的“在邮件服务器上保留备份”即可。

45. MSN Messenger 不能发表情符号

使用 MSN Messenger 与朋友们聊天时发现不能发送表情符号，每当发送表情符号后都会自动转换为该表情符号对应的快捷字符组合。

这可能是用户误设置而禁用了表情符号功能。

单击 MSN Messenger 主窗口中的菜单“工具”→“选项”，选择“消息”选项，然后选择“在即时消息中显示图释”即可。

46. 如何删除 MSN 的多余账户

由于很多人在同一台电脑上使用 MSN Messenger，所以 MSN 账户登录窗口中的 E－mail 地址有很多，那么请问在 MSN Messenger 中如何删除多余的账号？

进入“控制面板”→“用户账户”，选择登录系统所使用的账户，然后在相关任务栏目下选择“管理我的网络密码”，这时会弹出一个“存储用户名和密码”对话框，这个对话框中保留着登录 MSN 的所有账户，选择需要删除的，单击“删除”即可。

47. 往 MSN Messenger 添加好友失败

在试图添加一位 MSN Messenger 联系人时，重试了 N 次都没有将其他添加到“我的好友”列表中，这是什么原因？

目前 MSN Messenger 最多支持 150 个联系人，如果超过 150 个联系人了，你就无法再添加新的联系人了，只有删除一些不常聊的联系人来腾出空位添加新的联系人。

48. QQ 邮箱收取邮件的问题

某用户开通了 QQ 2004 的免费邮箱，一般都是使用其客户端程序进行收发邮件，但是最近不知什么原因，朋友在给其发送邮件时总是提示邮箱已满，该用户是每次都把看了的邮件清除了的，而再单击“收取”按钮时又收到了原来的那些邮件，请问该如何解决？

可以通过以下方法解决：

（1）单击 QQ 控制面板中的“菜单”→“工具”→“QQ 邮箱”。

（2）在打开的客户端邮件窗口中单击“选项→系统设置”，并在打开的窗口中选择“常规”。

（3）取消选择“在邮件服务器上保留副本”项即可。

49. 虚拟摄像头引起的问题

某用户安装了可以虚拟摄像头的软件，但每次邀请好友视频聊天或是好友邀请与其视频聊天时，对方看到的都是虚拟摄像头的内容，而真正的摄像头却无用武之地，重新启动 QQ 也不行，该如何解决？

如果不想卸载虚拟摄像头的话，可以使用 QQ 的视频向导来重新设置：

（1）将摄像头插入 USB 插槽中，然后启动 QQ（以 QQ 2004 为例），单击 QQ 主窗口中的“菜单”→“工具”→“视频调节”打开“视频调节向导”窗口，在“视频设备”下拉列表中选择摄像头。

（2）单击“下一步”按照“视频调节向导”来一步一步完成设置即可。

50. 找回失踪的下载提示框

某用户以前下载文件时，浏览器都会弹出一个询问框询问“保存”还是“打开”，而现在只要一单击需要下载的文件，就会自动开始下载到临时文件夹，怎样找回失踪“另存为”对话框呢？

可能是取消了对话框上的“在打开这种类型的文件前始终询问”复选框，造成了“另存为”对话框的消失。如果真是这样，只要恢复了相关文件下载时的默认操作方式，就可以找到失踪的“另存为”对话框了。

因为我们在网上要下载的文件一般是 RAR、ZIP、EXE 类型的文件，下面以 RAR 文件为例说明恢复该默认操作方式的步骤。

（1）打开资源管理器，单击菜单栏的“工具→文件夹选项”，弹出“文件夹选项”对话框。

（2）单击“文件类型”选项卡，在“已注册的文件类型”列表中拖动右侧的滚动条，找到“RAR WinRAR 压缩文件”选项。

（3）选中“RAR WinRAR 压缩文件”选项，单击右下角“高级”按钮，弹出“编辑文件类型”对话框，将“下载后确认打开”复选框前打上勾，单击“确认”。

（4）重复上述步骤，只不过在“已注册的文件类型”列表中选择的是“ZIP ZIP 压缩文件”、“EXE EXE 可执行文件”，将“下载后确认打开”复选框前均打上勾。

重启 IE，下载一个文件试试，久违的下载提示框就又回来了。

51. 能否中途更换下载服务器

某用户在一个网站上找到一部不错的电影，使用 FlashGet 下载到 60%后关闭了电脑。后来想继续接着上次的 60%下载时却出现不能连接服务器的提示，该怎么办？

（1）试着找到另外一个可以下载同样电影的服务器，复制好它的 URL 地址。

（2）在 FlashGet 中打开那个不能下载的任务，将新的 URL 地址复制到下载网址中，文件名和保存位置维持原来的不要变。这样即可从上次下载的地方开始了。

52. 默认主页被自动改为某网站的网址

浏览器的默认主页被自动设为如********.COM 的网址。

采用手动修改注册表法。

（1）运行注册表编辑器，打开如下注册表子项分支（如果不存在，则新建）：

HKEY_LOCAL_USER\Software\Microsoft\Internet Explorer\Main

（2）双击右边窗口中的 Default_Page_URL 项值（该项值用来设置默认主页），在打开的编辑对话框中将“数值数据”框中的内容删除，然后单击“确定”按钮，关闭编辑对话框。

（3）按 F5 键使修改生效，然后关闭编辑器窗口。

53. 主页设置被屏蔽锁定，且设置选项无效不可更改

主页地址栏变灰色被屏蔽。

采用手动修改注册表的方法来处理。

（1）运行注册表编辑器，打开如下注册表子项分支（如果不存在，则新建）：

HKEY_CURRENT_USER\Software\Microsoft\InternetExplorer

（2）在该分支新建 ControlPanel 项，然后在此项窗口右侧区域新建名为 HomePage 的 DWORD 项值，设置数值为 00000000。

（3）按 F5 键使修改生效。

9-2 局域网维护与故障排除

1. 在“网上邻居”中看不到任何用户

在“网上邻居”中看不到任何用户的计算机，包括自己的计算机。一般情况下，这是网卡的安装和设置不正确造成的。通过执行“开始”|“设置”|“控制面板”|“系统”|“设备管理器”命令，在列表框中找到网卡后单击“属性”按钮，在出现的对话框中看网卡与系统中的其他设备是否发生冲突，如有冲突则在“网上邻居”中就看不到任何计算机的名称。

2. 无法看到服务器中的任何共享内容

你可能会遇到这样的情况：使用 Windows XP 组建局域网的时候，在工作站访问服务器时，在工作站的“网上邻居”中可以看到服务器的名称，但是单击后却无法看到任何共享内容，且提示“无权查看”。

首先在工作站可以看到服务器的名称，这说明硬件是没有问题的，那么就应该考虑是否由于软件设置不当（如网络协议错误）造成。如果在检查了服务器的所有协议后发现设置正常，那么就应该考虑是否为 Windows 的安全特性的设置问题，例如，是否因服务器中设置了禁止 Guest 访问所致。

（1）在启用了系统 Guest 用户的前提下，依次单击“开始”→“运行”，输入 gpedit.msc 后按 Enter 键，调出组策略编辑器。

（2）逐层展开“本地计算机策略”→“计算机配置”→“Windows 设置”→“安全设置”→“本地策略”→“用户权利指派”，拖动右侧的滚动条，找到“拒绝从网络访问这台计算机”项。

（3）双击“拒绝从网络访问这台计算机”项，在弹出的属性对话框中可以看到有 Guest 用户被禁止从网络访问了。

（4）删除 Guest 用户，随后重新启动服务器，在工作站上就可以单击进入服务器，并使用服务器的共享资源了。

3. 为何访问局域网中的计算机时被提示输入用户名和密码

这主要是为了安全方面的考虑。而且当你重新启动计算机时又要重新输入用户名和密码，这一点确实让人觉得很麻烦。

只要在需要进行文件共享的计算机上建立一个相同的用户名，并且使用相同的密码，然后局域网中的计算机都利用这个用户名和密码登录，这样在网上邻居中访问对方计算机时就不需要输入用户名和密码了。

4. “网上邻居”图标丢失

由于误操作或者系统错误，导致桌面上的“网上邻居”图标不见了，使得用户无法上网。

解决方法如下：

（1）启动注册表编辑器，定位到如下注册表子项分支：

HKEY_CURRENT_USER\Software\Microsoft\Windows\Current\Explorer\ShellFolders

（2）选中窗口中“NoNetHood”的键值名，将其删除。

（3）重新启动电脑即可。

5. 拨号上网无法通过用户名和密码校验

在 Windows XP 系统中拨号上网时，偶尔会出现拨号过程停留在“校验用户名和密码”这一步无法通过的情况。

这种情况的发生并不常见，经常出现在某次登录失败后再次拨号的情况下。此时，Windows XP 出于安全的考虑，会对当前的拨号连接进行限制。此问题的解决方法也很简单，打开拨号连接对话框后，不要立刻拨号，先重新输入一次密码再拨号，问题一般就可以解决了。

6. 只能访问 ISP 网站

通过某一个 ISP 提供的电话号码拨号上网，一直都没有问题。最近发现拨号成功后，除了能够访问该 ISP 的门户网站外，其他的网站都无法访问了。

可以正常地访问 ISP 的网站，证明网络连接、系统和网络设置都没有问题。由于以前一直正常，最近才出现这样的问题，有可能是因为用户没有及时缴费。建议检查一下是否没有按照 ISP 规定的时间及时续费。当用户欠费不缴时，有些 ISP 管理系统会自动切断用户的对外联网权限。续交网费之后再检查一下故障是否排除，如果故障依然存在，就需要联系 ISP 的客户服务部门来解决了。

7. 使用 ADSL 上网提示密码错误

使用 ADSL 上网时，已经输入了正确的用户名和密码，但系统还是提示密码错误。

出现这一故障，可能是由于输入的用户名格式有问题。因为 ADSL 需要指定登录和使用的服务项目，所以用户名的格式一般来说是这样的：ADSL+用户电话号码。当然，这个格式根据 ISP 的不同可能有所差别。然后，就可以通过 PPPoE 软件看到 ISP 所提供的服务项目列表，根据需要选择即可。

8. 宽带上网连接成功就断线

某用户最近刚刚安装了宽带，在使用中发现可以正常连接，但是刚刚连接成功就断线，根本无法正常浏览网页。

首先，检查了线路，发现一切正常。由于可以正常连接，说明线路安装和网络设置没有什么问题。最后，发现问题的原因是 TCP/IP 协议没有正确安装。解决的方法就是重新安装该协议，方法如下：

（1）在控制面板中双击“网络”图标，打开“网络”对话框。

（2）打开“属性”选项卡，在列表中选择 TCP/IP 协议，单击“删除”按钮将该协议删除。

（3）再单击“添加”按钮重新安装 TCP/IP 协议。

（4）单击“确定”按钮，关闭对话框。

9. 串口冲突导致无法正常拨号上网

某用户的电脑上安装的是 Windows 2000 操作系统，最近新买了一个外置调制解调器，发现无法使用该调制解调器正常拨号上网。已经仔细检查了电脑硬件和调制解调器，没有发现问题。而且，网络连接设置也没有问题。

对故障电脑的各方面进行了仔细检查，发现系统中存在串口冲突。

COM1 和 COM3 共享中断请求 IRQ4，COM2 和 COM4 共享中断请求 IRQ3。所以，对于串行通信，不能同时使用 COM1 和 COM3，也不能同时使用 COM2 和 COM4。例如，不能在 COM1 使用拨号上网的同时在 COM3 上面使用终端程序。

10. 在局域网中无法 Ping 通其他电脑

在局域网中，可以 Ping 通本机，但是无法 Ping 通在同一网段的其他电脑。

对于此类故障，可以尝试下面的两步来处理：

（1）首先，使用专用工具检查局域网中的网络连接，看故障电脑和局域网的网络连接是否有故障。

（2）如果不是网络连接的问题，那可能是故障电脑的网络协议、设置存在问题。建议求助于局域网管理员，检查这方面是否符合实际要求。

11. 共享文件夹无法正常删除

某用户的操作系统是 Windows 2000，有时想要删除一个文件夹时，系统会出现错误提示“无法删除 XXX 文件夹，共享冲突，源文件或目标文件正在使用”。

在 Windows 2000 系统中，为了保护一些重要的文档，系统提供一个文件保护机制。如果一个文件夹中的某个文件或子文件夹被复制到了其他的文件夹内，系统就把此文件夹保护起来而不允许删除。可以采用如下三种方法解决此问题：

（1）设置 FTP 共享，然后使用 FTP 登录的方式删除此文件夹。

（2）把此文件夹的上一级文件夹设为共享，并设置可删除的权限，然后通过网上邻居进行删除。

（3）注销当前用户，然后重新登录系统对此文件夹进行删除。

12. 无法通过局域网连接 Internet

某公司的局域网通过一台代理服务器连接 Internet，在客户机上可以 Ping 通代理服务器，但是却无法通过该代理服务器连接 Internet。

对于此故障，首先要检查所使用的代理服务器类型。如果使用的是 WinGate 或者 SyGate 之类的代理软件，需要检查一下服务器端和防火墙等的设置是否正确。如果使用的是 Windows 2000 自带的代理服务器组件，就需要检查一下代理服务器的 IP 地址和客户机指定的代理服务器 IP 地址是否一致，如果不一致，则需要在客户机上进行相应的修改。

提示!! 如果在局域网中还使用了路由器，还需要检查路由器的设置是否正确。

13. 局域网中出现 IP 地址冲突

在某公司的局域网中，只要一打开电脑，就出现错误提示“你的 IP 和硬件地址 XXX.XXX.XXX.XXX 冲突”。

出现此故障，并不是电脑或者局域网的硬件、设置存在问题，而是在同一个局域网中，其他电脑的 IP 地址被设成与故障电脑的相同所致。此时，可以联系网络管理员，找出发生冲突的电脑，修改其 IP 地址，或者直接使用一个不冲突的新 IP。

14. 在局域网内无法使用 PPPoE

某公司内部的局域网使用 10/100 Mb/s 的 HUB（集线器）连接，通过 ADSL 连接 Internet。发现局域网内的电脑无法正常使用 PPPoE，应该如何处理?

首先需要明确，ADSL 使用 10Base-T 标准，它连接 10/100 Mb/s 的 HUB 不会出现问题。但是，HUB 的 10/100 Mb/s 交换模块目前对于 PPPoE 的支持并不是很好，当局域网中的电脑和 HUB 的连接速率为 100 Mb/s 时，PPPoE 就有可能无法找到 ADSL 信号。

针对这个问题，可以采取如下两个方法来处理：

（1）把使用 PPPoE 拨号的电脑用 10 Mb/s 网卡或者网线连接。

（2）在系统中把网卡的连接速率限制为 10 Mb/s。

15. Internet 连接共享不能自动拨号

某电脑安装的是 Windows XP 操作系统，发现其中的 Internet 连接共享不能自动拨号。请问应该怎么解决呢?

如果 Internet 连接共享不能自动拨号，应该是没有将电脑配置为自动拨号。按照下面的方法进行配置即可排除故障：

（1）在控制面板中双击“Internet 选项”图标，打开“Internet 属性”对话框。

（2）打开“连接”选项卡，在“拨号和虚拟专用网络设置”选区中，单击自动拨号时电脑要使用的连接，然后选中“始终拨默认连接”单选项，最后再单击“设置默认值”按钮。

（3）单击“确定”按钮，关闭对话框。

第 10 章

常用软件维护与故障排除

本章内容

10-1 杀毒软件故障排除与维护

1. 无法卸载金山毒霸

在电脑中安装了金山毒霸后，当对其进行卸载的时候，虽然系统提示卸载成功，但是下次启动计算机后，金山毒霸仍然在。

（1）先退出毒霸的防火墙，然后再进行毒霸的卸载。具体方法如下：用鼠标右键单击屏幕右下角的毒霸图标，选择“关闭防火墙”。从“开始”菜单中的“程序”选项中选择“金山毒霸”，单击“卸载”选项即可。

（2）如果在卸载毒霸时遇到卸载程序无法进行卸载过程而是进入维护的过程，说明你的毒霸产品的卸载信息受到损坏。建议你使用维护过程再进行一次安装，将安装信息补全后再进行卸载。

（3）如果以上方法都不行，请你按照以下的方法彻底的卸载毒霸，然后尝试重新安装。

①卸载金山毒霸。使用“开始”菜单“金山毒霸”中的“卸载金山毒霸”选项将毒霸自动卸载。

②在“我的电脑”中毒霸的安装位置将毒霸的文件夹删除。毒霸的默认安装位置为 C：\ProgramFiles\kingsoft\kav2000。

③从注册表中删除毒霸的键值。从开始菜单中选择“运行”，输入 regedit 后回车进入注册表。在编辑菜单下选择“查找”，选择查看内容为“主键”输入 antivirus 后选择查找。将在 kingsoft 目录中找到的 antivirus 目录删除（其他杀毒软件也有用 antivirus 的，请注意只删除 kingsoft 目录中的 antivirus）直到显示查找完毕。

2. 无法安装金山毒霸

在电脑中安装金山毒霸的时候，发现无法正常安装。

（1）出现此类现象一般与光驱的读盘性能有关。请将毒霸的安装文件拷贝到硬盘上进行安装。打开光盘中的目录，将 iduba 的文件夹拷贝到硬盘上然后运行其中的 setup.exe 文件即可。

（2）如果遇到错误提示“kernel32.dll 出错”，则是因为你的系统中运行着多个安装程序，建议将系统重新启动后再重新运行安装程序。

3. 升级金山毒霸出错

在升级金山毒霸的时候出错，无法升级。

（1）一般遇到这种错误提示属于用户在在线升级的过程中下载文件不全造成的，建议从“开始”菜单的“程序”选项中使用“毒霸 2001”项目中的“智能更新程序”，选择珠海的在线升级服务器再进行一次在线升级，或直接从 http：//www.iduba.net/download/网站上下载一次性升级程序进行升级。

（2）不同版本的产品只能使用专用的升级程序，如果使用错了会给出“序列号无效”的提示。请你确认是否使用了正确的升级程序。

关于各版本升级文件的说明请参考金山毒霸的“关于升级程序的说明”。

4. 软件被 Norton 禁止

将 Norton 升级后，它将 Remote Administrator2.1 视作黑客软件了，怎么办？

使用 Norton 的排除功能就可以解决了。在设置窗口中，将 Remote Administrator 目录及 radmin.exe 放到“排除”列表中即可。

5. 为何诺顿不能更新病毒库

某电脑中安装的是诺顿企业 7.5 黄金版软件客户端，最近发现它的自动更新功能被锁住了，无法更新病毒库，该怎么办？

这是诺顿企业 7.5 版的一个小 Bug，只要到服务端将诺顿安装目录中的“gac.dat”文件拷贝到你的电脑中以下目录“document and settings\all users\application data\symantec\ norton antivirus corporate edition\7.5”中即可解决问题。

10-2　常见病毒故障排除

1. “QQ 尾巴”病毒

QQ 聊天时，收到朋友发过来的一些莫名其妙的信息，当按照朋友给的网址打开那些网站后，自己的 QQ 也会给朋友自动发送这些垃圾信息。比如：

（1）HoHo~~ www.mm**.com 刚才朋友给我发来的这个东东。你不看看就后悔哦，嘿嘿。也给你的朋友吧。

（2）呵呵，其实我觉得这个网站真的不错，你看看吧：

www.ktv***.com/> www.ktv***.com/">www.ktv***.com/

（3）想不想来点摇滚粗口舞曲，中华 DJ 第一站，网址告诉你 www.qq33**.com.。不要告诉别人 ~ 哈哈，真正算得上是国内最棒的 DJ 站点。

（4）http//www.hao***.com 帮忙看看这个网站打不打的开。

（5）ni***.126.com>ni***.126.com/">ni***.126.com 看看啊．我最近照的照片，才扫描到网上的。看看我是不是变了样?

这种病毒并不是利用 QQ 本身的漏洞进行传播。它其实是在某个网站首页上嵌入了一段恶意代码，利用 IE 的 iFrame 系统漏洞自动运行恶意木马程序，从而达到侵入用户系统，进而借助 QQ 进行垃圾信息发送的目的。用户系统如果没安装漏洞补丁或没把 IE 升级到最高版本，那么访问这些网站的时候其访问的网页中嵌入的恶意代码即被运行，就会紧接着通过 IE 的漏洞运行一个木马程序进驻用户机器。然后在用户使用 QQ 向好友发送信息的时候，该木马程序会自动在发送的消息末尾插入如上所示的一段广告词。

（1）在运行中输入 MSconfig，如果启动项中有“Sendmess.exe”和“wwwo.exe”这两个选项，将其禁止。在 C：\Windows 一个叫 qq32.INI 的文件，文件里面是附在 QQ 后的那几句广告词，将其删除。转到 DOS 下再将“Sendmess.exe”和“wwwo.exe”这两个文件删除。

（2）安装系统漏洞补丁。由病毒的传播方式我们知道，“QQ 尾巴”这种木马病毒是利用 IE 的 iFrame 传播的，即使不执行病毒文件，病毒依然可以借助漏洞自动执行，达到感染的目的。因此应该赶快下载 IE 的 iFrame 漏洞补丁。

2. QQ“缘”病毒

病毒会利用 QQ 发送例如“今天在网上下了本电子书，书名叫《缘》，写得不错，而且书的作者的名字很巧……单击下面这个地址可以下载这本书”；“1937 年 12 月 13 日，300 000 南京人民被侵华日军集体大屠杀!!!所有的中国人都不应忘记这个日子，从始至终日本人都没有改变他们的野心!中华儿女要团结自强牢记历史，我们要时刻警惕日本人的野心，钓鱼岛是中国的领土!!!台湾是中国不可分割的一部分!!!请你将此消息发给你 QQ 上的好友!”等消息，消息里的链接是病毒网址。

该病毒用 VB 语言编写，采用 ASPack 压缩，利用 QQ 消息传播。运行后会将 IE 默认首页改变为：HTTP：//WWW.**115.COM/，如果你发现自己的 IE 首页被修改成以上网址，就是被该病毒感染了。

（1）找到下列文件：

C：\Windows\system\noteped.exe

C：\Windows\system\Taskmgr.exe

C：\Windows\noteped.exe

C：\Windwos\system32\noteped.exe

（2）删除掉其中 Taskmgr.exe。这要先打开“window 任务管理器”，选中进程“Taskmgr.exe”，杀掉。

提示!!

有两个名字叫“Taskmgr.exe”进程，一个是 QQ 病毒，一个是你刚才打开的“Window 认为管理器”。

（3）到注册表中找到如下子项分支：

HKey_Local_Machine\software\Microsoft\windows\CurrentVersion\Run
找到右窗格中的 Taskmgr 项值，并将其删除。

如果还不明白，则先找到那几个文件，然后再进行下面的操作：

（1）在任务栏上单击鼠标右键，选择任务管理器。

（2）选择进程里的 Taskmgr.exe，名称不一定是大写的，也有可能是小写，一般排在上面的一个是。

（3）单击“开始”→“运行”，输入 Regedit 进入注册表

（4）在注册表中找到如下子项分支：

HKey_Local_Machine\Software\Microsoft\Windows\CurrentVersion\Run
找到右窗格中的 Taskmgr 项值，并将其删除。

（5）重启计算机，QQ“缘”病毒就被彻底删除了。

尽快更新 IE 到 IE6 SP1，这样可以减少 IE 被改的可能。

3. “爱情森林”病毒

这是一个木马程序，能够进驻用户系统，更改用户系统信息。

该木马程序原始文件名为 hack.exe，用 Delphi 编写，并用 UPX 进行了压缩。

（1）按 Ctrl+Alt+Del 组合键，在出现的“Windows 安全”对话框中单击“任务管理器”按钮。

（2）在打开的“Windows 任务管理器”，结束掉位于最下面的那个 Explorer 进程，然后删除系统目录下的木马程序 Explorer.exe。或者重新启动到 DOS 下到 System 目录直接删除该木马程序。

（3）打开注册表编辑器，删除如下分支下的名为 Explorer 的项值：

HKEY_LOCAL_MACHINESoftwareMicrosoftWindowsCurrentVersionRun

4. Netspy（网络精灵）病毒

Netspy 又名网络精灵，是国产木马，最新版本为 3.0，默认连接端口为 7306。在该版本中新添加了注册表编辑功能和浏览器监控功能，客户端现在可以不用 NetMonitor，通过 IE 或 Navigate 就可以进行远程监控了。服务端程序被执行后，会在 C：\Windows\system 目录下生成 netspy.exe 文件。同时在注册表 HKEY_LOCAL_MACHINE\software\microsoft\Windows\CurrentVersion \Run\下建立键值 C\Windows\system\netspy.exe，用于在系统启动时自动加载运行。

（1）重新启动机器并在出现 Staring Windows 提示时，按 F5 键进入命令行状态。在 C：\Windows\system\目录下输入以下命令：del netspy.exe。

（2）启动注册表编辑器，找到如下子项分支：

HKEY_LOCAL_MACHINE\Software\microsoft\Windows\CurrentVersion\Run

删除 Netspy 的键值即可安全清除 Netspy。

5. SubSeven 病毒

SubSeven 的功能比起 BO2K 可以说有过之而无不及。最新版本为 2.2（默认连接端口 27374），服务端只有 54.5k，很容易被捆绑到其他软件而不被发现。最新版的金山毒霸等杀毒软件查不到它。服务器端程序 server.exe，客户端程序 subseven.exe。SubSeven 服务端被执行后，变化多端，每次启动的进程名都会发生变化，因此很难查。

（1）启动注册表编辑器，找到如下两个子项分支：

HKEY_LOCAL_MACHINE\SOFTWARE\Microsoft\Windows\CurrentVersion\Run

HKEY_LOCAL_MACHINE\SOFTWARE\Microsoft\Windows\CurrentVersion\RunServices

如果有加载文件，就删除右边的项目：加载器=“c：\Windows\system***”（注：加载器和文件名是随意改变的）。

（2）打开 win.ini 文件，检查“run=”后有没有加上某个可执行文件名，如有则将其删除。

（3）打开 system.ini 文件，检查“shell=explorer.exe”后有没有跟某个文件，如有则将其删除。

（4）重新启动 Windows，删除相对应的木马程序，一般在 C：\Windows\ system 下，有时会发现文件名为 vqpbk.exe。

6. 网络神偷（Nethief）

网络神偷是个反弹端口型木马。什么叫“反弹端口”型木马呢？与一般的木马相反，反弹端口型木马的服务端（被控制端）使用主动端口，客户端（控制端）使用被动端口，为了隐蔽起见，客户端的监听端口一般开在 80，这样，即使用户使用端口扫描软件检查自己的端口，发现的也是类似“TCP 服务端的 IP 地址：1026 客户端的 IP 地址：80 ESTABLISHED”的情况，稍微疏忽一点你就会以为是自己在浏览网页。

（1）启动注册表编辑器，找到如下子项分支：

HKEY_LOCAL_MACHINE\SOFTWARE\Microsoft\Windows\CurrentVersion\Run

删除数值为 internet.exe/s 的项值 internet。

（2）删除该木马的自启动程序：

C：\Windows\System\Internet.exe

7. 广外女生病毒

“广外女生”是一种新出现的远程监控工具，破坏性很大，远程上传、下载、删除文件、修改注册表等自然不在话下。其可怕之处在于“广外女生”服务端被执行后，会自动检查进程中是否含有“金山毒霸”、“天网”等字样，如果发现就将该进程终止，也就是说使防火墙完全失去作用！

（1）启动到纯 DOS 模式下，找到 System 目录下的 DIAGFG.EXE，将其删除。

（2）找到 Windows 目录中的注册表编辑器 Regedit.exe，将其改名为 Regedit.com。

（3）回到 Windows 模式下，运行 Windows 目录下的 Regedit.com 程序，找到如下分支：

HKEY_CLASSES_ROOT\exefile\shell\open\command

将窗格右边区域中的“默认”项值的数值更改为“"%1" %*”。

（4）删除注册表中名称为 Diagnostic Configuration 的项值。

（5）关闭注册表编辑器窗口，回到 Windows 目录，将 Regedit.com 改回 Regedit.exe。

8. 震荡波病毒

震荡波病毒是利用微软 Windows 操作系统的漏洞，可以通过网络大肆传播，它能攻击 Windows 2000 和 Windows XP。

（1）第一步给系统打补丁，防治病毒的再次入侵。

下载补丁：

Windows2000 简体中文版：

http://download.microsoft.com/download/2/8/1/281c0df6-772b-42b0-9125-6858 b75 9e977/Windows2000-KB823980-x86-CHS.exe

WindowsXP 简体中文版：

http://download.microsoft.com/download/a/a/5/aa56d061-3a38-44af-8d48-85e42 de9d2c0/WindowsXP-KB823980-x86-CHS.exe

Windows2000 英文版：

http://download.microsoft.com/download/0/1/f/01fdd40f-efc5-433d-8ad2-b4b9d 42049d5/Windows2000-KB823980-x86-ENU.exe

WindowsXP 英文版：

http://download.microsoft.com/download/9/8/b/98bcfad8-afbc-458f-aaee-b7a52a9 83f01/WindowsXP- KB823980-x86-ENU.exe

（2）升级反病毒软件，打开防火墙，彻底封死病毒入侵的可能性。

（3）使用专杀工具。“冲击波”病毒专杀工具下载：

http：//www.duba.net/download/othertools/Duba_Sdbot.EXE

9. 清除 BO2000 病毒

在流行的木马程序中，有一个名为 BO2000 的病毒，它同样是一个可以远程攻击计算机系统的“后门”程序。一旦用户在本机运行了该程序，则黑客便可以远程控制用户的计算机。不过不用担心，通过修改注册表可以很轻松地将其删除。

方法为：

（1）启动注册表编辑器，找到如下注册表子项分支：

HKEY_LOCAL_MACHINE\SOFTWARE\Microsoft\Windows\CurrentVersion\ RunServices

（2）如果在右窗格中发现了“umgr32.exe”键值，则说明感染了 BO2000，将它删除即可。

（3）重新启动计算机后，病毒被清除。

10. 清除特洛伊木马病毒

BO 是一个典型的特洛伊木马程序，该程序采用一种与计算机无关的方法来隐藏文件，就是利用视觉的弱点。BO 的文件是一个图标为全透明的文件，它将自己复制入硬盘后把自己重命名为“空格.exe”。我们知道资源管理器默认不显示文件扩展名，只有用鼠标单击或者在 DOS 方式下用 DIR 命令才可以看到。由于该文件的特殊性，我们需要通过修改注册表来彻底清除它。

（1）启动注册表编辑器，找到如下分支：

HKEY_LOCAL_MACHINE\SOFTWARE\Microsoft\Windows\CurrentVersion\Run

（2）如果该项对应的“默认”项值的数值为.exe，则说明用户的计算机已经感染了 BO 木马，必须删除该“默认”项值。

（3）删除了“默认”项值后，重新启动计算机。

最后删除%SystemRoot%\System 文件夹下的.exe 和 Windll.dll 文件。

11. 清除特洛伊木马 BackDoor

BackDoor 病毒同样是一个典型的特洛伊木马程序，它和其他的木马程序一样也是一个后门程序。如果用户在本机中运行了它，则黑客或其他不怀好意的用户便可以通过该程序的服务端程序远程控制用户计算机。用户不但可以通过常用的杀毒软件将其清除，也可以通过修改注册表的方式将其删除。

（1）启动注册表编辑器，找到如下注册表子项分支：

HKEY_LOCAL_MACHINE\SOFTWARE\Microsoft\Windows\CurrentVersion\Run 子键下。

（2）如果在右窗格中发现了名称为“Notepad”的键值项，则证明计算机感染了 BackDoor 程序病毒，直接将该键值删除即可。

（3）重新启动计算机后，BackDoor 程序无法激活，病毒被清除。

12. 清除特洛伊木马 WinNuke

WinNuke 也是特洛伊木马病毒的一种，和其他木马程序的攻击原理一样，用户只要通过修改注册表清除了本机中的客户端程序便可以有效防止黑客的攻击。

方法为：

（1）启动注册表编辑器，找到如下注册表子项分支：

HKEY_LOCAL_MACHINE\SYSTEM\CurrentControlSet\Services\VxD\MSTCP

（2）新建一个数据类型为字符串的键值项，命名为“BSDUrgent”，然后将键值设为 0 即可。

（3）重新启动计算机后将不再受 WinNuke 木马程序的控制。

13. 清除特洛伊木马 Keyboard Ghost

Keyboard Ghost 是一个很有名的特洛伊木马程序，许多用户的计算机可能都感染过该病毒。要清除该病毒，用户仍然可以通过两种方式完成：其一是使用杀毒软件，目前大多数的杀毒软件都可以识别并将其清除；其二便是修改注册表。

方法为：

（1）启动注册表编辑器，找到如下注册表子项分支：

HKEY_LOCAL_MACHINE\SOFTWARE\Microsoft\Windows\CurrentVersion\Run

（2）查看 Run 子键下的键值项，如果发现了名称为“kg.exe”的键值项，则表明用户的计算机感染了 Keyboard Ghost 木马病毒，删除该键值项。

（3）用户还需要在计算机中查找到 kg.exe 和 kg.dat 文件并将它们删除。

（4）重新启动计算机后，Keyboard Ghost 病毒将无法控制用户的计算机。

14. 清除特洛伊木马 Pretty Park

Pretty Park 也是一种典型的木马程序，用户的计算机一旦感染了该病毒，本地计算机便可能受到网络中其他用户的攻击或控制。要检查本机是否感染了 Pretty Park 病毒，并在感染的情况下将其删除，可以通过修改注册表的方式来完成。

方法为：

（1）启动注册表编辑器，找到如下注册表子项分支：

HKEY_CLASSES_ROOT\exefile\shell\open\command

（2）在该项，查找是否有“FILE32.VXD "%1"%*”之类的键值项或数值，如果存在，则证明该计算机已经被 Pretty Park 木马程序感染，需将这类键值删除。

（3）重新启动计算机后，将不再受 Pretty Park 木马程序的控制。

15. 预防"爱虫"的破坏

"爱虫"病毒是通过 Microsoft Outlook 电子邮件系统传播的，邮件的主题为 I LOVE YOU，并包含一个附件。一旦在 Microsoft Outlook 里打开这个邮件，系统就会自动复制并向地址簿中的所有邮件地址发送这个病毒。

"爱虫"病毒是一种蠕虫病毒，它与 1999 年的 Melissa 病毒非常相似。这个病毒可以改写本地及网络硬盘上面的某些文件。用户机器感染后，邮件系统将会变慢，并可能导致整个网络系统崩溃。一旦用户发现感染了这种病毒，可以通过修改注册表的方式来将其清除。

方法为：

（1）启动注册表编辑器，找到如下注册表子项分支：

HKEY_LOCAL_MACHINE\SOFTWARE\Microsoft\Windows\CurrentVersion\Run

（2）若在右窗格中发现了名称为 MSKernel32 的键值项，就将它删除。

（3）重新启动计算机后，将不再受"爱虫"病毒的干扰。

16. 清除"木马冰河"黑客程序

如果要清除"木马冰河"黑客程序，主要清除它的服务器程序，由于"木马冰河"本身就具有很多防范措施，不易清除干净。

方法为：

（1）由于"木马冰河"的 Client 程序有一项设置是把服务器程序与.txt 类型的文件建立关联，以此为突破口，则可以在注册表中找到"木马冰河"的服务器程序名称。

（2）使用 Windows APIi 可以列出当前系统运行的所有进程，然后找出"木马冰河"服务器程序的进程并将它强制终止。

（3）找到硬盘上服务器程序的名字，并删除它。

（4）清除注册表中相应项目，有三处：

HKEY_LOCAL_MACHINE\SOFTWARE\Microsoft\Windows\CurrentVersion\Run

HKEY_CLASSES_ROOT\exefile\shell\open\command

HKEY_LOCAL_MACHINE\SOFTWARE\Microsoft\Windows\CurrentVersion\ RunServices

10-3 多媒体软件故障排除与维护

1. 使用超级解霸截取 VCD 影碟的片段时不连贯

在使用“超级解霸”软件截取 VCD 影碟的片段时，经常会出现截取后的影片不连贯、缺画面的情况。这是因为如果“允许 DirectCDROM 直接读取”被选中，则系统在读取 VCD 影碟时并不要求数据完全正确。

这样截下来的片段就有可能存在损坏的数据，因此就会出现在播放时不连贯的现象了。

启动“超级解霸”，然后用鼠标左键单击菜单中“控制”→“控制设置”选项，去掉 DirectCDROM 技术项下的“允许 DirectCDROM 直接读取”复选标记即可。

2. 用超级解霸播放 VCD 时显示器自动关闭

在用超级解霸播放 VCD 时，声音能够正常播放，但显示器却出现了自动关闭的情况，将解霸重装后问题依旧存在。

（1）下载最新版本的显卡驱动程序，有些奇怪的显示问题很可能是显卡的驱动程序与显卡的兼容性不好所致。

（2）关闭病毒防火墙的实时监控程序，超级解霸和有些病毒防火墙是有冲突的。

（3）改变显示器的驱动程序。具体操作为：在桌面上单击鼠标右键，单击“属性”→“显示属性”→“设置”→“高级”→“适配器”标签，然后单击该标签页下的“适配器类型”的“属性”按钮，在出现的窗口中单击“驱动程序”标签，在所出现的对话框中单击“更新驱动程序”按钮，然后单击“更改”按钮。最后在出现的“硬件更新向导”对话框中根据提示进行操作即可。

（4）选用其他的播放器，如超级解霸 DVD 等。

3. 找不到播放清单上指定的文件

有时候会出现这样的情况：在播放媒体播放器清单上的媒体文件时，会出现一个找不到指定文件的提示。

这是因为在硬盘中所选择的文件已经被删除、移动或重新命名了，使得媒体播放器根据清单预设的位置找不到该文件。要能正常播放该文件，只需要将该文件按原样挪回原来的位置即可。

4. 在收听网络广播时出现“缓冲处理中”的提示

缓冲处理是媒体播放器在播放文件前所存储的播放文件的资料。在网络拥挤时，媒体播放器可以播放缓冲区的文件资料，但如果缓冲区内的所有数据信息被使用完时，就会出现“缓冲处理中”的提示，播放会暂时停滞。

5. 经常提示“CD 音频设备正被其他程序使用”

在 Windows 中听 CD 歌曲的时候，经常出现“CD 音频设备正被其他程序使用”的提示。

出现这种情况的原因可能是在听 CD 的时候，其他应用程序也在使用 CD－ROM 而造成的。

（1）在应用程序运行的时候，按下键盘上的 Ctrl+Alt+Del 组合键。

（2）在“关闭程序”对话框中，选择可能正在使用 CD－ROM 的应用程序，然后单击“结束任务”按钮关闭该应用程序。

（3）重复步骤（1）和（2），直到关闭所有可能使用该光驱的程序为止。

6. Windows Media Player 找不到指定文件

出现该提示的原因主要可能就是在硬盘中选择的文件已经被删除、移动或重新命名。这就使得 Windows Media Player 在根据清单预设的位置找不到该文件。

可以先用鼠标右键单击该文件，然后再在弹出的快捷菜单中选择“属性”按钮，查看一下这个文件的位置，然后再利用查找功能搜寻一下该文件是否存在，如果仍然存在，重新把它添加到播放清单里就可以了。

7. 使用 Windows Media Player 观看收听网络流媒体时出现断断续续的现象

在使用 Windows Media Player 观看收听一些网络流媒体时，经常出现断断续续的现象，而且出现正在缓冲的提示信息。

所有流式媒体文件在播放前都要经过缓冲处理。缓冲处理是在实际播放内容前将一定量的信息发送到计算机的过程，当网络拥塞造成数据流中断时，播放机就可以利用缓冲区中的信息弥补这些间隔，当网络异常拥挤时，就会产生中断，这是因为缓冲区已空并且未接收到新的信息。可以通过适当增加缓冲的时间来解决这个问题，方法如下：

单击“工具”菜单中的“选项”命令，在“选项”对话框中单击“性能”标签，在“网络缓冲”中选择“缓冲时间”，然后根据不同的情况适当地增加缓冲时间。

8. Winamp 播放歌曲时总读光驱或硬盘

因为 Winamp 程序在播放的过程中，需要不断读取光驱或硬盘上的 MP3 文件，因此，可以通过加大 Winamp 的文件缓存区来解决这个问题，这样，就可以让 Winamp 程序一次将 MP3 文件全部读入内存缓存区，然后再对其进行播放就不会出现上述情况了。

（1）运行 Winamp 程序，然后直接按下“Ctrl+P”快捷键弹出 Winamp 属性设置窗口。

（2）单击“插件”→“输入”项，在右侧窗口中会出现“Nullsoft MPEG 音频解码器”一项。

（3）单击该选项，再单击下面的“配置”→“MPEG 音频解码器设置”→“常规”标签，找到其中的“完全文档缓冲”选项。

这个选项的含义为：对于尺寸小于 xxxk 的文件，Winamp 会一次性地将文件读到缓存中，而不再多次读取，其默认值为 64KB，可以适当增大缓存数值，比如将其改为“6 000”，但是过大也没必要，因为一般 MP3 歌曲文件的大小都不会超过 6MB，这样已完全可以一次将 MP3 文件读入缓存。

经过上述设置后，再用 Winamp 程序播放光盘或硬盘上的 MP3 文件时，就会看到光驱、硬盘灯一阵快速闪烁，但随着音乐声响起，便不再读盘了。此时，即使将光盘弹出音乐仍照常播放。这个方法对延长光驱寿命特别有好处，不过前提是内存要足够大，最好不少于 64MB 就可以。

9. Winamp 始终不显示中文歌名

中文歌曲在 Winamp 中总是显示全英文，更换版本后依然无效。

这是由于 Winamp 的相关设置导致。

（1）运行 Winamp，右击显示面板左上角，在弹出的快捷菜单中依次单击“选项”→“参数选择”或直接按快捷键 Ctrl+P。

（2）在弹出的“Winamp 参数设置”属性对话框中选中左侧树状列表“选择”下的“显示”选项，这时对话框右框会显示“显示选项”设置。

（3）单击“使用点阵体字体来显示主要标题”复选框，取消前面的复选标志，然后单击左下角的“关闭”按钮退出即可。

10. RealPlayer 的声道无法切换

在用 RealPlayer 播放一些双语影片时，总是双语同时出现，并且找不到更换声道的选项。

如果影碟在制作的时候未将音频格式设置为立体声音乐，除非将一个音箱拔掉，否则没有别的办法。而如果是立体声音频，可以用软件调节，RealPlayer 本身没有声道切换功能。如果是双语电影，例如，出现中、英文并存或是普通话与粤语并存的现象，将不能进行声道切换，但是可以采用一个办法解决，只要双击系统工具栏上的小喇叭，用鼠标将滑动条拖到最左侧或是最右侧，这时在 RealPlayer 中播放的电影只有一个声道发音，这样可选择要听的语言，但是声音效果相对来说要差一点。

11. RealPlayer 中有声音，但图像不连续或不动

在使用 RealPlayer 播放 RM 格式的影片时，有声音但是图像静止不动。

Real 格式本来是为了在网上实时播放用的，因而压缩率相当高，如果在制作时出了错，将无法解决故障。如果碟片文件本身没有问题，可以在 RealPlayer 中做一点简单设置改善效果，通过“视图”首选项，找到“连接”选项卡，设置缓冲播放为“至少缓冲 30 秒才播放”，再找到“性能”选项卡，设置“剪辑高速缓存”，可以设置得大一些，将有利于故障的消除。

12. RealPlayer 总是自动运行

RealPlayer 安装后，Windows 启动时总是自动运行它，并且在打开个别视频文件时总是忽略其他播放器，自行启动运行。

这类故障实际上是 RealPlayer 的设置所导致的。可以通过视图首选项，在“常规”选项卡中单击 Start Center 的“设置”按钮，在弹出的窗口取消“启用 Start Center”即可。而忽略其他播放器的问题也可以通过改变设置来解决，通过视图首选项中的“升级”选项卡，单击媒体类型的“自动恢复设置”按钮，在弹出的窗口中选择不想用 RealPlayer 播放的媒体类型并取消即可。

13. RealPlayer 无法播放多个文件

在 RealPlayer 中无法从菜单同时选取多个 RM 文件。

先将 RealPlayer 程序窗口打开，然后打开存放（RM）文件的目录，选择想要连续播放的那些文件，拖到 RealPlayer 窗口中去就可以了。播放的顺序和选择的顺序是相反的，即最先选的最后播放，最后选的最先播放。此外还有一种方法，就是使用 RAM 文件来实现连续播放。RAM 文件实际上是个播放序列文件，可以新建一个 TXT 文件，在里面填写上："file:盘符路径 RM 文件名"，再将扩展名改为"ram"即可。例如：

在 C 盘有一个目录"RM"，里面存有 1.rm、2.rm 、3.rm…n.rm，使用写字板等编辑一个名为 list.ram 的纯文本文件，其内容格式为：

```
file: c: RM1.rm
file:c:RM2.rm
file: c: RM3.rm
……
file: c: RMn.rm
```

双击 list.ram 文件，RealPlayer 就会按照指定的文件顺序播放。

另外，由于 RAM 文件只是个播放列表，所以有的网友在网页上单击.ram 文件可以播放，而下载后却不能播放了。要想真正下载网上的 RM 文件，只需打开相应 RAM 文件查看其内容，根据里面的链接地址，用"http."来替换文件中指定地址的"pnm"，有可能下载正确的文件。

14. 解决 Xing 软件播放 VCD 速度慢的问题

在 Windows 系统下使用光驱读软件正常，用 Xing 软件播放 VCD 时却出现很慢的现象。

出现这个问题的主要原因是：当把硬盘和光驱一主一从挂接在一个 IDE 接口上时 Windows 系统就会出现上述问题。

只要把光驱接在第二个 IDE 主板接口上，或者去微软主页下载一个补丁程序，然后安装在系统中，就可以解决问题。

最笨的方法是删除掉 Windows 系统，然后重新安装一遍。

15. 如何调用 SMI 字幕

某用户的电影字幕是个 SMI 文件，如何在看电影的时候，自动调出该文件。

SMI 和 SRT 一样都是文本字幕格式，可以用记事本或者 Ultraedit 打开进行编辑。使用时先安装字幕插件 VobSub 软件，再下载 SMI 字幕，将其与影片放置在同一目录下并且保证文件名相同，这样用 Media Player 观看时 VobSub 会自动调用相应字幕。

16. 如何播放“.mkv”格式电影

某用户从同事机子中拷贝了几部电影，其扩展名是“.mkv”格式的，使用 RealOne Player 和 Media Player 却打不开，请问是何故？

“.mkv”格式不是一种压缩格式，而一种电影封装格式。要播放“.mkv”格式电影，可以使用 MyMPC 软件来播放。

MyMPC 的下载地址：

http：//dl.pconline.com.cn/html/1/9/dlid=12279&dltypeid=1&pn=0&.html

17. 如何更改 MMS 协议的默认播放器

某用户我每次单击使用 MMS 协议在线播放的电影时，都默认打开 Media Player 来播放，不知有没有办法让 RealOne Player 成为 MMS 协议电影的默认播放器？

可以通过修改注册表来达到目的：

（1）依次单击“开始”→“运行”，在打开的对话框中输入 regedit 后按 Enter 键。

（2）在打开的注册表编辑器中找到如下注册表子项分支：

HKEY_CLASSES_ROOT\MMS\shell\open\command

将右侧的“默认”项值的数值改为 RealOne Player 的安装路径即可。

18. 如何去除标题栏中的播放按钮

某用户最近安装了豪杰超级解霸最新版，安装后发现每打开一个文件夹窗口都会有一个解霸的播放按钮在上面，不知有什么方法可以去除？

这是超级解霸新增的资源管理器播放功能，安装解霸后在文件夹窗口会加入一个快捷播放按钮。

解决方法如下：

（1）找到安装文件夹。

（2）将此文件夹更改名称。

（3）然后从该文件夹中找到“VCvtShell.dll”文件并将其删除。

（4）最后再将安装文件夹改回原名。

（5）重启系统即可。

19. 为何影片无法拖动进度条

某用户在播放很多 RM 格式的 MTV 时不能拖动播放进度条，这样便无法预览整个 MTV，而且播放过程中关闭了播放器，下次观看时不得不从头再来，不知道有没有解决的办法？

这是因为这些 RM 文件被损坏而导致进度条不能被拖动，可以通过一些 RM 文件的修复工具来对这个受损的 RM 文件进行修复，修复 RM 文件的工具有很多，例如，“RM 修复器”就是一个很不错的修复工具，将其下载并安装到系统中后，在运行窗口中打开受损的 RM 文件，然后单击“修复”按钮即可。

20. 为什么听音乐就不能开屏保

某用户的系统是 Windows XP，为什么每次在用 Media Player 播放音乐时，事先设置的屏幕保护程序都无效？

这是媒体播放器中没有进行相关设置的原因，在 Media Player 主窗口中，单击“工具”→“选项”，打开“选项”窗口，并在此窗口中选择“播放机”标签，然后将“播放时允许运行屏幕保护程序”选项选中，再单击“应用→确定”即可。

21. 无法启动 Real Player 10

某用户以前在 Windows 2000 上曾经装过 Real Player 8 Plus，现在装 RealPlayer 10 一切正常，安装完后也提示安装成功，但无法启动，启动画面一闪而过，然后就没任何反应了，在任务管理器中查看进程，也没有关于 Real 的进程，这是怎么回事？

经常有这样的问题出现，一般都是以前的版本没卸载干净而导致的。可以通过以前版本的 Real 播放器安装目录中的“Setup\.r1pclean.exe”将以前的安装信息彻底删除即可。

22. 字幕文件过大如何解决

某用户想刻录一部带字幕的电影，无奈其 Sub 字幕文件太大，无法刻录到一张光盘中，不知有没有什么办法缩小 Sub 字幕文件的大小？

在刻录时，可以事先用压缩软件（例如 WinRAR）将其压缩，注意，只压缩 Sub 文件，而其中的 idex 文件不能压缩。这样压缩后将它们的文件名设置为一样，就可以直接刻录到同一张光盘中并直接播放了。

10-4　Word 维护与故障处理速查

1. 打印文档中的图片时提示内存不足

有时在打印某些插入图片的文档，尤其是插入很多图片或者图片很大的文档时，会遇到系统提示内存不够，无法进行打印的警告信息。此时，可以进行以下的一项或多项操作，以释放更多的内存空间：

（1）退出正在运行的其他程序，保存想打印的文档，然后关闭已打开的任何其他窗口。切换到页面视图，单击菜单命令“工具”→“选项”命令，在弹出的对话框中选中“视图”选项卡，然后清除“图片框”、“状态栏”、“垂直标尺”、“水平滚动条”和“垂直滚动条”等复选框。

（2）切换到普通视图，单击菜单命令“工具”→“选项”，在弹出的对话框中选中“视图”选项卡。然后在“样式区宽度”框中输入数字 0。再单击“视图”→“工具栏”菜单命令，清除所有已经选中的项目，以隐藏工具栏。

（3）退出 Word，断开任何网络连接，然后退出驻留程序（TSR）以及其他常用工具。

此时，在一般情况下，就可以正常打印文档中的图片了。

如果以上几项操作未奏效，那很可能是电脑中了病毒，消耗了大量的内存空间，这就需要我们关闭所有程序，进行彻底地杀毒了。

2. 如何修复已损坏的文档

当你试图打开一个 Word 文档时，如果系统没有响应，有可能是该文件已经损坏，你可以在任何时候使用“恢复文本转换器”来打开被损坏的文档并恢复文本。此外，也可以进行以下操作：

（1）单击菜单命令“文件”→“打开”，在弹出的“打开”对话框里面选定要恢复的文件。

（2）单击“打开”按钮旁边的箭头，选择“打开并修复”命令。

此时，Word 将检测文档中的问题，并显示是什么错误及出错的部位。同时，Word 会对错误进行修复并提示用户保存修复结果。

3. 无法使用“即点即输”功能

分为以下几种情况进行处理：

（1）启用“即点即输”功能：单击“工具”菜单中的“选项”命令，再单击“编辑”选项卡，选中“启用‘即点即输’”复选框，然后单击“确定”按钮。

（2）切换到页面视图或 Web 版式视图：不能在下列视图中使用“即点即输”功能：普通视图、大纲视图和打印预览。

（3）启用“即点即输”指针：在文档中，指向空白区域，然后单击就可以启用“即点即输”指针。移动“即点即输”指针时，指针的形状表明了将对插入内容应用的格式设置。例如，如果指向页面中心，指针形状表示内容将居中放置。

（4）确保在文档中双击：如果只是单击，“即点即输”功能不会将插入点移动到指定的位置。

（5）只在可以使用“即点即输”功能的空白区域内插入内容，不能在下列区域内使用“即点即输”功能：多栏、项目符号和编号列表、浮动对象附近、具有上下型文字环绕效果的图片的左侧或右侧，或者缩进的左边或右边。

（6）用“表格”工具创建并排表格：不能用“即点即输”功能在已有表格的旁边插入表格。

（7）退出录制宏状态：不能在录制宏时使用“即点即输”功能。

4. 无法更改图片中某些部分的颜色

（1）尝试取消图像的组合，然后使用“绘图”工具栏中的选项更改颜色。

（2）尝试在图形编辑软件中编辑图片。如果没有，则安装一个图形编辑软件即可。

5. 单词的首字母被自动改为大写

在默认情况下，“自动更正”会将每个句子的第一个字母改为大写。例如，“自动更正”会将跟在句号之后单词的首字母以及列表或表格列中单个单词的首字母设置为大写。如果不需要“自动更正”设置字母的大写，请尝试以下的解决方法：

（1）关闭“句首字母大写”选项。单击“工具”菜单中的“自动更正”命令，在打开的对话框中选中或清除对话框中的前四个复选框，然后单击“确定”按钮即可。

（2）撤销一个特定的大写更正。当“自动更正”进行了不必要的更正时，则单击“常用”工具栏上的“撤销”按钮，或按 Backspace 键删除整个更正结果并重新键入该单词。

6. 如何解决打开旧版本文档时图片只显示部分的现象

在 Word 中打开一个老版本创建的文档，很多时候会出现文档中的图片只显示一部分或者有些地方显示红×的现象。我们该如何解决这个问题呢?

首先，我们必须明白：Word 文档中显示红×，或者使用一个概要图片（圆形、方形或其他形状）来表示不能显示的图形或图片，是因为 Word 文档中的图片已经损坏，或者由于内存不足所引起的图片数据丢失。

解决上述问题的方法为：

（1）单击“工具→选项”菜单命令，弹出“选项”对话框。

（2）单击“保存”选项卡，在“保存选项”下取消“允许快速保存”复选框。

（3）最后单击“确定”按钮即可。

7. 拼写检查工具没有更改所有出现的拼写有误的单词

如果要集中检查所有的拼写，可以单击“拼写和语法”对话框中的“全部更改”来更改每一个拼写错误的单词。如果在整篇文档检查完毕之前关闭了该对话框，拼写检查工具将不会更改没有检查的部分中的错误。

8. 如何紧急抢救丢失的文件

用户往往会遇到这样的情况，在编辑某个文档时突然停电或者死机，而这时，文档未保存的部分会丢失。那么是否能及时抢救该文档呢?

能，方法为：

（1）单击“工具→选项”菜单命令。

（2）单击“文件位置”选项卡，单击“自动恢复文件”，单击“更改”按钮。

（3）利用快捷键的技巧，复制文件位置：按住鼠标左键不放，拖曳选取“文件夹名称”。按住 Ctrl 不放，再按下 C 键；单击“取消”按钮回到 Word 下。

（4）打开资源管理器，寻找这个文件夹的位置：在地址处点一下鼠标左键，按一下 Ctrl+V 键，接着按 Enter 键。

（5）Word 会自动把来不及存盘的文件“寄放”在这里，如果此处有一个以上的文件，可以从日期上判定哪一个才是你想要的文件。从“修改日期”可以看出文件的存盘日期。

（6）最后，在文件上双击鼠标左键，就能直接打开了。

9. 转换后文档中的字体发生变化

用其他文字处理程序创建的文档可能含有计算机中尚未安装的字体。如果打开的文档中包含这样的字体，Word 会将字体替换为已安装的字体。

如果希望控制要替换的字体，方法为：

（1）单击“工具”菜单中的“选项”命令。

（2）在打开的“选项”对话框中单击“兼容性”选项卡，然后单击“字体替换”按钮，然后选择所需选项。

（3）单击“确定”按钮结束操作。

10. 系统老是提示 Word 文档为只读文件

不能修改只读文档。要保存对只读文档的修改，必须用一个新文件名来保存该文档。在将文档保存在不同的文件夹中时，也可以使用相同的文件名。

11. Word 文档存盘速度极慢或无法完全保存

在进行完全保存的时候，又打开了其他程序，导致存盘速度极慢，有时甚至无法保存。

Word 在采用“完全保存”方式保存文档时，则是将文档中的现有内容作为一个整体写入到磁盘的文件中，此时磁盘中的文件仅由修改后的信息所构成，而不再包括其内容，所以采用“完全保存”方式所生成的文档比不采用“快速缓存”方式所生成的文档要小一些，但由于一次性写到磁盘上的内容比“快速缓存”要多，故存盘速度相应要慢一些。用户可根据自己的实际情况选择合适的方式。不过在通常情况下，可以采用快速存盘方式以加快存盘速度，而在必要时应采用完全保存方式，以节省磁盘空间，并保存完整的文档信息。

其中在出现下述情况时应采用完全保存方式。

（1）在与他人共享文档时。

（2）在完成某个文档上的工作并最后保存文档时。

（3）在进行一个需要使用大量内存的工作前（如搜索文字或编纂索引）。

（4）在向另一个程序转移文档文本之前。

（5）在将文档转换为其他的文件格式之前。

（6）通过网络处理的文档，必须采用“完全保存”方式（快速保存无法在网络上进行）。

另外，Word 的保留备份功能只能采用完全保存方式，某用户以前若采用的是快速保存方式保存文档，当其选择了保留备份功能后，Word 将自动改为完全保存方式（要利用 Word 自动给文档保留备份，可执行“工具”菜中的“选项”命令，然后在“保存”选项中复选“保留备份”选项）。

12. 保存文档时，文件名中增加了一个额外的扩展名

在保存文档时，如果所用的文件扩展名不同于该文件类型的默认扩展名，那么 Word 会将默认的扩展名加在所用的文件名之后。例如，一个 Word 文档的文件名可能是“Budget.abc.doc”。

如果在保存文件时要使用的扩展名不同于该文件类型的默认扩展名，那么必须将整个文件名加上引号，例如，“weiwei.abc”。

13. Web 页显示错误语言的字符

如果 Web 页被编码为其他语言，则 Microsoft Word 会尝试判断该语言。如果在浏览器中打开页面时 Word 显示了对该语言来说是错误的字符，可自己选择页面所使用的语言编码。有些语言有多种编码，所以请尝试每种编码，直到可以阅读其中的文字。

（1）单击“工具”菜单中的“选项”命令，单击“常规”选项卡。

（2）单击“Web 选项”按钮，然后单击“字符集”选项卡。

（3）在“重新加载当前文档”下，选择该页面所使用的语言编码。

14. 保存文档后，所作修改丢失

分以下两种情况进行处理：

（1）文档是通过网络打开的。对于存储在网络服务器上的文档，如果你是通过单击“文件”菜单中的“退出”命令，然后在出现提示信息时选择保存修改来保存该文档的，就有可能将文档的副本保存到了硬盘上。因

为修改是保存在硬盘上的副本中的，所以当你重新通过网络打开该文档时，就无法看到修改。要避免将对存储在网络服务器上的文档的修改保存到一个单独的文档副本中，应在退出 Word 前执行“文件”→“保存”菜单命令保存修改。

（2）使用了“自动恢复”功能保存修改，但在恢复文件中看不到这些修改。当 Word 意外关闭时，“自动恢复”可能尚未将修改保存到恢复文件中。恢复文件中包含的新信息数量取决于 Word 保存恢复文件的频率。例如，如果每 15 分钟保存一次恢复文件，那么在发生断电或类似问题时，最多可能丢失 15 分钟的工作。要改变“自动恢复”功能的保存时间间隔，则执行“工具”→“选项”菜单命令，然后在“保存”选项卡上的“分钟”文本框内输入所需数字即可。

15. 不能删除某些页码

（1）文档有分节。如果删除页码，Word 将自动删除整篇文档的所有的页码。但是，如果文档分成多节，并且它们之间的连接已断开，则 Word 只删除当前节的页码。

（2）文档首页或奇数页和偶数页的页眉或页脚不同。如果文档首页或奇数页和偶数页的页眉或页脚不同，就必须分别删除各个不同的页眉或页脚中的页码。

16. 保存文档时，出现“重名”错误

Microsoft Word 可能正在执行后台自动保存。在选中了“允许后台保存”复选框（位于“工具”菜单中“选项”对话框的“保存”选项卡上）情况下，若在 Word 正在执行后台自动保存时试图保存一个长文档，Word 会在两种保存操作中使用同样的文件名。只要等到后台保存完毕，再保存文档时，就不会出现类似问题。

17. 一行中的图形或文字像是被裁掉了一部分

一般情况下，行距取决于各行中文字的字体和字号。如果某行包含大于周围其他文字的字符，如图形或公式等，Word 会增加该行的行距。

然而，如果在“格式”菜单中的“段落”对话框中的“缩进和间距”选项卡上所指定的固定行距过小，无法容纳大文字或图形，那么该文字或图形就只能显示出一部分。要看到完整的文字或图形，则增加“设置值”

框中的行距值，或在“行距”框中选择除“固定值”以外的其他选项。最后单击“确定”按钮结束操作。

18. 没有用波形下划线标记拼写和语法错误

首先，请确认已经打开“自动拼写和语法检查”功能。然后，在文档中键入文字。拼写和语法检查工具将检查新键入的文字和原有文字，并用波形下划线标记可能的错误。如果没有看到波形下划线，请确认已经显示波形下划线。

19. 文字超出了图形对象

原因可能是文字过大或者图形对象过小。

（1）要使文字缩小，则选定文字，然后单击“格式”→“字体”菜单命令，在打开的“字体”对话框中单击“字号”框中较小的字号。

（2）要使图形对象增大，则选定该图形对象，然后拖动尺寸控点。

20. 使用的字体没有显示在文档中

计算机或打印机可能没有提供所使用的字体。可以将其替换为其他字体。

（1）单击“工具栏”菜单中的“选项”命令。

（2）在打开的“选项”对话框中单击“兼容性”选项卡。

（3）单击“字体替换”按钮，在“字体替换”的“文档所缺字体”中单击缺少的字体名称。

（4）在“字体替换”框中单击另一种字体。

（5）如果要将所缺字体永久转换，则单击“永久转换”按钮；否则，直接单击“确定”按钮结束操作。

21. 删除文字时文本格式发生变化

如果删除了段落标记，则下一段将与该段合并，并采用下一段的段落格式及样式。如果要恢复段落标记及原有格式，则单击“常用”工具栏上的“撤销”按钮或直接使用快捷键 Ctrl+Z。

22. 下标的下划线没有与普通文字的下划线对齐

当给文字添加了下划线，然后对其中的部分文字应用下标格式时，你会发现两种文字的下划线没有对齐。

可以不使用下划线格式，而采用在文本下画一条直线的方法。方法为：单击“绘图”工具栏上的“直线”按钮╲，在画线时按住 Shift 键，就能画出满意的下划线。

23. 图片变成大红叉

使用过 Word 的人大概都遇到这样的情况，辛辛苦苦地在 Word 文档中插入了精心制作的图片，当有一天再次打开这些文档的时候，却发现其中的图片变成了一个个的大红叉，这简直是令人气急败坏。为什么会有这样的情况发生呢？

这可能是因为插入到文档中的图片格式比较特殊，比如插入的是 AutoCAD 的 DWG 文件，但后来又把电脑中的 AutoCAD 卸载了，就会造成这种情况，还有另外一些未知的因素也会导致文档中的图片变成大红叉。

处理方法为：

（1）如果插入到文档中的图片格式是 BMP、GIF、JPG、WMF 格式的，则可以再次将图片插入到文档中的文本框中。

（2）如果需要插入到文档中的图片是可以 Print Screen 键拷贝下来的，就直接从屏幕上拷贝下来，然后再粘贴到文档中。

24. Word 无法查找或替换某些图形或对象

Word 不能查找或替换浮动对象、具有“艺术字”效果的文字和图形对象。但是，如果将浮动对象改为嵌入对象，则可以对其进行查找或替换。

将浮动对象改为嵌入对象的方法为：单击图片，然后单击“格式”菜单中的“图片”命令，在打开的对话框中单击“版式”选项卡，接着选择“环绕方式”下的“嵌入型”，最后单击“确定”按钮。

25. 复制链接文本框时，丢失了其中的文字

在复制链接文本框时，必须同时复制链条内（即文字部分）的所有文本框。如果只复制了其中的一部分文本框，则只会复制文本框，而不会复制其中的文字。要复制文本框内的部分文字，可选定所需文字，再进行复

制和粘贴。可直接将所选文字粘贴到自己的文档、另一文本框或链接文本框链条中。

26. 在页眉或页脚中出现{PAGE}、{DATE} 或其他代码

向页眉或页脚添加页码、日期、时间等内容时，Word 将插入相应的域。域确保了页码在更改文档时能自动更新，而日期、时间和其他内容能在打印文档时更新。如果看到的是域代码（如 {PAGE} 或 {DATE}）而非实际的页码、日期、时间等，那么请按 Alt+F9 组合键。

27. 对字符格式的更改影响到了整个段落和后续段落

（1）如果选定某段中的所有文字（除了段落标记），然后修改所选文字的字符格式，那么 Microsoft Word 也会将新的字符格式应用于段落标记。随后，当按 Enter 键开始新的一段时，新的字符格式就会被带到后续的各个段落中。这是因为一个段落的格式包含在它前面的段落标记中。

（2）若要只设置当前段落中所有文字的格式，而不改变段落标记及后续段落的格式，则先选定要设置其格式的文字，并修改其字符格式；然后选定段落标记，按 Ctrl+Shift+Z 组合键，这样就取消了段落标记中的字符格式。再开始新的段落时，段落标记将包含未修改的字符格式设置。

提示：

① 如果看不到文档中的段落标记，可能是由于它们已被隐藏。单击“工具”菜单中的“选项”命令，在出现的对话框中单击“视图”选项卡，然后选中“段落标记”和“隐藏文字”复选框。

② 如果文档中包含修订并且需要在屏幕上显示修订，则指向“工具”菜单中的“修订”子菜单，然后单击“突出显示修订”命令，选中“在屏幕上突出显示修订”复选框。

28. 文档将某些文字显示为方框

分如下两种情况进行处理：

（1）可能没有启用该语言进行编辑

如果在文档、演示文稿、电子表格或窗体中应当出现正确字符的地方出现了方框，那么可能因为没有启用该语言进行编辑，或没有支持该语言的字体。应启用该语言进行编辑以显示字符，操作步骤如下：

① 指向 Windows“开始”菜单中的“程序”子菜单，再指向“Office

工具”子菜单，然后单击“Microsoft Office 语言设置”命令。

② 在“启用的语言”选项卡上，选中需要使用的语言旁的复选框。

启用该语言进行编辑还将在系统中安装相应的字体以显示字符。

（2）可能使用了不支持该语言的字体

如果在启用该语言进行编辑之后，Office 文档中仍有方框出现，请尝试用其他字体设置文字的格式，使字符能正确显示。Arial、Times New Roman 以及其他一些字体能支持所有欧洲语言。Microsoft Office 2000 自带了几种亚洲文字的字体：

MS Mincho（日语）

PMingLiu（繁体中文）

Simsun（简体中文）

Batang（朝鲜语）

29. 无法在链接文本框之间移动

如果已经更改了链接文本框中文字的方向，就可能无法使用“文本框”工具栏上的“下一文本框”或“前一文本框”按钮在链接的文本框之间移动。

尝试以下的解决方法：

（1）单击“文本框”工具栏上的“更改文字方向”按钮来更改文本方向。

（2）单击“文本框”工具栏上的“下一文本框”或“前一文本框”按钮在链接的文本框之间移动。

（3）单击文档中文本框以外的任何位置，然后单击一个文本框将其选中。再单击“文本框”工具栏上的“下一文本框”或“前一文本框”按钮在链接的文本框之间移动。

30. 文档中有多余的分页符

可能执行了下列操作之一：

（1）插入了人工分页符。要删除该分页符，可切换到普通视图中，选定该分页符，然后按 Delete 键。

（2）设置了分页选项。以下分页选项可控制自动分页的位置：“段中不分页”、“与下段同页”或“段前分页”。要删除文本中的分页格式，请选定后面带有多余分页符的段落，单击“格式”菜单中的“段落”命令，然后单击“换行和分页”选项卡。清除“段中不分页”、“与下段同页”或“段前分页”复选标识。

（3）插入了分节符。“下一页”、“奇数页”或“偶数页”分节符可导致自动分页。要禁止分节符进行分页，则单击分节符后的节中的任意位置，再单击“文件”菜单中的“页面设置”命令。接下来单击“版式”选项卡中的“节的起始位置”框中的“接续本页”选项。单击“确定”按钮，结束操作。

31. 文字被错误地设置为超级链接

如果键入的文字包含 at 符号（@），Microsoft Word 可能会将其解释为电子邮件地址，并自动应用超级链接格式。可关闭自动将 Internet 及网络路径替换为超级链接的选项，方法为：

（1）单击“工具”菜单中的“自动更正选项”命令，在打开的“自动更正”对话框中单击“键入时自动套用格式”选项卡。

（2）清除“键入时自动替换”下的“Internet 及网络路径替换为超级链接”复选框。

（3）单击“确定”按钮结束操作。

32. 样式发生意外变化

（1）可能启用了此样式的自动更新功能。如果启用自动更新功能，则修改样式时，该样式将自动更新，这样可使文档中的元素（比如标题）保持一致。关闭此功能的方法是：单击“格式”菜单中的“样式”命令，选择“样式”框中的样式，然后单击“更改”按钮。如果已经选中“自动更新”复选框，请清除该复选框。

（2）基准样式可能发生了变化。

①如果基准样式发生了变化，基于该样式的所有样式也将发生变化。例如，如果将“正文”样式的字体改为黑体，Word 将改变基于此样式的样式字体，如应用于脚注、页眉、页脚和页码的样式。

②如果希望某个样式不因改动基准样式而发生变化，则必须保证此样式没有基准样式，或至少不以正在改动的样式为基准。首先单击“格式”菜单中的“样式和格式”命令，在出现的“样式和格式”框中再单击要改动的样式，然后右击样式，在出现的菜单中单击“修改样式”，随后单击“修改样式”对话框的“基准样式”框中的“（无样式）”，或选择一种与正在更改的基准样式不同的样式。最后单击“确定”按钮结束操作。

（3）文档基于的模板发生了变化。如果你更改了某个模板中的样式，随后重新打开了基于此模板的文档，则该文档中的样式有可能根据模板中新定义进行更新。如果不希望在打开基于特定模板的文档时，对文档中的样式进行更新，则单击“工具”菜单中的“模板和加载项”命令，在打开的“模板和加载项”对话框中清除“自动更新文档样式”复选标识。最后单击“确定”按钮结束操作。

（4）包含样式定义的模板可能丢失或者损坏。如果包含样式定义的模板丢失或者损坏，当前文档将使用 Normal 模板中的样式定义。

提示!!

所谓“Normal 模板”，是指可用于任何类型文档的通用模板。当启动 Word 或单击“新建空白文档”按钮时，Word 将基于 Normal 模板新建一个空白文档。

33. 添加或删除项目符号后，自定义制表符消失

如果将项目符号添至包含自定义制表位和制表符的文本行中，或删除其中的项目符号，Word 会删除制表符而保留制表位。

可执行下列操作之一：

单击希望制表符出现的位置，然后按 Tab 键以重新插入制表符。

避免在包含自定义制表位和制表符的项目中添加或删除项目符号。

34. 创建的图形对象的线条不光滑

原因有可能是多方面的，下面分别就几种情况来进行分析，并给出相应的解决措施。

（1）曲线以及不绝对水平或垂直的直线显示在屏幕上，总是呈现某些程度的锯齿状。在打印时，这些线条就会光滑了。

（2）可使用“曲线”按钮来画精确的曲线。另外，使用“任意多边形”按钮画的线比用“自由曲线”按钮画的线更光滑。“曲线”按钮、“任意多边形”按钮和“自由曲线”按钮都是通过单击绘图工具栏中的“自选图形”下的“线条”得到的。

（3）在“显示比例”框中选择放大比例，在 200%或 500%时可更容易画出细节。

（4）可以在 Windows 的“控制面板”中单击鼠标，在弹出的“鼠标 属性”对话框中将鼠标指针速度设置为最慢。低速绘图有助于更好地进行控制。

35. 图形对象中的颜色不平滑

有时，把图片插入 Word 中后会发现，底纹、阴影或暗影会变形或出现不平滑现象。这有可能是 Word 的“显示比例”框中的比例设置不当，或是显示器自身质量问题导致。

（1）确保“显示比例”框中的比例设置为 100%。底纹在放大或缩小的视图中会有变形。

（2）如果所使用的显示器只能显示 16 色，则阴影效果就不会平滑。在 256 色或色彩更多的显示器上阴影会显示得非常好。

36. 让 Word 文档“原文重现”

如果你在 Word 2003 中使用了特殊字体，在转寄给别人时，如果对方的电脑中未安装该字体，则根本看不到文件内的特殊字体或者出现错误提示。此时最好的解决方式就是使用字体嵌入功能：

（1）单击“工具”菜单下的“选项”命令，切换到“保存”选项卡。

（2）选中“嵌入 True Type 字体”项，然后单击“确定”按钮，便可让 Word 文档在对方的电脑里“原文重现”。

37. 难于控制手绘图形

在 Word 中用绘图工具绘制图形时后，会发现很难控制，不是细节处难于处理，就是鼠标老不听使唤。

问题处理：

（1）试着在“显示比例”框中放大比例。在 200%或 500%时可更容易画出细节。

（2）使用“任意多边形”按钮，而不要使用“自由曲线”按钮。

（3）试着在 Windows“控制面板”中将鼠标指针速度设置为最慢。在低速绘图时，可以更好地进行控制。

（4）可以调整任意多边形的形状，使其显得更光滑。

38. 绘制的任意多边形无法均匀对齐

在 Word 中绘制好任意多边形后，发现这些多边形与其他对象根本无法均匀对齐。怎么办？

方法为：

（1）不要使用“绘图”菜单中的“对齐或分布”命令，可试着通过移动对象来对齐。

（2）按住 Ctrl 键，再按箭头键，可以逐像素地微移任意多边形。

（3）如果选中了“绘图”菜单下的“绘图网格”命令中的“对象与网格对齐”复选框或“对象与其他对象对齐”复选框，则可在拖动任意多边形时按住 Alt 键，以暂时将其关闭。

39. 无法旋转图形

有时候，为了排版的需要，想将图片进行旋转的时候，发现根本无法办到。如何才能对图形进行旋转呢？

（1）只有图形对象才可以翻转或旋转。如果可以通过取消组合，然后再组合对象，将其转换为图形对象，就可以将其翻转或旋转。若要转换对象，则先选定该对象，然后执行“绘图”→“取消组合”菜单命令，再单击“组合”。

（2）如果不能转换该对象，可以在其他绘图程序中将其打开，然后旋转并保存。当其在 Microsoft Word 中打开时，就显示为旋转过的样子。

40. 图形对象总随段落移动

引起该问题的原因是图形对象的锁定标记已锁定了要移动的段落。

（1）选定图形对象。

（2）单击“格式”菜单中合适的命令：“自选图形”、“图片”、“文本框”、“对象”或“艺术字”等。

（3）清除“位置”标签中的“对象随文字移动”和“锁定标记”复选框，然后单击“确定”按钮。

41. 插入的图形只显示出了一部分

把图形插入 Word 文档后，奇怪的现象发生了：图形只显示了下半部分，上半部分却无法显示出来。

这可能是由于设置为固定值的文档行距小于图形的高度。解决方法为：

（1）选定该图形。

（2）单击“格式”菜单上的“段落”菜单命令。

（3）在打开的“缩进和间距”选项卡的“行距”框中单击“单倍行距”。

如果在“行距”框中选择了“固定值”，则将“设置值”框中的尺寸增至图形的高度，如此也可解决问题。

42. 不能更改 GIF 动画图片

有时会出现不能通过使用“图片”工具栏或“设置图片格式”对话框来裁剪、组合或更改 GIF 动画图片的填充、边框、阴影或透明性等类似情况。

这是 Word 自身功能有限所致。可以在动态 GIF 编辑程序中进行这些修改，然后重新插入该 GIF 动画图片。

43. 打印文档时某些文本被裁掉了

由于绝大多数打印机都无法打印到纸张边缘，因此需要有最小的页边距宽度设置。如果页边距设置得太窄，Word 显示消息“有一处或多处页边距设在了页面的可打印区域之外”。为了防止某些文本丢失，单击“调整”按钮可自动增加页边距宽度。如果忽略此消息而试图打印文档，Word 将显示另一条消息询问是否继续。

也可以使用标尺或单击“文件”菜单中“页面设置”命令，然后在打开的“页面设置”对话框的“页边距”选项卡上手工设置页边距。

提示!! 最小的页边距设置取决于打印机、打印驱动程序和纸张大小。要确定最小的页边距设置，请参考打印机使用手册。

44. 文档中的文字可以正确转换，但图形消失

（1）确认打开了图形显示选项。单击“工具”→“选项”菜单命令，在出现的对话框中单击“视图”选项卡，清除“图片框”复选框。

（2）确认已经安装了所需的图形过滤器。单击“插入”→“图片”→“来自文件”菜单命令，然后检查“文件类型”框中的过滤器列表，如果其中没有需要的过滤器，则需要进行安装。安装方法为：

① 关闭所有程序。

② 单击任务栏左侧的“开始”按钮，在出现的菜单中单击“控制面板”。

③ 在出现的“控制面板”窗口中双击“添加/删除程序”图标，然后执行下列操作之一：

1）如果 Word 是用 Office 安装程序安装的，则单击“安装/卸载”选项卡上的“Microsoft Office”选项，然后单击“添加/删除”按钮。

2）如果 Word 是单独安装的，则单击“安装/卸载”选项卡上的“Microsoft Word”选项，然后单击“添加/删除”按钮。

接下来按照屏幕上的提示进行操作即可。

45. 看不到文档中的图形对象

在 Word 文档中插入图形后，却发现根本无法看到图形在哪里。

（1）这可能跟该文档所处的视图模式有关，或者是单击选中了“工具”→“选项”菜单下的“视图”选项卡中的“图片框”复选框。

（2）可能是由于正在普通视图或大纲视图中工作。要查看页眉、页脚或图形对象等对象在打印稿中的位置，请切换到页面视图。要查看这些对象在 Web 版式视图中的显示情况，请切换到 Web 版式视图。

（3）可能是选中了“图片框”复选框。方法为：执行“工具”→“选项”菜单命令，再单击“视图”选项卡，然后清除“显示”列表框下的“图片框”复选框。

（4）单击“确定”按钮，结束操作。

46. 无法移动文本框或自选图形

将图片或文本框插入 Word 后，需要调整其放置的位置时，却发现根本无法移动。原因可能是多方面的：

（1）单击文本框或自选图形的边框以选定该对象，然后拖动。Word 将鼠标指针变成四向箭头时表示可以移动。

（2）由于选定文字不能保持选定状态而无法使用拖放式文本编辑。

（3）拖动文字时，请确认鼠标指针位于选定文字上。

（4）可能是由于未打开拖放式文字编辑功能。解决方法为：单击“工具”→“选项”菜单命令，在打开的对话框中单击“编辑”选项卡，然后选中“拖放式文字编辑”复选框。

47. 为什么在保存 Word 的 DOC 文件目录中会有一些扩展名是 TMP 的文件

我们在用 Word 编辑文档的时候，Word 会创建一些临时文件（Word 在自动保存文件的时候，也会生成这样的文件），如果你不是正常关闭

Word 的话，这些临时文件就会保存在硬盘上。Word 可以依靠这些临时文件来恢复没有正常保存的文档。

48. 怎样才能使新设计的样式在新建一个文档时可以自动应用到新文档中

要想把自己设计的样式自动地应用到每一个新建的文档中，就需要将这个样式保存到 Word 的标准模板 Normal.Dot 中，这个模板文件在 Office 的 Templates 目录下面。

方法为：

（1）先打开包含有新样式的文档，然后从“格式”菜单中选择“样式”命令，打开“样式”对话框。

（2）然后单击“管理器”按钮，屏幕上会出现样式管理窗口，其中左边是当前文档中的样式，在右边是已保存到模板的样式，然后从左边选择新的样式，单击“复制”，新样式便保存到标准模板中了，然后关闭模板即可。

49. 为什么保存文档时只能保存为*.DOT 模式形式

此问题可能是以下原因造成的：

大概用户打开的文档本身就是模板文件，模板文件只能以模板形式保存。若需要存为其他文件类型，按 Ctrl+A 选择整个文件，再按 Ctrl+C 复制文件；然后建立一个新的 DOC 文档，再按 Ctrl+V 粘贴，最后再重新保存文件。

如果用户编辑的并不是一个 DOT 的模板文件，那有可能文档已经感染宏病毒，需要用杀毒软件检查一下。不过可以先建立一个新的 DOC 文件，将原文档中的内容复制到新的文档中然后另存，如果是保存为 RTF 格式的话，文档就不会感染宏病毒了。保存好后再关闭 Word，检查病毒。

50. Word 文档为什么越用越大

由于 Word 在保存文件的时候，总是在原来的基础上添加修改的部分，所以 Word 文档会逐渐变大；有时因为我们设置了文档的修订，或者设置了保存文档的版本，也会使 Word 文档越编辑越大，而当我们需要对 Word 进行如保存、重新分页等操作的时候，就需要花费更多的时间。其实，我们可以通过以下途径减小大文档的字节。

（1）编辑文档的时候，我们可以选择快速保存的方式。

具体操作是打开“工具”菜单，选择“选项”，然后单击“保存”选项卡，并选中“快速保存”复选框，Word 将仅保存对文档的修改，用这种方法比完全保存节省时间。但如果通过网络处理文档，请清除“快速保存”复选框。快速保存无法在网络上进行。

（2）我们可以将文档另存，这样也可以减小文档的容量。

如果你可以不使用文档修订功能的话，可以将此功能取消掉。操作步骤如下：

① 打开“工具”菜单，选择“修订”下的“突出显示修订”。

② 将其中的选项都取消，然后单击“确定”。

（3）取消文档保存版本信息可以非常有效地减小文档的尺寸。方法为：

① 打开“文件”菜单，选择“版本”。

② 在“版本”对话框中将选项“关闭时自动保存版本”取消，然后单击“关闭”按钮。

51. 在 Word 中怎样不破坏文档的现有格式，而快速恢复文档被删除过的部分

在用 Word 编辑文件时，想恢复很多次操作以前的内容，却又不想毁坏现在已经编辑好的内容，有没有好的办法来解决？

其实只要将现在的文档全部选定，并复制到一个新建的文件中，将文件保存，再切换到源文件中，连续按 Ctrl+Z 键直至你想恢复的部分出现，选择曾被删除的部分，再将其复制到新文件中即可。

52. 如何取消 Word 的全屏显示

在用 Word 编辑文章时，使用了“视图”菜单下面的“全屏显示”命令，使页面布满了整个屏幕，如何才能返回到正常的编辑状态。

仔细看一下，在屏幕上会找到一个小的按钮，名字叫“关闭全屏显示”，只要点一下这个按钮就可以了。如果你费了很大的力气都没有找到，可以试着将鼠标移动到屏幕的上方，此时屏幕上方滑出 Word 的菜单，选择“视图”菜单，再点一下“全屏显示”，立刻就返回到了正常的编辑状态。

53. 为什么刚插入到文档的图片就看不到了

插入到文档的图片一会儿就看不到了，但并没有将其删除。

遇到这样的问题，你可能是切换到了 Word 的“普通视图”或者“大纲视图”了，在这两种视图下，Word 是不显示文档中的图片的，用鼠标点一下窗口下方的“页面视图”按钮。

还有一种可能是，你可能删除了与此图片有关联的文字。Word 中，当与图片相关联的文字被删除时，图片自动被删除。

54. 看不到页边距该怎么办

请确保是否在“页面视图”中查看文档。在“普通视图”和“大纲视图”中查看文档时不会显示图片、自选图形、页面边框和文本框等，在“Web 版式视图”中查看文档时将以一个长页显示文档，不会显示分页符、页面边框和其他与页面有关的内容。

55. 为什么水印没有出现在文件的每一页中

如果要使制作的水印在每一页中重复出现，必须将其置于页眉或页脚中，而且在整个文件中使用相同的页眉和页脚。如果在文件的奇数和偶数页使用了不同的页眉和页脚，或者根本就没有页眉和页脚，水印就不会出现在每一页上。

56. 更改页边距时页面边框没有移动该怎么办

将页面边框的度量方式更改为以文字为依据而不以页边为依据，其方法为：

（1）单击“格式”→“边框和底纹” 菜单命令，打开“边框和底纹”对话框。

（2）在该对话框选择“页面边框”选项卡，然后单击该选项卡内的“选项”按钮，在弹出的“边框与底纹选项”对话框，选择 “文字”为度量依据。

（3）单击“确定”按钮，结束操作。

57. 预览时，边框虚线显示不良

使用页面框线时，在一般的窗口下看起来正常但在预览时一边的框线就无法显示或只显示一半，而印出的结果和预览的相同。

当进入 Word 窗口中之后，到“格式”→“边框及底纹”对话框之后，切换到“页面边框”卷标页，先取菜单下方的“选项”按钮，在“边框及底纹选项”对话框中有一个“度量依据”，预设是“页边”，但是因为如果选页边，会和一般打印机设定边界不合，造成页面框线打印不完整。因此请把“度量依据”调成“文字”，这样框线会内缩，就可以印出完整的页面框线了。

58. 添加页眉时，页眉区总是出现一条单底线

（1）单击“视图”菜单中的“页眉页脚”命令，选择“格式”菜单下的“样式”，在“样式”列表框下选择“页眉”。

（2）单击“更改”按钮，在弹出的“更改样式”对话框中点“格式”，选择其菜单下的“边框”命令，出现“边框和底纹”对话框。

（3）选择“选项卡”，单击下边缘的线条，线条消失。

（4）单击“确定”按钮，关闭所有对话框，页眉中的单底线取消。

若想要设置其他样式的底线，则只需在“边框”选项卡中选取“线型”列表框下的样式即可。

59. 看不到“文档结构图”

（1）可能已经切换到了其他视图：只能在当前视图中看到“文档结构图”。如果切换了视图，必须在新视图中重新显示“文档结构图”。

（2）可能打开了其他窗格：如果打开其他窗格（如脚注或批注窗格），Word 将暂时隐藏“文档结构图”。关闭窗格后，“文档结构图”会重新显示出来。

（3）可能已经添加了框架页：如果文档内含有框架页，“文档结构图”必须显示在独立的窗口中，而且只能显示活动框架的“文档结构图”。

提示!! 如果要再次显示“文档结构图”，可单击“文档结构图”按钮。

60. 已将单词添至自定义词典，但拼写检查工具仍认为该词有错

使用自定义词典检查拼写前，必须先将其激活。

激活自定义词典的方法为：

（1）单击“工具”菜单中的“选项”命令，然后单击“拼写和语法”

选项卡。

（2）单击“词典”按钮。

提示!! 如果需要激活的自定义词典不在“自定义词典”对话框中，则单击“添加”按钮，在“文件名”对话框中键入需要添加的自定义词典的文件名，然后单击“确定”按钮。

（3）在打开的“自定义词典”对话框中，选中每个要激活的词典旁边的复选框，然后单击“确定”按钮。

这样，下次进行拼写检查时，Microsoft Word 就会使用所有激活的自定义词典。

提示!!
① 一次最多可以激活 10 个自定义词典。
② 确保已清除了“拼写和语法”选项卡中的“仅根据主词典提供建议”复选框。

61. 以带格式的文本方式保存文档时，表格中的制表符丢失

当以“带格式文本”或“带格式的 MS-DOS 文本”保存文档时，在表格中的右对齐制表位可能会被空格所取代。要在以这些格式保存文档时保留表格的布局，应避免在表格中使用右对齐制表位。

62. 看到的是 {LISTNUM \S 5}，而不是项目编号

看到的是域代码。

要切换域代码和域结果的显示，则单击此域，然后按 Shift+F9 组合键。域指令用域字符（{}）括起来。例如，{ LISTNUM }。确保不要删除或移动引号或其他域指令。

按 Alt+F9 组合键可显示或隐藏文档中的所有域代码。

63. 无法统计文本框中的字数

使用“工具”菜单中的“字数统计”命令时，Word 在统计文档的字数和行数时将把所有文本框中的内容排除在外。

要统计文本框中的字数，必须先选定所有包含要统计的文字的文本

框。要选定多个文本框，请按住 Shift 键并单击各个文本框。然后，单击“工具”菜单中的“字数统计”命令。

要统计链接文本框中的字数，只要单击链接文本框链中的最后一个文本框（不要选择链中前面的文本框），然后单击“工具”菜单中的“字数统计”命令。

64. 无法平衡报纸的分栏

如果当前文档是从其他应用程序转换来的，可能需要调整兼容性属性：

（1）单击“工具”菜单中的“选项”命令。

（2）在打开的“选项”对话框中单击“兼容性”选项卡。清除“不在接续节的起始位置平衡栏”前的复选标识。单击“确定”按钮关闭对话框。

（3）可能有干扰报版分栏平衡的段落格式。单击“格式”菜单中的“段落”命令，在打开的“段落”对话框中单击“换行和分页”选项卡，清除“孤行控制”、“段中不分页”、“与下段同页”和“段前分页”项前的复选标识。单击“确定”按钮关闭对话框。

65. 关闭自动格式设置功能后，Word 仍在为文档设置格式

首先确保已经在正确的选项卡上关闭了各个选项。然后单击“工具”菜单中的“自动更正”命令，可以关闭两种类型的自动格式设置功能：

“键入时自动套用格式”控制着在你键入时，Microsoft Word 将进行哪些自动更改。

“自动套用格式”控制着在你通过一次单独操作设置文档格式时，Microsoft Word 将进行哪些自动更改。

如果上述两种类型都与遇到的问题无关，则尝试以下解决方法：

（1）如果总是出现不需要的符号。如果在清除了“键入时自动套用格式”选项卡中的“符号字符（--）替换为符号（—）”复选框之后，Word 还继续插入符号，则可能是由于一个或多个符号被设置为“自动更正”词条。此时单击“工具”菜单中的“自动更正”命令，再单击“自动更正”选项卡，查看“替换”框内是否含有 Word 自动替换的符号。可以在列表中选中该词条，然后单击“删除”按钮将其删除，也可以通过清除“键入时自动替换”复选框，彻底关闭“自动更正”功能来解决问题。

（2）如果文本样式发生意外变化。如果 Word 总是对文字应用不需要的样式，首先确认没有打开该样式的自动更新选项。要关闭样式的自动更新选项，则单击“格式”菜单中的“样式和格式”命令，然后选择“样式”框中的样式，用鼠标右键单击它，在出现的菜单中选择“修改样式”，在打开的“修改样式”对话框中清除“自动更新”前的复选标识即可。

（3）如果 Word 总是将文字设置为标题。如果在清除了“键入时自动套用格式”选项卡中的“标题”复选框后，Word 还是继续将文字设置为标题，则清除“键入时自动套用格式”选项卡中的“基于所用格式定义样式”复选框，然后单击“确定”按钮结束操作。

66. 应用样式会取消加粗、倾斜或下划线格式

对文本应用段落样式或字符样式，可能会改变文本原有的字符格式。例如，当对加有下划线的文字应用内置标题样式（如标题 1）时，下划线将消失。如果先应用样式，再设置字符格式，则不会出现此问题。

67. 无法使用“样式和格式”重新定义“正文”样式

通常，当你对文本应用了一种样式，然后更改此文本的格式，再使用“样式”框重新该应用样式时，Microsoft Word 会向你提供两种选择：你可以根据新格式更新样式；也可以重新应用上次定义的样式。

但是，当你对文字应用“正文”样式时，Word 不会提供更新样式的选项。Word 不会提示你重新定义样式或重新应用原样式，而会自动重新应用原有的正文样式，取代你对格式所做的更改。

要重新定义“正文”样式，则执行下列操作：

（1）单击“格式”菜单中的“样式和格式”命令。

（2）右击出现的“样式和格式”任务窗格中的“正文”样式，在出现的菜单中单击“修改样式”。

（3）在打开的“修改样式”对话框中，如果要永久保留对“正文”样式的新定义，则选中“添至模板”前的复选标识。

（4）单击“格式”按钮，再单击需要改变的属性（例如“字体”或“编号”）。

（5）进行所需更改，然后单击“确定”按钮。

（6）对要修改的其他属性，重复第④和第⑤步。

68. 报纸样式分栏中的表格消失

表格的宽度大于报栏的宽度时，会发生此种情况。

请尝试以下解决方法之一：

方法 1：如果表格是在对文档进行分栏之前插入的，可调整表格的宽度：将光标移动到表格内部，单击“表格”菜单的“选择”子菜单中的“表格”命令，再单击“表格”菜单的“自动调整”子菜单中的“根据窗口调整表格”命令。

方法 2：对文档进行分栏之后，再插入表格。

69. 打印文档时无法打印图形

（1）可能是在草稿模式下打印。要打印文档中的边框和图形，请单击“工具”菜单中的“选项”命令，再单击“打印”选项卡，然后清除“草稿输出”复选框。

（2）确保选中了“图形对象”复选框。方法是：单击“工具”→“选项”菜单命令，在打开的对话框中单击“打印”选项卡，然后选中“图形对象”复选框。

（3）打印的可能是链接图片的域代码，而不是图片本身。在这种情况下，单击“工具”→“选项”菜单命令，在打开的对话框中单击“打印”选项卡，清除“域代码”复选框即可。

（4）可能是由于 Word 或操作系统的内存不足，此时执行以下的一项或多项操作：

① 退出正在运行的任何其他程序。

② 保存想打印的文档，然后关闭已打开的任何其他窗口。

③ 切换到页面视图。单击“工具”→“选项”菜单命令，在出现的对话框中单击“视图”选项卡，然后清除“图片框”、“状态栏”、“垂直标尺”、“水平滚动条”和“垂直滚动条”复选框。

④ 切换到普通视图。单击“工具”→“选项”菜单命令，在出现的对话框中单击“视图”选项卡，在“样式区宽度”框中输入数字 0。

⑤ 隐藏工具栏。单击“视图”→“工具栏”菜单命令，在打开的子菜单中清除所有的复选框。

⑥ 退出 Word，然后重新启动。

⑦ 退出所有打开的程序，然后重新启动计算机。

⑧ 断开任何网络连接，然后退出驻留程序（TSR）以及其他常用工具。

70. 打印出的 Word 文档页面版式有误

在打印中有时发现用 Word 打印出的页面版式有误，和设置的版式有明显差别。请问这是什么原因，该如何解决?

出现这种情况很可能是因为在打印时用其他语言版本编辑的 Word 的文件，并且文件的纸张大小也与当前打印机的要求不同。要使 Word 为文件设置格式，并使其符合所用打印机的纸型，请按如下操作：单击“文件”菜单中的“打印”命令，在“缩放”下的“按纸型缩放”框中选择所用纸型。这样 Word 将会自动调整页面使其适合所用的纸型。如果想要在每次打印时都以这种方式调整文件比例，可单击“工具”菜单中的“选项”命令，然后单击“打印”选项卡，选中“允许重调 A4/Letter 纸型”复选框即可。

71. 无法打印部分边框

（1）检查边框的页边距。边框的位置可能太靠近页面边缘。多数打印机无法一直打印到页面的边缘（尤其是页面的底端）。对于不同的打印机，页边距线和页面边缘的最小间距会各不相同。要调整页面边框的边距，方法为：

①单击菜单命令“格式”→“边框和底纹”，在出现的对话框中单击“页面边框”选项卡。

②单击“选项”按钮，在出现的对话框中根据需要调整“边距”下的设置。

③单击“确定”按钮，关闭对话框。

（2）检查页面边框与文本之间的距离。页面边框与文字之间的距离可能会导致边框位于页边距之外。要调整该距离，方法为：

①单击菜单命令“格式”→“边框和底纹”，在出现的对话框中单击“页面边框”选项卡。

②单击“选项”按钮，在出现的对话框中单击“度量依据”下的“文字”，再根据需要调整“边距”下的设置。

③单击“确定”按钮，关闭对话框。

（3）检查页边距 。可能将页边距设定得太靠近页面边缘了，需要进行调整。方法为：

① 切换到页面视图。

② 将鼠标指针指向水平标尺或垂直标尺上的页边距边界。当鼠标指针

变成双箭头时，拖动页边距边界。

> 提示!!
> ① 如要指定精确的页边距值，请在拖动边界的同时按住 Alt 键，标尺上会显示页边距值。若你更喜欢采用键入页边距值的方法，则单击“文件”→“页面设置”菜单命令，然后单击“页边距”选项卡。
> ② 要修改部分文档的页边距，则选定所需文字，然后单击“文件”→“页面设置”菜单命令，再单击“页边距”选项卡，设置所需页边距。在“应用于”框中选择“所选文字”选项。最后单击“确定”按钮，Word 会自动在具有新页边距设置的文本前后插入分节符。

如果已将文档划分为若干节，则可以单击某节中的任意位置或选定多个节，然后修改页边距。

72. 如何消除 Word 打印文件时的空白页

在用 Word 2003 打印文件时，最后有时会出现一张空白页，但文件最后本身并没有空白页。

出现这种情况是因为最后一页可能存在空白段落。只要单击“常用”工具栏上的“显示/隐藏编辑标记”选项，显示段落标记。这样文件最后一页中的文字的段落标记会显现出来，删除它即可。然后可以再单击“打印预览”按钮，预览打印出的文件的外观，确保在文件结尾没有空白页即可。

73. 打印的 Word 文档中的图片不清晰

对于使用针式打印机的用户，在打印 Word 中图片时，常发现效果不清晰，请问有没有办法增强清晰度呢?

有，方法为:

在 Word 中，可以对插入的图片进行属性设置，使其以灰度方式打印，这样可以把图片中纯白色部分去除，从而使打印效果更加清晰。具体操作方法为：单击“插入→图片→来自文件”命令，将图片文件插入后会出现“图片属性”窗口，单击“属性”工具栏的第二个按钮，选择“灰度”，或者在图片上单击鼠标右键，选择“设置图片格式”选项，再在“设置图片格式”窗中选择“图片”选项卡，在颜色栏选择“灰度”即可。

> 提示!!
> 如果是以彩色方式打印，此技巧不起作用。

10-5　Excel 维护与故障处理速查

1. 单元格中出现#####错误

在 Excel 计算过程中常常会出现#####错误。

这可能是因为该单元格中公式所产生的结果太长，致使该单元格容纳不下的缘故。另外也可能是对日期或时间做减法时出现了负值所造成的。

2. 单元格中出现#DIV/)! 错误

在 Excel 计算过程中常常会出现#DIV/0!错误。

这肯定是除法公式出了问题，需要检查一下除数是否为 0，或者除数是否指向了一个空单元格（以及包含空单元格的单元格）。

3. 单元格中出现#VALUE 错误

在 Excel 计算过程中常常会出现#VALUE 错误。

有两种原因可能导致这种信息的出现：一是因为在需要数字或逻辑值时却输入了文本；二是在需要赋单一数据的运算符或函数时，却赋给了一个数值区域等。

4. 单元格中出现#NAME？错误

在 Excel 计算过程中常常会出现#NAME？错误。

顾名思义，这是在公式中使用了 Excel 不能识别的文本而产生的错误，也可能是删除了公式中使用的共同名称或使用了不存在的名称以及拼写错误的名称所致。

5. 单元格中出现#N/A 错误

在 Excel 计算过程中常常会出现#N/A 错误。

很明显，这是在函数或公式中没有可用数值时产生的错误信息。如果某些单元格暂时没有数值，可以在这些单元格中输入“#N / A”，这样，公式在引用这些单元格时便不进行数值计算，而是返回“#N / A”。

6. 单元格中出现#REF 错误

在 Excel 计算过程中常常会出现#REF 错误。

单元格中出现这样的信息，是因为该单元格引用无效的结果。比如，我们删除了有其他公式引用的单元格，或者把移动单元格粘贴到了其他公式引用的单元格中。

7. 单元格中出现#NUM 错误

在 Excel 计算过程中常常出现“# NUM!”错误。

这是在公式或函数中某个数字有问题时产生的错误信息。例如，在需要数字参数的函数中使用了不能接受的参数，或者公式产生的数字太大或太小等。

8. 单元格中出现#NULL 错误

在 Excel 计算过程中常常会出现#NULL!错误。

在单元格中出现此错误信息时，这是试图为两个并不相交的区域指定交叉点时产生的错误。例如，使用了不正确的区域运算符或不正确的单元格引用等。

9. 在按下 Enter 键时输入的数据有误

如果刚刚使用了“编辑”菜单上的“复制”命令，或“复制”按钮，请检查在复制区域周围是否仍然保留着活动选定框。如果动态选定框仍存在，说明复制的单元格内容仍保存在剪贴板上，这样一旦按 Enter 键，Microsoft Excel 就会将这些内容插入到活动单元格中。如果要避免此类错误，按 Esc 键即可消除动态选定框。

10. 要进行复制和粘贴操作时，所选内容却变为非选定状态

一次只能复制和粘贴一个选定内容。为确保所复制的内容保持选定状态，请不要复制其他选定内容。

11. 单元格中键入的文本没有完全显示

如果显示选定单元格中多个行，请单击“格式”菜单中的“单元格”

命令，在“对齐”选项卡上，选中“自动换行”复选框。如果其中的文本为一个长单词，则该字符串不会换行，此时可以加大列宽或缩小字体大小来显示整个文本。

12. 四舍五入导致计算出错

在 Excel 中，利用其提供的公式，采用四舍五入的方法来对相关数据进行计算，往往会导致出现计算结构与实际结果不相符合。

数据的显示结果与单元格的“小数位数”设置有关，而显示结果和实际存放（即参与运算）的内容并不完全一致，如不注意这个问题，计算工资等敏感数据就会出现错误。这里介绍使用 round 函数正确地进行四舍五入的方法：

round 函数的语法为：

round（number，num_digits）

其中“number”为需要四舍五入的数字或运算公式（其计算结果必须是数字）。Num_digits 指定四舍五入的位数，如果 num_digits 大于 0，则四舍五入到指定的小数位数，例如，round（2.15，1）等于 2.2；如果 num_digits 等于 0，则将数字四舍五入到整数，例如，round（315.68，0）等于 316；如果 num_digits 小于 0，则在小数点左侧的指定位数进行四舍五入，例如，round（21.5，-1）等于 20。

13. 在屏幕底部没有出现工作表标签

要显示工作表标签，请单击“工具”菜单上的“选项”命令，再单击“视图”选项卡，然后选中“工作表标签”复选框。

14. 在拖动填充柄时删除了某些内容

如果在向上或向左拖动选定区域上的填充柄时，没有将其拖出选定区域第一行或第一列就释放了鼠标按键，Microsoft Excel 将删除选定区域中的部分乃至全部数据。因此，在拖动时必须在放开鼠标按键前，将填充柄拖出选定区域以外，才可以避免不必要的数据丢失。

15. 找不到填充柄

在“工具”菜单上，单击“选项”命令，再单击“编辑”选项卡，确保选中了“单元格拖放功能”复选框。如果选定了整行或整列，Microsoft Excel 将在行首或列首显示填充柄。

16. 在拖曳填充柄复制单元格时出现了错误数据

如果复制的数据类型是 Microsoft Excel 中可扩展的数据序列，如数字、日期或其他自定义填充序列，在复制过程中这些数据将在选定区域中增减而不是原样复制。如果发生了这种情况，请重新选定原始数据，再按住 Ctrl 键，然后拖动填充柄进行复制。

17. 小数点出现于输入的所有数据中

单击“工具”菜单中的“选项”命令，单击“编辑”选项卡，然后清除“自动设置小数点”复选框。

要从已经输入的数字中移去小数点，可以将该数字乘以一个 10 的幂次方数。根据所要删除的小数点的不同位置，在空白单元格中，可输入如 10、100、或 1000 这样的数字。例如，如果某数字包含两个小数位并且需要整个数字，则在一个空白单元格中输入 100，然后复制该单元格，接着选择含有小数的单元格（选定的所有单元格必须是相邻的），单击“编辑”菜单中的“选择性粘贴”命令，再单击“乘”。

18. 工作簿标题中出现“:1”或“:2”

这说明为活动工作簿打开了多个窗口。切换至需要关闭的窗口，然后单击窗口右上方的“关闭”按钮。

提示!!

①控制工作簿窗口的“关闭”按钮位于 Microsoft Excel 菜单栏的右端（如果窗口处于最大化状态），或在工作簿窗口的标题栏上。
②如果在打开多个窗口时保存并关闭工作簿，当下次打开工作簿时这些窗口仍会自动打开。如想下次打开工作簿时只有一个窗口打开，请先关闭除一个以外所有的窗口，然后保存并关闭工作簿。

19. 无法重命名工作表

检查工作簿是否被保护。要重命名工作表，就需要撤销整个工作簿的保护。

方法为：

单击“工具”→“保护”菜单命令，然后单击出现的对话框中的“撤销工作簿保护”命令。

如果需要输入密码，请键入在保护工作簿时设置的密码。

提示!!

密码是区分大小写的。因此，一定要严格按照当初创建的格式输入密码，包括其中的字母大小写格式。

20. 无法最大化或关闭工作簿窗口

“最大化“和”关闭“按钮不会显示在受保护的窗口上。

要删除保护，则单击“工具”/“保护”菜单命令，然后选中出现的对话框中的“撤销工作簿保护”项。

如果系统提示输入密码时，就请输入密码。如果不知道密码，那么将无法删除保护。

21. 绘制的任意多边形不能按照要求对齐

请试着通过移动来使对象对齐，不要使用“绘图”工具栏上“绘图”按钮中的“对齐或分布”命令。

（1）使用“绘图”菜单中的“微移”命令，可以将对象每次移动一个像素。如果在“绘图”菜单的“对齐”选项中选中了“对齐网格”或“形状”命令，则每次可将对象移动一个单元格或一个图形位置。

（2）如果在“绘图”菜单的“对齐”选项中已经选中了“对齐网格”命令，又要暂时取消此命令，请在拖动任意多边形时按住 Alt 键。

22. 无法打印从其他程序复制或导入的“自选图形”或对象

操作步骤如下：

（1）用鼠标右键单击需要打印的对象。如果“自选图形”附加有文本，或是没有填充（例如，只显示了图形的轮廓），请用鼠标右键单击其边界。

（2）在快捷菜单中，单击“设置对象类型格式”命令，然后单击“属性”选项卡。

（3）选定“打印对象”复选框。

> 提示!! 如果需要打印的对象是 ActiveX 控件，必须显示“控件工具箱”工具栏，将控件的属性更改为设计模式。

23. 难以控制手画图形的效果

请增加“显示比例”下拉编辑框中的显示比例值，因为在 200% 显示比例时绘制细节更容易。

单击“绘图”工具栏上的“自选图形”按钮，再用“线条”选项中的“任意多边形”工具取代“自由曲线”工具进行绘图。

请将 Windows“控制面板”中的鼠标跟踪速度设置为最低值，因为在较低的跟踪速度下绘图更容易控制绘图过程。

24. 取消了某个绘图对象组却不能将其重新组合

如果正在对屏幕上的多个绘图对象组进行操作，请确保当前选定的绘图对象就是需要重新组合的对象组中的对象。如果在关闭 Microsoft Excel 之后又要重新组合被解散的对象，则需要按住 Shift 键再单击每个对象来选定对象组，然后单击“绘图”工具栏上的“绘图”按钮，在随后显示的菜单选项中单击“组合”命令。

25. 在单击绘图对象或图形进行移动或编辑时，却运行了某个宏

这是因为已经将相应的绘图对象或图形指定为某个宏的运行开关，如果单击该对象或图形就会运行相应的宏。如果只想选定对象而不运行宏，请选择下列操作：

用鼠标右键单击并选定对象，同时显示快捷菜单。

单击“绘图”工具栏上的“选择对象”按钮，然后拖动鼠标选定所需的对象。

26. 绘图对象和导入的图形没有根据数据单元格进行排序

对象的设置可能已经改变，因而不能随单元格一起移动。如果要将对

象设置成可以随单元格一起进行排序，请单击“绘图”工具栏上的“选择对象”按钮，然后拖动鼠标选定需要改变其设置的对象。再单击“格式”菜单中的“自选图形”、“图片”、“文本框”、“艺术字”、“控件”或“对象”命令，然后单击“属性”选项卡上的“大小固定，位置随单元格而变”选项。

27. 图表中的字体大小不停地变化

在默认状态下，图表中的文字会随着嵌入图表或图表工作表的图表区的大小改变而自动按比例地改变字体的大小。如果希望图表中的字体大小保持不变，通过单击图表边界和绘图区之间的空白区域来选定图表区。在“格式”菜单中，单击“图表区”命令，再单击“字体”选项卡，接着再清除“自动缩放”复选框。

28. 不能导入图形

可能是由于没有在正确的文件夹中安装恰当的图形过滤器，或者图形过滤器损坏。解决的方法是：从 C:\ Program Files \ Common Files \Microsoft Shared \ Graphifits 文件夹中删除相应的图形过滤器，然后运行“安装”程序重新安装新的图形过滤器。

29. 图表中绘制的时间坐标间有间断

如果用作分类坐标轴的工作表数据含有使用日期格式的数字，Microsoft Excel 将自动在图表中应用一种称为时间刻度坐标轴的特殊类型坐标轴。时间刻度坐标轴将没有日期的数据显示为空白分类。如果不希望看到这些间断，例如，如果有 1-Jan、15-Jan、3-Feb、12-Feb 和 2-Mar 这样一些日期，并且希望将这些日期彼此紧靠着绘制，可以将时间刻度坐标轴改变为标准分类坐标轴。操作时先单击选定图表，再单击“图表”菜单中的“图表选项”命令，接着在“坐标轴”选项卡的“分类（X）轴”选项下单击“分类”命令。

30. Excel 忽略了所设置的分页符

如果已设置让 Excel 将工作簿打印到特定数目的页面中，那么，Excel 将忽略已设置的手动分页符，并缩小打印工作表的尺寸（若要查看是否属于这种情况，请单击“文件”菜单上的“页面设置”，再单击“页面”选项卡，然后选定“缩放”下的“调整为”选项）。

（1）用“缩放比例”，而不用“调整为”。若要将工作表打印到指定的页数中并使用手动插入的分页符，请单击“文件”菜单上的“页面设置”，再单击“页面”选项卡，然后单击“缩放比例”。

（2）将每一页设置为独立的打印区域。如果“缩放比例”不能产生预期效果，那么，你可以在设置打印区域时，将其中的每一页都选定为独立的区域，Excel 会将打印区域中不相邻的区域打印到独立的页面上。

①在需要手动分页的每个位置上插入空白行或空白列。

②选定要包含在整个第一页中的区域，忽略空白行或空白列。

③按住 Ctrl 键并选定第二页的区域，忽略空白行或空白列。按此步骤继续进行操作，直至选定了要打印的所有页面。

④在“文件”菜单上，指向“打印区域”，然后单击“设置打印区域”。

⑤在“文件”菜单上，单击“页面设置”，再单击“页面”选项卡，然后单击“调整为”，最后输入所需的页数。

31. 没有足够内存创建数据透视表或数据透视图报表

操作步骤如下：

（1）检查内存使用设置：如果报表是基于外部非 OLAP 源数据，请单击消息框中的“确定”。要再次创建报表，可在向导的步骤 3 中单击“选项”，接着选中“外部数据选项”下的“优化内存”复选框。

（2）使用页字段以节省内存：如果进行内存优化后仍不能通过外部数据创建数据透视表或数据透视图报表，则可以按如下方式创建一个或多个页字段，使得在选择每一项时，都会检索外部数据。在向导的步骤 3 中，单击“版式”，然后将一个或多个页字段拖动到页区域中。接着，双击某一页字段，然后单击“高级”。在“页字段选项”下，单击“当选择页字段项时，检索外部数据源（节省内存）”复选框。请查阅使用页字段以节省内存。

（3）简化报表：请确保没有添加太多字段。所添加的字段个数依赖于计算机的内存数量和用于报表的源数据数量。如果要使用大量的字段，可将它们添加为行字段（数据透视表报表中）、系列字段（数据透视图报表中）或页字段。页字段使用的内存最少。行或系列字段使用的内存少于列字段（数据透视表报表中）或分类字段（数据透视图报表中）。

（4）根据某个数据透视表报表的相同数据构造多个报表：当创建数据透视表或数据透视图报表时，Microsoft Excel 将为报表创建一个中间存储区。如果要创建来自同一数据源的多个报表，那么对于第二个或以后的报表，最好在数据透视表向导的步骤（1）之中选择“另一数据透视表或数据透视图”。如果选择了该项，则这些报表会使用同一中间存储区，而不会为每一个数据透视表都创建一个备份，这样可以节省内存。

（5）简化文件：减少工作簿中数据透视表和数据透视图报表的个数。

（6）在单个文件中创建报表：如果数据透视表或数据透视图报表是基于 Microsoft Excel 数据清单的，则可以根据包含该数据清单的工作簿在单个工作簿中创建报表。也就是说，数据清单和报表不必同时位于内存中。请记住，创建数据透视图报表时，与数据透视图报表相关联的数据透视表报表必须位于同一工作簿中。

32. 无法将数据透视表或数据透视图字段拖至新的位置

（1）检查页字段设置。如果要拖动的字段被设置成选择字段项时，检索外部数据，则该字段可能被锁定为页字段方向。单击该字段，然后单击“数据透视表”工具栏中的“字段设置”。再单击“高级”，清除“页字段选项”下的“暂停对该字段进行透视”复选框。如果拖动字段使其脱离页的方向，Microsoft Excel 将会同时检索字段中所有数据项的外部数据，直到把该字段又拖回页方向。

（2）检查 OLAP 源数据。在基于 OLAP 数据库中源数据的数据透视表和数据透视图报表中，某些字段在数据透视表报表中只能用作行、列或页字段，在数据透视图报表中只能用作系列、分类和页字段。这些字段由位于“数据透视表”工具栏上行起始处的标识。而由标识的字段只能用作数据字段。如何判断报表是否基于 OLAP 数据。

（3）检查 VBA 宏。用于创建数据透视表或数据透视图报表的 Visual Basic for Applications （VBA）宏也能关闭通过拖动字段而更改布局的功能。拖动字段时，如果鼠标指针上出现了取消符号，则表明该字段的拖动功能已经失效。有关此方面的帮助信息，请与宏的作者联系。

（4）检查保护。如果与数据透视图报表相关联的数据透视表报表已受到保护，则不能移动字段或更改数据透视图报表。那么此时应该取消工作簿和工作表的保护。

33. 将绘图对象对齐后，对象却彼此叠放在一起

按照所选的对齐选项不同，对象可直接向上、向下、向左或向右移动，而且可能覆盖某些对象。用“编辑”菜单中的“撤销”命令，可以取消不适当的对齐操作，然后在对齐之前将相应的绘图对象移动到新的位置。

34. 复制和粘贴项目时，“剪贴板”工具栏不再显示

如果你没有单击“剪贴板”工具栏上的“全部粘贴”按钮或任何收集的项目，同时又连续三次关闭了“剪贴板”工具栏，那么工具栏将不再自动显示。要再次显示工具栏，请将鼠标指向“视图”菜单中的“工具栏”项，然后单击“剪贴板”命令。也可以通过连续两次复制某个项目来再次显示工具栏。

35. 看不见绘图对象周围的边框

在为绘图对象添加三维效果后将关闭边框。

也可能是关闭了边框、边框颜色与背景色相同，或者为对象中添加了凸起或凹陷的阴影效果。如果要添加可见的边框，请选定相应的对象，再单击“绘图”工具栏上的“线条颜色”按钮右端的下拉箭头，然后单击其中所需的边框颜色。

36. 无法去掉计算中无意义的“0”

有时引用的单元区域内没有数据，Excel 仍然会计算出一个结果“0”，这样使得报表非常不美观，看起来也很别扭。

要解决这个问题，可以按照下面的步骤来操作：利用 IF 函数可以有效地解决这个问题。IF 函数是使用比较广泛的一个函数，它可以对数值的公式进行条件检测，对真假值进行判断，根据逻辑测试的真假返回不同的结果。它的表达式为：

IE(logical_test.value_if_true，value_if_false)。Logical_lest 表示计算机结果为 TRUE 或 FALSE 的任意值或表达式。例如 A1>=100 就是一个逻辑表达式，如果 A1 单元格中的值大于等于 100 时，表达式结果即为 TRUE，否则结果为 FALSE：value_if_true 表示当 logical_test 为真时返回的值，也可是公式：value_if_false 表示当 logical_test 为假设返回的值或其他公式。所以形成公式“=IF（SUM(B1:C1)，SUM（B1:C1，“”）” 所表示的含义为：如果

单元格 B1 到 C1 内有数值，且求和为真时，区域 B1 到 C1 中的数值将被进行求和运行。反之，单元格 B1 到 C1 内没有任何数值，求和为假，那么存放计算结果的单元格显示一个空白单元格。

37. 打印文档时没有响应

（1）检查 Windows 中的打印机设置。计算机的打印工作主要由 Windows 的设置所控制。请使用 Windows 的“打印疑难解答”来检查在 Windows 中所作的打印机设置是否正确。方法为：单击 Windows“开始”菜单中的“帮助”命令，然后单击“索引”选项卡，输入“打印疑难解答”。单击“显示”按钮，然后按照提示进行操作即可。

（2）检查 Microsoft Excel 打印机设置。如果 Windows 打印机设置正确，则检查 Excel 的打印机设置以确认选中的打印机与使用的打印机是否匹配。方法为：单击菜单命令“文件”→“打印”，然后在“打印机”框中单击所需打印机即可。

38. 如何避免工作表打印错误

如果你的工作表存在错误，可以采取下面的措施避免它们被打印：

（1）单击菜单命令“文件”→“页面设置”。

（2）单击打开对话框中的“工作表”选项卡，然后打开“错误单元格打印为”下拉列表，根据需要选择“<空白>”或“— —”即可。

（3）单击“确定”按钮，结束操作。

39. 将多余的行添加到了工作表中

如果在应用格式前选取了整行或整列（单击行号或列标），Excel 将设置底部行或最后一列以外的空白单元格的格式。这样，Excel 就保存了包括其他所有空白单元格在内的格式信息，文件就变得非常大。

若要解决此问题，请执行下列操作之一：

（1）如果不想启动新工作表，则按 F5 键，然后单击“定位”对话框中的“定位条件”，再单击“最后一个单元格”。删除实际数据外的所有行并保存工作簿。

（2）插入空白工作表。在要打印的工作表上，只选取所要打印的单元格，并将其复制到新的空白工作表中。

40. 打印输出的页眉或页脚不符合要求

可从提供的几种页眉和页脚中选择，或创建自己的页眉或页脚。页眉和页脚不能含有图形或指向特定单元格的链接。

（1）只使用黑白色。页眉和页脚中的文字只能打印为黑色。即便使用彩色打印机，也不能对页眉和页脚中的文字应用彩色。

（2）使用打印标题在每页上重复图形或链接的信息。如果要在每页的顶端重复图形或链接的信息，可使用打印标题代替页眉。例如，要在每页的顶端打印公司的徽标与地址：

①将徽标与地址信息放置在工作表的前几行。

②单击菜单命令“文件”→“页面设置”，在出现的对话框中单击“工作表”选项卡，然后在“顶端标题行”框中输入包含徽标与地址的行。如果正在将一张宽工作表打印在多页上，请确认将上述重复信息复制到其他所需的行或列中。

> 提示!! 打印标题就是在打印出的工作表的每一页上端或左侧打印的行或列标志。

（3）用两个和号 (amp;) 字符打印一个和号。Microsoft Excel 使用和号来初始化页眉和页脚中的特殊格式代码。因此，若要向页眉或页脚中输入和号，必须输入“&&”。例如，要将“Subcontractors & Services”添加到页眉中，就需输入“Subcontractors && Services”。

41. 只打印了部分工作表

（1）检查是否定义了打印区域。如果工作表中包含打印区域，Microsoft Excel 将只打印该打印区域。如果需要确认自己的工作表中是否包含打印区域，请单击“视图”菜单中的“分页预览”命令，工作表区域中显示为白色背景的区域将被打印。

（2）清除打印区域可打印整张工作表。可以使用“文件”菜单内“打印区域”子菜单中的“取消打印区域”命令来清除打印区域。

（3）更改打印区域。可以更改打印区域的大小，以包含或排除某些行和列。方法是：单击“视图”菜单中的“分页预览”命令，然后拖动环绕在打印区域周围的边框。

如果要向打印区域中添加不相邻的单元格，请先选择所需单元格，接着在选定区域的任意单元格上单击鼠标右键，然后单击快捷菜单中的“添加到打印区域”。

42. 打印输出的页眉和页脚的边距不正确

（1）使用已有的左右页边距。不论页面的左右页边距如何，页眉和页脚的左右边距都是四分之三（0.75）英寸。可在“左”编辑框中的文字前和“右”编辑框中的文字后键入空格，从而在单行上模拟加宽页边距（要定位这些编辑框，则单击“页面设置”对话框中的“自定义页眉”或“自定义页脚”）。在“右”编辑框中输入的空格不会显示在编辑框中，但会出现在打印的工作表上。

（2）调整页眉和页脚的空间。可以调整页面顶部与页眉或页面底部与页脚之间的距离。也可以改变页面上打印的数据与页眉或页脚之间的距离。方法为：单击“打印预览”，再单击“页边距”按钮，然后拖动边距尺寸控点以调整间距。

43. 不能将图表调整为所需打印的尺寸，或不能在一页中打印多张图表

（1）设置图表工作表的打印大小。如果图表在图表工作表中，可在打印时将其缩放。

> 提示!! 所谓的“图表工作表”，就是工作簿中只包含图表的工作表。当希望单独查看图表或数据透视图报表（独立于工作表数据或数据透视表）时，图表工作表非常有用。

①激活图表工作表，单击“文件”菜单上的“页面设置”，再单击“图表”选项卡。

> 提示!! 所谓“激活”，就是使图表工作表或工作表变为活动工作表或选定工作表。激活的工作表决定显示的菜单栏和工具栏。激活工作表的方法是单击工作簿中相应的工作表标签。

②在“打印图表大小”下，单击所需的缩放选项。如果单击“自定义”按钮，将按你拖动图表的尺寸控点时设置的大小打印。

（2）对于嵌入图表，可通过拖动来调整其大小。如果图表是工作表中的嵌入图表，可通过单击该图表，然后拖动其尺寸控点来调整大小。

（3）若要在一页上打印多张图表，请将它们设为嵌入图表。不能在一页上打印多张图表工作表，若要将两张或多张图表打印到一页上，可

建立嵌入图表，然后调整这些图表的大小，以将它们调整到一页中。可使用“视图”菜单上的“分页预览”命令来检查各图表在打印区域中的位置。

44. 某些页面上没有打印标题

Excel 仅在包含具有标志的行或列的页面中重复打印行列标志。例如，如果选取单元格 A1:A5 作为要重复的行标志，那么 Excel 将不会在只包含第 5 行以下各行的页面中打印这些行标志。如果选取单元格 A1:E1 作为要重复的列标志，那么 Excel 将不会在只包含第 E 列右边各列的页面中打印这些列标志。若要让 Excel 在其他页面中打印这些标志，则要将它们复制到其他的行或列中。

45. 未打印工作表背景

用“格式”菜单上的“背景”命令添加到工作表中的背景图案不会被打印出来，然而，用“插入”菜单上的“图片”命令添加到工作表中的图案，以及用“格式”菜单上的“单元格”命令添加到工作表中的单元格背景图案或阴影，都会被打印出来。

46. 某些行和列打印到了错误的页面上

列宽、行高、页边距和分页符决定了可以打印在一页中的行数和列数。

（1）缩小页边距。如果某些行或列将打印到下一页上，则尝试减小“上”、“下”、“左”、“右”页边距。

（2）调整分页符。可以在打印文档前移动分页符。在“视图”菜单上，单击“分页预览”。Excel 用蓝色的粗线显示手动分页符；而自动分页符显示为虚线。你可以向上、向下、向左或向右拖动它们。如果某列打印到了错误的页面上，例如，打印到第二页而不是第一页上，那么请将该列左边的分页符向右拖动一列。如果某行打印到了所要打印页面的下一页，那么请将该行上边的分页符拖动到该行下边。Excel 将自动缩放工作表以使行和列适应页面的大小。

（3）设置工作表按一页宽度打印。如果要使工作表只有一页宽，而不考虑页数，可以将其限制为一页的宽度。

（4）更改纸张方向。如果需要在同一页中打印多列，请将纸张方向改为横向。

47. 数据透视图报表上没有字段按钮，无法更改布局

（1）查看是否隐藏了字段按钮 。可能选择了“隐藏数据透视图字段按钮”选项。如果是这样，可通过清除选项的复选标记以显示字段按钮。

①单击该数据透视图报表。

②单击“数据透视表”工具栏上的“数据透视图”菜单，然后请单击下列操作之一：

如果要隐藏按钮，则选中“隐藏数据透视图字段按钮”复选框。

如果要显示按钮，则清除“隐藏数据透视图字段按钮”复选框的复选标记。

（2）查看报表是否已转换为静态或非透视图表。如果进行了以下操作，数据透视图报表将转换为静态图表：

①删除了相关联的数据透视表报表。

②将数据透视图报表复制或移动到新工作簿中

③将含有报表的工作簿存储为 Microsoft Excel 95 或早期版本格式的工作簿，或将含有报表的工作簿另存为非 Excel 工作簿的格式。

48. 已经在自定义词典中添加了词汇，但 Excel 仍对其提出质疑

如果 Microsoft Excel 对某个以大小写混合形式出现的词汇提出质疑，如，全部小写、首字母大写或全部大写。请在自定义词典中重新以全部小写形式键入该词。这样就可以识别不同形式的拼写了。

该词汇可能在其他自定义词典中。Excel 每次只能查阅一本自定义词典。如果 Excel 在拼写检查时对某词提出质疑，请确认在“拼写检查”对话框中的“将词添至”列表框中已经选定了正确的自定义词典。

自定义词典中可能包含非打印字符或误拼词汇。用 Notepad 附件程序打开 Excel 所使用的自定义词典，更正拼错的词汇，删除非打印字符。这些非打印字符通常以小黑框显示。然后将词典保存到包含主拼写词典的文件夹中。如果用 Microsoft Word 或其他应用程序编辑自定义词典，应将词典保存为纯文本文件，并以“.dic”为扩展名。

10-6 PowerPoint 维护与故障处理速查

1. 在标题母版中修改了文本属性，但标题幻灯片却不变

标题母版从幻灯片母版中继承所有的文本属性。如果在幻灯片母版中修改了文本的字体、字号或样式，这些变化都会反映到标题幻灯片中。要在标题母版中使用不同的文本属性，可以在改完幻灯片母版中的文本属性之后再修改标题母版中的文本属性。这样，所作的修改就只停留在标题母版中，而不会体现到幻灯片母版中。

2. 使用 PowerPoint 绘制的线条有锯齿

在使用 PowerPoint 制作幻灯片时，发现绘图对象的线条有锯齿，非常不好看。请问有没有什么办法可以去除这些锯齿？

这种情况在 PowerPoint 中是比较常见的，因为当图形中包含有曲线和并非完全垂直或者水平的直线时，在屏幕上就会多少显得不太整齐。不过，这些曲线打印后会显得比较平滑。目前，还没有一种方法可以绝对地去除绘图对象线条中的锯齿，但是可以采用以下的几种方法来减小线条的锯齿效果：

（1）尝试使用“曲线”工具绘制精确的曲线，也可以使用“任意多边形”工具来绘制曲线。使用以上两种工具都可以绘制出比使用“自由曲线”工具更平滑的外观。

（2）在 Windows 控制面板中调慢鼠标的速度，以较慢的速度绘制线条，这样比较容易掌握，从而可以绘制出比较平滑的曲线。

（3）将“显示比例”框中的倍率加大。例如，使用 200%的比例绘制细节部分会比较容易，从而可以减少线条的锯齿效果。

3. 异地声音无法正常播放

在 PowerPoint 文档中插入了声音，有时到其他计算机上不能正常播放。

这是由于插入的声音对象含有盘符和路径，而在其他计算机上路径不一致，所以不能正常播放。为了避免这种现象的出现，可以在建立 PowerPoint 文件时，将所要插入的声音文件和演示文件放在同一文件夹

下，完成后将该文件打包。打包后再将该文件解压，然后用解压后的文件覆盖原演示文件即可。

4. 单击某个超级链接时，出现一个消息

单击某个超级链接时，出现的不是该链接所指向的内容，而是出现一个提示消息。

（1）超级链接的目标可能已经删除或更改名称。

（2）指向超级链接目标的路径可能被建成固定的文件位置，必须以完整地址来识别目标（例如，c:\My Documents\Sales.doc）。而该目标又被移到另一个位置。这种情况发生在该链接以 PowerPoint Presentation 格式存放在一个演示文稿中，或该链接是通过在“插入超级链接”对话框中键入目标的完全地址而不是从列表中选择文件创建的。要更新该链接，则单击链接，然后单击“插入链接”按钮，输入该链接的更新地址或选择需链接的文件。

（3）可能已经为超级链接设置了一些特殊效果或不同的激活方式。如果要检查它的设置，请选定超级链接，再单击“幻灯片放映”菜单中的“动作设置”。

（4）如果超级链接的目标位于企业内部网或全球广域网中，必须能够通过直接网络或拨号式的 Internet 服务提供商访问 Internet，并且必须安装 Web 浏览器。请尝试进入某个 Web 站点，检查 Internet 连接是否正确。

（5）如果超级链接的目标位于 Internet 上，请检查网络连接，确定所使用的服务器正在运行。如果要确定是否能够访问目标，请向网络管理员查询。

（6）站点可能正在占线中。请稍后再打开演示文稿。

5. PPT 保存为网页后无法以.htm 文件格式发送

用户将演示文稿保存为网页并尝试用“文件”菜单上的“发送”发送它以进行审阅，但它只能以 .ppt 文件形式发送。

PowerPoint 无法用电子邮件发送 .htm 文件，因为无法用此方法添加相关的文件。你可以先将演示文稿保存为单个文件网页（.mht 或 .mhtml），再发送它；或将文件发布到一个共享的位置。

将演示文稿保存为单个文件网页的方法如下：

（1）在“保存类型”列表中，单击“单个文件网页”。

（2）单击“保存”即可。

6. 文本不随对象移动、翻转或旋转

使用“文本框”工具创建且置于对象上的文本不会附在对象上。此文本不会随对象移动、翻转或旋转。

（1）如果要附着文本，使其成为对象的一部分，请单击该对象并键入文本。

（2）如果要将文本框和对象组合成为一个单位，请选择该文本和对象时按下 Shift 键，单击“绘图”工具栏上的“绘图”，再单击“组合”。

7. 意外关机导致 PowerPoint 文档丢失

在使用 PowerPoint 时，突然断电。重启系统后发现不能自动恢复刚才编辑到一半的 PowerPoint 文稿。文稿中有很重要的内容，该如何恢复？

在制作 PowerPoint 演示文稿的过程中，出现断电、系统崩溃或者异常关机等突发情况时，如果没有进行相应的防范措施，损失会比较惨重。针对此类问题，PowerPoint 提供了自动恢复功能，定期保存使用中的演示文稿的临时副本。要使用 PowerPoint 提供的自动恢复功能，必须在问题发生前做好下面的设置工作：

（1）在 PowerPoint 中选择“工具”菜单下的“选项”菜单项，打开“选项”对话框。

（2）打开“保存”选项卡，选中“保存自动恢复信息”复选框，并设置自动恢复的保存频率（默认值为 10 分钟，也可以设置更短的时间，例如，设置为每隔 3 分钟保存一次，就会比设置成每隔 10 分钟保存一次能恢复更多的信息。）

（3）单击“确定”按钮，完成设置。

8. 网格线未能打印

嵌入在演示文稿中的 Microsoft Word 表格的网格线并未出现在打印文档中。

（1）嵌入的 Word 表格虚框只会出现在屏幕上。如果要打印单元格间的垂直水平线条，必须在该表格中应用边框。

（2）在 Word 中应用边框的最简单方法是使用“表格”菜单中的“表格自动套用格式”命令，如此可自动应用预定义的边框和底纹。

（3）也可以在 PowerPoint 中直接创建一张表格。要插入表格，则单击“表格和边框”，然后绘制表格。此时虚框可显示和打印。

9. 无法更改对象正文文字的页边距，或文本不能容纳到对象中

只有在选择“调整自选图形尺寸以适应文字”复选框时，才能调整文本和对象间的页边距，或使文本容纳到对象中。

操作步骤如下：

（1）选择对象，在“格式”菜单中，为所选对象类型单击命令，例如，“自选图形”或“文本框”。

（2）在所出现的“设置文本框格式”对话框中单击“文本框”选项卡，再选中“调整自选图形尺寸以适应文字”复选框。

10. 演示出错

在 PPT 幻灯片演示过程中，发现了一个小小的错误——忘记了一条下划线。如何解决？

可作如下处理：

（1）在屏幕上单击右键，指向“指针选项”。

（2）单击“画笔”，按住 Shift 键，然后拖动画笔就可以在需要的位置画出一条直线了。

（3）画线完毕，请按下 Esc 键。而且，还可以用这个画笔在幻灯片中临时画上一幅画，说不定会收到意想不到的效果呢！

不过，在幻灯片放映过程中绘制的图形将不会被保存到文件中，所以如果以后还会用到该 PPT 文件，放映完毕，一定要将原错误改正过来。

11. 无法向备注页中添加图片或图形对象

普通视图下无法在备注窗格中绘制或放置图片。可单击“视图”菜单中的“备注页”命令切换到备注页视图，然后在其中绘制或添加图片。图形对象或图片会在你打印备注页或切换到备注页视图时出现。

12. 菜单失效

用户制作的菜单在幻灯片播放过程中，如果单击相应链接可以实现菜单功能。但如果无意中单击链接以外的区域时，PowerPoint 会自动播放下一张幻灯片，使得精心设计的菜单形同虚设。也就是说，此时菜单根本就没有发挥应有的作用。

原因很简单，PowerPoint 在默认情况下，幻灯片的切换方式是单击鼠标时换页。

在编辑状态下，单击菜单所在的幻灯片，然后单击“幻灯片放映→幻灯片切换”，打开“幻灯片切换”窗口，去掉“单击鼠标时”前面的“√”号即可。下面的时间选项使用默认设置即不设置时间。

这样，这张幻灯片只有在单击菜单栏相应的链接时才会切换。要注意的是，“返回”按钮所在的幻灯片也应采用相同的设置，以避免单击“返回”按钮以外的区域时不能返回到主菜单。

13. 无法更改动画 GIF 图片

将动画 GIF 图片加入演示文稿后，准备对其进行修改，结果发现根本没法进行改动。

使用 PowerPoint 的“图片”工具栏或“设置图片格式”对话框无法修剪或更改动画 GIF 图片的填充、边界、阴影和透明度。可在动画 GIF 编辑程序中完成修改之后，再将图片插入幻灯片。

14. 无法播放大容量 WAV 文件

我们在使用 PowerPoint 制作多媒体课件时，常常需要大量的声音文件，但在制作过程中我们发现，当插入一个数据量比较大的.wav 声音文件，在进行幻灯片播放时，系统就会提示“没有足够的可用内存播放此文件”的错误信息，使课件不能正常播放。

为了解决大容量声音文件的播放问题，可采用以下步骤加以解决：

（1）增大虚拟内存。打开“程序”→“设置”→“控制面板”→“系统”→“性能”，点取“虚拟内存”，在虚拟内存面板中选定用户自己指定的虚拟内存设置，根据你的硬盘剩余容量的大小（选定剩余空间最大硬盘），选择驱动器“C 或 D……”，设定虚拟内存的最小值和最大值，一般情况下，这个值要大于你所要播放声音文件大小的值，最后确定，重新启动计算机，完成虚拟内存的设置。

（2）改变 WAV 文件的播放方式。正常情况下 Windows 系统中的声音文件是与录音机相关联的，即默认使用录音机来播放 WAV 文件，但当一个 WAV 文件太大时，这时录音机就不能正常播放这个文件了，而使用 Windows 系统中的媒体播放器，却可以播放较大的 WAV 文件，所以需要把 WAV 文件与媒体播放器进行关联。操作方法是：打开“我的电脑”→

“查看”→“选项”，在“文件类型面板”的“已注册的文件类型”中找到WAV 文件类型，单击“编辑”，在“编辑文件类型面板”的“内容类型”中选取“Audio/Wav”，再点取“编辑”。在“编辑这种类型的操作面板”中选“浏览”，找到 Mplayer.exe 文件，最后单击“确定”，这样就可以把媒体播放器和 WAV 文件相关联。

通过以上改变虚拟内存、改变 WAV 文件的播放方式后，就能在用 PowerPoint 制作多媒体课件时，播放容量较大的 WAV 文件了。

15. 图形对象或图片未出现在每张幻灯片中

将图形对象或图片添至幻灯片母版。单击“视图”菜单上“母版”子菜单中的“幻灯片母版”命令。添加所需的图形对象或图片，然后单击“母版”工具栏上的“关闭”按钮返回普通视图。

背景可设为忽略母版的图形。为此单击“格式”菜单中的“背景”命令，设置“忽略母版的背景图形”复选框不被选中。

16. 以灰度方式打印时某些文本未显示

如果文本与具有黑色填充的对象重叠，打印出来后文本与对象都是黑色的，文本无法看出。

要使文本显示在黑色背景之上，请执行下列操作之一：

（1）在“打印”对话框中选择“纯黑白”选项，以黑白方式打印。如果选择此选项，那么打印输出的对象不作填充。

（2）单击“视图”菜单中的“黑白”命令。用鼠标右键单击具有深色填充的对象，指向“黑白”，然后单击“浅灰度”。如果选择此选项，那么对象看起来与你所期望的并不完全一样，而且会与其他一些具有相同填充的对象不一致。

17. 在 PowerPoint 中不能完整播放配乐

在使用 PowerPoint 进行幻灯片演示时，发现背景音乐经常难以控制。有时音乐已经结束了，幻灯片的演示还在继续；有时幻灯片一切换，音乐就停止了。

其实，对 PowerPoint 的幻灯片背景音乐进行控制并不困难，通过如下的设置就可以实现：

（1）在要播放的第一张幻灯片中插入背景音乐。选择“插入”→“影片和声音”→“文件中的声音”菜单项，打开“插入声音”对话框。

（2）选择要插入的声音文件，单击“确定”按钮。此时，PowerPoint 会弹出提示框询问是否需要在幻灯片放映时自动播放声音，单击“确定”按钮。

（3）用鼠标右键单击出现在幻灯片中的小喇叭图标，在弹出的下拉菜单中选择“自定义动画”菜单项，打开“自定义动画”对话框。

（4）打开“多媒体设置”选项卡，选中“按动画顺序播放”复选框，然后选中“继续幻灯片放映”单选钮，在“停止播放”框中设置幻灯片的张数。

（5）单击“其他选项”按钮，在弹出的“声音选项”对话框中选中“循环播放，直到停止”复选框。

（6）单击“确定”按钮。

18. 创建或更改图表时，出现程序无法启动的信息

计算机的内存不够，因此不能运行另一个程序。如果你正在运行其他程序，请先存储你的文档，然后关闭这些程序。如果你在 PowerPoint 中打开多个演示文稿，请将当前处理的演示文稿之外的所有演示文稿关闭。

19. 无法向备注页中添加图片或图形对象

普通视图下无法在备注窗格中绘制或放置图片。可单击“视图”菜单中的“备注页”命令切换到备注页视图，然后在其中绘制或添加图片。图形对象或图片会在你打印备注页或切换到备注页视图时出现。

20. 在 PowerPoint 中不断出现关于宏的警告

操作系统是 Windows XP，最近在使用 PowerPoint 播放幻灯片时，总是持续出现关于宏的警告。

这样的情况在 PowerPoint 的使用中算是常见的故障，导致此故障的原因有很多，归纳起来主要有以下三种：

（1）演示文稿文件中可能含有宏病毒。如果是此原因，可以使用杀毒软件对系统进行杀毒操作。

（2）要运行的宏并非来自于可靠来源。在 PowerPoint 中，可以手动设置系统的安全级别。如果安全级别设置为“中”或“高”，并且打开的演示文稿或装入的加载宏中含有并非来自于可靠来源、但具有数字签名的宏

时，PowerPoint 就会提示宏警告。对于此情况，如果确实信任该宏的开发者，可以将宏的开发者添加到可靠来源列表中，这样就不会再次出现宏警告了。

（3）演示文稿中包含的宏是合法宏，但是 PowerPoint 不能区分安全或不安全的宏，所以它会不断地发出警告。此时，如果确信宏是合法且安全的，可以对宏进行数字签名，然后将签名者的姓名添加到 PowerPoint 的可靠来源列表中。

21. 在打开的 PowerPoint 演示文稿中无法使用宏

使用 PowerPoint 进行演示文稿编辑时，发现无法在打开的演示文稿文件中使用宏。

根据故障的现象分析，可能是 PowerPoint 对宏的设置出现了问题。有两种情况能够导致这种故障：

（1）PowerPoint 的安全级别被设置为"高"。采用此安全级别设置，当打开的演示文稿或加载对象中含有未签名宏时，该宏将被禁用。如果要启用未经数字签名的宏，就需要将安全级更改为"中"，然后重新打开演示文稿或装入加载宏。

（2）宏已被自动禁用。对于此类情况，只需在 PowerPoint 中重新启用宏即可。

22. 在 PowerPoint 中看不到对象的边框

在使用 PowerPoint 制作幻灯片时，发现无法看到对象四周的边框。

有可能导致这个问题的原因有很多，总结起来，主要有以下三个：

（1）PowerPoint 中的边框功能已关闭，或边框使用了与背景相同的颜色。如果要设置边框颜色，首先选择对象，然后在"绘图"工具栏上单击"线条颜色"按钮旁边的箭头，选择一种与背景色不相同的边框颜色即可。

（2）如果在对象上添加了三维效果，就会使对象的边框消失。要让对象四周显示边框，就必须取消三维效果。

（3）如果在对象上添加了浮凸或雕刻效果，也会使对象的边框消失。

23. 打印的字体与屏幕上看到的不同

打印的幻灯片、备注页或讲义上的字体与屏幕上看到的不同。

打印机使用了替代字体。请将演示文稿中的字体更改为 TrueType 字体，或使用与 Windows 屏幕字体相符的打印机字体。单击 Windows 任务栏上的“开始”，指向“设置”，再单击“打印机”。选择打印机后，单击“文件”菜单中的“属性”，再单击“字体”选项卡，选定所需选项。

24. 显示效果不一样

当我们把做好的演示文稿拷贝到其他机器上时，发现里面的文本效果显示不一样了，这是怎么回事呢？

这是因为在你的演示文稿中使用的一些特殊字体，比如“方正琥珀繁体”，而在其他机器中没有安装这些字体，演示文稿就不能正确显示。要解决此问题，可以将这些字体嵌入或保存到演示文稿中。

方法为：单击“文件”菜单中的“另存为”命令，选中“嵌入 TrueType 字体”复选框，再单击“保存”按钮即可。

这样就可以嵌入任何 Windows 提供的 TrueType 字体。如果其他 TrueType 字体没有任何授权限制，也可以嵌入它们。如果不能嵌入字体，例如，该字体并未标为可编辑或可安装，会出现警告信息。

提示!! 保存嵌入字体会增加演示文稿的文件大小。

25. 无法打开 Internet 中的演示文稿

（1）如果要打开 Internet 站点中的文件（例如全球广域网或 FTP 站点）必须能够通过直接网络或拨号式的 Internet 服务提供商访问 Internet，并且必须安装 Web 浏览器。请尝试进入某个 Web 站点，检查 Internet 连接是否正确。

（2）站点可能太忙。请稍后再打开演示文稿。

（3）你的 Web 浏览器安全设置可能不允许下载或打开文件，请检查 Web 浏览器中的安全设置。

26. 打印文档时没有任何反应

欲将演示文稿打印出来阅读时，发现打印机没有任何反应。

（1）请确定打印机打开并处于联机状态。应该有一个标记为“Online”的按钮或开关。

（2）检查计算机与打印机间的电缆两端，检查是否牢靠。

（3）检查“文件”菜单中“打印”对话框内所选择的打印范围，是否与要打印的幻灯片相符。

（4）检查“文件”菜单中“打印”对话框内的打印机名称，是否与正在使用的打印机名称一致。

（5）检查 Windows 打印机文件夹内的打印任务状态。

（6）尝试打印其他演示文稿。如果该演示文稿能够顺利印出，问题可能出在原演示文稿的内容上。

（7）如果通过网络打印，请检查网络的连接是否正确。

（8）如果仍然不能打印，请尝试从 Windows 写字板打印文件。如果不能从写字板打印，此问题可能会影响你所有的 Windows 程序。

27. 试图保存对演示文稿的修改时，获得演示文稿是只读文件的信息

不能对只读的演示文稿进行任何更改。如果要保存更改，请使用“文件”菜单中的“另存为”命令，用新名称保存该演示文稿。如果将此演示文稿保存于新的或其他文件夹中，可以使用相同的名称。

10-7 汉字输入故障处理

1. 输入法图标不见了

由于误操作，某用户的电脑的输入法图标不见了，在控制面板中的“区域和语言选项”里的语言选项卡中，“详细信息”中的“语言栏”呈灰色不可用状态，无法设置，用优化软件中自带的显示任务栏的输入法图标的功能也不起作用。另外快速启动栏也没法显示出来，从任务栏属性中勾选“显示快速启动”也没用。

（1）应该是系统文件被破坏所致，可以在其他正常的电脑上将\Windows \Sy stem 32 下的 intl.cpl 文件拷入该电脑的相应位置。

（2）如果仍然不能解决，可单击“开始→运行”，在“运行”对话框中输入“sfc/scannow”（不包含引号）后按 Enter 键，即可利用“系统文件检查器”来检查、替换被破坏的系统文件。在替换时可能需要插入 Windows XP 安装光盘。

2. 如何恢复默认大小写切换键

电脑中 Caps Lock 键为字母大小写切换快捷键，可是现在按下这个键

后，在切换成小写时还必须按下 Shift 键。

（1）右击系统托盘处的输入法图标，在弹出菜单中选择“设置”。

（2）在打开的“文字服务和输入语言”设置对话框的“首选项”一栏中单击“键设置”按钮。

（3）在弹出的“高级键设置”对话框中选中“要关闭 Caps Lock”项下的“按 Caps Lock 键”就可以了。

3. 王码五笔输入异常

在 Windows 2000 下安装王码五笔 4.5（86 版）输入法后，不能在 Word 2000 中输入任何文字，所输入的全是“□”，但在 Excel 2000 中可以输入文字。如果将它安装在 Windows 98 下，则在 Word 2000 和 Excel 2000 下都可以正常使用。

因为王码五笔 4.5（86 版）是在 Windows 2000 发布以前开发的，因此它对 Windows 2000 的支持不是很好。基于五码五笔 86 版和 98 版的“标准五笔字型”软件 WB-18030 已经能全面支持 Windows XP，建议有条件地使用这个新版本。

4. 打开多个文档时无法切换输入法

在打开多个文档时，无法切换输入法，要在后面的文档上切换就不行，只要一切换就自动切回到第一个打开的文档上去，要用鼠标把打开的文档点着，才可以切换。

切换输入法一般有两种方法：一个是 Ctrl+Shift 组合键，一个是使用 Ctrl+空格组合键。试着用另一个方法看是否出现同样问题：如果其中一种切换方法没有问题，则将有问题的切换方法修改（右击 Windows 任务栏中“输入法”图标，在弹出菜单中选择“设置”，然后在“文字服务和输入语言”对话框中单击“键设置”按钮进行设置）；如果同样出现问题，则可能是用户配置文件出现问题。新建一个用户，在新用户中将以前用户的文档拷入，然后将以前的用户删除即可。

5. 输入法无法使用

某用户的电脑安装的是 Windows XP，最近发现输入法无法使用了，打开输入法属性，显示“检查不到兼容的键盘驱动程序，该对话框已被停用”但该电脑的键盘使用很正常。

（1）开机时按 F8 键，启动到安全模式。如果安全模式没有该问题，则运行 msconfig.exe，并选择“有选择的启动”，禁用计算机开机自动启动的所有项目，重启来排除该故障。然后一步一步地添加自动项目（分别将处理 system.ini、处理 win.ini 勾上），直到又出现问题，表明问题出在该启动项目上。此时你可以编辑 system.ini 或是 win.ini 来排除问题。

（2）如果安全模式同样有这个问题，请用最新的杀毒软件查毒，在确保没有病毒的前提下，卸载杀毒软件，然后用安装光盘修复安装操作系统即可。

6. 输入法无法直接调出

电脑不幸感染了病毒，杀毒后发现输入法在用鼠标单击后无反应，但用 Shift+Ctrl 组合键可以调出相应输入法。

有可能杀毒后破坏了输入法安装文件，可以在系统中重新安装一遍输入法来解决。

（1）右击 Windows 任务栏中“输入法”图标，在弹出菜单中选择“设置”。

（2）在弹出的“文字服务和输入语言”对话框中单击“添加”按钮。

（3）在打开的“添加输入语言”对话框中的“键盘布局/输入法”下拉列表中选择需要的输入法，然后单击“确定”按钮即可。

7. 输入法状态不显示

某电脑安装的是 Windows XP，以前在任务栏的输入法设置中，把智能 ABC 的快捷键设成了 Ctrl+Shift+0。现在安装了紫光拼音输入法后，也想设置快捷键，却发现任务栏中输入法设置里，没有显示所有输入法（输入法都正常能用）。

（1）右击 Windows 任务栏中“输入法”图标，在弹出采单中选择“设置”。

（2）在弹出的“文字服务和输入语言”对话框中单击“首选项”下的“语言栏”按钮。

（3）在弹出的“语言栏设置”对话框中选中“在桌面显示语言栏”后单击“确定”按钮，如图 10-1 所示。

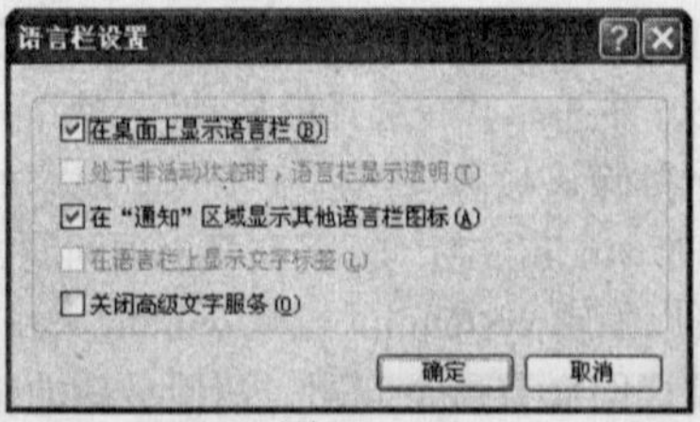

图 10-1

8. 为何智能 ABC 会出现“词库出错”

习惯使用智能 ABC 输入法来输入中文，最近发现在聊天或是用 Word 编辑文档时，输入一会儿中文后，就会弹出词库出错或词库更新的对话框，需要单击确定才能继续输入，而且硬盘里有好多 Mfm 1992 文件。

这是智能 ABC 输入法中的一个 Bug，Mfm 1992 文件是由于智能 ABC 输入法的词库出错而产生的一个文件。由于智能 ABC 输入法的词库容量有限，当超出这个容量的时候，就会产生这个文件。当前程序运行在哪个目录，这个文件就在该目录下产生。这个文件的大小一般为 43KB。在智能 ABC 输入法 5.0 中已经修正了这个错误。如果想不再出现这个文件，可以将智能 ABC 输入法升级至高版本（目前最高版本是 5.22）或把 Windows\System 目录下的*.rem 文件删除，然后重启计算机就可以了。

9. 有时输入法无法关闭

在 Windows 中想抓图时，发现中文输入法程序在屏幕上，但这时无论怎样按下 Ctrl+空格键都关闭不了输入法，尽管已经在“高级键设置”对话框中设置了使用 Ctrl+空格键来切换中英文输入法。

这是 Windows 的一个 bug，是由于先前使用过了中文输入法，而没有关闭的缘故。假如在运行 Word 时使用过中文输入法，但是在 Word 中没有按下 Ctrl+空格键关闭中文输入法，然后又打开了“记事本”程序，这时中文输入法的窗口就有可能仍留在屏幕上。但此时按下 Ctrl+空格键无法关闭输入法窗口，因为它还属于 Word 窗口。

解决的方法是：切换回 Word 程序，然后关闭输入法即可。因此，大家在平时最好养成好的习惯，中文输入法使用完后就关闭掉。这样做的好处是还可以释放一些系统资源。

10. 使用智能输入法时系统提示“记忆文件出错”

当启动 Windows 2000 时，提示窗口显示：“记忆文件操作发生错误”，不管按“确定”或“取消”，均显示“读取基础表文件 winabc.ovl 发生错误”，再按“确定”或“取消后”，均显示“读取记忆文件 tmmr.rem 发生错误”，再按“确定”或“取消”后，系统就能够完成启动。不管启动什么应用程序，都会重复以上的提示。

出现这种现象的原因是智能 ABC 输入法的 winabc.ovl 文件被损坏，智能 ABC 输入法除了能自定义词组外，还能智能记忆用户输入的词组，所有的自定义词组全部保存在 c:\windows\system\tmmr.rem 文件中。可以尝试从其他安装了 Windows 2000 系统且智能 ABC 输入法并运行正常的电脑上复制 winabc.ovl 这个文件到你的电脑中覆盖已经损坏的文件，也可以先删除再重新添加智能 ABC 输入法。

11. 微软输入法导致关闭程序时提示内存出错

某电脑安装了 RealONE Player 播放器，以前一直使用正常，最近却在每次关闭出现“0xffffffff 指令引用的 0xffffffff 内存。该内存不能为 read”的提示。

这是微软输入法的一个 BUG，当使用的输入法为微软拼音输入法 2003，并且隐藏语言栏时（不隐藏时没问题），关闭一些常规程序都会出现这个问题，因此在关闭 RealONE 之前可通过显示语言栏或者将任意其他输入法作为当前输入法来解决这个问题。

12. 让输入法支持手写输入

将 Windows 98 系统换成了 Windows XP 系统，发现在 Windows 98 里的微软拼音输入法 2.0 版有手写输入法，而在 Windows XP 里面的 3.0 版中却没找到。能够将微软拼音输入法 3.0 版删除，再装上 2.0 版吗?

你只需在重装系统后，再装一个支持 GBK 大字符集的输入法即可。一般来讲，微软拼音输入法是不能降级安装的。因为需要的是手写输入法，可到 http://download.microsoft.com/download/b/6/5/b6554006-delb-4160-9aee-62accd789 373/MSPY.msi 去下载最新的微软拼音输入法 2003，它支持 GBK10303 大字符集，并且包含手写识别插件。

提示!!

微软拼音输入法 2003 只支持 Windows 2000 以上的版本，并且适用 Office 2000 以上版本的应用程序。

13. 升级 Office 后找不到“区位输入法”

某电脑安装的办公软件是 Office XP，在安装时自带“区位输入法”。现在要更换为 Office 2003，该软件安装时不带有“区位输入法”。怎样才能把 Office XP 里的“区位输入法”复制到 Office 2003 里面去使用？

Office XP 和 Office 2003 都自带有区位输入法，不过该名字在 Office 2003 被更换为了“内码”。可以在“文字服务和输入语言”对话框里将“中文（简体）—内码”输入法添加进入系统即可。

10-8 Outlook 故障处理速查

1. 收到乱码邮件

收到的电子邮件，打开后看到的是一堆无法辨认的乱码。造成邮件乱码的原因很多，主要有以下几个：

（1）操作系统和使用的软件设置不同。

（2）发送邮件时发送程序采用不同的编码标准，如 UU、MIME、BINHEX 等，而用户所用的操作系统程序没有能力将其解码。

（3）邮件传输邮局主机的原因，如有的主机不支持非 ASCII 码，将中文双字节或二进制格式邮件中每个字符的第八位过滤掉，使该信息与初始信息截然不同，造成邮件信息失真或损坏。

收到乱码邮件后，可尝试以下方法解码：

※设置法：通常情况下，邮件设置不同导致邮件乱码情况居多。在 Outlook Express 中，选择乱码邮件后，单击“查看/编码/简体中文（GB2312）”或“其他/简体中文（HZ）”，邮件内容便可展现。

※转寄法：如仍显示乱码，可试着将乱码邮件转寄到自己的邮箱中，然后用 Outlook Express 接收，有时即可顺利解码。

※更名法：可将邮件改名，保存成为一个后缀名为.eml 的文件，由 Outlook Express 打开一般可以自动解码。

※溯源法：选择乱码邮件后，右键单击鼠标，在弹出的快捷菜单中选择“属性”命令，接着在出现的对话框中单击“详细资料”选项卡，再单

击“邮件源文件”按钮，这时就会打开邮件源文件码，邮件内容显现。

※骗解法：如问题仍得不到解决，接上一步操作，右键单击，选“复制”，将“邮件源文件”复制到系统的剪贴板上，然后用记事本将其打开。在邮件信头中添加 Mime-Version：1.0 Content-Transfer-Encoding：quoted-printable，注意信头中间不要空行，信头和信体之间要有一个空行，保存为.txt 纯文本文件。接下来用资源管理器将其改名为.uue 为后缀的文件并运行，这时会自动调用 WinZip 并“骗取”它来对乱码邮件进行解码工作，进而正确显示编码的邮件。

※重组法：很多的邮件编辑软件以字符为单位处理文本，双字节的汉字被删除一半后，剩余部分会和相邻的汉字重新组合，使得文本面目全非。判断这类邮件时，只要乱码内容有很多“=”号，即可肯定为 QP 编码的邮件。这时只需将乱码邮件存成一个文本文件，然后使用以字符为单位的编辑软件，将乱码行的第一个字符删除。

2. 发送的邮件过大导致发送失败

这个问题多出现在 ISP 提供的 SMTP 服务器上。为了更有效地利用网络资源，ISP 提供商往往会限制邮件的大小，通常情况下，其要求所发邮件的大小在 4MB 以下(包括邮件附件)。这并不是说可以发送 3.9MB 的附件，因为发送邮件前还需要进行编码，会导致邮件的大小增加 5%～20%。

解决方法：建议发送超大附件时，用分割工具（WinRAR，WinZip 等）将它分割为几个较小部分，作为几份邮件来发送，这样就可以减少发送出错的几率。

3. 收件人地址错误导致发送失败

这是最容易出现的错误，特别是在收件人名称中含有数字、字符的情况下，比如将下划线当成连接符，或者忽略了英文句点。

解决方法：要保证收件人的电子邮件地址正确无误，尤其是在抄写报纸杂志上的邮件地址时，要特别注意下划线、连接符以及句点的位置。

4. 发件服务器故障导致发送失败

无论是使用 ISP 的 SMTP 服务器，还是使用免费邮箱的 SMTP 服务器，都有可能发生这种情况。有的 SMTP 服务器甚至会突然取消 SMTP 服务，如果仍然使用原先的设置，肯定会导致邮件无法发送。

解决方法：

① 更换一个 SMTP 服务器。多数免费邮件服务商都提供 SMTP 服务，选用更为可靠的 SMTP 服务器。

② 利用本地硬盘架设自己的 SMTP 邮件服务器。使用能利用本地硬盘来提供 SMTP 功能的邮件服务器软件，实现本机发送电子邮件。这些软件可以在电脑上建立本地的 SMTP 服务器，这样可以不通过 ISP 或免费邮箱网站的 SMTP 服务器而直接向目的地址的服务器发信，由于不受 ISP 提供的 SMTP 服务器是否拥挤的影响，而且几乎不用转发服务器，所以邮件发送更加快速、安全，而不会造成丢信的现象，更不会因为 SMTP 服务器的关闭而影响邮件的发送。对于经常使用 E-mail 的网友来说，绝对是一种最佳的选择！只要接收方的收件服务器不出问题，就能保证邮件的收发成功。这类软件最有名的是 Advanced Direct Remailer。

5. 收信服务器的设置出错导致邮件接收失败

这种情况包括多种情形：

① 某些免费的电子邮件只提供 Web 方式的收信方式，就无法使用邮件客户端软件接收邮件，比如 Yahoo、Hotmail 等。

② 没有正确设置 POP3 服务器地址。一些免费电子邮件有时会更改 POP3 服务器地址，这些信息就需要用户到提供该邮件的站点查询。

6. 强行发送电子邮件导致邮件丢失

这可能是邮件管理出了问题。该情况发生于多次出现“连接服务器失败”、“服务器已关闭”等提示后，还要强行发送电子邮件，就有可能造成电子邮件丢失或退回。

解决方法：随时更换不同的 SMTP 服务器，来确保电子邮件能够正常发送出去。一般来说，正常使用时 SMTP 服务器都是本地的 SMTP 服务器，此时可以更换成一些免费电子邮件信箱所提供的 SMTP 服务器。另外，当发送的电子邮件带有附件时，最好将附件的大小限制在 40KB 左右，一般的 SMTP 服务器最大允许电子邮件的长度是 60~100KB 之间。对于较大的附件可以采用分割成小电子邮件的方式多次发送。

7. 无法看见所有约会或会议

根据使用的视图或筛选条件，可能暂时隐藏了一些约会或会议。要更改视图中显示的“日历”项目，请采用下面的任何一种方法：

如果只查看从今往后安排的“日历”项目，请单击“视图”菜单，指向“当前视图”，然后单击“当前约会”。

要查看全部“日历”项目，请单击“视图”菜单，指向“当前视图”，然后单击“自定义当前视图”。单击“筛选”命令，然后单击“全部清除”。

8. 小日历不见了

（1）可能在“日历”窗口中放大了一个或多个元素，使得日期选择区消失了。要重新显示“日期选择区”，请尝试下列步骤：

（2）如果“文件夹列表”可见，请隐藏或调整其大小。要隐藏“文件夹列表”，请单击“视图”菜单上的“文件夹列表”。要调整“文件夹列表”的大小，请指向“文件夹列表”滚动条的右边框，当鼠标指针变成双向箭头↔时，向左拖动边框。

（3）调整约会区域的大小。方法是：指向约会区域滚动条的右边框，当鼠标指针变成双向箭头↔时，向左拖动边框。

（4）调整任务板的大小。方法是：指向任务板的上边框，当鼠标指针变成双向箭头↔时，向下拖动边框。

（5）调整 Outlook 面板的大小。方法是：指向 Outlook 面板的右边框，当指针变成双向箭头↔时，向左拖动边框。

（6）单击“最大化”□可将窗口放到最大。

10-9　其他软件故障处理

1. 为什么卸载虚拟光驱后盘符仍然存在

把虚拟光驱卸载后，打开“我的电脑”窗口，发现虚拟光驱的盘符仍然存在。

出现这种情况，主要原因是绝大多数虚拟光驱软件为了能够适应更多的软件，都采用了虚拟设备的方法，就是安装一个虚拟的光驱驱动程序。这样就造成了在通常情况下，如果要卸载虚拟光驱软件时，卸载程序就会自动删除这个设备。但可能是由于某些技术方面的原因，虚拟光驱软件在卸载时，通常都只是卸载掉了管理部分的软件，而没有把虚拟光驱的驱动程序删除掉，这时，如果想要做到对虚拟光驱的彻底卸载，就需要使用人工删除的方法了。

解决方法如下（以 Windows XP 环境为例）：

（1）单击 Windows 任务栏中的“开始”按钮，在出现的菜单中单击“控制面板”，打开“控制面板”窗口。

（2）单击“性能和维护”图标按钮，在打开的对话框中单击“系统”图标按钮，再在打开的“系统属性”对话框中单击“硬件”标签选项卡，然后单击“设备管理器”按钮。

（3）在打开的“设备管理器”中找到虚拟 CDROM 设备，将其选中并进行删除后，重新启动系统即可。

2. 为什么 HyperSnap-DX 无法注册 F11 键

为什么打开 HyperSnap - DX 的时候说无法注册 F11 键，请问这是什么原因，应该如何解决？

F11 键是 HyperSnap-DX 的一个快捷键，它的功能是重复上次捕捉功能，而浏览器的全屏切换快捷键也是 F11 键，如果先打开浏览器后再打开 HyperSnap-DX 就会现出上述提示。你只要在 HyperSnap-DX 中单击“选项→设置快捷键”将其设置为另外一个快捷键即可解决问题。

3. 怎样恢复磁盘失误

用户在使用 Ghost 恢复系统时，误选成“从映像恢复到磁盘”，结果导致原先的三个分区只剩下一个分区，很多数据也找不到，请问有没有什么好的解决办法？

使用 Ghost 恢复系统时，应该选择从“映像恢复到分区”而不是“映像恢复到磁盘”，如果误选了，你只好重新对磁盘进行分区。不过在重新分区前可以使用 FinaData、R-Studio 等数据恢复软件进行部分数据的挽回操作。

4. 为什么桌面颜色变成了奇怪的绿色

桌面采用的是蓝天白云的图片，不知道最近怎么了，桌面颜色变成了奇怪的绿色。

这种情况一般是由 DirectX 程序引起的，可以通过以下方法来确定。

解决方法如下：

（1）单击“开始”→“程序”（所有程序）→“附件”→“系统工具”

→“系统信息”。

（2）在弹出的“Microsoft 系统信息”窗口中单击“工具”→“DirectX 诊断工具”选项。

（3）分别查看“DirectX 文件”和“显示”属性页中的“说明”部分，如果在这里标明“没有发现问题”，表明 DirectX 程序正常。如果有问题，就必须重新安装 DirectX 程序。

5. 怎样快速开启、关闭虚拟 PC

某用户安装了一个虚拟 PC，但是每次重新启动虚拟 PC 中的系统或是关闭时都非常慢，不知有没有方法可以优化虚拟 PC 的开、关速度?

要加快虚拟 PC 的开、关速度，你只要在关闭虚拟 PC 中的操作系统时的弹出窗口中选择“保存 PC 状态”，这样当前运行的 PC 状态都将保存到磁盘中，下次再打开虚拟 PC 时，先前保存的状态将会快速地恢复。

6. 能不能用计算器计算数学公式

某用户经常使用系统自带的计算器程序来计算一些数据，有时需要计算一些比较复杂的公式，如果一步一步计算很麻烦，不知能不能用计算器来计算这样的数学公式?

要用计算器来计算复杂的数学公式，你只要按照数学的公式表达式的格式，将需要计算的公式在记事本中输入完毕后（公式最后需要添加一个“=”)，再将公式拷贝并粘贴（单击“编辑→粘贴”菜单）到计算器中即可。

7. 网络蚂蚁无法下载软件的问题

在使用网络蚂蚁时会出现无法下载软件的现象，但 Modem 指示灯却一直在不停地闪动。

出现这种现象与网络蚂蚁使用的下载方式有关。如果使用了网络蚂蚁多线程分段下载的方式，也就是说，它能够同时启动最多五个线程（蚂蚁）来下载同一个文件，因此其下载速度就比一般下载软件要快，并且也更能充分利用 Modem 的带宽。

不过，为了实现这种分段下载的功能，网络蚂蚁首先要连接到服务器上去了解被下载文件有多大，然后根据这个文件的大小来决定每个“蚂蚁”从什么地方开始下载。

不幸的是，Internet 上有一些 HTTP 服务器并不返回被下载文件的大小，而目前版本的网络蚂蚁在这种情况下则是无能为力的，这时候就只有中止下载过程了。

Modem 指示灯能够一直在亮，主要是因为将网络蚂蚁设置为一直重试了。这样，“蚂蚁”就只能不断地连接服务器。

还有一种情况，就是目标站点不支持多线程下载文件。

（1）运行网络蚂蚁，单击“选项”菜单下的“参数设置”一栏，在弹出的“NetAnts 设置”窗口中单击“协议”标签。

（2）在“用户代理”列表下选择为除 NetAnts/1.25 之外的任何一种后再试即可。

8. 为什么使用网络蚂蚁下载文件结束后自动生成 NFO 文件

使用网络蚂蚁从 Internet 下载文件，发现下载结束后程序会自动生成一个和已下载文件同名的 NFO 文件。

这个 NFO 文件中包括了下载任务的详细资料，例如，下载地址、本地存放地址、文件注释以及下载完成时间等。有了这个文件，用户可以根据其中的信息更好地管理已下载文件。

如果不需要此类下载信息，可以在程序中进行如下设置：

（1）运行网络蚂蚁。

（2）在“选项”菜单中选择“参数设置”菜单项，打开“NetAnts 设置”对话框。

（3）打开“高级”选项卡，取消选中“创建.NFO”复选框，然后单击“确定”按钮，关闭对话框。

9. 为什么网络蚂蚁无法正常完成下载任务

使用网络蚂蚁下载文件时，新任务刚开始几秒钟就自动终止，无法正常完成。已经检查了网络连接和网络设置，没有什么问题。

对于此现象，有以下两种可能：

（1）网络蚂蚁中设置了自动拨号功能，而且所使用的拨号连接账号与当前上网所用的不一致。禁用网络蚂蚁的自动拨号功能即可排除故障。

（2）文件的下载链接是一个坏链接。此时，应到其他网站下载需要的文件。

10. 为何频频出现与文档同名的“.bak”文件

为什么某用户用 EditPlus 编辑一个文本文件后，就会在同一目录下出现一个和这个文本文件同名的. bak 文件呢？

这是 EditPlus 默认的备份功能，那个“.bak”文件就是你编辑的文档的备份文件。取消的方法：单击主窗口中的菜单“文档→永久设置”，在打开的“参数设置”窗口中选择“文件”，取消选择右侧的“保存时自动创建备份文件”项即可。

其他编辑软件，如 UltraEdit 等也有类似情况。

11. 为什么使用网络蚂蚁下载时出现错误提示

在使用网络蚂蚁下载文件时，出现错误提示“The actual size of downloading file is unknown”。

网络蚂蚁在启动下载任务之前，必须先从服务器端获取要下载文件的大小。当服务器的应答信息中没有包括文件的大小时，程序就会弹出此错误提示，并终止下载任务。对于此问题，目前无法解决，只能选择其他网址进行下载。

12. 如何设置压缩文件的扩展名

某用户在使用 WinRAR 分卷压缩时，扩展名总是从 001 开始，不知如何设置能让其从“.rar”开始？

单击 WinRAR 主窗口中的“选项→设置”，选择打开窗口中的“压缩”选项卡，再单击“创建默认配置”按钮，选择打开窗口中的“高级”选项卡，取消选择“旧风格卷名”项即可。

13. 如何为输入法设置快捷键

在控制面板中双击“区域和语言选项”，在打开的窗口中选择“语言”选项卡，再单击“详细信息”按钮，在打开的窗口中选择“设置”选项卡，然后在输入法列表中分别找到那两个输入法，再单击“快捷键设置”按钮并在打开的窗口中进行设置即可。

14. 为什么使用网络蚂蚁下载的文件不能正常打开

在 Windows XP 系统中使用网络蚂蚁作为文件下载工具。为了便于管理下载的文件，启动下载任务时都对文件进行了重命名。下载完成后，发现这些文件不能正常打开。

经过检查，发现用户在重命名下载文件时，没有填入文件的扩展名。由于网络蚂蚁不具备自动添加合法扩展名的功能，导致操作系统不能正确识别已下载的文件，从而出现不能正常打开文件的故障。

使用网络蚂蚁重命名下载文件时，应注意填写正确的扩展名。对于已下载的文件，可以使用操作系统的“重命名”命令手工添加扩展名，以便系统能够正确识别文件。

15. 因 TC 操作而导致假死机

某用户在使用 TC 时，经常因误单击没有插入光盘的光驱盘符导致电脑假死机状态，要等待很长时间才能继续使用系统，有什么方法能防止因错点光驱盘符而导致系统假死机？

你可以通过虚拟一个磁盘，让光驱盘符与硬盘磁盘分区隔开，这样误点的几率就小多了，例如你有四个硬盘分区，最后一个硬盘分区盘符应该是“F”，然后在命令行窗口中使用“subst g： c：\temp”格式随便将硬盘中的某个文件夹虚拟成 G 盘，这样就可以减少你误单击光驱盘符的几率了。

16. 硬盘主分区为什么无法删除

某用户想为其品牌机的硬盘重新分区，但删除完硬盘的扩展分区后，主分区却无法删除！想到许多品牌机厂商为了减轻顾客重装系统的苦恼，将系统装好后为用户做了个备份，放到一个专门的逻辑分区里，一般来说这个分区是隐藏的，会不会是这个原因呢？

由于 FDISK 本身不能查看分区是否隐藏，因此可以把该硬盘摘下来挂到别的机器上，然后运行 PQmagic 查看硬盘，就会发现有一个分区被隐藏了！

在 PQmagic 取消该分区的隐藏属性，然后将硬盘装回去，再次运行 FDISK，删除被取消隐藏的逻辑盘后，主分区就可以轻松地删除了！

17. 如何让网页中的 PDF 文件保存后再打开

系统中安装了 Acrobat，每次打开网页中的 PDF 文件时，电脑就进入假死状态。用户希望每次打开含有 PDF 文档的网页时，让系统先自动保存它，不知如何设置？

打开 Acrobat，然后在“选项”设置窗口中选择“因特网”，并将“在浏览器中显示 PDF”项取消选择。最后依次打开“控制面板→文件夹选项→文件类型→PDF…”，在“编辑文件类型”窗口中选择“下载后确认打开”选项即可。

18. 安装程序启动安装引擎失败

某用户在安装 CuteFTP 时提示“安装程序启动安装引擎失败：不支持此接口”，安装其他软件也出现类似的提示，该怎么办啊？

引起这个问题的原因比较多，但最大的原因可能是软件安装需要的 Windows installer 出现了问题。到“控制面板”→“管理工具”→“服务”中，找到 Windows installer 服务，启动该服务，然后试着安装，如果仍然存在问题，请到微软站点下载最新的 Windows installer 2.0 版重新安装。

另外以下几个原因也有可能造成类似的故障：

（1）安装了迷你版 ACDSee 5.0，安装这个软件后，系统组件服务将会被破坏，造成不少程序无法安装，提示不支持接口的错误。赶快删除这个软件安装其他的版本。

（2）有些安装程序并不是 EXE 文件，而是 MSI 文件，MSI 是脚本文件，如果你运行 MSI 安装程序时出现不支持接口的提示，那么双击一下 instmsiw.exe 文件可以解决问题，因为 instmsiw.exe 文件里包含了所有关于运行 MSI 所需要的文件。

另外，没有管理员权限或者系统文件损坏都有可能造成不支持此接口，从而无法进行软件安装。

19. 安装 ikernel.exe 时出错

在安装软件的时候提示“安装 ikernel.exe 时出错（0x1200）。系统无法读取指定的设备”，该如何解决？

“ikernel.exe”文件是软件程序安装时必须具有的，只有这个文件的支持才可以进行下去。“ikernel.exe”文件是 Windows 的安装程序引擎，它是不允许同时有两个这样的文件运行的，估计这个文件可能被设置为开机就运行了，按 Ctrl+Alt+Del 组合键，在打开的“任务管理器”中查看是否有这个文件，如果有，选中它单击“结束任务”按钮，就应该可以继续安装软件了。